Thomas Ammann   Stefan Aust

HITLERS MENSCHENHÄNDLER

Thomas Ammann   Stefan Aust

HITLERS MENSCHEN- HÄNDLER

Das Schicksal der »Austauschjuden«

ROTBUCH VERLAG

INHALTSVERZEICHNIS

1. Einleitung: Lebende Ware 7
2. Der Umschlagplatz der Menschenhändler 23
3. Der angekündigte Völkermord 33
4. Die »Endlösung« im Zweiten Weltkrieg 48
5. »Juden günstig zu verwerten« 60
6. Fall Gelb – die deutsche Westoffensive 72
7. Westerbork – der Aufschub 81
8. Listen für das Überleben 92
9. Bergen-Belsen – das »Vorzugslager« 106
10. Hotel Polski – ein tödliches Täuschungsmanöver 114
11. Bergen-Belsen – ein Besuch 125
12. Der Austausch 137
13. Ungarn – unter deutscher Besatzung 148
14. Rudolf Kasztner – Verhandlungen mit den Mördern 160
15. Das Geschäft – Blut gegen Ware 168
16. Deportation – mörderischer Druck 184
17. »Reichsführers gehorsamster Becher« 194
18. Zwischen »Kassieren und Liquidieren« 211
19. Die Abreise 224
20. Bergen-Belsen, die Apokalypse 233
21. Budapest – die »Ware« wird bezahlt 246
22. Budapest – eine Atempause 257
23. Grenzgespräche – ein »Nebengeschmack
    von Menschenhandel« 270
24. 20 Millionen Franken – der große Bluff 286

25. Bergen-Belsen – Ringen mit dem Tod   **298**
26. Epilog: »Ein Kunstwerk der Organisation« –
    sechs Episoden einer Freundschaft   **313**

    Literaturverzeichnis   **331**
    Danksagung   **334**

1.

EINLEITUNG:
LEBENDE WARE

Abreise in den Tod. Mehr als eine Million Menschen haben die Nationalsozialisten zwischen 1941 und 1945 im Konzentrationslager Auschwitz-Birkenau ermordet. Und es gibt nur ein einziges Filmdokument, das zeigt, wie die Opfer in diese Hölle geschickt wurden. Aufgenommen wurden die Bilder im »Durchgangslager« Westerbork, das die Nazis in Holland eingerichtet hatten. Es war der Durchgang nach Auschwitz. Menschen gehen auf einen Bahnsteig zu, suchen den Waggon, der ihnen zugeteilt wurde. Zu erkennen sind vor allem Kinder und Alte. Sie alle müssen das Erkennungszeichen tragen, den Stern mit der Aufschrift *Jood* – Jude. Auf dem Bahnsteig stehen SS-Offiziere, die das Geschehen überwachen, darunter der Kommandant des Lagers, SS-Obersturmführer Albert Gemmeker. Die SS-Aufseher stehen in Gruppen, die Stimmung wirkt gelassen, sie rauchen und kontrollieren dabei ihre Transportlisten. Auch beim Massenmord musste alles seine Ordnung haben. »Es stand sogar auf einem der Waggons, in dem die Bewacher saßen: *Westerbork – Auschwitz*«, berichtet Michael Gelber, der als Siebenjähriger zusammen mit seinen Eltern im September 1943 aus der holländischen Stadt Ede nach Westerbork deportiert worden war, »aber wer von uns wusste, was Auschwitz bedeutet? Wer wusste, wo Auschwitz ist? Und wer wusste, dass man dort ermordet wird?«

Es ist der 19. Mai 1944. Die Menschen steigen in die Waggons. Es sind Güterwaggons. Sie werden von außen verriegelt. Eine Tür klemmt, ein jüdischer Häftling im Waggon hilft dem Bahnbeamten noch, sie zuzuschieben. Dann setzt sich der lange Zug langsam in Bewegung. Drei Tage wird die Fahrt in die Todesfabrik im Osten dauern. Hunderte werden schon auf dem Transport sterben, auf die anderen wartet die Selektion an der Rampe von Auschwitz. Und danach der sichere Tod.

In fast jeder Fernsehdokumentation über den Holocaust werden diese Szenen in Schwarzweiß gezeigt. Sie wurden zum Sinnbild für die Verfolgung und Deportation der Juden in Europa. Man kann das Leid, die Angst und die Hilflosigkeit in den Gesichtern der Menschen erkennen. Es sind beklemmende Dokumente des organisierten Massenmords, der fabrikmäßigen Vernichtung von Menschen. Aber kaum jemals wird erwähnt, wie diese Bilder entstanden sind. Kaum jemand weiß, dass der Mann hinter der Kamera selbst ein Opfer war. Die Szenen stammen aus dem Material des Westerborker Häftlings Rudolf Breslauer, der im Jahr 1944 auf Befehl des SS-Lagerkommandanten Gemmeker einen Film über das Lager drehte. Der Filmemacher Harun Farocki hat 2007 in seinem Film *Aufschub – Dokumentarische Szenen aus einem Judendurchgangslager* die Geschichte dieses einzigartigen Dokuments rekonstruiert. Vermutlich waren Breslauers Aufnahmen von Gemmeker als Anschauungsmaterial für offizielle Besucher des Lagers gedacht. Die Bilder sind stumm, keine Musik, kein Geräusch, keine Unterhaltung, als ob es allen Beteiligten die Sprache verschlagen hätte. Stattdessen wurden Zwischentitel verwendet. Nur wenige sind im Original erhalten geblieben. Einer lautet: »Seit zwei Jahren immer wieder das gleiche Bild: TRANSPORT«. Ein stummer Aufschrei des Filmemachers. Sein Film blieb ein Fragment von etwa 90 Minuten Länge. Rudolf Breslauer konnte ihn nicht mehr vollenden. Er wurde mit seiner Familie im September 1944 nach Auschwitz deportiert und später ermordet. Er ging denselben Weg wie die Menschen in seinen Filmaufnahmen.

An jedem Dienstagmorgen fuhr einer dieser gefürchteten Transporte in Richtung Osten ab. Am Abend zuvor spielte sich in den Baracken ein immer wiederkehrendes, grausames Ritual ab. »Jeder Montagabend war ein Alptraum«, erinnert sich Irene Butter, geborene Hasenberg, die als 14-Jährige mit ihren Eltern und ihrem Bruder etwa ein halbes Jahr lang im Lager Westerbork gefangen gehalten wurde, »jeden Montagabend um elf Uhr machten die Barackenältesten das Licht an und lasen vor, wer am nächsten Tag auf den Transport musste. Die meisten gingen nach Auschwitz.«

Fast die gesamte jüdische Bevölkerung Hollands wurde zwischen 1940 und 1944 von den Nazis nach Westerbork verschleppt, mehr als 100 000 Menschen. Nur wenige hatten frühzeitig vor den Razzien der SS-Kommandos fliehen und sich außer Landes in Sicherheit bringen können. Noch weniger konnten sich im Land verstecken – und wurden schließlich doch entdeckt, wie Anne Frank, die 1944 in Amsterdam verhaftet wurde, ebenfalls nach Westerbork, dann nach Auschwitz kam und schließlich im März 1945 im KZ Bergen-Belsen starb, kurz vor der Befreiung des Lagers.

Eine Grafik in Breslauers Westerbork-Film hält fest, wie viele Menschen aus dem Lager deportiert wurden: 3029 kamen nach Bergen-Belsen, 2470 nach Theresienstadt, 91 545 aber kamen in den Osten – nach Auschwitz oder in eines der anderen Vernichtungslager. Offiziell hieß es: zum Arbeitseinsatz. »Man wusste nicht genau, was einen dort erwartet«, berichtet Moshe Nordheim aus Amsterdam, damals zehn Jahre alt, »aber man wusste eine Sache: Niemand ist jemals zurückgekommen. Also haben alle versucht, nicht auf einen dieser Transporte zu kommen. Man hat nicht gewusst, was passiert, aber man hatte einfach Angst.« Zusammen mit seinen Eltern und der damals achtjährigen Schwester war Moshe Nordheim sechs Monate in Westerbork, bevor die ganze Familie nach Bergen-Belsen deportiert wurde. Er musste miterleben, wie diese Transporte Woche für Woche abgingen, musste Abschied nehmen von Freunden und Verwandten. Genauso wie Irene Butter. »Es spielten sich fürchterliche Szenen ab«, erinnert sie sich, »und in der Minute, in der der Zug abfuhr, breitete sich eine große Anspannung im Lager aus, denn jetzt stellten sie doch schon die neue Liste für den nächsten Zug zusammen. Und die Leute gingen zur Lagerverwaltung, um zu verhandeln.«

Denn tatsächlich war es möglich, mit den Mördern zu verhandeln. Zwar nicht über eine Freilassung, aber zumindest über einen Aufschub für den Transport in den Osten.

Schon lange, bevor er an die Macht kam, war die Vernichtung der »jüdischen Rasse« Hitlers erklärtes Ziel, und sie blieb eines der wichtigsten Ziele, als er begann, ganz Europa zu unterwerfen. Aber selbst im Wahnsinn des organisierten Völkermords steckte noch Methode, und deshalb gab es für einige jüdische Opfer des Terrors eine Chance zum Überleben, wenn auch eine ganz geringe.

Wer bei Breslauers Filmaufnahmen von der Abfahrt des Zuges genau hinsieht, entdeckt etwas Bemerkenswertes. Ganz am Ende wurden an die Güterwaggons einige Personenwagen der 3. Klasse angehängt. Sie waren für besondere Häftlinge bestimmt. Juden, die beispielsweise einen Pass eines neutralen Staates oder der USA vorzuweisen hatten oder auch ein Einreisezertifikat für das unter britischem Mandat stehende Palästina besaßen. Diese Häftlinge wurden nach Bergen-Belsen, in Ausnahmefällen auch nach Theresienstadt deportiert und damit von den Vernichtungslagern verschont – nicht alle, aber viele von ihnen. Sie waren für die Nazis lebendig von größerem Nutzen als tot – als Geiseln, die man vorerst am Leben ließ, weil man sie vielleicht noch brauchen konnte. Als Geiseln, die man gegen Geld, Waffen oder Rohstoffe tauschen konnte, als mögliches Faustpfand bei Verhandlungen mit den Kriegsgegnern über den Austausch von Staatsangehörigen, oder für irgendeinen unbestimmten Zweck, den die Organisatoren des Massenmords manchmal selbst nicht genau kannten. »Wir waren sogenannte Austauschjuden«, sagt Michael Gelber, der mit seiner Familie aus Westerbork nach Bergen-Belsen kam. »Austauschjuden« – der offizielle Begriff aus der Unmenschensprache der Nazis. Menschen als Ware, lebende Ware.

Es war ein Weg aus der Hölle – ein teuflischer Handel mit Menschenleben, vom »Reichsführer-SS« Heinrich Himmler erdacht, von Hitler persönlich genehmigt und von den NS-Bürokraten im Reichssicherheitshauptamt und im Auswärtigen Amt umgesetzt. Juden gegen Waffen oder Geld.

10 000 Lastwagen für das Leben von einer Million Juden forderte Himmlers Cheforganisator des Holocaust, Adolf Eichmann, von Vertretern des zionistischen Hilfs- und Rettungskomitees Wa'ada in Budapest. Der Budapester Rechtsanwalt Rudolf (Rezsö) Kasztner und sein Partner Joel Brand, beide damals 38, waren 1944 auf Eichmann und seine Helfershelfer zugegangen, um über die Rettung der ungarischen Juden zu verhandeln. Sie boten ihm Geld an, viel Geld, damit er die Todgeweihten verschont. Aber er wollte kein Geld. Er

wollte »kriegswichtiges Material«, wie er es ausdrückte. Er sagte zu, eine Million Juden an die Grenzen des neutralen Auslands zu bringen, damit sie von dort aus unbeschadet ausreisen konnten, sobald die 10 000 Lastwagen eingetroffen wären. Ein absurdes Geschäft – und blanke Erpressung angesichts des von Eichmann selbst organisierten Massenmords. Längst hatten auch in Ungarn die Massendeportationen nach Auschwitz begonnen. Die Alternative hieß Geld oder Leben.

Doch auch die beiden jüdischen Unterhändler selbst waren in ständiger Lebensgefahr. Jeden Tag konnte Eichmann sie nach Auschwitz abtransportieren lassen. Aber sie hatten keine Angst vor ihm. »Kasztner war ein sehr ambivalenter Mensch«, berichtet Ladislaus Löb, geboren 1933, der zusammen mit seinem Vater Izsó (Isaak) später auf einem der »Kasztner-Transporte« war und dadurch gerettet wurde. »Kasztner war ehrgeizig, er war arrogant, er war eitel, aber er hatte auch großen Mut gehabt. Das waren gerade die Eigenschaften, die man haben musste, um überhaupt mit einem Eichmann zu verhandeln.«

Adolf Eichmann, SS-Obersturmbannführer, Leiter des »Judenreferats« im Reichssicherheitshauptamt, der Administrator der »Endlösung« und damit schon damals mitverantwortlich für den Tod von Millionen Juden in Europa. Der Mann, der die Deportationen plante, die Güterzüge bei der Reichsbahn bestellte, die »Kapazitäten« der Vernichtungslager berechnen ließ und seine Erfolge, die Ermordung Hunderttausender Juden, in »Einheiten« oder »Stückzahlen« nach Berlin meldete. Er sollte jetzt entscheiden, ob er Juden freilässt. Das gehörte bislang nicht zu seinen Aufgaben, denn auch in Ungarn hatte er den Auftrag, das Land zu »säubern«, die Juden in die Vernichtungslager zu deportieren. Ungarn sollte, wie schon die anderen von den Nazis besetzten Länder zuvor, »judenrein« werden.

Nach dem Einmarsch der Wehrmacht im März 1944 zog Eichmann, damals 38 Jahre alt, mit etwa 200 Mann seines berüchtigten »Sonderkommandos« in Budapest ein und machte sich sofort an die Arbeit. Nirgendwo in Europa lebten zu dieser Zeit mehr Juden als in Ungarn – rund 800 000 Menschen. Eichmann ließ, auch mit Hilfe der örtlichen Behörden, schnell die Listen aufstellen, die SS und Gestapo »abarbeiten« sollten, systematisch und erbarmungslos.

Innerhalb weniger Wochen ließ Eichmann in Ungarn 450 000 Menschen in Richtung der Gaskammern von Auschwitz abtransportieren. Frauen, Männer, Kinder. Kasztner und Brand sahen in den Gesprächen mit dem Mörder die einzige Chance, dem Morden Einhalt zu gebieten oder wenigstens für einige wenige einen Aufschub zu erreichen. »Sie haben aus der Slowakei gehört, dass man mit der SS Geschäfte machen kann«, berichtet Ladislaus Löb, »und da haben sie gefragt, ob man ›auf wirtschaftlicher Grundlage‹ über die Rettung von Juden verhandeln könnte.«

Der Mörder zeigte sich tatsächlich gesprächsbereit. Seine Motive für die Gespräche schilderte Eichmann 1961 als Angeklagter in seinem Mordprozess vor dem Jerusalemer Bezirksgericht. Er habe Juden gegen Kriegsmaterial eintauschen wollen. »Da überlegte ich: Es muss ein großes Angebot werden, auf das meine Vorgesetzten eingehen«, so Eichmann, »Ich hatte inzwischen [...] die Zahl einfach auf eine Million festgesetzt, weil ich ... aus psychologischen Gründen, möchte ich mal sagen, meine Vorgesetzten ansprechen konnte, ohne dass ich Gefahr lief, gleich aus dem Zimmer hinausbefördert zu werden. Denn hätte ich dort etwa mit Mitgefühl oder Mitleid operiert, oder hätte ich mit 5000 operiert oder 10 000 – [Gestapo-Chef Heinrich, Anm. d. A.] Müller hätte mich nicht angehört. Aber diese Sache mit einer Million, das war neu. Das war zu groß, als dass es selbst Müller von sich aus hätte ablehnen können.«

Das Wort »Menschen« kommt dem ehemaligen SS-Obersturmbannführer Eichmann auch vor Gericht nicht über die Lippen. In seiner aktiven Zeit waren Juden für ihn »Material« oder auch einfach »Dreck«. Im Austausch gegen kriegswichtige Lastwagen wäre aber selbst die »minderwertige Rasse« wertvoll für die SS gewesen. Eichmann berichtet über die Weisungen seiner Vorgesetzten: »Das Ergebnis war – ich hab's fast selbst nicht glauben können – es wurde genehmigt, [...] und ich hörte, dass Himmler als Ergebnis die Motorisierung der 22. und 8. SS-Kavallerie-Division sich zum Ziel setzte.«

»Ware für Blut, Blut für Ware« – so lautete die Formel Eichmanns für diese Art von Handel. Das berichtete Joel Brand, einer der jüdischen Unterhändler aus Budapest, als Zeuge im Eichmann-Prozess. 15 Jahre nach dem Ende des Zweiten Weltkriegs saß Brand dem Mann wieder gegenüber, mit dem er um das Leben Tausender ringen musste. »Er war bereit, mir eine Million Juden zu verkaufen«, erklärte Brand im Zeugenstand, während er auf Eichmann deutete, »er sagte: ›Was wollen Sie gerettet haben? Gebärfähige Frauen, erzeugungsfähige Männer?‹ Er sagte nicht: Zeugungsfähige Männer.«

Kasztner und Brand hatten sich auf diese Verhandlungen unter ungleichen Partnern eingelassen, obwohl sie keine Ahnung hatten, woher sie auch nur einen Lastwagen nehmen sollten. Die Nazis ließen Joel Brand nach Istanbul reisen, wo er mit den Alliierten über die Lieferung der Kriegsgüter verhandeln sollte.

Kasztner blieb in Budapest. Er versuchte, Eichmann hinzuhalten, während er gleichzeitig heimlich im Untergrund mehreren Juden zur Flucht verhalf. Mehrfach wurden Kasztner und andere Mitglieder des Rettungskomitees verhaftet und misshandelt, unter ihnen auch Joel Brands Frau Hansi, die zwischenzeitlich Kasztners Geliebte war. Kasztner war ein mutiger, hochintelligenter Mann – und ein Spieler, der hoffte, er könne den Bürokraten Eichmann austricksen. In Wahrheit gab er Zusagen ab, die seine Möglichkeiten weit überstiegen.

Anfangs wähnte Kasztner mächtige Verbündete auf seiner Seite: die jüdischen Organisationen weltweit, die Vertreter der neutralen Schweiz, die Alliierten und sogar den allmächtigen »Reichsführer-SS« Heinrich Himmler, der gegen Ende des Krieges die Deportationen nach Auschwitz aussetzte, als humanitäre Geste, wie er es empfand, mit der er sich bei den Alliierten als Verhandlungspartner für einen Sonderfrieden empfehlen wollte.

Der phantastische Deal mit den Lastwagen kam nicht zustande. Die Alliierten hatten nicht das geringste Interesse, mit Nazi-Deutschland zu verhandeln. Kasztners Partner Joel Brand wurde beim Versuch, nach Palästina zu gelangen, für einen Agenten gehalten und verhaftet. Brand kehrte nicht nach Ungarn zurück. Eichmann begann wieder mit den Deportationen, er ließ die Züge wieder nach Auschwitz rollen und setzte damit seine jüdischen Gesprächspartner unter mörderischen Druck. Bei den Unterredungen mit Kasztner tobte er zuweilen wie ein Wahnsinniger und drohte mit der Ermordung aller Juden in Ungarn. Er wollte die »Endlösung« zu Ende bringen. Ohnehin, so Eichmann, glaube er nicht an das »Geschacher«.

Eichmann rechtfertigte sich 1961 in seinem Prozess mit dem Befehlsnotstand: »Ich habe aber sowohl Joel Brand als auch Frau Hansi Brand als auch Dr. Kasztner gesagt«, erklärte er, »dass der Befehl aus Berlin lautet: ›Es wird so lange deportiert und erst dann eingestellt, wenn Joel Brand mit der Erklärung zurückkommt, dass diese Sache von den jüdischen Organisationen des Auslandes angenommen ist.‹ Das war ein Befehl, den ich bekam, den ich nicht zu ändern vermochte.«

Himmler ließ bis Herbst 1944 deportieren und verfolgte zugleich die Austauschidee weiter. Das hatte mehrere Gründe: Er brauchte Waffen, Rohstoffe und Kriegsgüter für die SS, die im zerstörten Deutschland längst nicht mehr zu bekommen waren, und er wollte die Juden angesichts des nahenden Kriegsendes als Faustpfand behalten.

Der SS-Chef schickte einen Sonderbeauftragten nach Budapest: Kurt Becher, SS-Obersturmbannführer wie Eichmann, aber im Gegensatz zu diesem ein enger Vertrauter Himmlers. Der passionierte Reiter und SS-Kavallerist galt als Spezialist für heikle Aufgaben und hatte sich aus Sicht seiner Vorgesetzten besonders bei der »Partisanenbekämpfung« in der Ukraine bewährt.

In Budapest hatte Becher vor allem drei Aufgaben: Er sollte jüdisches Vermögen plündern, er sollte den größten Industriekonzern Ungarns unter die Herrschaft der SS bringen, und er sollte die Sache mit dem Tauschhandel zum Abschluss bringen, zur Not an Eichmann vorbei und gegen dessen hinhaltenden Widerstand.

So schlossen der jüdische Anwalt Kasztner und der SS-Karrierist Becher einen Pakt. Es begann mit einem Handel um Leben und Tod zwischen sehr ungleichen Partnern, wurde zu einer Art Interessengemeinschaft und endete als befremdlich anmutende Freundschaft zweier Männer, die mit List und Hartnäckigkeit ihre Ziele verfolgten – jeder für sich und jeder auf seine Weise. Gegen Zahlung eines Lösegelds von rund zwei Millionen Dollar wollte Becher die Ausreise in die Schweiz garantieren (Becher: »Pro Jude 1.000 Dollar«). Eichmann widersetzte sich, er wollte seine große Aufgabe, die »Endlösung« zu Ende bringen. Es begann ein zermürbendes Gerangel mit Eichmann, der unterdessen weiter morden ließ.

Becher und Kasztner wurden zu Verschwörern zwischen den Fronten des Holocaust. Mehrmals glaubten sie sich am Ziel, doch sie scheiterten, weil ihre Verbündeten sie im Stich ließen. Becher hat sich einmal über seine Zeit in Budapest und sein Verhältnis zu Kasztner geäußert. Im Interview 1994 mit der israelischen Journalistin Ilana Dayan, ein Dreivierteljahr vor seinem Tod. Ein Auszug:

> BECHER: »Wir waren Freunde. Wir sind per Du gewesen, wir haben uns geduzt. Ich habe nicht gesagt: ›Herr Kasztner‹, ich habe gesagt: ›Rudolf‹. Verstehen Sie, was das heißt?«
>
> FRAGE: »Hat er Sie auch geduzt?«
>
> BECHER: »Ja, natürlich.«
>
> FRAGE: »Wie kamen Sie mit Eichmann persönlich aus?«
>
> BECHER: »Herr Eichmann hat mich als seinen Gegner angesehen. Denn ich habe das getan, was er nicht wollte, denn ich habe seine Wünsche gestört, indem ich mich bei Himmler für meine Interessen, für die jüdische Seite, eingesetzt habe.«

Im Sommer 1944 einigten sich die jüdischen Unterhändler mit den SS-Mördern in Budapest doch noch darauf, dass rund 1700 ungarische Juden gegen Zahlung von rund zwei Millionen Dollar – inklusive einiger »Zusatzkosten« – ausreisen durften. 1.000 Dollar für ein Menschenleben, das war der Preis. »Die Deutschen wollten Kasztner erpressen«, analysiert Yehuda Blum, der als 13-Jähriger mit seiner Familie zur »Kasztner-Gruppe« gehörte, aus Budapest ausreisen durfte – und damit dem sicheren Tod entging. Blum war später Jura-Professor in Tel Aviv und zwischen 1978 und 1984 Botschafter Israels bei den Vereinten Nationen. »Aber die Deutschen wussten auch«, sagt er, »dass es sich lohnte, Kasztner am Leben zu halten. Sie dachten, sie brauchen ihn als Zeugen nach dem Krieg. Das war Kasztners Lebensversicherung.«

Über die Verhandlungen mit Eichmann und Becher sowie über die Arbeit des Budapester Rettungskomitees verfasste Rudolf Kasztner 1946 einen 170 Seiten umfassenden Bericht für den Weltzionistenkongress in Basel. Im Jahr 1961 erschien eine Taschenbuchausgabe unter dem Titel *Der Kastner-Bericht über Eichmanns Menschenhan-*

del in Ungarn in Deutschland. Während des Zweiten Weltkriegs hatte Kasztner Tagebuch geführt. Auf diesen Aufzeichnungen basierte sein Report, der bis in alle Einzelheiten auch die Zusammenkünfte mit Eichmann, Becher und anderen SS-Führern in Budapest schilderte. Gerade die präzise Beschreibung und der nüchterne Stil machen diesen Bericht zu einem einzigartigen Zeitdokument. Kasztner schildert Eichmann als herrischen und jähzornigen Gesprächspartner, zynisch und gefühllos, der so gar nicht zu der Maske des biederen Befehlsempfängers passen will, hinter der sich der Angeklagte Eichmann in seinem Jerusalemer Mordprozess versteckte. In den Gesprächen mit Kasztner und Brand bezeichnete Eichmann die Juden als »Dreck«, den es zu beseitigen galt, ständig drohte er mit Massendeportationen und natürlich auch mit der Ermordung seiner beiden Gesprächspartner. Hier gerierte er sich als Herr über Leben und Tod von Hunderttausenden.

Kaum jemals wurden das Innenleben der NS-Vernichtungsmaschinerie und die Gewissenlosigkeit eines Vollstreckers wie Eichmann – das, was Hannah Arendt anlässlich des Jerusalemer Prozesses »Banalität des Bösen« nannte – so präzise beschrieben wie in diesem Buch. »Es liest sich«, schrieb der SPD-Politiker Carlo Schmid im Vorwort zur deutschen Taschenbuchausgabe, »wie die ausführliche und sorgfältige Aktennotiz eines redlichen Sachwalters, der über seine Bemühungen Rechenschaft ablegt, einige hunderttausend Menschen – vor allem Juden aus Ungarn – vor der Vernichtung durch das Giftgas oder den Genickschuß der Schinderknechte Himmlers und Eichmanns zu retten.« Aber gerade dieser Stil, so Carlo Schmid, hebe die Essenz der »Furchtbarkeit des Fürchterlichen […] reiner ins Bewußtsein, als es eine emotionaler geratene Schilderung zu tun vermöchte.«

So berichtet Kasztner über ein Zusammentreffen mit Eichmann im SS-Hauptquartier in Budapest:

> »Eichmann beginnt zu brüllen.
> ›Sie können sich einen Stuhl nehmen!‹
> Ich schweige.
> Einen Tobsuchtsanfall muß man zunächst vorbeigehen lassen.

Mir ist klar, was jetzt auf dem Spiel steht. […] Wenn Eichmann nicht jetzt und hier zum Einlenken gezwungen werden kann, dann waren wir, als wir in diesem Roulettespiel der Menschenleben auf die deutsche Nummer setzten, genauso naive Verlierer wie so viele vor uns im besetzten Europa. Dann war die Zahlung so vieler Millionen ein törichter Wahn gewesen. *Der Verlierer in diesem Spiel heißt aber auch Verräter.*

›Was wollen Sie denn eigentlich?‹ fängt Eichmann endlich das Gespräch an.

›Ich muß darauf bestehen, daß unsere Vereinbarungen eingehalten werden. Wollen Sie die von uns vorgeschlagenen Menschen aus der Provinz nach Budapest bringen?‹

›Wenn ich einmal nein gesagt habe, dann bleibt es dabei!‹

›Dann hat es unsererseits keinen Zweck, weiter zu verhandeln.‹ Ich tue so, als ob ich aufstehen wollte.

›Ihre Nerven sind überspannt, Kasztner; ich schicke Sie nach Theresienstadt, damit Sie sich erholen. Oder ziehen Sie Auschwitz vor?‹

›Es wäre zwecklos. Kein anderer wird meinen Platz einnehmen.‹

›Verstehen Sie mich einmal, ich muß diesen jüdischen Dreck aus der Provinz ausräumen! Da hilft kein Argument, kein Weinen!‹«

Kasztner versuchte es dennoch immer wieder mit Argumenten, wie er an anderer Stelle seines Berichts schildert. Er eröffnete das Gespräch mit einer Frage an Eichmann:

»›Falls Sie die ungarischen Juden vergasen lassen, woher werden Sie dann die »Ware« nehmen, die Sie für die Lastautos liefern wollen?‹

›Haben Sie keine Sorgen. Da sind die Kinder zwischen zwölf und 14 Jahren. Die lassen wir leben. Wissen Sie, in ein bis zwei Jahren reifen auch die zur Arbeit heran. Aber ich kann auch polnische Juden oder solche aus Theresienstadt liefern; das können Sie ruhig mir überlassen.‹

›Ich frage also, Herr Obersturmbannführer, glauben Sie nicht, daß es richtig wäre, zumindest einen Teil der ungarischen Juden vor Auschwitz zu retten?‹

›Wie meinen Sie das?‹

›So, daß eine gewisse Zahl von Juden, sagen wir 100.000, hier im Land bleibt, bis man sie aufgrund der Vereinbarungen ins Ausland auswandern lassen kann.‹

›Nein, nein, nein! Davon kann überhaupt nicht die Rede sein. Ich habe schon x-mal gesagt, ich kann ungarische Juden nur ab Deutschland verkaufen. In Ungarn darf kein einziger bleiben.‹«

»Wer dieses Buch gelesen hat, wird sich nicht damit begnügen wollen, entsetzt zu sein«, kommentiert Carlo Schmid, »er wird begriffen haben oder begreifen wollen, was jene Zeit möglich machte: Die [...] Reduktion des Menschen auf ein ›Material‹, ein Material, dessen Wert oder Unwert ausschließlich in seiner Verwertbarkeit für bestimmte Zweckhaftigkeiten eines Kampfes ums Dasein liegen soll.«

Und solange der »Reichsführer« in Berlin, Himmler, einen Nutzen in diesen Verhandlungen sah, wurde die Idee weiterverfolgt. Himmler brauchte Devisen, um kriegswichtige Güter anzuschaffen. Und er wollte die Juden als Faustpfand behalten, um mit den Alliierten über den Austausch von Staatsangehörigen zu verhandeln. Himmlers Wahnideen vom »großgermanischen Reich« sahen vor, alle auf der Welt versprengten »Reichsdeutschen« wieder auf heimischer Scholle zu vereinen. Die »Rassegenossen« der Juden in den Vereinigten Staaten, so glaubten Himmler und seine Helfer, müssten ein besonderes Interesse daran haben, jüdische US-Bürger aus Deutschland freizukaufen. Ganz am Schluss hoffte der SS-Chef, er könne seine jüdischen Geiseln angesichts des drohenden Kriegsendes als Alibi für seine persönlichen Zwecke einsetzen. »Himmler hat offensichtlich geglaubt«, sagt der Holocaust-Forscher und Himmler-Biograph Peter Longerich im Interview, »er könnte sich mit dem Gestus des humanitären Vermittlers nun bei den Alliierten und auch beim jüdischen Weltkongress einführen, weil er einigen Juden das Leben schenkt, und man würde ihn tatsächlich ernst nehmen.«

Im Dezember 1944 gingen im britischen Außenministerium Informationen ein, die Deutschen würden einen deutsch-jüdischen

Austausch vorschlagen, wenn sie die Zusicherung bekämen, dass die Alliierten nach Kriegsende auf eine gerichtliche Verfolgung von Kriegsverbrechen verzichten würden. Zu solchen Zugeständnissen gegenüber dem Nazi-Regime waren allerdings weder die Briten noch die USA bereit. Ein Beamter des britischen Foreign Office vermerkte noch am 7. April 1945, einen Monat vor der deutschen Kapitulation, in einer Aktennotiz: »*We are, of course, keeping very clear of any ›Kuh-Handel‹ for the release of Jews.*«

Kasztner und seine Mitstreiter im jüdischen Rettungskomitee hatten keine Wahl. Sie ließen sich auf die teuflische Erpressung ein. Zwei Millionen Dollar in Form von Bargeld, Wertpapieren und Schmuck wurden in Budapest unter jüdischen Familien gesammelt.

Akten der Gruppe »Inland II« des Auswärtigen Amtes, zuständig für die außenpolitischen Aspekte der »Endlösung der Judenfrage«, geben Auskunft über die Motivation der Nazi-Führung für diesen Deal. Das Reichssicherheitshauptamt, heißt es in einer Vortragsnotiz zur Vorlage beim Reichsaußenminister vom 26. September 1944, habe dem Auswärtigen Amt mitgeteilt, es handele sich »um eine Aktion zur Beschaffung kriegswichtiger Waren für die SS«. Die Gegenleistung für die »Freilassung« dieser Juden, so der Vermerk, sei der SS zugutegekommen. Worin dieses Geschäft im Einzelnen bestanden habe, sei in Berlin nicht bekannt, da die Verhandlungen zwischen dem Reichsführer und dem Beauftragten zur Durchführung dieser Angelegenheit, Obersturmbannführer Eichmann, direkt und nur mündlich stattgefunden hätten. Im Übrigen sei aus sicherheitspolizeilichen Gründen über die Angelegenheit nichts Schriftliches festgelegt worden. Aus den gleichen Gründen könne das Auswärtige Amt diesen Bescheid auch nur mündlich erhalten.

Menschenleben im Tausch gegen Kriegswaren für die SS: ein teuflischer Pakt. »Was war denn die Alternative zu diesem Handel?«, fragt Yehuda Blum. »Man klammerte sich damals an jeden Strohhalm«, erinnert er sich beim Interview, »Kasztner wollte Juden retten, das ist ja klar. Er hat seine Seele nicht an den Satan verkauft. Er wollte Juden retten.«

Hitlers Menschenhandel – ein fast unbekanntes Kapitel aus der Schreckensgeschichte des Holocaust, ein perfides Geschäft mit dem

Tod. Aber an die 9000 Menschen konnten in den Jahren des Zweiten Weltkriegs überleben, weil sie ausgetauscht oder für einen Austausch bereitgehalten wurden und so dem sicheren Tod in einem der Vernichtungslager entgingen. 9000 – diese Zahl mag gering erscheinen, verglichen mit den sechs Millionen Opfern des Massenmordes. Und doch war der Handel mit den Mördern für viele Juden in Europa der einzige Hoffnungsschimmer inmitten der Finsternis.

Dieses Buch erzählt die Geschichte derer, die durch diesen Pakt mit dem Teufel gerettet wurden. In Wahrheit war der Handel mit den Mördern nichts weiter als ein jahrelanger Kampf ums nackte Überleben. Auch diesen Opfern des Nazi-Terrors war nichts mehr geblieben als die Kleidungsstücke, die sie am Leib trugen, auch sie gingen durch die Hölle der Verfolgung, auch sie wurden jahrelang in Konzentrationslagern gefangen gehalten, und längst nicht alle erlangten am Ende die ersehnte Freiheit. Oft entschied ein Stück Papier, im richtigen Moment vorgezeigt, über Leben oder Tod. Oft fielen auch die »Austauschjuden« der Willkür und dem Sadismus ihrer Bewacher zum Opfer, Tausende wurden zuweilen »versehentlich« ermordet. Rudolf Kasztner schildert einen solchen Fall in seinem Bericht:

»Der Zufall mischte sich ein und machte sich zum Richter über Leben und Tod. Der Zug, den man aus den Ghettos Györ und Komarom nach Österreich hätte leiten sollen, ging nach Auschwitz. Der begleitende SS-Scharführer hatte es so veranlaßt. Versehentlich. Aus Gewohnheit. An der slowakischen Grenze wurde der Zug jedoch aufgehalten, da seine Nummer nicht im Transitabkommen figurierte. Der Begleiter verlangte von Eichmann telegraphisch Weisung.

Die ungeheure Spannung der Entscheidungen wiederholt sich. Nur ist diesmal der einzelne gelähmt, kann nicht mittun. Vergeblich rütteln die Triebe, vergeblich schreien sie, brüllen sie: Rette dich! Handle! 3000 Juden sind in die Waggons eingesperrt, gefesselt, leblose Objekte. Diesmal wird das Schicksal souverän.

Keiner weiß genau, worum es geht, und doch weiß es jeder: Daß sie am großen Scheideweg stehen. Wohin geht der Zug weiter? Sie können nicht zum Fernsprecher gehen, nicht mithören, nicht mitzittern. Und nie erfahren sie, wie sich Eichmann entschied: ›Na, wenn sie schon an der slowakischen Grenze sind, dann fahren sie halt schön weiter! Nach Auschwitz! Gell?!‹ Die Nummern zweier Züge waren bloß ausgetauscht worden. Der Zug aus Györ kam nach Auschwitz, und mit ihm ging ein anderer Großer des Judentums, Rabbi Dr. Emil Roth, der Rabbiner der Gemeinde Györ, einer der wahren Helden dieser Zeit, gemeinsam mit den vom Schicksal auserwählten 3000 Juden in den Tod. An Stelle des Zuges aus Györ fuhr ein anderer, aus Debrecen, der für Auschwitz bestimmt war, nach Österreich. Das Schicksal geht seine eigenen Wege.«

Unter den Austauschhäftlingen, die in Nazi-Haft auf ihre Freilassung hofften, starben viele an Auszehrung oder Infektionskrankheiten. Hunderte weitere starben noch auf den Transporten, die sie in die Freiheit bringen sollten. So auch der Vater von Irene Butter. Am 21. Januar 1945, wenige Wochen vor Kriegsende, bekamen sie und ihre Familie endlich die Erlaubnis, das Konzentrationslager Bergen-Belsen zu verlassen. Sie stiegen in einen Zug; wohin er fahren sollte, wussten sie nicht. »Sie sagten uns nur, wir würden ausgetauscht, aber darauf konnte man sich ja nicht verlassen«, erinnert sich Irene Butter. »Noch während der Fahrt starb mein Vater. Wir waren überhaupt nicht darauf vorbereitet, weil doch meine Mutter schon seit Monaten schwer krank war, nicht mein Vater. Ich sagte noch zu ihm: ›Weißt du, wir sind jetzt fast frei.‹ Aber er sagte: ›Ich schaffe es nicht.‹ Dann starb er.«

Irene Butter wurde zusammen mit ihrem Bruder und der Mutter tatsächlich freigelassen – ausgetauscht gegen Deutsche, die in Südamerika lebten und noch Anfang 1945 »heim ins Reich« wollten, zu ihrem Führer Adolf Hitler. Über die Schweiz gelangte die Familie schließlich in die USA. Irene Butter war 1930 in Berlin geboren worden, ihr Vater hatte dort als Bankier gearbeitet. Seit 1937 war die Familie permanent auf der Flucht vor den Nazis gewesen. Zuerst in Berlin, später in den Niederlanden. Der Versuch, von Rotterdam aus nach Übersee zu fliehen, scheiterte. 1943 wurde die gesamte Familie in Holland von den Nazis verhaftet. Danach begann ihre Odyssee durch die Konzentrationslager, die erst in den allerletzten Kriegstagen endete. Ihr Weg in die Freiheit führte durch die Hölle.

Irene Butter lebt heute in Ann Arbor im US-Bundesstaat Michigan. Keiner ihrer Schicksalsgenossen, über die dieses Buch berichtet, ließ sich nach dem Ende des Zweiten Weltkriegs wieder in Deutschland nieder. Die Suche nach den »Austauschjuden« führt heute in alle Welt.

In die USA zu Irene Butter und Marietta Moskin.

Nach England zu Ladislaus Löb.

Nach Frankreich zu Francine Christophe und Claude Saurel.

Nach Holland zu Michael Gelber.

Nach Israel zu Sonni Schey, Moshe Nordheim, Walter Guttmann, Yehuda Blum und Heinrich Schönker.

Sie sind die letzten Überlebenden der Generation der »Austauschjuden«. Damals waren sie Kinder und Jugendliche, inzwischen haben die meisten von ihnen selbst Enkel und Urenkel. Was sie erleben und erleiden mussten, und wie sie schließlich gerettet wurden, darüber berichtet dieses Buch. »Wir müssen darüber sprechen, solange wir können«, hatte uns Marietta Moskin bei unserem Besuch 2010 in New York noch mit auf den Weg gegeben. Sie ist im August 2011 im Alter von 83 Jahren gestorben.

2.

DER UMSCHLAGPLATZ DER MENSCHENHÄNDLER

Als britische Soldaten das Konzentrationslager Bergen-Belsen am 15. April 1945 zum ersten Mal betraten, entdeckten sie den Vorhof der Hölle. Allein in den letzten Kriegsmonaten waren hier Zehntausende von Häftlingen an Auszehrung und Seuchen wie dem Fleckfieber gestorben. Auch Häftlinge, die bis zuletzt darauf gehofft hatten, ausgetauscht zu werden. Niemand hatte sich mehr die Mühe gemacht, die Leichen wegzuräumen oder gar zu bestatten. Etwa 60 000 Überlebende fanden die Befreier auf dem Gelände des Lagers am Rande der Lüneburger Heide vor, die allermeisten in erbärmlichem Zustand. Eine Evakuierung der Gefangenen, wie sie in anderen Konzentrationslagern von der SS angeordnet worden war, war wegen der Fleckfieberepidemie nicht mehr möglich gewesen. »Kein Bericht und keine Fotografie kann den grauenhaften Anblick des Lagergeländes hinreichend wiedergeben«, vermerkte damals der britische Militärarzt Glyn Hughes, »an zahlreichen Stellen waren die Leichen zu Stapeln von unterschiedlicher Höhe aufgeschichtet … Überall im Lager lagen verwesende menschliche Körper.«

Mit den Truppen kamen auch Kameramänner, die den Vormarsch der Briten im Deutschen Reich – oder dem, was davon noch übrig war – festhielten. Als die Lkw-Kolonne der Briten durch die Zufahrtstraße zum Lager fuhr, wurde sie zunächst von weiblichen Häftlingen mit Applaus empfangen. Eine Frau saß am Boden und küsste heftig schluchzend die Hand eines Befreiers. Ausgemergelte Jugendliche löffelten Suppe aus einem Blechnapf. Sie blickten auf, als sie die Kamera bemerkten.

Die britischen Kameramänner hielten das Grauen in ihren stummen Schwarzweiß-Bildern fest. Man sieht Berge von Leichen, kaum lassen sich die einzelnen Toten in dieser Masse ausmachen. In grotesk wirkenden Verrenkungen liegen sie zusammen, abgemagert bis aufs Skelett. Schwere Bagger räumen die Leichenberge beiseite, als wären sie Bauschutt. SS-Mannschaften müssen unter britischem Kommando Massengräber ausheben, achtlos werfen deutsche KZ-Aufseherinnen die Leichen in die Gruben. Und inmitten der Apokalypse zeigt die Kamera Überlebende, die von dem Geschehen um sie herum keine Notiz nehmen, als wären sie blind oder taub. Sie liegen auf dem nackten Boden oder schleppen sich wie in Zeitlupe vorwärts. Großaufnahmen zeigen völlig ausgezehrte Gesichter, stumpfe Augen, die den Blick längst nach innen gewendet haben. Teilnahmslos oder ungläubig starren die Überlebenden in die Filmobjektive ihrer Retter. Viele der Befreiten starben noch in den Wochen nach der Befreiung.

Der britische Militärarzt Hughes, der später die Rettungsmaßnahmen leitete, mag Recht haben: Nichts vermag das Grauen auch nur annähernd wiederzugeben, das in Bergen-Belsen herrschte, und dennoch sind diese Aufnahmen der britischen Armee von unschätzbarer Bedeutung. Sie waren, wie die Bilder der sowjetischen Kameramänner im befreiten Konzentrationslager Auschwitz, die ersten unwiderlegbaren Zeugnisse eines bis dahin undenkbaren Verbrechens. Für alle Zeiten auf Film gebannte Beweise für den Völkermord, der im Zeichen des Rassenwahns im Nazi-Reich geschah. Während des Krieges hatte es nur wenige Berichte von entflohenen Häftlingen gegeben, die so unvorstellbar klangen, dass sie selbst von Kriegsgegnern der Deutschen zuweilen angezweifelt wurden. Aufgrund dieser Bilder wurde Bergen-Belsen zum Symbol für das Grauen des Holocaust, seit 1945, wie auch Auschwitz, ein Synonym für den Massenmord der Nazis an den Juden.

In den überfüllten Baracken fanden die britischen Soldaten noch Tausende von Gefangenen »in allen Stadien der Auszehrung und Krankheit«, wie Militärarzt Hughes notierte. Dass sie auch den Schauplatz eines grausamen Spiels um Geld und Leben entdeckt hatten, wussten die Befreier zu diesem Zeitpunkt noch nicht. Bergen-

Belsen war der Handelsplatz, den die Nazis für ihre »Austauschjuden« eingerichtet hatten. Im Frühjahr 1943 war in einem nicht mehr genutzten Bereich des Kriegsgefangenenlagers ein »Sonderlager« für Juden geschaffen worden, die zunächst von der Deportation in die Vernichtungslager ausgenommen werden sollten. Das »Aufenthaltslager« war von Anfang an der Konzentrationslagerverwaltung unterstellt, es nahm allerdings eine gewisse Sonderstellung innerhalb des Konzentrationslagersystems ein: Während die Zahl der ermordeten Juden bereits in die Millionen ging, sollten in Bergen-Belsen zunächst einige tausend Juden konzentriert werden, um »jederzeit über diese Personen bei einem evtl. Austausch verfügen zu können«, wie es die Rechtsabteilung des Auswärtigen Amtes ausdrückte. »Das Austauschlager hatte überhaupt nichts mit humanitären Erwägungen zu tun«, sagt Thomas Rahe, der historische Leiter der Gedenkstätte Bergen-Belsen, »die Einrichtung war rein pragmatisch bedingt, auch die Auswahl der Häftlinge. Man versprach sich einen besonderen Nutzen davon. Bergen-Belsen war die große Ausnahme von der Regel. Die Regel hieß Massenmord.«

Hierher, ins sogenannte »Sternlager« (wegen des gelben Davidsterns, den die Gefangenen tragen mussten), verschleppten die Nazis ihre jüdischen Geiseln aus ganz Europa, vor allem polnische und holländische Juden mit Einreisezertifikaten für Palästina sowie mit lateinamerikanischen Pässen; nur wenige dieser Häftlinge allerdings wurden tatsächlich ausgetauscht – gegen Devisen, Waffen oder sogenannte »Reichsdeutsche« im Ausland, die Himmler »heim ins Reich« holen wollte.

Davon abgetrennt war das »Ungarnlager«, in dem seit Juli 1944 auch die 1684 ungarischen Juden gefangen gehalten wurden, die Eichmann nach den Verhandlungen mit Rudolf Kasztner und Joel Brand aus Budapest ausreisen ließ. Am 7. Dezember 1944 trafen weitere 2200 ungarische Juden aus dem Arbeitslager Strasshof bei Wien ein, die wegen ihrer »bevorzugten Stellung« nicht nach Auschwitz transportiert werden sollten.

In den Jahren 1943 und 1944 wurden so insgesamt etwa 14700 jüdische Häftlinge, die Ausweispapiere besaßen oder über Verbindungen zum »feindlichen Ausland« verfügten, die die SS und das Auswärtige Amt für sich nutzbar machen wollten, in das von den Nazis sogenannte »Aufenthaltslager« Bergen-Belsen verschleppt. Dort sollten die Häftlinge so lange bleiben, bis sich herausgestellt hatte, ob für ihre Freilassung eine Gegenleistung erzielt werden konnte. Neben dem »Sternlager« und dem »Ungarnlager« standen noch das »Neutralenlager« für Juden aus neutralen Staaten und das »Sonderlager« für die aus Polen deportierten Juden zur Aufnahme bereit. »Das Besondere von Bergen-Belsen war«, berichtet Michael Gelber, der im Januar 1944 ins Lager kam, »dass es ein ›Sonderlager‹ war, ein ›Bevorzugtenlager‹, wo man nicht ermordet wurde – jedenfalls haben wir das anfänglich gehofft. Viele sind dennoch krepiert, man ging kaputt, da war Hunger, da war Typhus. Aber die meisten der anderen Lager – Sobibor, Auschwitz, Buchenwald, Treblinka – waren Vernichtungslager, Bergen-Belsen war kein Vernichtungslager.«

Von allen jüdischen Häftlingen in Bergen-Belsen kamen etwa 2550 durch Austausch frei, knapp zwei Drittel davon machten die Angehörigen der »Kasztner-Gruppe« aus. Etwa 2150 Häftlinge aber, deren Nachweise für die Staatsangehörigkeit von den entsprechenden Staaten nicht anerkannt wurden und die damit für Austauschzwecke »nutzlos« geworden waren, wurden 1943 und 1944 von Bergen-Belsen nach Auschwitz deportiert, wo sie ermordet wurden. »Die SS ging auch im Fall der ›Austauschjuden‹ über Leichen. Da herrschten Zynismus und Pragmatismus«, sagt Thomas Rahe, »Zynismus insoweit, weil man sich sagte: ›Nach Auschwitz können wir die immer noch verlegen.‹ Und Pragmatismus, weil die SS den Wert der Häftlingspapiere in Ruhe daraufhin prüfen wollte, ob bei möglichen Austauschaktionen eine entsprechende Gegenleistung zu erwarten ist.«

So befanden sich die Häftlinge in Bergen-Belsen ständig zwischen der Hoffnung auf Freilassung und der Furcht vor der Ermordung in einem der Vernichtungslager. »Wir stehen außerhalb der Zeit, außerhalb des Lebens, außerhalb des Raumes«, notierte der Amsterdamer Rechtsanwalt Abel J. Herzberg, einer der Häftlinge im »Sternlager«. »Jeder Mensch ist – solange er in der Gesellschaft lebt – in seiner Weise ein kleines Rädchen im großen Triebwerk der menschlichen Gemeinschaft. Er empfängt Anstöße und gibt die Bewegung weiter.

Und sei seine Rolle auch noch so bescheiden, durch sein Dasein treibt er das Ganze ein klein wenig mit. Aber wir? Wir sind gar nichts mehr. Wir sind aus dem Ganzen ausgeschlossen, wir empfangen nichts und geben nichts. Kein Einfluß wirkt von außen her auf uns ein, keine Wirkung geht von uns aus. Es existiert nur der Wille, uns zu vernichten.«

Hoffnung kam auf, als Anfang Juli 1944 erstmals 222 Gefangene aus Bergen-Belsen – im Austausch gegen Templer, deutschstämmige Siedler aus Palästina (1941 und 1942 hatten schon zwei deutsch-palästinensische Austauschaktionen stattgefunden, die nicht über Bergen-Belsen liefen) – nach Palästina ausreisen durften. Angehörige der protestantischen Templer-Sekte waren im 19. Jahrhundert aus Süddeutschland ins »Heilige Land« ausgewandert und hatten sich dort als Bauern niedergelassen. Im Jahr 1939 lebten etwa 1300 Templer in Palästina, viele von ihnen waren zu Anhängern Hitlers geworden und wollten zurück ins Reich, was allerdings in Kriegszeiten nicht mehr so einfach möglich war.

Palästina war britisches Mandatsgebiet, somit galten die Deutschen seit Beginn des Zweiten Weltkriegs als Feinde. Die wehrfähigen Männer unter den Templern wurden interniert – soweit sie sich nicht vorher durch Flucht nach Deutschland der Haft entzogen hatten. Einige kämpften in der deutschen Wehrmacht und versuchten, alle Hebel in Bewegung zu setzen, um auch ihre Familien ins Reich zurückzuholen. Sie wurden sogar bei SS-Chef Himmler vorstellig, der sich in seiner Funktion als »Reichskommissar für die Festigung des deutschen Volkstums« (RKF), eine Art Minister für Rassefragen, sehr für die Rückkehr der Palästinadeutschen interessierte. »Himmler hat vor allem während des Krieges die Idee seines großgermanischen Reiches zu verwirklichen versucht«, sagt Historiker Peter Longerich, »dazu gehörte auch, dass man die Aussiedler, die im 19. Jahrhundert sozusagen verlorengegangen waren, wieder nach Deutschland zurückholte.« Mit den Templern hatte Himmler besondere Pläne: Er wollte sie nach Kriegsende an der Südküste der Krim ansiedeln. Er stimmte zur Rückführung der Palästinadeutschen einer Austauschregelung zu. Nach Verhandlungen mit der Schweizer Gesandtschaft, die als Schutzmacht britische Interessen vertrat, ging die Regierung in London auf den Deal ein, und so durfte die erste Gruppe von »Austauschjuden« das Lager Bergen-Belsen verlassen.

Andere Häftlinge aus Bergen-Belsen schafften es nur bis ins Internierungslager Biberach. Dort wurden sie festgehalten, weil im Ausland zu wenige deutsche Internierte für den Austausch bereitstanden. Im Juli 1944 waren im Sternlager noch etwa 4100 »Austauschjuden« inhaftiert. Im Januar 1945 durften schließlich 136 Gefangene mit lateinamerikanischen Pässen über die Schweiz ausreisen, darunter auch die damals 14-jährige Irene Butter mit ihrer Familie. Die Pässe hatte ihr Vater bereits in Amsterdam über die Botschaft Ecuadors organisiert. »Am Ende war es in Bergen-Belsen das Schlimmste, morgens aufzuwachen«, erinnert sich Irene Butter an ihre letzten Tage im Lager, »abends ging man schlafen und hoffte, am nächsten Morgen noch zu leben. Aber wenn man aufwachte, sah man überall Leichen.«

Für Sonni Schey, geborene Birnbaum, aus Berlin war das zehntausendfache Sterben in diesen letzten Kriegsmonaten »eine schlichte Tatsache« – wie wohl für die meisten anderen Häftlinge. Aber trotz des Grauens hat die damals 16-Jährige der Überlebenswille nicht verlassen. »Zwischen den Leichen«, berichtet sie, »waren ja Freunde, Bekannte, und ich dachte immer, ja morgen liege ich da auch. Ich will aber nicht, ich will leben.«

Alte und Schwache hatten keine Chance. »Es ist keiner rausgekommen aus Bergen-Belsen, der älter als 65 Jahre war«, hat der damals neunjährige Michael Gelber beobachtet, der ein Jahr zuvor nur knapp eine Typhusinfektion überlebt hatte. »Alles, was älter war, ist gestorben, und alles, was im Babyalter war, ist gestorben.«

Heinrich Schönkers Großvater starb im März 1945 an Unterernährung, wenige Wochen vor der Befreiung Bergen-Belsens. Schönker war damals 14 Jahre alt. Seine Familie stammte aus einer Stadt in Oberschlesien, Oświęcim – Auschwitz. Wie viele andere hatten sie gegen Ende des Krieges einen jahrelangen Alptraum hinter sich, mit schlimmen Erlebnissen im Ghetto Bochnia und in Warschau. »Als mein Großvater so kurz vor der Befreiung starb«, berichtet Heinrich Schönker im Interview, »hatten wir anderen keine Kraft mehr zu trauern, also trauere ich mein ganzes Leben.«

Die Mitglieder der »Kasztner-Gruppe« im »Ungarnlager« hatten ursprünglich darauf vertraut, dass ihnen ein Konzentrationslager erspart bliebe. Sie hofften, von Budapest direkt nach Palästina zu kommen, nachdem sie rund zwei Millionen Dollar für ihre Ausreise an die SS bezahlt hatten. Aber Eichmann wollte seine Geiseln nicht so ohne weiteres aus der Hand geben. Deshalb hatte er sie nach Bergen-Belsen geschickt, wo der größere Teil von ihnen noch ein halbes Jahr interniert wurde. Als Vollstrecker der »Endlösung« tat er sich ohnehin allein schon mit der Vorstellung schwer, Juden freizulassen. »Der Krieg war für Deutschland verloren«, erzählt Yehuda Blum, »und weil wir noch in verhältnismäßig besserem Zustand waren als die anderen Häftlinge, gaben sie sich der Idee hin, dass wir noch irgendwie nützlich für sie sein könnten.«

Zunächst wurde eine kleinere Gruppe von 318 Häftlingen am 20. August 1944 in die Schweiz gebracht. »Da haben wir Übriggebliebenen sehr ambivalent reagiert«, sagt Ladislaus Löb, »weil es uns einerseits Hoffnung gegeben hat, aber als dann nichts passierte, hatten wir Angst, dass sie uns für immer einsperren.« Im Dezember 1944 kamen Ladislaus Löb und sein Vater endlich frei, ebenso wie Yehuda Blum und seine Familie. Wiederum unterrichtete Himmlers Truppe das Auswärtige Amt nur mündlich und ungefähr. Auszug aus einer Aktennotiz für Außenminister Ribbentrop: »Das Reichssicherheitshauptamt teilte telefonisch mit, dass im Zuge der Waffen-Beschaffung für die Waffen-SS aus dem neutralen und feindlichen Ausland gegen Freigabe von Juden ein weiteres Kontingent von 1000 ungarischen Juden abgeschoben werden solle, sobald die erforderlichen Transportmittel dafür bereitgestellt werden können. Eine schriftliche Mitteilung ist nicht zu erwarten, da auf höhere Anordnung über diese gesamte Austauschaktion im Reichssicherheitshauptamt keine schriftlichen Vorgänge entstehen sollen.«

Tatsächlich durften damals nicht 1000, sondern 1351 Personen aus Bergen-Belsen in die Schweiz ausreisen. Ladislaus Löb erinnert sich noch gut an seine letzten Augenblicke auf deutschem Boden, bevor der Zug bei St. Margrethen die Schweizer Grenze überquerte. »Auf der deutschen Seite war alles total schwarz, es war abends, verdunkelt«, berichtet Löb, »über den See hinaus, auf der Schweizer Seite, strahlten die Lichter, und sie verdoppelten sich noch im See. Die Schweizer haben das nicht als besonders glänzenden Empfang für uns gedacht, sondern damit sie nicht bombardiert werden von den Alliierten. Aber für uns war das wirklich wie ein Empfang im Himmel.«

Die anderen in Bergen-Belsen internierten Juden wurden bis in die letzten Kriegstage auf Weisung Himmlers als »Verhandlungsmasse« gefangen gehalten. Der SS-Chef bereitete sich auf Friedensgespräche mit den Alliierten vor. Dafür wollte er unter anderem auch seine jüdischen Geiseln, die Austauschhäftlinge, ins Spiel bringen. Doch Himmlers »Verhandlungsmasse« drohte durch das massenhafte Sterben im Lager zu schwinden. Der SS-Chef befahl deshalb im April 1945 eine kampflose Übergabe des Lagers, aber die wertvollen jüdischen Geiseln sollten nicht in die Hände des vorrückenden Feindes fallen.

Als sich die britischen Truppen im April 1945 dem Lager näherten, wurden deshalb drei Züge mit etwa 6700 Häftlingen, bewacht von SS-Aufsehern, nach Osten in Richtung des Konzentrationslagers Theresienstadt geschickt. Nur einer der Züge erreichte das vorbestimmte Ziel. Die Familien Schey und Gelber dagegen saßen mit etwa 2400 weiteren Häftlingen in einem Zug aus Bergen-Belsen, der nach einer zweiwöchigen Irrfahrt in der Nähe des brandenburgischen Ortes Tröbitz stehenblieb, wo die Gefangenen durch Truppen der Roten Armee schließlich am 23. April 1945 befreit wurden. Für Michael Gelber wurde die Fahrt zum Alptraum, der bis heute nicht endet. »Als der Zug von den Russen angehalten wurde, waren viele der Insassen tot. Andere waren zu schwach, um aufzustehen. Sie starben noch nach der Befreiung in den Waggons«, erinnert sich Michael Gelber. »Mein Vater ist dann mit anderen Häftlingen noch einmal zurückgegangen, und die haben die Toten dann aus dem Zug geholt.« Etwa 200 Insassen dieses sogenannten »verlorenen Zuges« hatten die Qualen der 14-tägigen Fahrt nicht überlebt. Wer unterwegs gestorben war, wurde aus dem Zug geworfen, die verbliebenen Toten wurden auf dem Friedhof von Tröbitz bestattet. *Hier ruhen 160 jüdische Opfer des verlorenen Transports aus Bergen-Belsen von 1945*, besagt die Inschrift auf dem Gedenkstein.

Weitere 320 Menschen aus diesem Zug starben in den folgenden Wochen an den Nachwirkungen des Todestransports durch eine Epidemie. Aber etwa 1700 Menschen überlebten. Ihr Status als »Austauschjuden« hatte sie letztlich vor der Vernichtungsmaschinerie der Nazis gerettet. »Ich war einfach nur glücklich, dass ich überlebt habe«, berichtet Sonni Schey. »Ich weiß noch, wie ich im Zug saß und mich freute, dass ich jetzt vielleicht doch noch meinen 18. Geburtstag erleben würde.«

Bevor das Lager Bergen-Belsen an die Engländer übergeben wurde, hatte Lagerkommandant Josef Kramer noch befohlen, so viele Leichen wie möglich zu beseitigen. Anscheinend versuchte er, die Verbrechen nicht ganz so ungeheuerlich aussehen zu lassen. Vom 11. bis 14. April wurden deshalb alle noch gehfähigen Häftlinge eingesetzt, um die Leichen in zuvor ausgehobene Massengräber an einer abgelegenen Stelle des Lagers zu schaffen. »In langem Zug schleppten sich die Häftlinge hin«, schreibt der Bergen-Belsen-Chronist Eberhard Kolb, »eine Gruppe hinter der anderen, je vier zogen eine Leiche an Stoffstreifen oder Lederriemen, die sie an Hand- und Fußgelenk befestigt hatten.« Vier Tage lang habe dieses »Schauspiel des Grauens« gedauert, bei dem die Häftlinge, viele selbst lebende Leichname, die ausgemergelten Körper der toten Mithäftlinge zu den Massengräbern schleppten. Auf Befehl des Lagerkommandanten spielten zwei Häftlingskapellen den ganzen Tag hindurch »zur Aufmunterung« Tanzmusik – ein Totentanz, wie er direkt aus Dantes *Inferno* hätte stammen können. Doch auch diese letzte Anstrengung konnte die Spuren dieses Jahrhundertverbrechens nicht tilgen. Es waren einfach zu viele Tote. Noch immer lagen sie zu Tausenden auf dem Gelände des Lagers.

Am 15. April wurde das Lager an die Engländer übergeben, nachdem Himmler einer kampflosen Übergabe zugestimmt hatte. Wegen der Seuchengefahr brannten die britischen Befreier die Baracken in Bergen-Belsen in den Wochen nach dem Krieg vollständig nieder. Schon im September 1945 fand in Lüneburg der erste Bergen-Belsen-Prozess gegen Angehörige der SS sowie mehrere Kapos statt. Unter den ursprünglich 48, später 45 Angeklagten waren Lagerkommandant Josef Kramer, sein Stellvertreter Franz Hößler, Lagerarzt Fritz

Klein und die Aufseherin Irma Grese. Sie wurden, zusammen mit sieben weiteren Angeklagten, zum Tod durch Erhängen verurteilt. Die Urteile wurden am 13. Dezember 1945 in Hameln vollstreckt.

Heute befindet sich auf dem Gelände des ehemaligen Konzentrationslagers eine Gedenkstätte mit einem Dokumentenhaus. Die Massengräber sind als sanfte rechteckige Hügel zu erkennen. *Hier ruhen 1000 Tote, Hier ruhen 2500 Tote, Hier ruhen 5000 Tote*, besagen die schlichten Gedenksteine. Fast alle Toten von Bergen-Belsen sind namenlos. Niemand hat sie wirklich gezählt.

3.

DER ANGEKÜNDIGTE VÖLKERMORD

Wer die Spuren von Hitlers Menschenhändlern verfolgt, stößt im Politischen Archiv des Auswärtigen Amtes auf Akten der Gruppe »Inland II, Endlösung der Judenfrage«. Es sind nicht viele Dokumente, aber immerhin einige, aus denen sich die Verstrickung des Außenamtes in die Massenmorde und den Handel mit Menschenleben ablesen lassen, und wie die Zusammenarbeit mit Himmlers »Judenreferenten« im Reichssicherheitshauptamt (RSHA), Eichmann, in dieser Angelegenheit funktionierte. Sie zeigen, wie die bürokratischen Monster in der NS-Administration mit – wie es der Bergen-Belsen-Überlebende Ladislaus Löb ausdrückte – »absurd legalistischen Verfahren der Deutschen mitten im willkürlichsten Terror« arbeiteten, damit auch beim Holocaust alles seine Ordnng hatte. So machte sich der spätere Leiter der Rechtsabteilung des Auswärtigen Amtes, Ministerialdirigent Dr. Erich Albrecht, Anfang 1943 Gedanken darüber, wie Juden »günstig zu verwerten« seien, anstatt sie nur den sonst üblichen »Maßnahmen« zuzuführen – im Bürokratendeutsch der Nazis eine der euphemistischen Bezeichnungen für den Holocaust.

Schon in den dreißiger Jahren, erklärt der Historiker Peter Longerich, habe SS-Chef Heinrich Himmler geplant, Juden als Geiseln zu nehmen, um sie für politisch-strategische Zwecke der Nazis einzusetzen. »Die Idee«, so Longerich, »spielte bei Himmler schon immer eine große Rolle.« Den ersten Hinweis darauf fand der Holocaust-Forscher in den Akten des SD, des »Sicherheitsdienstes des Reichsführers-SS«, in Form einer handschriftlichen Notiz Himmlers. »Es ging um einen Einreiseantrag einer deutschen Jüdin, die im Jahr 1938 nach Deutschland zurückkehren wollte«, berichtet Longerich, »und Himmler notierte, man solle diesem Antrag stattgeben, weil man wichtige jüdische Personen als Geiseln nutzen könnte.«

Über das weitere Schicksal der einreisewilligen Jüdin ist nichts bekannt. Das Jahr 1938 brachte den »Anschluss« Österreichs und mündete in die Novemberpogrome, die sogenannte »Reichskristallnacht« vom 9. auf den 10. November. Mehr als 1400 Synagogen und Versammlungsräume sowie Tausende Geschäfte, Wohnungen und jüdische Friedhöfe wurden zerstört. Angeblich, laut Goebbels' Propagandaministerium, ausgelöst durch die »berechtigte und verständliche Empörung des deutschen Volkes« über die Ermordung des deutschen Botschaftssekretärs Ernst von Rath durch den 17-jährigen Herschel Grynszpan in Paris. Viele wussten es damals schon besser. So auch der sozialdemokratische Journalist und Schriftsteller Konrad Heiden, der im Pariser Exil anhand von Zeugenaussagen einen präzisen Bericht der organisierten Gewaltorgien in jener Nacht lieferte. Heidens deutsches Typoskript trägt den Titel *Nächtlicher Eid* und findet sich in seinem Nachlass im Institut für Zeitgeschichte in München. Teile davon wurden 1939 in Frankreich und in den USA veröffentlicht. »Binnen drei Stunden fielen in ganz Deutschland die Synagogen«, schrieb Konrad Heiden – ein kritischer Beobachter des Aufstiegs Hitlers, der bereits im Mai 1933 aus Deutschland hatte fliehen müssen – mit bitterem Sarkasmus. »Es war ein Meisterwerk der Planmäßigkeit und der Disziplin; als ob ein einziger großer Feuerbrand mit einem Strich über das Land hingewischt hätte. Dies macht der SS so schnell niemand nach.«

Nach den Novemberpogromen wurden etwa 30 000 Juden in Konzentrationslagern inhaftiert, von denen Hunderte ermordet wurden oder an den Haftfolgen starben. Die Nacht vom 10. November brachte den Übergang von der Diskriminierung der deutschen Juden zur systematischen Verfolgung. Seit Hitlers Machtantritt 1933 hatte das NS-Regime vorrangig darauf abgezielt, Deutschland »judenrein« zu machen. Zunächst durch schrittweise gesellschaftliche Isolierung, Berufsverbote, Ausgrenzung aus der bürgerlichen Rechtsgemeinschaft, bösartige Schikanen und sich steigernde Verfolgung versuchte man, die deutschen Juden zur Auswanderung zu zwingen.

»Dieser Gesetzgeber hat wahrlich nicht auf die Schüsse von Paris gewartet«, kommentierte Konrad Heiden, dessen Mutter aus einer jüdischen Familie stammte, in *Nächtlicher Eid.* »Keine Rede davon, dass er die Juden für irgendeine Widersetzlichkeit ›strafen‹ wollte. Sie könnten sich unter der Herrschaft Adolf Hitlers so glücklich fühlen, wie sie in Wahrheit unglücklich sind – ihr letztes Hab und Gut würde ihnen doch genommen, ihre Wohnungen würden doch zerstört, ihre Tempel würden doch verbrannt. Seit Jahr und Tag hatten die Nationalsozialisten verkündet, dass dies ihr Plan sei, und dass sie ihn durchführen würden. Viele deutsche Juden haben es nicht glauben wollen; haben sich nach jeder neuen Grausamkeit eingeredet, dass eine noch größere Grausamkeit nun doch nicht möglich sei. Wenn dann die Nationalsozialisten in Rede und Schrift der Welt mitteilten, wie grausam sie demnächst sein würden, dann haben viele deutsche Juden das für agitatorische Übertreibungen gehalten, haben es nicht hören wollen oder schnell wieder vergessen.«

Sonni Schey, geboren 1928, wuchs in Berlin auf, wo ihr Vater ein kleines Lebensmittelgeschäft betrieb. Heute lebt sie mit ihren Kindern und Enkeln in Tel Aviv. Sie erinnert sich, dass der Terror gegen die Familie schon 1934 begann. »Jede Nacht wurden bei uns im Geschäft die Fenster eingeschlagen«, berichtet sie, »aber meine Mutter war eine tapfere Frau. Sie hat sich nicht entmutigen lassen: Jeden Tag ließ sie wieder neue Fenster einsetzen.« Sonni Scheys Vater wurde 1938 abgeholt und nach Polen abgeschoben, sie selbst habe in dieser Zeit entsetzliche Angst gehabt, erzählt sie. »Nachts hörte ich immer diese Lieder. Die ›Kristallnacht‹ vergesse ich nie – der Lärm, das Gegröle, das Klirren der Scheiben und die Schreie.« Danach schickte die Mutter Sonni und ihre vier Geschwister zu Verwandten ins vermeintlich sichere Holland. »Meine Mutter kam dann einen Monat später nach«, erzählt Sonni Schey, »an der Grenze hat sie meinen jüngsten Bruder geboren.« Später konnte auch ihr Vater aus Polen nach Holland reisen.

Was den Juden in Deutschland noch bevorstand, kündigte das *Schwarze Korps*, das wöchentlich erscheinende Kampfblatt der SS, in seiner Ausgabe vom 24. November 1938 an, zwei Wochen nach den Novemberpogromen. »Weil es notwendig ist, weil wir das Weltgeschrei nicht mehr hören, und weil uns schließlich auch keine Macht der Welt daran hindern kann, werden wir also die Judenfrage nunmehr ihrer totalen Lösung zuführen.« Was das zu bedeuten hatte, daran ließ der Verfasser keinen Zweifel. Er drohte, »die jüdische Unterwelt genau so auszurotten, wie wir in unserem Ordnungsstaat Verbrecher eben auszurotten pflegen: mit Feuer und Schwert. Das Ergebnis wäre das tatsächliche und endgültige Ende des Judentums in Deutschland, seine restlose Vernichtung.«

Konrad Heiden formulierte in seinem Bericht *Nächtlicher Eid* eine düstere Vorahnung. Dabei verweist er auf Massenmörder aus der Antike:

>»Man setze voraus, dass es keine Verworfenheit gibt, die grundsätzlich unmöglich wäre. 600 000 Menschen durch Raub in den Hunger, durch den Hunger in die Verzweiflung, durch Verzweiflung zu unberechenbaren Ausbrüchen und durch diese Ausbrüche unter das wartende Schlachtmesser zu treiben – das ist der kalt ausgedachte Plan. Ein Massenmord wird gewünscht; ein Massaker, wie es die Geschichte trotz Mithridates und Tamerlan vermutlich noch nie sah. Unter welchen technischen Formen diese Massenhinrichtungen sich vollziehen werden, können wir nur vermuten.
>
>In dem Buche ›Mein Kampf‹ hat der Verfasser auf Seite 772 den Rat gegeben, die zu tötende Menschenmenge ›unter Giftgas zu halten‹; er spricht dort freilich nur von 12 000 oder 15 000. Inzwischen ist der Vernichtungswille in den leitenden Schichten des Regimes zweifellos gewachsen; zum guten Teil deshalb, weil sie ihre bisherigen Taten, entgegen der eigenen Erwartung, ohne wesentlichen Widerstand oder gar Strafe begehen konnten. Niemand wird sich nach den Erfahrungen der letzten Jahre heute noch erlauben, einen Satz aus ›Mein Kampf‹ nicht sehr ernst zu nehmen. Von hohen Führern des Regimes wird heute gern die Wendung ›auf den Knopf drücken‹ gebraucht, wobei sich die Zuhörer nie recht klar sind, ob sie das Gesagte ganz ernst nehmen sollen; erläuternd wird – immer noch unter der Maske der eventuellen Scherzhaftigkeit – gesagt: Alle Juden wird man in einem grossen Raum versammeln und dann durch Knopfdruck das Gas auslösen.«

Geschrieben 1938 im Pariser Exil, fünf Jahre vor Auschwitz. Zwei Jahre darauf, nach dem Einmarsch der Deutschen in Frankreich, konnte Heiden gerade noch rechtzeitig über die Pyrenäen nach Spanien und Portugal entfliehen und dann in die USA entkommen.

Tatsächlich hatte Hitler, wie Heiden berichtete, schon in *Mein Kampf* mit dem Gedanken an einen Massenmord der Juden durch Vergasung gespielt. »Hätte man zu Kriegsbeginn und während des Krieges«, lautet auf Seite 772 die Empfehlung Hitlers für den Umgang mit den »Novemberverbrechern« des Ersten Weltkriegs, »einmal zwölf- oder 15 000 dieser hebräischen Volksverderber so unter Giftgas gehalten, wie Hunderttausende unserer allerbesten deutschen Arbeiter aus allen Schichten und Berufen es im Felde erdulden mußten, dann wäre das Millionenopfer der Front nicht vergeblich gewesen. Im Gegenteil: 12 000 Schurken zur rechten Zeit beseitigt, hätten vielleicht einer Million ordentlicher, für die Zukunft wertvoller Deutschen das Leben gerettet.«

Der Massenmord war eine der Konsequenzen des nationalsozialistischen Rassenwahns, der ein »judenreines« Reich schaffen und den Osten »germanisieren« wollte. Und auch der Menschenhandel war Teil dessen, was die Nazis später »Endlösung der Judenfrage« nannten. Sie führte zu den Ghettos in Polen und anderen Ländern, den »Sonderaktionen« der im Osten Europas vorrückenden »Einsatzgruppen«, der mörderischen Zwangsarbeit in den Rüstungsfabriken, den Menschenexperimenten eines Dr. Mengele, der »Aktion Reinhardt« in den *bloodlands* (US-Historiker Timothy Snyder) und den Vernichtungslagern in Belzec, Sobibor, Treblinka oder später Auschwitz-Birkenau. Und das alles sollte nur Teil eines größeren Plans sein. »Die Ermordung der Juden war für Himmler nur der erste Schritt zu einer, wie er das genannt hätte, rassischen Neuordnung des europäischen Kontinents«, berichtet der Holocaust-Forscher Peter Longerich. »Dieser Neuordnung wären weitere Millionen von Menschen zum Opfer gefallen. Das war alles Teil dieser Wahnidee eines großgermanischen Reiches.«

Die Planungen für diese »rassische Neuordnung« liefen schon kurz nach Hitlers Machtantritt an. Das Reichswirtschaftsministerium schloss im August 1933 mit Vertretern zionistischer Organisationen aus Palästina und Deutschland das sogenannte »Haavara-Abkommen« ab, das einen Vermögenstransfer der nach Palästina auswandernden Juden regelte. Bis zum Beginn des Zweiten Weltkriegs flossen zwischen acht und neun Millionen britische Pfund nach Palästina, auf heutige Kaufkraft umgerechnet ein immenser Betrag. Bemerkenswert ist, dass damit der Aufbau Palästinas großenteils erst ermöglicht wurde. »Die Grundideen des Zionismus, insbesondere die Forderung nach einer jüdischen Heimstätte in Palästina«, stellt die Historikerin Alexandra-Eileen Wenck dazu fest, »konnte sich die nationalsozialistische Regierung, so paradox dies klingen mag, teilweise für ihre Zwecke nutzbar machen.« Die Bevölkerung in Palästina stieg von 75 000 im Jahr 1931 auf 404 000 Personen im Jahr 1936 an. In den letzten Vorkriegsjahren verhandelte Adolf Eichmann, seit Anfang 1935 in der damaligen Abteilung II 112 (Judentum) des Sicherheitsdienstes (SD), mit Vertretern jüdischer Organisationen über Fragen der jüdischen Auswanderung und Siedlung.

Im Jahr 1937 veröffentlichte der SD erste Vorschläge für die Deportation deutscher Juden, wobei als Zielorte wiederum Palästina, aber auch Ecuador, Kolumbien und Venezuela genannt wurden. Die Auswanderung deutscher Juden nach Palästina war jedoch innerhalb der NS-Administration keineswegs unumstritten. Das Auswärtige Amt befürchtete eine zusätzlichen Gefährdung der deutschstämmigen Siedler in Palästina und eine Belastung des deutsch-arabischen Verhältnisses, insbesondere zum Großmufti von Jerusalem, Mohammed el-Husseini. So vermerkte der Staatssekretär im Auswärtigen Amt, Ernst von Weizsäcker, die deutsche Politik solle nicht an einer »Vermehrung des jüdischen Gewichts in Palästina« mitwirken. Eine »Zersplitterung des Weltjudentums« sei der »Gründung eines Palästina-Staates vorzuziehen«. Allerdings hatte der »Chefideologe« der NSDAP, Alfred Rosenberg, Anfang 1938, nach einer Aufzeichnung des Auswärtigen Amtes, von Hitler die Weisung erhalten, »dass die jüdische Auswanderung auch nach Palästina nach wie vor mit allen Mitteln gefördert werden sollte«.

Im März 1938 erhielt Eichmann den Auftrag, eine »außenpolitische Lösung der Judenfrage« zu erarbeiten. Diese erhielt zu diesem Zeitpunkt aus Sicht der Nazis eine neue Dimension mit dem »Anschluss« Österreichs, der »zu den im Altreich lebenden 500 000 Glaubensjuden weitere 200 000 in Österreich einbrachte«, wie das Auswärtige Amt unter der Überschrift »Die Judenfrage als Faktor der Außenpolitik« im Januar 1939 in einem Schreiben an alle diplomatischen Vertretungen im Ausland bemerkte. Die Position des Außenamts formulierte Emil Schumburg, Leiter des »Sonderreferats Deutschland« im Auswärtigen Amt, darin unmissverständlich: »Das letzte Ziel der deutschen Judenpolitik ist die Auswanderung aller im Reichsgebiet lebenden Juden.« Erste »Erfolge« seien auf diesem Weg auch zu verzeichnen, schrieb der Autor mit behördlichem Zynismus: »Es ist vorauszusehen, dass schon die einschneidenden Maßnahmen auf wirtschaftlichem Gebiet, die den Juden ›vom Verdienst auf die Rente‹ gesetzt haben, den Auswanderungswillen fördern werden.«

Dann richtete Schumburg den Blick auf die finanziellen Aspekte der Auswanderung: »Die in den bisherigen jüdischen Vorschlägen eingeschlagene Taktik zielt jedenfalls weniger auf die Massenabwanderung von Juden als auf den Transfer jüdischen Vermögens ab.« Die »Finanzierung einer Massenabwanderung« deutscher Juden sei noch ungeklärt. Im Klartext: Die jüdische Bevölkerung sollte abgeschoben beziehungsweise durch Repressalien zur Auswanderung gezwungen werden, ihr gesamtes Vermögen aber sollte in Deutschland verbleiben. Der Plan für eine gigantische Massenerpressung, wie sie dann tatsächlich stattgefunden hat. Den deutschen Vertretungen im Ausland legte Schumburg folgende Sprachregelung nahe:

> »Auf Anfragen wäre gesprächsweise zu erwidern, dass deutscherseits damit gerechnet werde, dass das internationale Judentum – insbesondere die Verwandten der auswandernden Juden – die Abwanderungsaktion ebenso nachdrücklich unterstützen würde, wie es seinen mittellosen Rassegenossen zu einer Zeit, als Deutschlands Schwäche den Zustrom der Ostjuden nicht aufhalten konnte, die Einwanderung nach Deutschland ermöglicht habe. Es sei jedenfalls anhand der Polizei- und Steuerakten nachzuweisen, dass die große Masse der Juden mittellos nach Deutschland einwanderte und in wenigen Jahren oder Jahrzehnten zu Vermögen gelangte, während das deutsche Volk durch die Tributbestim-

mungen des Versailler Vertrages seinen Besitz verlor oder in Arbeitslosigkeit verkam. [...] Es bestehe daher deutscherseits auch kein Verständnis für das Mitleid, mit dem eine angeblich humanitäre Welt die Enteignung dieses dem deutschen Volke durch jüdische Geschäftsmethoden entzogenen Besitzes als ein Unrecht beklage.«

Damit sollte die Legitimation geliefert werden für die Ausplünderung von Staatsbürgern durch die eigene Regierung – einen Raubzug, für den es in der Geschichte kein Beispiel gibt. Die Alternative hieß auch hier Geld oder Leben – Erpressung. Angesichts dieser Konsequenzen einer deutschen »Judenpolitik«, mit der die Flüchtlinge in die Mittellosigkeit getrieben werden sollten, spielte die Frage der Kosten für eine größere Auswanderungswelle auch bei der Konferenz von Evian im Juli 1938 eine wichtige Rolle. Auf Initiative des US-Präsidenten Franklin D. Roosevelt trafen sich Vertreter der USA, Großbritanniens und 32 anderer Staaten, um eine internationale Lösung des Flüchtlingsproblems zu finden, wobei schnell klar wurde, dass die Bereitschaft, ihres Vermögens beraubte Juden aufzunehmen oder sich finanziell zu engagieren, bei den Teilnehmerstaaten nicht sehr ausgeprägt war. Niemand war daran interessiert, für die Rettung der Juden zu bezahlen. Man muss sich vergegenwärtigen, dass es vor Beginn des Zweiten Weltkriegs nicht um vier, fünf oder sechs Millionen Menschen ging, es ging zunächst um 700 000, die Einwohnerzahl von Frankfurt am Main. Für diese Menschen war es nicht möglich, auf der Welt einen sicheren Platz zu finden.

Der britische Botschafter sprach anlässlich der Konferenz von Evian Deutschlands Außenminister Ribbentrop darauf an, ob die Reichsregierung bereit sei, bei der Förderung der Auswanderung von Juden deutscher Staatsangehörigkeit mit den übrigen interessierten Ländern zusammenzuarbeiten. »Kein Land sei bereit, die auswandernden deutschen Juden aufzunehmen, zumal wenn sie mittellos seien«, zitierte Staatssekretär Ernst von Weizsäcker den britischen Diplomaten in einem Rundschreiben vom 8. Juli 1938. Es stelle sich daher die Frage, ob die Reichsregierung ihrerseits bereit sei, bei der Transferierung von Kapital in jüdische Hände mitzuwirken. Der

Reichsaußenminister habe dem britischen Botschafter erwidert, so Weizsäcker weiter, »dass er eine Zusammenarbeit mit anderen interessierten Staaten in der deutschen Judenfrage grundsätzlich ablehnen müsse. Es handelt sich um ein innerdeutsches Problem, das außerhalb jeder Diskussion stehe. Die Frage, ob Deutschland die Transferierung von Kapital in jüdische Hände erleichtern könne, müsse verneint werden, da ein Transfer des von Juden – vor allem nach dem Kriege – angesammelten Kapitals Deutschland nicht zugemutet werden könne. Eine Zusammenarbeit mit den zurzeit in Evian tagenden Mächten käme daher für Deutschland nicht in Frage.«

Nur ein Angebot zur Aufnahme von jüdischen Auswanderern gab es, und zwar vom Diktator der Dominikanischen Republik, Rafael Trujillo – wenn auch vermutlich mit rassistischen Hintergedanken: Der Verdacht war, Trujillo wolle mit dem Angebot zur Einreise für 100 000 europäische Juden von seiner Terrorherrschaft und dem Massenmord an Tausenden Haitianern ablenken, außerdem ginge es ihm in Wahrheit darum, das »weiße« Element in seinem Land durch die Einwanderung zu stärken. Mit Hilfe jüdischer Hilfsorganisationen fanden schließlich 600 Juden den Weg in die Dominikanische Republik.

So wurde als wesentliches Ergebnis der Konferenz ein »Intergovernmental Committee on Refugees (IGCR)« gegründet, das Verhandlungen mit der deutschen und anderen Regierungen führen sollte, »um die gegenwärtigen Bedingungen des Exodus' zu verbessern und sie in eine Auswanderung unter geordneten Verhältnissen zu überführen«. Bis zum Kriegsausbruch konnte das IGCR allerdings keine nennenswerten Erfolge vorweisen. Vertreter von Mitgliedsländern des Völkerbundes erklärten »tiefe Betroffenheit und Mitgefühl« angesichts des Schicksals der jüdischen Flüchtlinge und versprachen, künftig weitere Einreisekontingente genehmigen zu wollen. »Diese Versprechungen dienten jedoch nur der eigenen Gewissensberuhigung und sollten nie eingelöst werden«, stellt die Historikerin Alexandra-Eileen Wenck fest.

Am 15. Januar 1939 brachte Hitlers Vertrauter Alfred Rosenberg in einer Rede in Detmold die Idee eines »jüdischen Reservats« ins Spiel:

»Das Judentum erstrebt heute einen Judenstaat in Palästina. Aber nicht etwa, um den Juden in aller Welt eine Heimat zu geben, sondern aus anderen Gründen; das Weltjudentum müsse einen kleinen Miniaturstaat haben, um exterritoriale Gesandte und Vertreter in alle Länder der Welt senden und durch diese seine Herrschaftsgelüste vorwärtstreiben zu können. Vor allem aber will man ein jüdisches Zentrum, einen jüdischen Staat haben, in den man die jüdischen Hochstapler aus aller Welt, die von der Polizei anderer Länder verfolgt werden, unterbringen, mit neuen Pässen ausrüsten und dann in andere Teile der Welt schicken kann. Es ist zu wünschen, dass die Judenfreunde in der Welt, vor allem die westlichen Demokratien, die über so viel Raum in allen Erdteilen verfügen, den Juden ein Gebiet außerhalb Palästinas zuweisen, allerdings nicht, um einen jüdischen Staat, sondern um ein jüdisches Reservat einzurichten.«

Doch zunächst trieben die Nazis ihre eigenen Herrschaftsgelüste voran. Mit dem Überfall auf Polen am 1. September 1939 entfesselten sie den Zweiten Weltkrieg. Wenige Wochen nach Kriegsbeginn, im Dezember 1939, stellte der deutsche Außenminister Ribbentrop bei Papst Pius XII. ein Friedensangebot vor, in dem die Emigration der Juden nach Madagaskar erstmals offiziell erwähnt wird. Am 29. Mai 1940 schlug Himmler bei einer Unterredung mit seinem Chef Hitler »die Auswanderung sämtlicher Juden nach Afrika oder sonst in eine Kolonie« vor. Dies sei, äußerte Himmler in anderem Zusammenhang, noch der mildeste und beste Weg, da man »die bolschewistische Methode der physischen Ausrottung eines Volkes aus innerer Überzeugung als ungermanisch und unmöglich« ablehne. Hitler und Ribbentrop beauftragten schließlich den Leiter des Referats für »Judenfragen« im Auswärtigen Amt, Franz Rademacher, einen Plan für die Deportationen nach Madagaskar zu erarbeiten. Dessen Hauptstadt Antananarivo liegt 8 600 Kilometer von Berlin entfernt. Offenbar weit genug für die rassische Neuordnung Europas, wie sie den führenden Nazi-Politikern vorschwebte. Rademacher formulierte am 3. Juni 1940 drei Möglichkeiten zur »Lösung der Judenfrage«:

»1. Verbannung aller Juden aus Europa, als mögliches Ziel wird Madagaskar genannt.

2. Nur Juden aus West- und Mitteleuropa werden nach Madagaskar verschifft. Alle osteuropäischen Juden werden nach Lublin deportiert und als Geiseln für das Wohlverhalten der USA genommen.

3. Alle Juden werden nach Palästina deportiert.«

Diese letzte Möglichkeit lehnte Rademacher allerdings ab, weil er fürchtete, die Juden könnten von einem »zweiten Rom« aus versuchen, die Welt zu beherrschen.

»Das Madagaskar-Projekt hatte spätestens nach dem Sieg der Deutschen über Frankreich einen realen Hintergrund«, sagt Holocaust-Forscher Longerich. »Es wäre auf eine gigantische Geiselnahme aller Juden im deutschen Machtbereich hinausgelaufen. Denn im Effekt wollte man die Westmächte damit erpressen.«

Eichmann ließ im Reichssicherheitshauptamt sogar den Bedarf an Transportschiffen für die Massenumsiedlung ermitteln. Nach seinen Berechnungen hätte etwa eine Million Menschen pro Jahr deportiert werden können. Die Aktion hätte also vier bis fünf Jahre gedauert und wäre selbstverständlich auf Kosten der Deportierten durchgeführt worden. Diese hätten, ihres gesamten Vermögens beraubt, in Madagaskar allerdings Bedingungen angetroffen, unter denen sie nicht hätten überleben können. Das war genau das Ziel, das die Nazis mit ihrer brutalen »Auswanderungspolitik« verfolgten. »Damit sollte Druck vor allen Dingen auf die Vereinigten Staaten ausgeübt werden«, erklärt Historiker Longerich. »Es gibt in den Planungspapieren den ganz konkreten Hinweis, dass ein SS-Gouverneur schon dafür sorgen werde, dass die dort lebenden Juden Einfluss auf das Verhalten ihrer ›Rassegenossen‹ in Amerika nehmen würden.«

Was aus den monströsen Madagaskar-Plänen wurde, ist bekannt. Noch im Dezember 1940 erhöhte Eichmann in seinen Planungen die Zahl der nach Madagaskar zu deportierenden Juden von vier auf sechs Millonen. Damit berücksichtigte er die von der Wehrmacht im Osten und beim »Blitzkrieg« im Westen eroberten Territorien, die ebenfalls »judenfrei« werden sollten. Die überwiegende Mehrzahl der europäischen Juden lebten in den Gebieten, in welche die Wehrmacht jetzt im östlichen Teil Europas vorstieß.

Somit hatten sich die Nazis das »Problem« selbst geschaffen, nach dessen »Endlösung« sie suchten. Bis zum Kriegsbeginn im September 1939 lebten etwa 700 000 Juden im Deutschen Reich, einschließlich Österreich, und der Tschechoslowakei. »Juden machten zu diesem Zeitpunkt nicht mehr als ein halbes Prozent der Bevölkerung aus«, stellt der Historiker Timothy Snyder in seinem Buch *Bloodlands* fest, »und selbst diese Zahl sank durch Emigration.« Deutsche Juden wären noch schneller emigriert, bemerkt Snyder, wenn England ihnen die Einreise nach Palästina gestattet hätte oder die USA ihre Einwanderungsquoten erhöht – oder auch nur ausgeschöpft – hätten.

Die Situation änderte sich dramatisch mit der gewaltsamen Eroberung Polens, dem »Blitzkrieg« im Westen und dem Überfall auf die Sowjetunion. Ende 1941 lebten bereits mehr als fünf Millionen Juden im deutschen Herrschaftsbereich beziehungsweise in den von den Deutschen eroberten Gebieten. Auf dem Weg zum »rassereinen« Deutschland, aus dem er Juden und andere »Untermenschen« entfernen wollte, war Hitler zum Herrscher über einen Vielvölkerstaat mit einem Gemisch aus Ethnien und Religionen geworden. »Mit Ausnahme des späten Zarenreichs«, bemerkt der Historiker Snyder, »regierte kein Staat der Weltgeschichte so viele Juden wie Deutschland im Jahr 1941.«

Statt einer riesigen Evakuierungswelle begann nun im Schatten des militärischen Vormarschs die systematische Ermordung der Juden Europas, die »Endlösung der Judenfrage«. Die Idee, bestimmte jüdische Geiseln in Einzelfällen zum finanziellen und politischen Nutzen des Regimes einzusetzen, stand dazu nicht im Gegensatz. »Es ging also nicht um ein unverrückbares Prinzip«, schreibt Yehuda Bauer in seiner großen Studie *Freikauf von Juden*, »nicht darum, dass alle Juden und ›Judenkinder‹ getötet werden sollten und darum nicht freigelassen werden konnten. Der Mord hing von bestimmten Bedingungen ab; und unter Umständen, wenn der Preis verlockend genug war, war Himmler zu Gesprächen bereit.«

Die erste Austauschaktion war 1941 eine vom Auswärtigen Amt

eingefädelte Rückführung der ersten »Palästinadeutschen«, der Templer, die ins Deutsche Reich zurückkehren wollten. Um geeignete Personen für den Austausch zu finden, reiste ein Beamter der Passabteilung des Auswärtigen Amtes nach Polen und suchte Angehörige jüdischer Auswanderer nach Palästina, die über palästinensische Pässe oder Einreisezertifikate verfügten.

Im Rahmen der Verhandlungen über einen Zivilgefangenenaustausch einigten sich die deutsche und die britische Regierung Ende 1941 auf einen ersten Austausch weiblicher Personen. An der syrisch-türkischen Grenze wurden im Dezember 1941 deutschen Regierungsvertretern 66 oder 69 (die jeweiligen Angaben widersprachen sich) weibliche »Reichsangehörige« übergeben. Im Gegenzug gelangten an der bulgarisch-türkischen Grenze 44 beziehungsweise, je nach Quelle, 46 palästinensische Staatsangehörige auf die andere Seite. »Diese ›Heimführung‹ der Auslandsdeutschen«, kommentiert die Historikerin Wenck, »ergänzte in der nationalsozialistischen Ideologie die Ansiedlung Reichs- und Volksdeutscher in den besetzten Gebieten Osteuropas im Zuge der deutschen ›Großraumpolitik‹.«

Wenig später, am 30. Januar 1942, bestätigte Himmlers »Stabshauptamt des Reichskommissars für die Festigung deutschen Volkstums« in einem Schreiben an das Auswärtige Amt, dass Juden palästinensischer Staatsangehörigkeit in einen Austausch mit Palästinadeutschen einbezogen werden könnten:

> »Die Fragen der Ansetzung der Palästinadeutschen im deutschen Herrschaftsbereich sind bereits verhandelt worden. Es ist bereits am 14. Januar 1941 der AO der NSDAP mitgeteilt worden, dass Übereinstimmung darüber besteht, dass es sich bei den Palästinadeutschen um eine sehr wertvolle Gruppe unserer Auslandsdeutschen handelt. Es ist daher auch vorgesehen, bei ihrer Umsiedlung die bestgeeigneten Ansetzungsmöglichkeiten auszunützen. […] Ich würde es begrüßen, wenn es gelingen würde, in einem Zuge die restlichen noch in Palästina internierten reichsdeutschen Frauen und Kinder gegen Juden palästinensischer Staatsangehörigkeit sofort auszutauschen.«

Ein zweiter Austausch deutscher und palästinensischer Staatsbürger wurde für den 1. Oktober 1942 festgelegt, fand dann allerdings erst im November statt. Die britische Regierung verlangte auf Drängen der Jewish Agency in Istanbul, dass auch palästinensische Staatsbürger in Warschau in diesen Austausch einbezogen würden. Auf diese Forderung mussten das Auswärtige Amt und das Reichssicherheitshauptamt (RSHA) eingehen, weil sie nicht genügend andere geeignete Personen für einen Austausch finden konnten. »Es zeichnete sich ab«, kommentiert die Historikerin Wenck, »dass die Massentötung von Juden im Generalgouvernement die ›Heimführung‹ der Reichsdeutschen aus dem alliierten Ausland erschwerte.« Das Auswärtige Amt sandte daher über das RSHA am 21. Oktober ein dringendes Fernschreiben an den Befehlshaber der Sipo (Sicherheitspolizei) und SD in Warschau:

»Reichssicherheitshauptamt Berlin hat Namen betreffender Personen an Sipo und SD Warschau zwecks Überprüfung übermittelt. [...] Gesamter Austausch, der schon in allen Einzelheiten vorbereitet ist und 300 Reichsdeutschen aus Palästina Heimkehr ermöglichen soll, hängt von rechtzeitiger Einbeziehung palästinensischer Staatsangehöriger aus Warschau wegen geringer Zahl der aus Deutschland ausreisenden palästinensischer Staatsangehöriger ab. Da Austausch-Transport Wien am 29. Oktober verlässt und bis spätestens 23. Oktober vollständige Liste vorliegen muß, bitte mit allen Mitteln Überprüfung der in Warschau befindlichen palästinensischen Staatsangehörigen sicherstellen.«

Etwa 60 jüdische Frauen, die auf der Liste des RSHA standen, blieben jedoch unauffindbar. Sie waren entweder untergetaucht oder – was wahrscheinlicher scheint – ermordet worden. Da es bei weitem mehr weibliche »Reichsdeutsche« in Palästina gab als Frauen mit palästinensischer Staatsangehörigkeit im deutschen Machtbereich, suchte die deutsche Regierung in den verschiedenen Internierungslagern auch britische, nichtpalästinensische Staatsangehörige für einen möglichen Austausch. Da sich aber auch nicht genügend britische Juden im deutschen Machtbereich für diese Austauschaktion finden ließen, nahm man schließlich nichtjüdische Briten, um die Zahl der Austauschkandidaten zu erhöhen. So wurden schließlich am 12. November 1942 insgesamt 137 britische und palästinensische Staatsangehörige gegen eine Gruppe von 301 Palästinadeutschen ausgetauscht. Später feierte Ministerialdirigent Albrecht diese Aktion im Auswärtigen Amt als Erfolg. Schließlich hatte man bei diesem Menschenhandel die Umtauschquote erheblich zugunsten der deutschen Seite gesteigert.

4.

DIE »ENDLÖSUNG«
IM ZWEITEN WELTKRIEG

Nachdem die USA mit dem japanischen Angriff auf Pearl Harbor zur Kriegspartei geworden waren, wandte sich das Interesse im Auswärtigen Amt auch den »Reichsdeutschen« in Amerika zu. Deutschstämmige Immigranten und deutsche Staatsbürger galten nach dem 7. Dezember 1941 als *enemy aliens,* feindliche Ausländer. Hunderte von ihnen wurden zunächst auf Ellis Island eingesperrt – jener kleinen Insel vor New York, die für die ersten Einwanderer das Tor zur Neuen Welt war. »Als der Krieg begann, lebten mehr als 200 000 Deutsche in den USA und 600 000 Italiener. Und Präsident Roosevelts erste Frage war: ›Sind die alle gefährlich?‹«, berichtet Max Paul Friedman, Historiker an der American University in Washington, »und er sagte: ›Ich habe keine Angst vor den Italienern, das ist eine Horde Opernsänger, aber vor den Deutschen und den Japanern.‹«

Nach ersten Austauschverhandlungen im Dezember 1941 wurden 600 Staatsbürger amerikanischer Nationen im Juni 1942 freigetauscht, 932 »Reichsdeutsche« gelangten im Gegenzug »heim ins Reich«. Das Problem aus Sicht der Nazi-Administration war aber, dass es bedeutend mehr deutsche Staatsbürger in Amerika gab als umgekehrt. Ministerialdirigent Dr. Erich Albrecht, der spätere Leiter der Rechtsabteilung des Auswärtigen Amtes, berichtet am 28. Januar 1942 an Außenminister Ribbentrop:

> »Nach unseren Schätzungen beträgt die Zahl der deutschen Staatsangehörigen in Nordamerika etwa 200 000 bis 250 000. Von diesen sind bisher nach Berichten der Schutzmacht 1200, nach ande-

ren Berichten 1400 Personen zum Zwecke der Internierung festgenommen.

Im deutschen Herrschaftsbereich befinden sich 9200 amerikanische Staatsangehörige. Im Reichsgebiet halten sich 5250 Amerikaner auf, von denen 4500 deutsche Volkszugehörige sind. Von
den in den besetzten Gebieten aufhältlichen 4000 Amerikanern
gehören annähernd 90 Prozent den Völkern an, in deren Gebiet sie
wohnen. Zum Zwecke der Internierung festgenommen sind bisher im gesamten deutschen Herrschaftsbereich 500 Nordamerika-
ner. Während es den Amerikanern möglich sein wird, die Zahl der
Internierungen gewaltig zu erhöhen, besteht diese Möglichkeit
auf deutscher Seite nur in sehr geringem Umfang.«

Die Deutschen hatten also zu wenig Gefangene, die sie den Amerikanern zum Austausch anbieten konnten. Weil sie die Zahl nicht
steigern konnten, brauchten sie besonders wertvolle Geiseln. Jetzt
waren vor allem solche Juden von Interesse, die durch ihre wirtschaftlichen oder politischen Beziehungen oder ihre Staatsangehörigkeit verwertet werden konnten, wobei amerikanischen Juden
ein besonderer Wert zugemessen wurde – »Rassegenossen«, für die
sich »die jüdischen Organisationen in England und den Vereinigten
Staaten außerordentlich« interessieren würden, wie es Ministerialdirigent Albrecht in einem späteren Vermerk formulierte.

Während Hitlers Diplomaten solche Planspiele für einen Zivilgefangenen-Austausch anstellten, fand am 20. Januar 1942 im Gäste-
haus der Sicherheitspolizei und des Sicherheitsdienstes, Berlin, Am
Großen Wannsee 56/58, eine Konferenz hochrangiger Vertreter der
Regierung und der SS-Behörden statt. Auch ein Beamter aus dem
Auswärtigen Amt, Unterstaatssekretär Martin Luther, war bei der
später sogenannten »Wannseekonferenz« anwesend. Die Deportationen und systematischen Massenexekutionen hatten zu diesem
Zeitpunkt längst begonnen. Die Zusammenkunft sollte dazu dienen,
die Zuständigkeiten für die »Endlösung der Judenfrage« zu klären,
und die Gruppen derjenigen Juden zu bestimmen, die zur Deportation und damit zur Vernichtung bestimmt waren. Ausgangspunkt
war am 31. Juli 1941 der Auftrag Görings an Reinhard Heydrich, als

Chef der Sicherheitspolizei und des SD der »Gastgeber« der Konferenz, »alle erforderlichen Vorbereitungen in organisatorischer, sachlicher und materieller Hinsicht zu treffen für eine Gesamtlösung der Judenfrage im deutschen Einflussgebiet in Europa«. Teilnehmer des geheimen Treffens waren Staatssekretäre verschiedener Ministerien, darunter für das Justizministerium auch der spätere Volksgerichtshof-Präsident Roland Freisler. Anwesend aus dem Generalgouvernement (Warschau, Lubin, Radom, Krakau und Galizien) waren auch Vertreter der Reichskanzlei sowie der Sicherheitspolizei (SiPo), des Sicherheitsdienstes (SD) und der Parteikanzlei. Protokollant war Adolf Eichmann, Heydrichs Referent für »Judenangelegenheiten«. Die »angestrebte Endlösung der Judenfrage« (Göring in seinem Schreiben an Heydrich) betraf nach einer von Eichmann vorgelegten Aufstellung insgesamt elf Millionen Menschen im deutschen Machtbereich, wobei die bisherigen Opfer des Holocaust in Litauen, Lettland und Estland bereits berücksichtigt worden waren. Estland meldete Eichmann in der vorgelegten Statistik bereits als »judenfrei«.

Im Protokoll der Konferenz hielt Eichmann fest: Heydrich teilte mit, er sei von Göring zum »Beauftragten für die Vorbereitung der Endlösung der europäischen Judenfrage« bestellt worden. Die Federführung liege beim »Reichsführer-SS und Chef der Deutschen Polizei«, Himmler. Weiter berichtete Heydrich über die erfolgte Auswanderung von rund 537 000 Juden aus dem »Altreich«, aus Österreich sowie Böhmen und Mähren, an deren Stelle nach »vorheriger Genehmigung durch den Führer die Evakuierung der Juden nach dem Osten« treten solle.

Dazu notierte Eichmann im Protokoll:

> »In großen Arbeitskolonnen, unter Trennung der Geschlechter, werden die arbeitsfähigen Juden straßenbauend in diese Gebiete geführt, wobei zweifellos ein Großteil durch natürliche Verminderung ausfallen wird. Der allfällig endlich verbleibende Restbestand wird, da es sich bei diesem zweifellos um den widerstandsfähigsten Teil handelt, entsprechend behandelt werden müssen, da dieser, eine natürliche Auslese darstellend, bei Freilassung als Keimzelle eines neuen jüdischen Aufbaues anzusprechen ist.«

»Auch nach der Konferenz«, sagt der Historiker Peter Longerich, »gab es noch keinen festen Plan, in welchen Zeiträumen und mit welchen Mitteln der Völkermord durchgeführt werden sollte.« Jedoch lasse sich nachweisen, erklärt der Holocaust-Forscher, dass danach »die Deportationen auf den gesamten deutschen Raum ausgedehnt wurden« und ein »umfassendes Zwangsarbeitsprogramm« begann.

Bereits mit dem Beginn des Zweiten Weltkriegs im September 1939 hatten Massenmorde an Zivilisten in Polen begonnen. Eine »zur besonderen Verfügung« gebildete Einsatzgruppe erschoss bis Jahresende etwa 7000 Juden. Mitte 1941 wurden dann vier Einsatzgruppen der Sicherheitspolizei und des SD zu je 600 bis 1000 Mann gebildet, die der vorrückenden deutschen Armee direkt folgten. Die Kommandos trieben Partisanen und Staatsfunktionäre, vorwiegend aber die jüdischen Bewohner in den Ortschaften zusammen und brachten sie unter dem Vorwand, sie würden umgesiedelt, an abgelegene Orte. Dort wurden sie erschossen. Oft mussten die Opfer zuvor ihre eigenen Gräber ausheben. In denselben Gebieten führten auch Kommandos der Ordnungspolizei und Einheiten der Waffen-SS zahlreiche Massenexekutionen durch.

Bei der größten einzelnen Mordaktion des Zweiten Weltkriegs tötete ein Einsatzkommando am 29. und 30. September 1941 in der Schlucht von Babyn Jar bei Kiew 33771 Juden. Allein in den ersten zehn Monaten ermordeten die Einsatzgruppen in Sowjetrussland rund eine halbe Million Juden; insgesamt sind ihnen auf sowjetischem Gebiet etwa eine Million Juden zum Opfer gefallen.

In den eroberten Gebieten im Osten Europas wurden die Ghettos eingerichtet, die rasch hoffnungslos überfüllt waren und zu Todeszonen wurden. Im Oktober 1941 begannen Massendeportationen deutscher Juden aus dem Reichsgebiet. Am 23. Oktober 1941 ordnete Himmler durch SS-Gruppenführer Heinrich Müller (»Gestapo-Müller«) in einem Runderlass an, »dass die Auswanderung von Juden mit sofortiger Wirkung zu verhindern« sei, aber die »Evakuierungsmaßnahmen hiervon unberührt« bleiben sollten.

Auch die »Vernichtung durch Zwangsarbeit«, die das Protokoll der »Wannseekonferenz« als Methode der »Endlösung« nannte, wurde im Osten schon angewandt. »Diese ganzen Maßnahmen«, erläutert der Holocaust-Forscher Longerich, »zielten immer mehr darauf ab, die Juden flächendeckend zu ermorden.«

Gemäß dem Willen des Führers. Am 12. Dezember 1941 versammelte Hitler die Reichs- und Gauleiter der NSDAP in seinen Privaträumen in der Reichskanzlei. Über dieses Treffen schrieb Propagandaminister Goebbels in seinem Tagebuch: »Bezüglich der Judenfrage ist der Führer entschlossen, reinen Tisch zu machen. [...] Der Weltkrieg ist da, die Vernichtung des Judentums muss die notwendige Folge sein.«

»Im Dezember 1941«, berichtet der Historiker Timothy Snyder in *Bloodlands*, »hatten die Deutschen bereits gezeigt, dass sie viel Schlimmeres tun konnten, als Juden nach Polen, Madagaskar oder in die Sowjetunion zu deportieren.« Die Begriffe »Umsiedelung« oder »Evakuierung« wurden jetzt im deutschen Machtbereich zu Tarnbegriffen für den Massenmord. Was in Wahrheit gemeint war, lässt sich einer deutschen Anweisung entnehmen: »Auf dem Umsiedelungsgelände befinden sich acht Gruben. An jeder Grube arbeitet je eine Gruppe von 10 Führern und Männern, die sich alle zwei Stunden ablösen.«

Wo sie »arbeiteten«, darüber führten die Mörder genau Buch. In seinem als »Geheime Reichssache« klassifizierten »Tätigkeits- und Lagebericht Nr. 9« meldete der Chef der Sicherheitspolizei und des SD, Reinhard Heydrich, beispielsweise am 27. Februar 1942 über die »Vollzugstätigkeit« in der UdSSR unter anderem:

»C. Juden.
Es wird angestrebt, das Ostland möglichst vollständig von Juden zu säubern. Die Erschießungen werden überall so durchgeführt, dass sie in der Öffentlichkeit kaum bemerkt werden. In der Bevölkerung und selbst bei den zurückgebliebenen Juden ist vielfach die Überzeugung verbreitet, dass die Juden lediglich umgesiedelt worden sind.
  Estland ist bereits judenfrei.
  In Lettland wurde die Zahl der in Riga verbliebenen 29 500 Juden auf 2500 verringert. In Dünaburg leben noch 962 Juden, die für den Arbeitseinsatz dringend erforderlich sind.

In Litauen wurden das flache Land und die kleinen Städte vollständig von Juden gesäubert. Dies war neben grundsätzlichen Erwägungen besonders vordringlich, weil kommunistische Elemente, insbesondere Terrorgruppen und Kreise der polnischen Widerstandsbewegung, Verbindungen zu den Juden aufnahmen. Die Juden wiederum versuchten mehrfach, in an sich aufbauwilligen litauischen Kreisen eine deutschfeindliche Stimmung zu erzeugen.

Eine besondere Aktivität zeigten die Juden in Zagare. Dort brachen 50 Juden aus dem Ghetto aus, die jedoch wieder ergriffen und erschossen werden konnten. Bei der anschließend vorbereiteten Erschießung sämtlicher Juden in Zagare griffen die Juden mit den Worten ›Es lebe Stalin‹ und ›Nieder mit Hitler‹ die Wachmannschaften an. Der Widerstand wurde sofort gebrochen. In Litauen befinden sich nunmehr noch in Kauen 15 000, in Schaulen 4500 und in Wilna weitere 15 000 Juden, die ebenfalls für den Arbeitseinsatz benötigt werden.

In Weißruthenien ist die Säuberung von Juden im Gange. Die Zahl der Juden in dem bisher der Zivilverwaltung übergebenen Teil beläuft sich auf 139 000 Juden. 33 210 Juden wurden inzwischen von der Einsatzgruppe der Sicherheitspolizei und des SD erschossen.«

Wo es nützlicher erschien, Juden zunächst am Leben zu lassen, sah man von sofortigen Exekutionen ab. Dies war der Gedanke der »Verwertung«, ähnlich wie bei den »Austauschjuden«, und insofern war auch der Menschenhandel Teil der »Endlösung«. Wilhelm Kube, Generalkommissar von Weißruthenien, teilte am 19. Januar 1942 seinen Polizeiführern mit, obwohl Deutschlands große »kolonialpolitische Aufgabe« im Osten die Ermordung aller Juden erfordere, müssten einige Zwangsarbeiter vorläufig am Leben bleiben. Im März, so Kube, würden Mordaktionen in Minsk beginnen und sich tagsüber gegen die Bevölkerung im Ghetto richten, wenn die Arbeitsbrigaden fort waren.

Am 31. Juli 1942 berichtete Kube an den Reichskommissar für das Ostland, Gauleiter Hinrich Lohse:

»Im Gebiet Minsk-Land ist das Judentum völlig ausgemerzt, ohne dass der Arbeitseinsatz dadurch gefährdet worden ist. In dem überwiegend polnischen Gebiet Lida sind 16 000 Juden, in Slonim 8000 Juden usw. liquidiert worden. Durch einen dorthin bereits berichteten Übergriff des Rückwärtigen Heeresgebietes sind die von uns getroffenen Vorbereitungen für die Liquidierung der Juden im Gebiet Glebokie gestört worden. Das Rückwärtige Heeresgebiet hat, ohne Fühlung mit mir zu nehmen, 10 000 Juden liquidiert, deren systematische Ausmerzung von uns sowieso vorgesehen war. In Minsk-Stadt sind am 28. und 29. Juli rund 10 000 Juden liquidiert worden, davon 6500 russische Juden – überwiegend Alte, Frauen und Kinder – der Rest bestand aus nichteinsatzfähigen Juden, die überwiegend aus Wien, Brünn, Bremen und Berlin im November des v. J. nach Minsk auf den Befehl des Führers geschickt worden sind. [...]

In Minsk-Stadt sind 2600 Juden aus Deutschland übrig geblieben. Außerdem sind noch sämtliche 6000 russische Juden und Jüdinnen am Leben, die als Arbeitseinsatz während der Aktion bei den sie beschäftigenden Einheiten verblieben sind. Minsk wird auch in Zukunft noch immer den stärksten Judeneinsatz behalten, da die Zusammenballung der Rüstungsbetriebe und die Aufgaben der Eisenbahn das vorläufig notwendig macht. In sämtlichen übrigen Gebieten wird die Zahl der zum Arbeitseinsatz kommenden Juden vom SD und mir auf höchstens 800, nach Möglichkeit aber auf 500, festgesetzt, so dass wir nach Beendigung der noch angekündigten Aktionen in Minsk 8600 und in den zehn übrigen Gebieten, einschließlich des judenfreien Gebietes Minsk-Land, etwa 7000 Juden übrig behalten. Die Gefahr, dass die Partisanen sich in Zukunft noch wesentlich auf das Judentum stützen können, besteht dann nicht mehr. Mir und dem SD wäre es natürlich das liebste, nach Wegfall der wirtschaftlichen Ansprüche der Wehrmacht, das Judentum im Generalbezirk Weißruthenien endgültig zu beseitigen. Vorläufig werden die notwendigen Ansprüche der Wehrmacht, die in der Hauptsache Arbeitgeber des Judentums ist, berücksichtigt.

Zu dieser eindeutigen Einstellung dem Judentum gegenüber

kommt noch die schwere Aufgabe für den SD in Weißruthenien immer wieder neue Judentransporte aus dem Reich ihrer Bestimmung zuzuführen. Das nimmt die materiellen und seelischen Kräfte der Männer des SD über Gebühr in Anspruch und entzieht sie ihren Aufgaben, die im Raume Weißrutheniens selbst liegen.

Ich wäre daher dankbar, wenn der Herr Reichskommissar es ermöglichen könnte, weitere Judentransporte nach Minsk wenigstens so lange zu stoppen, bis die Partisanengefahr endgültig überwunden worden ist. Ich brauche den SD im hundertprozentigen Einsatz gegen die Partisanen und gegen die polnische Widerstandsbewegung, die beide alle Kräfte der nicht überwiegend starken SD-Einheiten in Anspruch nehmen.«

Im Frühjahr 1942, berichtet der Holocaust-Forscher Christian Gerlach in seinem Buch *Kalkulierte Morde*, hatte die SS mit dem Bau einer neuen Vernichtungsanlage in Maly Trostincz begonnen, außerhalb von Minsk gelegen. Ab Mai 1942 wurden dort etwa 40 000 Menschen ermordet. Am 31. Juli – dem Tag, an dem Generalkommissar Kube seinem Gauleiter Lohse Bericht erstattete – schrieb Junita Wischnjatskaja einen Abschiedsbrief an ihren Vater: »Vor dem Tod nehme ich Abschied von Dir. […] Ich habe solche Angst vor diesem Tod, denn die kleinen Kinder werden lebend in die Grube geworfen. Auf Wiedersehen für immer. Ich küsse Dich inniglich.«

Wegen der »seelischen Belastung« und der damit verbundenen physischen und psychischen »Leistungsschwierigkeiten« der Einsatzgruppen bei den Massenerschießungen, begannen die Deutschen auch andere Tötungsarten zu erproben. So fuhren Gaswagen auf der Suche nach jüdischen Kindern außerhalb des Ghettos durch die Straßen von Minsk, wie Christian Gerlach berichtet. Die Menschen nannten die Gaswagen »Seelenzerstörer«, genau wie die sowjetischen NKWD-Lastwagen während des Großen Terrors wenige Jahre zuvor. Die Jungen und Mädchen wussten, was sie erwartete, wenn sie gefangen wurden. Während sie die Rampe zum Laderaum hinaufgingen, baten sie: »Schlagt uns nicht, ihr Onkels, wir klettern selbst hinauf.«

Die Massentötung mit mobilen Gaswagen war erstmals bei der Tötung von »lebensunwertem Leben« in den »Euthanasie-Anstalten«

angewandt worden. Die im überfüllten Laderaum eingeschlossenen Menschen wurden durch eingeleitetes Kohlenmonoxid vergiftet. Ab Ende 1941 wurden diese Gaswagen von den Einsatzgruppen erprobt und verwendet. Der Einsatz dieser Gaswagen stieß schnell an seine Grenzen. SS-Unterführer Becker berichtete im Mai 1942 an seinen Chef, den Gruppenleiter II d (Technik) im RSHA, SS-Obersturmführer Werner Rauff:

>»Die Wagen der Gruppe D habe ich als Wohnwagen tarnen lassen, indem ich an den kleinen Wagen auf jeder Seite einen, an den großen auf jeder Seite zwei Fensterläden anbringen ließ, wie man sie oft an den Bauernhäusern auf dem Lande sieht. Die Wagen waren so bekannt geworden, dass nicht nur die Behörden, sondern auch die Zivilbevölkerung den Wagen als ›Todeswagen‹ bezeichneten, sobald eines dieser Fahrzeuge auftauchte. Nach meiner Meinung kann er auch getarnt nicht auf die Dauer verheimlicht werden.
>
> [...] Die Vergasung wird durchweg nicht richtig vorgenommen. Um die Aktion möglichst schnell zu beenden, geben die Fahrer durchweg Vollgas. Durch diese Maßnahme erleiden die zu Exekutierenden den Erstickungstod und nicht wie vorgesehen, den Einschläferungstod. Meine Anleitungen haben nun ergeben, dass bei richtiger Einstellung der Hebel der Tod schneller eintritt und die Häftlinge friedlich einschlafen. Verzerrte Gesichter und Ausscheidungen wie sie seither gesehen wurden, konnten nicht mehr bemerkt werden.«

Etwa um diese Zeit ließ Himmler nach einer neuen und effektiveren Technik für die Massenmorde suchen. Ende 1941 beauftragte er im Rahmen der »Aktion Reinhardt« den SS- und Polizeiführer des Generalgouvernements, Odilo Globocnik, mit der Errichtung von Vernichtungslagern. So entstand zunächst Belzec, später kamen Sobibor und Treblinka hinzu. Belzec sollte das erste deutsche Konzentrationslager mit einer fest installierten Gaskammer werden. »Im November 1941 war das Konzept noch nicht ganz klar und die Maschinerie noch nicht installiert«, erklärt Timothy Snyder in *Bloodlands*, »aber bestimmte Umrisse von Hitlers letzter Vision der Endlösung wurden sichtbar.« Am 17. März 1942 traf der erste Zugtransport mit Juden aus dem Ghetto Lublin in Bełzec ein und brachte »arbeitsunfähige« Menschen – Alte, Frauen und Kinder – ins Lager. Unzählige weitere folgten.

Insgesamt ermordeten die Nazis mit der »Aktion Reinhardt« zwischen Juli 1942 und Oktober 1943 über zwei Millionen Juden sowie rund 50 000 Sinti und Roma. Nicht nur die Methoden, auch das Personal für den Betrieb dieser Lager kam aus dem »Euthanasie-Programm« der Nazis.

Ab Juni 1943 arbeiteten die vier neuen Krematorien in Auschwitz-Birkenau. Belzec, Sobibor und Treblinka wurden geschlossen, Globocnik wurde in die »Operationszone Adriatisches Küstenland« versetzt, die von der Wehrmacht besetzt worden war, nachdem Italien im Sepember 1943 einen Waffenstillstand mit den Alliierten vereinbart hatte. Dort befehligte Globocnik mit seinen Einsatzgruppen unter anderem die »Judendeportation und -vernichtung« sowie die Partisanenbekämpfung – mit ähnlichen Methoden, die man zuvor im Osten bei der »Ausmerzung der slawischen Untermenschen« erprobt hatte.

Vier Jahre nach Beginn des Zweiten Weltkriegs zog der mächtigste Mann im NS-Vernichtungsapparat, SS-Chef Heinrich Himmler, vor seinem engeren Führungskreis eine Bilanz. Im Rathaus von Posen hielt er am 4. Oktober 1943 eine Rede vor 92 höheren SS-Offizieren. Sie dauerte drei Stunden und war nicht für die Öffentlichkeit bestimmt. Dennoch existiert eine Mitschrift, die nach dem Krieg in SS-Akten gefunden und bei den Nürnberger Prozessen vorgelegt wurde. Auch ein Tonmitschnitt blieb erhalten. Himmler sprach offen über grausame Verbrechen, die sonst von der offiziellen Nazi-Propaganda konsequent als »Greuelmärchen« des Feindes abgetan wurden. Es war das erste und einzige Mal, dass ein führender Repräsentant der NS-Diktatur vor einer größeren Gruppe den Völkermord an den Juden in schonungsloser Offenheit ansprach. Himmler verzichtete auf die sonst übliche Verschleierung der wahren Vorgänge durch Begriffe wie »Sonderbehandlung« oder »Judenmaßnahmen«, auf die normalerweise sogar bei Korrespondenzen innerhalb des NS-Apparates sorgsam geachtet wurde.

»Es soll zwischen uns ausgesprochen sein, und trotzdem werden wir in der Öffentlichkeit nie darüber reden. [...] Ich meine die Judenevakuierung, die Ausrottung des jüdischen Volkes. Es gehört zu den Dingen, die man leicht ausspricht. ›Das jüdische Volk wird ausgerottet‹, sagt Ihnen jeder Parteigenosse, ›ganz klar, steht in unserem Programm drin, Ausschaltung der Juden, Ausrottung, machen wir, pfah!, Kleinigkeit‹.

Und dann kommen sie alle, alle die braven 80 Millionen Deutschen, und jeder hat seinen anständigen Juden. Sagt: ›Alle anderen sind Schweine, und hier ist ein prima Jude.‹ Und zugesehen, es durchgestanden hat keiner.

Von Euch werden die meisten wissen, was es heißt, wenn 100 Leichen beisammen liegen, wenn 500 daliegen oder wenn 1000 daliegen. Und dies durchgehalten zu haben und dabei – abgesehen von menschlichen Ausnahmeschwächen – anständig geblieben zu sein, hat uns hart gemacht und ist ein niemals genanntes und niemals zu nennendes Ruhmesblatt. [...] Wir hatten das moralische Recht, wir hatten die Pflicht gegenüber unserem Volk, dieses Volk, das uns umbringen wollte, umzubringen.«

Zwei Tage darauf, am 6. Oktober 1943, hielt Himmler eine weitere Rede in Posen, diese Mal vor Reichs- und Gauleitern sowie mehreren Regierungsvertretern. Auch hier sprach er den Völkermord in unzweideutigen Worten an:

»Ich bitte Sie, das, was ich Ihnen in diesem Kreise sage, wirklich nur zu hören und nie darüber zu sprechen. Es trat an uns die Frage heran: Wie ist es mit den Frauen und Kindern? – Ich habe mich entschlossen, auch hier eine klare Lösung zu finden. Ich hielt mich nämlich nicht für berechtigt, die Männer auszurotten, sprich also umzubringen oder umbringen zu lassen, und die Rächer in Gestalt der Kinder für unsere Söhne und Enkel groß werden zu lassen. Es musste der schwere Entschluss gefasst werden, dieses Volk von der Erde verschwinden zu lassen. Für die Organisation, die den Auftrag durchführen musste, war es der schwerste, den wir bisher hatten. [...]

Ich habe mich für verpflichtet gehalten, […] zu Ihnen als den obersten Würdenträgern der Partei, dieses politischen Ordens, dieses politischen Instruments des Führers, auch über diese Frage einmal ganz offen zu sprechen und zu sagen, wie es gewesen ist. Die Judenfrage in den von uns besetzten Ländern wird bis Ende dieses Jahres erledigt sein. Es werden nur Restbestände von einzelnen Juden übrig bleiben, die untergeschlüpft sind.«

5.

»JUDEN GÜNSTIG
ZU VERWERTEN«

Zum Zeitpunkt dieser Himmler-Auftritte befand sich das Nazi-Regime militärisch bereits unter erheblichem Druck. Auf der Konferenz in Casablanca im Januar 1943 hatten US-Präsident Franklin D. Roosevelt, der britische Premier Winston Churchill und Sowjetherrscher Josef Stalin die bedingungslose Kapitulation Deutschlands zum Kriegsziel erklärt. Mit dem Sieg der Roten Armee in Stalingrad am 2. Februar 1943 war der Vormarsch der Wehrmacht nicht nur gestoppt worden, Stalingrad war der Anfang vom Ende für Hitlers »tausendjähriges Reich«. Zehn Tage später, am 12. Februar 1943, kündigte Roosevelt die Strafverfolgung der Hauptverantwortlichen für Krieg und Völkermord an. Damit musste jedem höheren NS-Repräsentanten, jedem höheren SS-Führer klar sein, was ihm im Falle einer deutschen Niederlage drohte. Und es gibt Anzeichen, wie der Himmler-Biograph Peter Longerich berichtet, dass »für Himmler die verlorene Schlacht von Stalingrad ein Wendepunkt war, und er sich langsam auf ein Kriegsende vorbereitete«.

Die US-Truppen rückten in Italien allmählich vor. Am 1. Oktober 1943 befreiten sie Neapel von der deutschen Besatzung. Gleichzeitig richteten alliierte Bombenangriffe in deutschen Städten verheerende Zerstörungen an, wie bei der »Operation Gomorrha« im Juli und August 1943 in Hamburg. An der Ostfront stand den Soldaten der Wehrmacht ein weiterer harter Winter bevor, für den sie nur höchst unzureichend ausgerüstet waren. Für den absehbaren Rückzug an der Ostfront befahl Hitler am 4. September die Strategie der »verbrannten Erde«.

In dieser Phase der militärischen Rückschläge wurde die »Judenvernichtung zum wichtigsten Kriegsziel des NS-Regimes«, wie Longerich erklärt. Der Fanatismus, mit dem die Nazis vorgingen, sollte sich unter dem militärischen Druck der Alliierten eher noch verstärken, ungeachtet Himmlers gleichzeitiger Versuche, über den »Verkauf von Juden einen Verhandlungskanal zu den Alliierten zu eröffnen«. Mit seinen Posener Reden schwor Himmler die Partei- und SS-Führer noch einmal auf das »Kriegsziel« der Judenvernichtung ein – die systematische Ermordung unschuldiger Zivilisten. Die schonungslose Offenheit, die Himmler dabei in seinen Worten wählte, dürfte kein Versehen gewesen sein, sondern eher der Versuch, alle seine Zuhörer zu Mitwissern zu machen – und damit auch zu Mitverschwörern und Mittätern, die nach dem Untergang des Nazi-Reiches zur Rechenschaft gezogen werden konnten. Himmler ließ genaue Anwesenheitslisten bei den beiden Posener Tagungen führen. Danach konnte keiner der anwesenden Partei- und SS-Führer mehr behaupten, er habe den vollen Umfang der »Endlösung« nicht gekannt. Obwohl es einige nach dem Krieg dennoch versuchten.

Während er millionenfach morden ließ, verfolgte SS-Chef Himmler seine Austauschpläne weiter. Dabei ging es ihm zunächst vor allem darum, Spielraum für Verhandlungen mit dem Kriegsgegner USA zu erhalten. Denn in mehreren US-Bundesstaaten waren inzwischen Internierungslager für *enemy aliens* eingerichtet worden, in denen bis zu 5000 Personen festgehalten wurden, vorwiegend deutsche und japanische Staatsangehörige. Gegen die meisten lag nichts weiter vor. »Schnell kam heraus, dass hier nicht wirklich SA-Männer *(storm troops)* gefangen worden waren«, sagt der Historiker Max Paul Friedman von der American University in Washington und Autor des Standardwerks zur Internierung der Deutschen in den USA. »Die Lagerkommandanten beschwerten sich: ›Warum schickt ihr uns ganze Familien? Die sprechen nicht mal Deutsch.‹« Genauere Untersuchungen hätten ergeben, berichtet Friedman im Interview in Washington, »dass ganze acht Insassen der Internierungslager tatsächlich Spione gewesen waren, eine größere Zahl war Mitglied der US-NSDAP, und manche hatten Propagandaschriften verteilt. Aber die meisten waren unschuldig«.

Das Schicksal der »Reichsdeutschen« in Übersee lag Himmler als »Reichskommissar für die Festigung des deutschen Volkstums« besonders am Herzen. Vor allem diese Heimkehrer wollte er für seine Wahnidee von der »Germanisierung des Ostens« einsetzen. Nach deutsch-amerikanischen Verhandlungen im Laufe des Jahres 1942 wurden noch einmal 600 bis 700 amerikanische gegen etwa 800 deutsche Zivilgefangene in den USA ausgetauscht. Spätestens bei dieser Aktion zeigte sich, dass bei einer Ausweitung der Aktivitäten die bestehenden Internierungslager im deutschen Herrschaftsbereich nicht ausreichen würden. Doch erst einige Monate später ordnete Himmler die Erweiterung des »verfügbar« zu haltenden »Austauschpotentials« an.

Nach dem deutsch-amerikanischen Austausch im Juni 1942 erklärte die US-Regierung die Austauschverhandlungen mit den Deutschen für beendet. Als Zeichen guten Willens sollten jedoch weiterhin deutsche Staatsbürger ausreisen dürfen. Im Gegenzug wurde ein solches Entgegenkommen auch vom deutschen Regime erwartet. Tatsächlich bemühte sich das Auswärtige Amt trotz des offiziellen Abbruchs um die Fortführung der Verhandlungen und forderte seine Vertreter in den besetzten Ostgebieten auf, verstärkt nach »internierungsfähigen« Staatsbürgern der USA zu suchen, die für einen späteren Austausch geeignet schienen.

Insgesamt waren zu diesem Zeitpunkt schon fast 2000 »Reichsdeutsche« mit dem schwedischen Dampfer *Drottningholm* sowie spanischen und portugiesischen Schiffen aus den USA nach Deutschland gebracht worden. Im Gegenzug hatte die US-Regierung zum großen Teil nicht die Personen erhalten, die sie von den Deutschen erbeten hatte. Die Rechtsabteilung im Auswärtigen Amt vermerkte daher, »dass die Nordamerikanische Regierung die ihr im Austauschwege zugesandten amerikanischen Staatsangehörigen wenig hoch einschätze. Diese waren zu einem erheblichen Teil Polen und Juden, die vielfach keine Kenntnisse der englischen Sprache hatten und die als wenig erwünschte Einwanderer betrachtet wurden«. Der Historiker Friedman kommentiert die Haltung der USA: »Man wusste, es waren keine amerikanischen Staatsbürger, man mochte Juden nicht gern, und außerdem hatte man Angst, dass man Spione ins Land ließ.«

Zum Ausgleich bemühte sich das Nazi-Regime verstärkt um mittel- und südamerikanische Staaten, in denen ebenfalls »Reichsdeutsche« interniert waren. Insgesamt lebten in diesen Ländern weit mehr Deutsche als in den USA: Rund eineinhalb Millionen. Deshalb plante das Auswärtige Amt im Oktober 1942, unter Einbeziehung neutraler Staaten wie Spanien oder Portugal, Verhandlungen mit den Regierungen Kolumbiens, Costa Ricas, Guatemalas, Haitis, Honduras, San Salvadors und Venezuelas aufzunehmen, sowie mit Staaten, an die das Auswärtige Amt bisher nicht »wegen eines unmittelbaren Austauschs« herangetreten war. »Mit den mittel- und südamerikanischen Staaten konnte es keinen Eins-zu-Eins-Austausch geben«, bemerkt der Historiker Friedman, »um einen Austausch von der deutschen Seite überhaupt zu ermöglichen, mussten die Nazis mehr südamerikanische Staatsbürger schaffen. Also nahmen sie Tausende Juden, die falsche Pässe hatten, und taten so, als ob die Papiere echt wären.«

Parallel dazu hatten führende NS-Politiker mit dem Gedanken gespielt, bestimmte jüdische Personen als eine Art »Faustpfand« zurückzubehalten, wie auch das Auswärtige Amt inzwischen verstärkt dazu übergegangen war, Juden mit der Staatsbürgerschaft westalliierter Länder für mögliche Austauschaktionen heranzuziehen. Daher wurde gegen Ende des Jahres 1942 konkret in Betracht gezogen, ein »Sammellager« für solche Juden einzurichten, die aufgrund finanziell oder politisch interessanter Voraussetzungen von der Ermordung verschont und als Geiseln an einem Ort verbleiben sollten. »Scheinbar nur entfernt zusammenhängende Interessen, Geiselpolitik, Freikauf und Zivilgefangenenaustausch, führten zur Gründung eines Sammellagers für Austauschzwecke«, analysiert die Historikerin Alexandra-Eileen Wenck.

Dafür ersuchte Himmler seinen »Führer« um Genehmigung. Vermutlich in Vorbereitung eines Treffens mit Hitler am 10. Dezember 1942, bei dem neben Angelegenheiten des SD und der Polizei ein »Sonderlager für Juden mit Anhang in Amerika« besprochen werden sollte, notierte Himmler in seinem Dienstkalender: »Loslösung gegen Devisen (,) bin nicht dafür (,) von auswärts (nachträglich von Himmler eingefügt) bedeutende (Juden) als Geiseln.« Nach dem Gespräch mit Hitler am Rande einer Unterredung mit Anton Mussert, dem Führer der holländischen Nationalsozialisten NSB, vermerkte Himmler jedoch: »Ich habe den Führer wegen der Loslösung von Juden gegen Devisen gefragt. Er hat mir Vollmacht gegeben, derartige Fälle zu genehmigen, wenn sie wirklich in namhaftem Umfang Devisen von auswärts hereinbringen.« Hitler gab offensichtlich seine Zustimmung zu dem Vorschlag, ein »Sonderlager für Juden mit Anhang in Amerika« einzurichten, erläutert Himmler-Biograph Peter Longerich: »Ganz offensichtlich haben die beiden darüber gesprochen, dass man Juden an die Westmächte verkaufen könnte. Himmler hat eingesehen, dass es Sinn macht, wichtige jüdische Persönlichkeiten als Geiseln zurückzuhalten. Möglicherweise, um den Preis in der Zukunft zu steigern.«

Die Genehmigung Hitlers für eine »Loslösung gegen Devisen« gab Himmler vermutlich umgehend an seinen »Judenreferenten« Eichmann weiter, denn schon am 11. Dezember 1942 bestätigte dieser, dass Ausnahmen vom Ausreiseverbot für Juden möglich seien, »wenn bestimmte Voraussetzungen erfüllt werden. Diesen Anträgen wird nur näher getreten, wenn der jüdische Antragsteller und seine Angehörigen im fortgeschrittenen Lebensalter stehen, keine besonderen sicherheitspolizeilichen Gründe der Auswanderung entgegenstehen und ein Devisenbetrag von mindestens 100 000 Schweizer Franken je Person unter Verzicht auf den Gegenwert zur Verfügung gestellt werden.«

Die Begründung für eine solche Ausnahmeregelung lieferte Eichmann gleich mit:

»Im Laufe der nachfolgenden Zeit sind nun Anträge von Juden bei verschiedenen Dienststellen, unter anderem besonders beim Reichswirtschaftsministerium und der Reichsbank sowie bei Rechtsanwälten, insbesondere Schweizer Rechtsanwälten, eingegangen, in denen unter Anbietung hoher Devisenbeträge um Genehmigung der Auswanderung gebeten wird. Trotz schwerster politischer Bedenken, die laufend von hier geäußert wurden und werden, und des ausdrücklichen Hinweises auf die gefährlichen Auswirkungen solcher Genehmigungen im Ausland, wurde von Seiten des Reichswirtschaftsministeriums und der Reichsbank

mit Rücksicht auf die angespannte Devisenlage des Reiches größter Wert darauf gelegt, von Fall zu Fall Auswanderungsanträgen
dann stattzugeben, wenn hohe Devisenbeträge anfallen.«

Das Gespräch zwischen Hitler und Himmler im Dezember 1942 war
der Ausgangspunkt für die organisatorischen Vorbereitungen, um
eine größere Zahl von Juden als Geiseln zurückzuhalten, und führte
letztlich auch zur Errichtung des »Aufenthaltslagers« Bergen-Belsen.
Himmler wies noch im Dezember 1942 sein Reichssicherheitshauptamt an, »dass von den jetzt in Frankreich noch vorhandenen Juden,
ebenso von den ungarischen und rumänischen Juden alle diejenigen,
die einflußreiche Verwandte in Amerika haben, in einem Sonderlager zusammenzufassen sind. Dort sollen sie zwar arbeiten, jedoch
unter Bedingungen, dass sie gesund sind und am Leben bleiben.
Diese Art von Juden sind für uns wertvolle Geiseln. Ich stelle mir
hierunter eine Zahl von rund 10 000 vor«.

Dieses »Sonderlager« fiel nicht unter Himmlers Weisung, alle im
Reich gelegenen Konzentrationslager »judenfrei« zu machen und
die dort inhaftierten jüdischen Häftlinge in das Konzentrationslager
Auschwitz oder das Kriegsgefangenenlager Lublin zu deportieren,
die er nur einen Monat zuvor erlassen hatte. Der Menschenhandel
war kein humanitärer Gestus eines ansonsten durch und durch mörderischen Regimes, sondern Teil der »Endlösung« im Sinne der von
den Nazis verfolgten »rassischen Neuordnung« des Kontinents.

Ribbentrops Außenministerium in der Berliner Wilhelmstraße
unterstützte dieses Ziel mit »diplomatischen« Mitteln. So sorgte
das Auswärtige Amt im Vorfeld der Deportationen für sogenannte
»Heimschaffungsaktionen« ausländischer Juden, die sich im deutschen Machtbereich aufhielten. Dies betraf in erster Linie Menschen
aus Ländern, die nicht direkt unter deutscher Kontrolle standen. Um
diplomatische Verwicklungen zu vermeiden, sollten sie von den
Transporten in die Vernichtungslager ausgenommen werden. Deshalb
teilte das Auswärtige Amt in den Jahren 1942 und 1943 den verbündeten und neutralen Staaten mit, dass ihnen bis zu einer gewissen
Frist Gelegenheit gegeben werde, ihre jüdischen Staatsangehörigen
aus dem deutschen Machtbereich »heimzuschaffen«. Damit konnte,

so das Kalkül der Nazis, die Deportation der verbliebenen Juden reibungsloser ablaufen.

Auf vielen Gebieten entwickelte sich eine enge Zusammenarbeit zwischen dem Referat D III des Auswärtigen Amtes (»Judenfrage, Rassenpolitik«) und dem Leiter des »Judenreferats« im Reichssicherheitshauptamt, Eichmann. Parallel zu den Plänen in Himmlers Machtbereich liefen die Überlegungen im Auswärtigen Amt. In einem als »Geheime Reichssache« eingestuften Vermerk vom 4. Februar 1943 schlägt Ministerialdirigent Albrecht vor:

> »[…] Soweit diese Juden die englische oder amerikanische neben einer anderen Staatsangehörigkeit haben, sollten sie von den Maßnahmen ausgenommen und als englische oder amerikanische Staatsangehörige interniert werden. Das gibt uns die Möglichkeit, solche Juden zum Austausch für deutsche Staatsangehörige zu verwenden. Die Rechtsabteilung hat bereits drei Mal Austausche internierter deutscher Staatsangehöriger aus Palästina gegen eine viel geringere Zahl von Palästina-Juden durchgeführt. Sobald eine genügende Zahl weiterer englischer Juden zur Verfügung steht, könnten diese Austausche fortgesetzt werden. Ganz offenbar interessieren sich die jüdischen Organisationen in England und den Vereinigten Staaten außerordentlich für ihre Rassegenossen in Europa, so dass es möglich ist, Juden, die englische oder amerikanische Staatsangehörigkeit besitzen, günstig zu verwerten.
>
> Es wird daher vorgeschlagen, dass die Polizeibehörden Anweisung bekommen, alle Juden, die neben einer anderen Staatsangehörigkeit auch auf englische oder amerikanische Staatsangehörigkeit, sei es auch nur wegen ihrer Geburt in diesen Ländern, Anspruch erheben können, von den allgemeinen Judenmaßnahmen ausgeschlossen und der Gestapo zur Internierung in einem Lager für englische oder amerikanische Staatsangehörige übergeben werden.«

Wenige Tage später, in einem Vermerk vom 9. Februar 1943, verwies Albrecht nochmals auf den bis dahin größten »Erfolg« seiner Behörde in Sachen Menschenhandel: Beim letzten Palästina-Austausch (1941 und 1942), durch den 300 Palästinadeutsche ins Reich zurückgeführt worden seien, habe man auf Wunsch der britischen Regierung auch einige polnische Jüdinnen berücksichtigt, die selbst nicht die palästinensische Staatsangehörigkeit besaßen, sondern lediglich Angehörige in Palästina hatten. Daraufhin habe Himmler angeordnet, für einen weiteren Austausch 1600 im Generalgouvernement lebende Juden mit Familienangehörigen in Palästina listenmäßig zu erfassen. Albrecht schlug vor, bei den Gesprächen mit der Schweizer Gesandtschaft die grundsätzliche deutsche Bereitschaft zu erklären, »derartige Juden im Austausch gegen internierte oder sonst im Britischen Reich festgehaltene heimkehrwillige deutsche Staatsangehörige abzugeben«.

Reichsaußenminister Ribbentrop erklärte am 13. Februar 1943 sein »prinzipielles Einverständnis« mit solchen erweiterten Austauschverhandlungen und wies Albrecht an, sich mit dem Reichsführer-SS in Verbindung zu setzen. In der Folge dieser Anweisung nahm die »Abteilung Deutschland« des Auswärtigen Amtes am 20. Februar folgende Passage in einen Runderlass zur Frage der Behandlung von Juden ausländischer Staatsangehörigkeit im deutschen Machtbereich auf:

> »Das Auswärtige Amt hat den Chef der Sicherheitspolizei und des SD gebeten, von der Abschiebung von insgesamt 30 000 Juden holländischer, belgischer, französischer, norwegischer und sowjetrussischer Staatsangehörigkeit zunächst abzusehen, um diese Personen für Austauschzwecke zur Verfügung zu halten. Im Hinblick auf den hierzu noch zu erwartenden Erlass des Chefs der Sicherheitspolizei und des SD erscheint es daher empfehlenswert, schon jetzt eine Anzahl für Austauschzwecke in Frage kommende Juden namentlich zu erfassen und dafür Sorge zu tragen, dass sie einstweilen noch nicht abgeschoben werden. Hierfür kommen solche Juden in Frage, die über verwandtschaftliche, freundschaftliche, kaufmännische oder politische Beziehungen zu Angehörigen der Feindstaaten oder zu Personen holländischer, belgischer usw. Staatsangehörigkeit verfügen, die sich zurzeit in den Feindstaaten aufhalten und dort politisch tätig sind.«

Dementsprechend schickt das Referat D III des Auswärtigen Amtes am 2. März 1943 an »SS-Ostubaf. Eichmann« die Bitte, bei den »Judenmaßnahmen« etwas differenzierter als üblich vorzugehen:

»Gemäß Ihrem Entwurf zur Nr. IV B 4 b – 2606/42 – sollen unter anderem die im deutschen Machtbereich ansässigen Juden holländischer, belgischer, französischer, norwegischer und sowjetrussischer Staatsangehörigkeit in die allgemeinen Judenmaßnahmen einbezogen und abgeschoben werden.

Gemäß einer Weisung des Herrn RAM [Reichsaußenminister, Anm. d. A.] sollen sämtliche Massnahmen eingeleitet werden, die geeignet sind, im Austausch gegen uns zur Verfügung stehende Staatsangehörige der Feindstaaten, deutschen internierten Reichsbürgern die Rückkehr in die Heimat zu ermöglichen. Hierzu stehen uns außer Engländern, US-Amerikanern usw. auch holländische, belgische, französische, norwegische und sowjetrussische Staatsangehörige jüdischer Rasse zur Verfügung. Allerdings kommen diese Personen hierfür nur so lange in Betracht als sie nicht nach dem Osten abgeschoben sind.

Das Auswärtige Amt bittet daher, etwa 30 000 für einen eventuellen Austausch geeignet erscheinende Juden der oben bezeichneten Staatsangehörigkeiten für diesen Zweck zur Verfügung zu halten.

Es bittet, dafür Sorge zu tragen, dass diese Anzahl Personen zunächst nicht abgeschoben wird. Sollten die erwähnten Austausch-Verhandlungen zu keinem Ergebnis führen, so kann die Abschiebung dieser Juden immer noch erfolgen.«

Der neue Chef der Sicherheitspolizei und des SD, Ernst Kaltenbrunner, der Nachfolger des bei einem Attentat in Prag getöteten Reinhard Heydrich, stellte am 5. März 1943 in einem Erlass die Zuständigkeit des Reichssicherheitshauptamtes klar. Dabei nahm er teilweise die Anregungen des Auswärtigen Amtes auf, wohl vor allem deshalb, weil Himmler ähnliche Absichten hegte. Unter anderem heißt es in dem Kaltenbrunner-Erlass:

»Alle Juden, die neben einer anderen Staatsangehörigkeit auch auf englische oder amerikanische Staatsangehörigkeit – sei es auch nur wegen ihrer Geburt in diesen Ländern – Anspruch erheben können, sind von den allgemeinen Judenmaßnahmen auszuschließen und zu internieren. […] Ferner sind Juden, die von einer Schutzmacht als Vertreterin der Interessen eines Feindstaates für den Austausch gegen im feindlichen Ausland befindliche Reichsangehörige benannt worden sind, ohne Rücksicht auf ihre Staatsangehörigkeit (auch Staatenlose) von der Abschiebung auszuschließen, sofort in polizeilichen Gewahrsam zu nehmen und wegen der Frage ihrer Internierung unter Angabe der genauen Personalien an das Reichssicherheitshauptamt – Referat II B 4 – zu berichten.«

Damit fiel die Behandlung der »Austauschjuden« unter die Verantwortung des »Judenreferats« im RSHA – Eichmanns Abteilung. Das war den Scharfmachern wichtig, denn das große Ziel der »Endlösung« hatte Priorität. Für deren Umsetzung stand Eichmann. Der Erlass Kaltenbrunners wurde an die Vertreter der Sicherheitspolizei und des SD in den besetzten Ländern und dem Reichsgebiet weitergeleitet, die für die »Judenmaßnahmen« vor Ort zuständig waren. So bildete der Runderlass Kaltenbrunners, wie die Historikerin Alexandra-Eileen Wenck urteilt, »die schriftliche Grundlage für die Errichtung des geplanten ›Sonderlagers‹, des späteren KL Bergen-Belsen, und kann deshalb als der zentrale Ausgangspunkt für die weiteren Gründungsvorgänge gesehen werden.«

Die Sache wurde als dringlich angesehen. Am 5. Mai 1943 meldete der damalige Befehlshaber der Sicherheitspolizei (BdS) Den Haag, Wilhelm Harster:

»[…] Reichsführer-SS beabsichtigt in Deutschland ein Lager für ca. 10 000 Juden französischer, belgischer und niederländischer Staatsangehörigkeit zu errichten, die wegen ihrer Beziehungen zum Ausland als Druckmittel zurückgestellt werden sollen. Gegebenenfalls sollen sie später zum Austausch gegen deutsche Heimkehrer auswandern dürfen.«

Die Ausführung stieß in der mörderischen Praxis allerdings an Grenzen, wie ein Vermerk des Vertreters des Auswärtigen Amtes im Reichskommissariat Ostland, Adolf Windecker, belegt:

>»Überhaupt lägen die Verhältnisse im Ostland insofern besonders, als hier bekanntlich im Zusammenhang mit dem Einrücken der deutschen Truppen die einheimische Bevölkerung, vor allem in Litauen und Lettland, in spontaner Aktion zahlreiche Juden beseitigt hat, die an manchen Orten einer fast völligen Ausmerzung des Judentums gleichkommt. Die verbliebenen Juden sind fast ausnahmslos im Ghetto untergebracht. Schon aus diesem Grunde würde eine Abschiebung von Juden fremder Staatsangehörigkeit nach ihren Heimatländern sich in der Regel verbieten, weil sonst der antideutschen Greuelhetze Vorschub geleistet werden würde. Dasselbe gelte hinsichtlich der vom Auswärtigen Amt gegenüber dem Chef der Sicherheitspolizei und des SD gemachten Anregung, ca. 30 000 Juden für Austauschzwecke zur Verfügung zu halten. Da bekanntlich viele tausend der hiesigen und reichsdeutschen Juden im Bereich von Riga im Verlauf der Zeit erschossen worden sind, scheint es sehr fraglich, ob irgendwelche Juden für Austauschzwecke in Frage kommen können, ohne dass auf diese Weise die hier erfolgten Exekutionen im Ausland gegen uns verwendet werden. Das Kontingent dieser auszutauschenden Juden könnte daher aus dem Ostland kaum aufgefüllt werden.«

Ohnehin wurde es für das NS-Regime immer schwieriger, die Judenvernichtung gegenüber dem Ausland zu verschleiern – obwohl das Auswärtige Amt auch dabei mithalf, wie der Historiker Sebastian Weitkamp feststellte: »Staaten, die zugunsten jüdischer Bürgerinnen und Bürger intervenierten, wurden über den tatsächlichen Verbleib der Menschen getäuscht.« Der Öffentlichkeit im Ausland wurde die Lüge aufgetischt, die Deportierten kämen in den besetzten Ostgebieten zum Arbeitseinsatz. Ermittlungen über deren genauen Aufenthaltsort könnten erst nach Kriegsende angestellt werden. »Die Freilassung von inhaftierten Jüdinnen und Juden, die in seltenen Fällen aus außenpolitischen Gründen erwogen wurde«, so Weitkamp,

»stellte in diesem Kontext ein Problem dar, denn es stand zu befürchten, dass die Freigelassenen ihre Verfolgungserfahrungen im Ausland bekannt machen würden.« Fremde Diplomaten hätten sich im Auswärtigen Amt, alarmiert durch im Ausland kursierende Gerüchte, öfter über die Zustände in den Konzentrationslagern erkundigt. Sie erhielten stets zur Antwort, Berichte über systematische Folterungen und Ermordungen seien Erfindungen des Gegners, »Greuelmärchen«. Damit übernahm das Auswärtige Amt die Standardlüge aus Goebbels' Propagandaministerium, die man nach wie vor ungerührt verbreitete, auch wenn in Europa schon Millionen Menschen einfach verschwunden waren. Auch auf detaillierte Berichte entflohener Häftlinge in der Schweiz oder in der deutschen Exilpresse über die Misshandlungen in den Konzentrationslagern reagierte das Goebbels-Ministerium stets mit der »Greuelmärchen«-Parole.

»Die ›Problematik‹ wurde in zwei Bereichen besonders virulent«, stellt der Historiker Weitkamp fest. »Zum einen, als sich SS und RSHA entschlossen, im Ausland internierte Deutsche gegen inhaftierte Jüdinnen und Juden auszutauschen. Zum anderen, wenn bereits internierte jüdische Bürgerinnen und Bürger neutraler Staaten aus politischer Rücksichtnahme wieder entlassen werden mussten.« Diese Freigelassenen konnten berichten, was ihnen bei der Verfolgung in Deutschland widerfahren war. In beiden Fällen sollte Bergen-Belsen als ein »makabrer ›Katalysator‹« (Weitkamp) fungieren. In Absprache mit der SS drangen die Beamten des Auswärtigen Amtes darauf, die Häftlinge dort vor der Freilassung einer sogenannten »Quarantäne« zu unterziehen: Ihnen wurden für eine gewisse Zeit halbwegs menschenwürdige Lebensbedingungen zuteil – in der Erwartung, sie würden die zuvor erlittenen Qualen dadurch vergessen.

Der Verlust des Realitätssinns stand dem Zynismus in der Nazi-Bürokratie zuweilen in nichts nach.

6.

FALL GELB –
DIE DEUTSCHE WESTOFFENSIVE

Der Angriff begann am 10. Mai 1940 um 5.35 Uhr, und er kam ohne Vorwarnung. Die Wehrmacht überfiel die Nachbarländer Niederlande, Belgien, Luxemburg und Nordfrankreich. Die Westoffensive hatte begonnen. Um 5.45 Uhr wurde den belgischen und niederländischen Botschaftern in Berlin eine diplomatische Note des Auswärtigen Amtes übergeben, in der behauptet wurde, diese Länder hätten »völlig einseitig die Kriegsgegner Deutschlands begünstigt und ihren Absichten Vorschub geleistet«. Daher sei der Befehl ergangen, die »Neutralität dieser Länder mit allen militärischen Machtmitteln des Reiches sicherzustellen«. Dem Großherzogtum Luxemburg teilten die Deutschen mit, dass die Reichsregierung sich gezwungen sähe, die von ihr eingeleiteten Operationen »auch auf das luxemburgische Gebiet« zu erstrecken.

Das Luftlandekorps der Wehrmacht griff strategisch wichtige Plätze in Belgien und Holland an, vor allem Brücken und Flugplätze, und besetzte sie. Am Boden rückten die deutschen Truppen bereits am ersten Tag des Angriffs bis an das Ijsselmeer vor, binnen kürzester Zeit war der Großteil der Niederlande besetzt. Mit der Bombardierung Rotterdams am 14. Mai, ganze vier Tage nach dem Beginn des Überfalls, wollte die deutsche Armeeführung die Niederlande zur Kapitulation zwingen. Als die erste deutsche Bomberstaffel die Hafenstadt erreichte, hatten sie bereits in die Kapitulation eingewilligt. Aber es war zu spät. Die Meldung erreichte die deutschen Bomberbesatzungen nicht. Vor allem die Altstadt Rotterdams wurde schwer getroffen, mehr als 800 Menschen starben, 78 000 verloren ihre Wohnungen. Noch am Abend wurde die Gesamtkapitulation der niederländischen Streitkräfte über das Radio verkündet.

Wenig später richteten die deutschen Besatzer eine zivile Verwaltung unter dem »Reichskommissar für die besetzten niederländischen Gebiete« Arthur Seyß-Inquart ein. Das Generalkommissariat für das Sicherheitswesen leitete SS-Brigadeführer Hanns Albin Rauter, als Vertreter des Auswärtigen Amtes beim Reichskommissar wurde SS-Standartenführer Otto Bene entsandt.

Nach dem Einmarsch der deutschen Truppen begann auch in den Niederlanden die Verfolgung der jüdischen Bevölkerung. Zwei Jahre nach Beginn des Zweiten Weltkriegs hatten in den Niederlanden noch etwa 140 000 Juden gelebt, einschließlich etwa 20 000 deutscher und polnischer Flüchtlinge. Nur etwa 30 000 von ihnen haben überlebt.

Bereits im August 1940 erließ die deutsche Verwaltung antisemitische Verordnungen wie das Verbot des rituellen Schächtens. Ab Oktober 1940 mussten niederländische Verwaltungsbeamte schriftlich ihre »arische« Abstammung erklären, andernfalls wurden sie entlassen. Anfang Januar 1941 waren alle in Holland lebenden Juden registriert worden, womit die Grundlage für eine weitere Erfassung und spätere Deportationen geschaffen war. Gesondert berücksichtigt wurden diejenigen Juden mit ausländischer Staatsangehörigkeit, die nach der nationalsozialistischen Machtergreifung nach Holland geflohen waren.

Eine gewalttätige Auseinandersetzung in Amsterdam zwischen Juden und Anhängern der NSB – der »Nationaal-Socialistische Beweging in Nederland«, der einzigen noch zugelassenen politischen Partei – lieferte den Deutschen den Vorwand für die ersten Razzien im jüdischen Wohnviertel am 22. und 23. Februar 1941. Mehrere hundert Juden wurden nach Deutschland deportiert, größtenteils ins Konzentrationslager Mauthausen. Daraufhin riefen die (inzwischen verbotenen) Kommunisten in den Niederlanden einen Generalstreik aus, den die deutschen Besatzungstruppen blutig niederschlugen. Bis zum Herbst 1941 verschleppten die Nazis 850 niederländische Juden nach Mauthausen, angeblich zur Vergeltung für Widerstandsaktionen. Ende des Jahres waren nur noch acht von ihnen am Leben.

Als weitere Reaktion auf den Zwischenfall zwischen Juden und NSB-Anhängern wurde auf Anordnung der deutschen Besatzer zur »Aufrechterhaltung der Ordnung ein Judenrat gebildet [...], der dem Amsterdamer Gemeinderat bestimmte Garantien für die Gewährleistung der Sicherheit zu geben« hatte. Der Judenrat gab ab April 1941 das *Joodse Weekblad* heraus, in dem auch die Aufrufe für den »freiwilligen Arbeitseinsatz in Deutschland« veröffentlicht werden sollten. Im Frühjahr 1941 wurde in Amsterdam die »Zentralstelle für jüdische Auswanderung« eingerichtet, die dem Referat IV B 4 im Reichssicherheitshauptamt in Berlin unterstand – Eichmanns »Judenreferat«. Die Zentralstelle sollte, wie zuvor schon in Wien und Prag, die organisatorischen Vorbereitungen für die Deportationen treffen.

Im Oktober 1941 ordnete der Chef der Sicherheitspolizei und des SD, Reinhard Heydrich, in einem Rundschreiben an, dass die nach Holland geflüchteten Juden aus Deutschland und dem deutschen »Hoheitsgebiet« (Österreich, Tschechoslowakei oder Polen) im Rahmen der »Ausländererfassung« zu internieren seien, damit sie im Falle späterer Deportationen als Erste abtransportiert werden könnten.

Ab Anfang Mai 1942 waren die niederländischen Juden verpflichtet, den gelben Stern zu tragen. Der Vertreter des Auswärtigen Amtes, Otto Bene, meldete an Unterstaatssekretär Martin Luther in Berlin:

»In der letzten Woche hat sich hier allerlei ereignet, an dem die Niederländer zurzeit würgen. Ich denke aber, dass in etwa acht bis 14 Tagen die verschiedenen Brocken verdaut sein werden. Es fing an mit der Einführung des Judensternes [...]. Dann kam die Internierung von etwa 460 angesehenen Niederländern aus allen Berufen und ihre Unterbringung in der Nähe von Hertogenbosch. [...] Diese beiden Maßnahmen waren für das niederländische Gemüt noch fasslich, dagegen die dritte Maßnahme, die Wiederabführung von etwa 1050 ehemaligen aktiven niederländischen Offizieren ein ziemlicher Schlag auf die Pauke.«

Ab dem 30. Juli 1942 durften Juden täglich nur noch an zwei Stunden in nichtjüdischen Geschäften einkaufen, verboten wurden die Benutzung öffentlicher Verkehrsmittel und öffentlicher Fernsprecher, der Besuch nichtjüdischer Einrichtungen und Häuser, zudem wurde eine nächtliche Ausgangssperre eingeführt.

Moshe Nordheim war sechs Jahre alt, als die Deutschen in Holland einmarschierten. Er lebte mit seinen Eltern und drei Geschwistern in Amsterdam. »Bis dahin«, so berichtet er im Interview in Tel Aviv, »hatten wir eine schöne Kindheit. Ich ging in eine Montessori-Schule. Mein Vater war Arzt, wir hatten ein schönes Haus, wir hatten alles.« Schnell bekam auch die Familie Nordheim die Verfolgung durch die deutschen Besatzer zu spüren. Der Vater verlor seine Arbeitsstelle in einem Amsterdamer Krankenhaus, Moshe und seine ein Jahr jüngere Schwester Bathshewa mussten die Schule wechseln. »Jetzt waren wir unter uns. Die Kinder waren alle Juden, die Lehrer auch«, berichtet er. »Jedes Mal wenn man in die Schule kam, waren wieder Plätze leer.« Eines habe er in dieser Zeit gelernt: »Man fragt nicht. Ich habe auch so instinktiv verstanden, dass wir in Gefahr sind.«

Auf dem Schulweg seien seine Schwester und er oft von anderen Kindern verprügelt worden, berichtet Moshe Nordheim. Dem Terror der Gleichaltrigen begegnete mit einer Mischung aus Furcht und Scham. »Wenn so etwas passiert, spricht man normalerweise mit den Eltern darüber. Ich habe nie etwas erzählt, ich wusste ja, dass meine Eltern nichts machen können.« Schon als Kind habe er verstanden, dass sie unter den deutschen Besatzern vogelfrei waren: »Wir mussten ja den Stern tragen, jeder wusste, dass wir Juden sind.«

Michael Gelber, geboren im September 1935 in Ede bei Arnheim, stammt aus einer nicht praktizierenden jüdischen Familie. Seine Kindheitserlebnisse lassen ihn nicht los, bis heute. Die Jahre der Verfolgung, die Konzentrationslager, die Schläge, das Elend, der Hunger, die Angst vor dem Sterben. Alles, was ihn an jene Zeit erinnert, hat Michael Gelber fein säuberlich archiviert: Zeitungsausschnitte, Familienfotos, sogar den gelben Stern mit der Aufschrift *Jood* – Jude, den er tragen musste. »Das Leben«, sagt er, »hat für mich keinen Wert mehr, ich bin ziemlich fatalistisch geworden. Ich kann darüber sprechen, aber die Gefühle sind gegangen.«

Michael Gelber erinnert sich noch an die Angst und das Entsetzen, als seine Großmutter und eine Tante von zu Hause abgeholt wurden. »Das weiß man auch als Kind von sieben oder acht Jahren«, berichtet er. »Nicht, dass die ermordet wurden in Sobibor, das wussten wir nicht. Wir wussten noch nichts von Sobibor, und wir wussten auch nichts von Vernichtungslagern. Aber als man die beiden verhaftet hat, war das so ungeheuer bedrohlich. Das spürt man natürlich auch als Kind.«

Am 22. Juni 1942 hatte Eichmann in einem Schreiben an das Auswärtige Amt festgelegt, dass im Rahmen der Deportation aller niederländischen, der belgischen und der französischen Juden aus dem besetzten Norden anteilig aus den Niederlanden zunächst 40 000 Menschen zu deportieren seien.

Drei Wochen später, am 5. Juli, begannen die systematischen Deportationen der holländischen Juden. Die »Zentralstelle für jüdische Auswanderung« veröffentlichte eine Aufforderung zum »Arbeitseinsatz in Deutschland«, der 4000 hauptsächlich in Amsterdam lebende Juden betraf, unter ihnen viele Flüchtlinge aus Deutschland. Nur wenige der Aufgerufenen meldeten sich, woraufhin Repressalien gegen willkürlich Verhaftete angedroht wurden. Schließlich meldete sich die Hälfte der Aufgerufenen, die anschließend deportiert wurden. Das waren die ersten »freiwilligen« Auswanderer, die in das sogenannte »Durchgangslager« Westerbork in der abgelegenen Provinz Drenthe verschleppt wurden, etwa 50 Kilometer von der Grenze zum deutschen Emsland entfernt.

Ab Juli 1942 fuhren von Westerbork aus regelmäßig Deportationszüge in die Vernichtungslager in Polen ab. Da man vom größten Teil der Deportierten in Holland keine Nachricht mehr erhielt, glaubte bald niemand mehr an den »Arbeitseinsatz im Osten«. Otto Bene meldete am 13. August 1942 ans Auswärtige Amt nach Berlin:

> »Nachdem die Judenschaft dahinter gekommen ist und weiß, was bei dem Abtransport beziehungsweise bei dem Arbeitseinsatz im Osten gespielt wird, treten sie zu den wöchentlichen Transporten nicht mehr an. Von 2000 für diese Woche Aufgerufenen erschienen nur ca. 400. In ihren Wohnungen sind die Aufgerufenen nicht mehr zu finden. Es macht also Schwierigkeiten, die beiden Züge zu füllen, und wie man in den nächsten Wochen die Züge füllen soll, weiß man noch nicht.«

Deshalb ging die SS zu Verhaftungen über, setzte Prämien für den Verrat von untergetauchten Juden aus und führte fast täglich Razzien durch. Moshe Nordheims Eltern entschlossen sich zu einem ebenso radikalen wie gefährlichen Schritt. Moshe und seine Schwester Bathshewa waren als Schulkinder bereits bei der Gestapo registriert, nicht aber die beiden jüngeren Kinder der Nordheims. Über eine zionistische Hilfsorganisation gaben die Eltern Moshes kleinere Schwester Riwka und seinen Bruder Shimon in die Obhut von zwei nichtjüdischen Familien in Holland, die sie als ihre eigenen Kinder ausgaben. Aus Sicherheitsgründen mussten Moshe Nordhems Eltern jeden Kontakt zu den beiden Kindern abbrechen, alle Spuren ihrer Existenz wurden beseitigt. Moshe und seiner älteren Schwester verboten die Eltern, die verschwundenen Geschwister auch nur zu erwähnen. »Bis 1945 haben wir nichts mehr von ihnen gehört«, berichtet Nordheim. »Lebten sie? Wurden sie deportiert? Haben die Nazis sie ermordet? Wir wussten nichts. Besonders für meine Mutter war das unerträglich.«

Erst nach dem Krieg kehrten Riwka und Shimon Nordheim wieder in die Familie zurück. Die beiden Geschwister hatten tatsächlich unter dem Schutz der nichtjüdischen Familien überlebt. Die Nordheims ehrten beide Familien in der Gedenkstätte Yad Vashem. Mehr als 20 000 holländische Juden, Kinder und Erwachsene wurden von mutigen Helfern während der deutschen Besatzung im Krieg versteckt. Ein lebensgefährliches Unterfangen, für beide Seiten. Die Gefahr, bei einer der Razzien aufzufliegen, war allgegenwärtig, viele Helfer wurden von Nachbarn denunziert. Das bekannteste Opfer eines solchen Verrats war die damals 15-jährige Anne Frank, die am 4. August 1944 von der Gestapo verhaftet wurde, nachdem diese telefonisch einen Tipp bekommen hatte.

Walter Guttmann, geboren 1928 in Duisburg, lebte zu Beginn der deutschen Besatzung in den Niederlanden, bei einer jüdischen Pflegefamilie in Haarlem. Walter und sein drei Jahre jüngerer Bruder Alfred hatten schon in ihrem jungen Alter schwere Schicksalsschläge verkraften müssen und den Judenhass am eigenen Leib zu spüren bekommen. Sie kamen als Vollwaisen nach Holland. Die Mutter war 1937 in Duisburg an Krebs gestorben, den Vater deportierten die Nazis 1938 ins Konzentrationslager Dachau. Zuvor hatten sie ihn gezwungen, sein Geschäft aufzugeben. Als der Vater ins KZ geschickt wurde, kamen Walter Guttmann und sein Bruder zu einer Pflegemutter in Duisburg. Der Vater wurde nach einiger Zeit wieder aus Dachau entlassen, doch er kam schwer erkrankt nach Hause zurück und starb kurz darauf an den Folgen der Haft.

Die Verlobte des Vaters brachte die beiden Jungen über die Grenze in das vermeintlich sichere Holland. Zuerst in ein Waisenhaus. »Es war schrecklich«, erinnert sich Walter Guttmann im Interview 2010 in Tel Aviv. »Ich hatte schlimmes Heimweh. In diesem Heim gab es absolut keine Liebe.« Die Brüder wurden noch 1939 auseinandergerissen. »Mein Bruder kam in eine jüdische Pflegefamilie nach Haarlem«, berichtet Guttmann, »und ich kam in eine andere Pflegefamilie nach Haarlem.« Mit dem Einmarsch begann eine Odyssee für den damals 13-Jährigen. »Ich musste dauernd die Familie wechseln«, erinnert sich Walter Guttmann. »Kaum fühlte ich mich bei einer Familie wohl, holten die Nazis sie ab. Dann musste ich weiter zur nächsten Familie. Es war schrecklich, jedes Mal ein Abschied. Aber ich habe das akzeptiert. Sonst würde ich nicht mehr leben.«

Die letzte Familie, zu der Walter Guttmann kam, fühlte sich sicher vor der Verfolgung. »Sie hatten Palästina-Zertifikate«, berichtet er. »Die waren gefälscht – aber das wussten die Deutschen nicht, die Briten ja. Sie waren zudem sogenannte ›Bürger von Honduras‹. Das konnte man kaufen. So fühlten sie sich gleich doppelt abgesichert.« Ein Neffe der Familie, der in Genf wohnte, hatte die gefälschten Papiere besorgt. Ein Einreisezertifikat für das unter britischem Mandat stehende Palästina und Pässe von Honduras, einem neutralen Land. Die Papiere bewahrten Walter Guttmanns Pflegefamilie jedoch nicht vor der Deportation. Aber sie kam zunächst nach Westerbork, nicht nach Sobibor oder Treblinka wie Tausende andere.

Walter Guttmann musste dieses Mal mit ins Lager. Sein Bruder hatte weniger Glück: Seine Pflegefamilie wurde direkt zum »Arbeitseinsatz« in den Osten deportiert. Sie hatte kein Zertifikat. Walter Guttmann hat seinen Bruder Alfred nie wiedergesehen. Er wurde in Auschwitz ermordet.

Das Zertifikat konnte über Leben oder Tod entscheiden. Zwei

Jahre nach dem Einmarsch der Deutschen hing das Leben vieler jüdischer Familien an diesem Stück Papier. Ein Einreisezertifikat für Palästina, ausgestellt von Hilfsorganisationen wie dem Roten Kreuz, bewahrte sie vor der direkten Deportation in eines der Vernichtungslager. Die Briten, unter deren Mandat Palästina stand, legten Quoten für die Einreise fest. Antragsberechtigt für Zertifikate waren unter anderem Inhaber britischer Pässe, palästinensische Frauen und Kinder, die bei Ausbruch des Krieges im Ausland waren und nicht mehr nach Hause reisen konnten, sowie Frauen und Kinder der in Palästina gebliebenen palästinensischen Staatsbürger. Wer über ein Zertifikat verfügte, ob nun echt oder gefälscht, konnte für die Nazis eine wertvolle Geisel sein. Ein »Austauschjude«.

Moshe Nordheim beobachtete als Kind in Amsterdam immer wieder, wie die Nazis Familien in der Nachbarschaft abholten. »Immer mehr Menschen in unserer Umgebung verschwanden«, berichtet er, »aber mein Vater sagte immer: ›Wir sind sicher.‹« Denn auch die Familie Nordheim besaß ein Zertifikat für Palästina und darüber hinaus sogar britische Pässe, alles echt. Moshes Großeltern, die Eltern des Vaters, waren bereits 1939 nach Palästina umgesiedelt. In der Gegend um Haifa hatten sie sich niedergelassen. »Im letzten Moment«, erzählt Moshe Nordheim, »sind sie noch aus Holland herausgekommen, wie sich später herausstellte. Das hatte aber gar nichts mit Hitler zu tun. Sie waren Zionisten und wollten beim Aufbau Palästinas mithelfen.«

Der Großvater organisierte für die Familie in Holland die Papiere für eine Einreise nach Palästina. »So hatten wir schon 1940 ein Zertifikat«, berichtet Nordheim, »und wir besaßen mit den britischen Pässen sogar die doppelte Staatsbürgerschaft.« Das bewahrte die Nordheims eine Zeitlang vor der Verfolgung durch die Deutschen – und zwar genau bis zum 20. Juni 1943. »Ich erinnere mich noch: Es war ein schöner Sonntag«, erzählt Moshe Nordheim. »Wir sind aufgewacht und haben gesehen, dass das ganze Viertel abgesperrt war.« Die Eltern hätten heftig diskutiert: Zu Hause bleiben und abwarten, was passiert, oder versuchen, aus dem Viertel herauszukommen? Die Mutter sei dafür gewesen, abzuwarten, der Vater habe für einen Ausbruchsversuch plädiert. Er wollte versuchen, sich mit der Familie zu seiner Arbeitsstelle im jüdischen Krankenhaus durchzuschlagen. »Am Ende haben wir das Nötigste gepackt und sind weggegangen«, erinnert sich Moshe Nordheim, »vier Menschen mit Rucksäcken. Vater, Mutter, meine Schwester und ich. Die Stadt war unheimlich ruhig. Dann kamen wir an eine Polizeisperre der Deutschen. Mein Vater hat unsere Papiere vorgezeigt, daraufhin haben sie uns durchgelassen.«

Ringförmig hatten die Deutschen das Viertel umstellt. An jeder größeren Brücke stand ein Posten. »Wir kamen durch bis ans Ende der Razzia«, berichtet Nordheim, »dann wurden wir wieder kontrolliert. Der Deutsche hat sich die Papiere angesehen, dann sagte er zu meinem Vater: ›Du kannst durchgehen, die Frau und die Kinder nicht‹. Das hat mein Vater natürlich nicht gemacht, und so kamen wir alle nach Westerbork.«

Auch Michael Gelbers Eltern waren aktive Zionisten. Eine Schwester der Mutter wohnte in Palästina. »Über sie haben wir versucht, ein Zertifikat zu bekommen«, berichtet er. Aber das ersehnte Papier kam nicht. Schließlich kapitulierte der Vater vor dem ständigen Druck der Razzien und Repressalien. Gelber erinnert sich genau an den Tag, an dem er und seine Familie in die Hände der Nazis fielen. »Es war der 30. Juli 1943«, erzählt er, »mein Vater ging morgens nicht zur Arbeit, stattdessen ist er mit uns allen zum Bäcker gegangen. Dort standen schon gepackte Rucksäcke oder Taschen. Um die Mittagszeit kamen dann holländische Polizisten, einer durch die Vordertür und einer durch die Hintertür. Die haben uns dann mitgenommen zum Hauptbahnhof.« Ein »falscher Polizist«, so Gelber, »derselbe, der auch meine Großmutter und Tante verhaftet hatte, fuhr neben uns mit dem Motorrad, als wir zum Bahnhof gingen, und sagte, wir müssten jetzt schneller gehen.«

Das Ziel des Transports war das Lager Westerbork. »Wir wussten, dass das in Drenthe ist«, sagt Gelber, »aber weiter wussten wir nichts.« Der erste Eindruck: »Ein riesiges flaches Gebiet, ein Gleisanschluss, drumherum Baracken – Wohn-, Ess- und Arbeitsbaracken.« Die Familien wurden nach Geschlechtern getrennt. Michael Gelber blieb bei seinem Vater: »Wir wohnten ab jetzt in Baracke 68.«

7.

WESTERBORK –
DER AUFSCHUB

Nahezu alle Juden in Holland, die nicht fliehen konnten, kamen nach Westerbork. Es gab noch weitere Konzentrationslager im Land, in der Nazi-Sprache »Durchgangslager« genannt, wie beispielsweise Amersfoort, aber Westerbork war bei weitem das größte. Kurz vor dem Beginn des Zweiten Weltkriegs hatte die niederländische Verwaltung Westerbork als Flüchtlingslager gegründet, um die Vielzahl der Flüchtlinge aufzufangen – man kann auch sagen, abzufangen. Vor allem Juden aus Deutschland, und nach dem »Anschluss« auch aus Österreich, hatten versucht, sich in die damals neutralen Niederlande zu retten. Die damalige Regierung hatte die Grenzen am 15. Dezember 1938 jedoch für Flüchtlinge geschlossen. Damit waren sie »unerwünschte Ausländer«, die man in einem Lager unter Kontrolle halten wollte. Im Februar 1939 beschloss die niederländische Regierung die Errichtung des »Zentralen Flüchtlingslagers Westerbork«.

Sonni Schey war mit ihren fünf Geschwistern und den Eltern nach der Flucht aus Deutschland 1939 direkt nach Westerbork eingewiesen worden. Sie verbrachten dort knapp fünf Jahre, bis sie schließlich nach Bergen-Belsen deportiert wurden. »Zwei Dinge haben uns vor der Deportation nach Auschwitz gerettet«, berichtet Sonni Schey im Interview in Tel Aviv. »Zum einen hatten meine Eltern einen ›Campjob‹: Sie kümmerten sich um die Waisenkinder im Lager. Und zum anderen hatten wir ein Palästina-Zertifikat.«

Dieses Zertifikat hütet Sonni Schey, geborene Birnbaum, heute in Tel Aviv wie eine Reliquie. Verwandte aus Jerusalem hatten es schon vor Kriegsbeginn beschafft. Sie bewahrt es zusammen mit Fotografien und anderen Erinnerungsstücken aus der Zeit der Nazi-Verfolgung in einem Ordner auf. Es ist ein Ordner der deutschen Traditionsmarke Leitz. Sonni Schey blättert, bis sie das Zertifikat findet. »Das ist es.« Sie zieht es aus einer Plastikhülle. »Sicher hat es dazu beigetragen, unser Leben zu retten.« Sie hält kurz inne. Dann sagt sie nachdenklich: »Es war nur ein Stück Papier.«

Doch die Birnbaums kommen nicht, wie erhofft, nach Palästina, sie müssen in Westerbork ausharren. »Unter den Holländern war Westerbork ganz anders als unter den Deutschen«, erinnert sich Sonni Schey. »Wir hatten als Familie sogar eine eigene Wohnung.« Bei den Waisenkindern im Lager, um die sich die Eltern Joshua und Helene Birnbaum kümmerten, handelte es sich meist um Kinder, deren Eltern untergetaucht oder deportiert worden waren.

Am 1. Juli 1942 wurde aus dem Zentralen Flüchtlingslager offiziell das »polizeiliche Judendurchgangslager Kamp Westerbork« unter deutscher Verwaltung. Fast unmittelbar danach begannen die von Eichmanns Truppe in der »Zentralstelle« organisierten Transporte aus ganz Holland nach Westerbork, eingeliefert wurden überwiegend jüdische Gefangene, aber auch Sinti und Roma sowie »Politische«. Allein im Juli 1942 gingen acht Deportationszüge aus Amsterdam in das »Durchgangslager« Westerbork, weitere folgten den ganzen Sommer über. Im Oktober 1942 wurde ein ehemaliges Theater, die »Hollands (Joodse) Schouwburg«, als Sammelstelle benutzt. Hier wartete auch das deutsche Waisenkind Walter Guttmann mit seiner Pflegefamilie auf den Abtransport nach Westerbork.

Der Film über das Lager Westerbork, den der jüdische Häftling Rudolf Breslauer auf Befehl des SS-Lagerkommandanten Albert Gemmeker drehte, zeigt die Einfahrt eines Zuges aus Amsterdam. Auf dem Bahnsteig stehen zwei Häftlinge wie eine Art Begrüßungskommando. Sie tragen die gelben Davidsterne auf ihren Mänteln. Es scheint kalt zu sein, und es weht ein starker Wind. Der Zug fährt ein, man erkennt die Aufschrift 3 an den Waggons – Personenwagen 3. Klasse, keine Güterwaggons. An den Türen bewaffnete Bewacher in SS-Uniform, die aus Amsterdam mitgefahren sind. Einige der Fahrgäste, darunter auch Kinder, schauen neugierig aus den Fenstern. Der Zug hält. Plötzlich ist viel Bewegung auf dem Bahnsteig. Häftlinge erwarten die Neuankömmlinge zur Einweisung. Ein Häftling zieht eine Gepäckkarre mit der Aufschrift *FK* hinter sich her. FK für »Fliegende Kolonne«, eine Einheit der Lagerpolizei. Eine etwa zwölfköpfige Truppe der FK – Männer und Frauen – nimmt Aufstellung. Sie sind an der Arbeitskleidung und ihren Armbinden zu erkennen.

Die Insassen steigen aus den Zügen. Es sind gutgekleidete, normal ernährte Menschen. Sie könnten Urlauber sein. Die Zivilisation hat in Holland mit der deutschen Besatzung nicht geendet, anders als in den osteuropäischen Ländern. Die Männer tragen Hüte, die Frauen Kopftücher, viele haben dicke Mäntel an. Es scheint, als ob manche mehrere Lagen an Kleidern tragen würden. Die meisten haben eine Tasche oder ein Bündel mit dem persönlichen Hab und Gut, das sie noch behalten durften. »Wir durften nur das mitnehmen, was wir tragen konnten«, berichtet auch Irene Butter, die mit ihren Eltern vor den Nazis nach Amsterdam geflohen war und von dort aus 1943 nach Westerbork deportiert wurde.

Auf dem Bahnsteig herrscht leichtes Gedränge, wie bei jeder Ankunft eines vollbesetzten Zuges. Zwei weibliche »FK«-Häftlinge tragen eine Kinderwiege, darin vermutlich ein Waisenkind. Ein junger Mann mit einer ledernen Reisetasche blickt misstrauisch in die Kamera. Ein anderer scheint mit den herumstehenden SS-Männern ein paar freundliche Worte zu wechseln. Niemand wird herumkommandiert, drangsaliert oder gar geschlagen. Nichts deutet darauf hin, dass auf die allermeisten dieser Ankömmlinge nach Westerbork nur noch eine Station in ihrem Leben wartet – Auschwitz, Endstation.

Fast alle der in Holland lebenden Juden wurden zwischen 1942 und 1944 über Westerbork ins Deutsche Reich oder in den Osten deportiert. Die Züge brachten 57 800 Menschen nach Auschwitz, 34 313 nach Sobibor, 4466 nach Theresienstadt und 3724 nach Bergen-Belsen.

Kameramann Rudolf Breslauer, der zusammen mit seiner Frau, zwei Söhnen und der Tochter einige Monate nach den Filmaufnahmen selbst nach Auschwitz deportiert wurde, zeigt, wie Lagerkommandant Albert Gemmeker im Beisein einiger Offiziere die Transportlisten kontrolliert. Dann sieht man die Häftlinge in langen Schlangen vor der Annahmestelle stehen. Jeder Neuankömmling wird genau registriert, bekommt einen Lagerausweis und Lebensmittelkarten. Breslauer zeigt die Szene, die über Leben oder Tod entscheiden konnte. An einer langen Reihe von Schreibtischen sitzen auf der einen Seite Häftlinge hinter Schreibmaschinen – meist Frauen, die Karteikarten ausfüllen –, auf der anderen Seite sitzen die Häftlinge, die gerade angekommen sind. Nur wer hier einen ausländischen Pass oder ein Zertifikat vorzeigen konnte, hatte noch die Chance, dem sicheren Tod in Auschwitz oder Sobibor zu entgehen.

Voraussetzung für die Anerkennung durch die Nazi-Bürokratie war ein Gesuch bei der von den Deutschen eingerichteten »Zentralstelle für jüdische Auswanderung« um Rückstellung vom »Arbeitseinsatz in Deutschland«. Als immer mehr solcher Gesuche eingingen, entwickelten die Nazis ein ausgeklügeltes Rückstellungssystem mit Stempelnummern in den Personen-Karteikarten bei der Zentralstelle. Juden mit Beziehungen zu sogenannten »Feindstaaten« fielen ebenso unter die Rückstellungskategorien wie Juden mit der Staatsangehörigkeit eines neutralen oder befreundeten Landes. Insgesamt wurden sieben verschiedene Kategorien sogenannter »Rückstellungsgruppen« definiert:

1. »Auslandsjuden« (Stempelnummer 10 000 bis 20 000)
2. evangelisch getaufte Juden (20 000 bis 30 000)
3. »Abstammungsjuden« (30 000 bis 40 000)
4. »Protektions- und Angebotsjuden« (40 000 bis 50 000)
5. Rüstungsjuden (60 000 bis 80 000)
6. Angestellte des Judenrats usw. (und deren Angehörige) (80 000 bis 100 000)
7. in Mischehe lebende Juden (100 000 bis 110 000)

Otto Bene, der Vertreter des Auswärtigen Amtes in den Niederlanden, meldet am 16. November 1942 den Sachstand an sein Ministerium in Berlin:

»Laut Anweisung des Reichskommissars sollen alle Juden [aus den Niederlanden, Anm. d. A.] bis zum 1. Mai 1943 abtransportiert sein. Das bedeutet, daß die wöchentliche Abtransportzahl von 2000 auf 3500 erhöht werden mußte. Der Abtransport bietet weder für das Sammeln der Juden hier, noch für die tatsächliche Möglichkeit des Abtransportes Schwierigkeiten. Im Ganzen sind jetzt noch ca. 61000 Volljuden abzutransportieren, von denen etwa 43000 bisher vom Abtransport freigestellt waren, so daß noch ca. 18000 zurzeit zum Abtransport zur Verfügung stehen. Die 43000 freigestellten Juden setzen sich zusammen aus Rüstungsjuden (Pelz-, Diamant-, Glas- und Radioarbeiter), Glaubensjuden und sogenannten »Protektionsjuden«. In einer jetzt stattgehabten Unterredung mit dem Wehrmachtsbefehlshaber ist aber erreicht worden, daß von den Rüstungsjuden ein großer Teil nach und nach im Laufe der nächsten Monate freigegeben wird. […] Jetzt hat die protestantische Kirche weitere 3500 Juden als getauft gemeldet. Selbstredend können diese nachträglich getauften Juden nicht als Überzeugungschristen angesehen und etwa vom Abtransport freigestellt werden. Sie werden, wie alle anderen, im Laufe der Zeit abrollen. Die niederländische Bevölkerung hat sich an den Abtransport der Juden gewöhnt. Irgendwelche Schwierigkeiten wurden nicht gemacht. Die Berichte aus dem Lager Rauschwitz lauten günstig, so daß die Juden ihre Bedenken fallengelassen haben und mehr oder weniger freiwillig bei den Sammelstellen erscheinen.«

Mit »Rauschwitz« meinte Otto Bene »Auschwitz«. Er wird sich den Namen später gemerkt haben. In seiner Zeit in Amsterdam wurde Bene vom SS-Standartenführer zum SS-Brigadeführer befördert. Nach dem Krieg war er von 1945 bis 1948 in Holland inhaftiert, zu einem Prozess kam es nicht. Bene übersiedelte nach Deutschland und starb 1973 im Alter von 88 Jahren in Hamburg. Für seine Beteiligung an den Verbrechen hatte er sich nie verantworten müssen.

Michael Gelbers Familie hatte bei der Ankunft in Westerbork keine ausländischen Pässe und auch kein Zertifikat. Aber es gab einen Funken Hoffnung. »Meine Mutter hatte eine Schwester in Palästina, und die wollte uns ein Zertifikat schicken, aber es kam einfach nicht. Meine Eltern waren schon völlig verzweifelt«, erinnert sich Gelber. Im Juli 1943 war die Familie verhaftet und nach Westerbork deportiert worden. »Schon vorher, seit Mai«, berichtet Gelber, »hatte mein

Vater mit den Deutschen verhandelt, dass wir auf die Palästina-Liste kommen, weil wir jeden Tag mit dem Eintreffen des Zertifikats rechneten. Und das hat er dann tatsächlich geschafft.« Die Mörder zeigten sich einmal großzügig. Die Gelbers blieben zunächst vom »Arbeitseinsatz« in Deutschland verschont. Im August wurde ihnen schließlich das Zertifikat nach Westerbork nachgeschickt. »Ab dem Moment«, sagt Gelber mit einem Anflug von trauriger Selbstironie, »waren wir sogenannte Austauschjuden.«

»Austauschjuden« – sie kannten den Begriff aus der Nazi-Sprache, aber über die Hintergründe wussten sie nichts. Sie hatten nur die Hoffnung, dass sie mit diesem Stempel versehen weniger gefährdet wären als die sogenannten »Volljuden«. Aber was sich innerhalb der NS-Bürokratie abspielte, wer mit wem um die Frage »sofort vernichten oder günstig verwerten« stritt, welche diplomatischen Kanäle bemüht werden mussten, damit die deutsche Regierung indirekt mit den Kriegsgegnern verhandeln konnte, wovon es abhing und wer letztlich entschied, wer ins Gas musste und wer noch etwas Lebenszeit »geschenkt« bekam – von all dem erfuhren die Betroffenen selbst am allerwenigsten. Niemand sagte ihnen, was auf sie zukommen würde. Sie waren schlicht und ergreifend abhängig von der Willkür ihrer schlimmsten Feinde. Sie konnten nur hoffen und versuchen zu überleben.

Im Politischen Archiv des Auswärtigen Amtes in Berlin findet sich ein Aktenordner mit dem Titel »Zivilgefangenen-Austausch Palästina«. Er enthält eine Liste mit etwa 500 Personen, vorwiegend Mitglieder zionistischer Organisationen, die bereits familiäre Beziehungen nach Palästina hatten. Darunter sind auch die Familien Gelber und Nordheim.

Was diese Liste nicht zeigt, ist, wie hinter den Kulissen um das Leben von Menschen gefeilscht wurde. Nach dem zweiten deutsch-palästinensischen Austausch vom November 1942, bei dem 137 britische und palästinensische Staatsangehörige gegen eine Gruppe von 301 Palästinadeutschen ausgetauscht worden waren, hatte die Schweizerische Gesandtschaft in Berlin dem Auswärtigen Amt im Hinblick auf einen weiteren Austausch eine Liste mit zunächst 53 Juden aus Holland vorgelegt. In den folgenden Monaten folgten weitere Listen, von denen einige von der jüdischen Hilfsorganisation Irgun Olei Holland (IOH) zusammengestellt worden waren.

Jüdische Organisationen hatten die britische Regierung über die Jewish Agency zur Durchführung weiterer Austauschaktionen gedrängt. Deshalb akzeptierten die britischen Behörden einen größeren Personenkreis für die Einwanderung nach Palästina und gaben im Gegenzug deutsche Internierte für den Austausch nach Deutschland frei. Das Auswärtige Amt forderte deshalb Eichmanns »Judenreferat« auf, mehr »Austauschpersonen« zur Verfügung zu stellen.

Einigen Vertretern jüdischer Organisationen wiederum blieb dieses deutsche Interesse an einem weiteren deutsch-palästinensischen Austausch nicht verborgen, und sie suchten nach Wegen, wie sie diese sehr partielle Interessenidentität für ihre Zwecke einsetzen konnten. So wurden beispielsweise beim Genfer »Palestine Office« Zertifikate aufgrund einer fiktiven »Exchange List« erstellt, für die von der britischen Regierung keine Genehmigung vorlag. Als immer mehr holländische Juden in Palästina um die Aufnahme in eine solche »Exchange List« baten, begann die Jewish Agency, diese Menschen für einen Austausch zu erfassen und ihnen Zertifikate zu versprechen.

Diese kreativ erweiterten Zertifikate-Listen überreichte die »Abteilung für Schutzmachtangelegenheiten« der Schweizerischen Gesandtschaft schließlich dem Auswärtigen Amt, das sie an Otto Bene als Vertreter des Auswärtigen Amtes und an Rudolf Kröning, den Leiter des Referats II B 4 (Grundsatzfragen für Auslandpolizei und Grenzsicherung) im RSHA weiterreichte, der in der Angelegenheit der ausländischen Juden eng mit Eichmann kooperierte. Anhand dieser Listen versuchte nun die »Zentralstelle für jüdische Auswanderung« die in Frage kommenden Austauschjuden in ihren Heimatstädten oder in Westerbork ausfindig zu machen.

Aber es gab ein gravierendes Problem: Je später die Namenslisten in Den Haag eintrafen, desto mehr der Austauschkandidaten waren schon deportiert worden, was das RSHA der Rechtsabteilung des Auswärtigen Amtes und der Schweizerischen Gesandtschaft mit der Angabe »nach dem Osten verzogen« meldete. Daher drangen schließlich die Regierungen der westlichen Alliierten und die verschiedenen

Schutzmachtvertretungen wie auch Rudolf Kröning von der Auslandsabteilung des RSHA immer wieder darauf, »austauschfähige« Juden nicht zu deportieren.

Die »Liste« war das ersehnte Codewort für alle Häftlinge in Westerbork. »Wir haben zum ersten Mal davon gehört«, berichtet Michael Gelber, »als der Brief mit dem Zertifikat kam. Da hat ein SS-Mann zu meinem Vater gesagt, wir stünden jetzt auf einer Liste.« Was das bedeutete, erklärt Moshe Nordheim: »Wir wussten nur, dass wir auf einer Liste standen und gesperrt waren für den Transport in den Osten.« Jedenfalls vorläufig. Denn natürlich konnten sich Häftlinge in der Gewalt der Nazis nie auf etwas verlassen. Westerbork war für viele von ihnen, wie sich bald herausstellen sollte, der Vorhof zur Hölle – auch wenn die Nazis das nach Kräften zu verschleiern versuchten.

»Westerbork«, erzählt Michael Gelber, der mit acht Jahren ins Lager kam, »war trotz allem nicht so schlimm wie die anderen Lager, von denen wir hörten oder die wir später kennenlernen ›durften‹.« Zwar hätten die Familien nicht zusammenleben dürfen, aber man habe sich tagsüber sehen können. »Es gab einen Rest von Zivilisation«, berichtet Gelber. Seine Mutter, »eine ausgezeichnete Vorleserin«, habe abends vor den Baracken anderen Gefangenen vorgelesen. Regelmäßiger Unterricht oder gar eine Schule für die Kinder war allerdings nicht vorgesehen. Bildung für jüdische Kinder schien den Nazis nutzlos. Immerhin wurden die Insassen halbwegs ausreichend ernährt. Niemand habe Hunger leiden müssen, »wenn wir auch«, so Gelber, »der vielen Rüben bald überdrüssig wurden«. Soweit Gelber sich erinnern kann, wurde niemand geschlagen. Das Wichtigste aber: »In diesem Lager wurde niemand ermordet.« Das Leben in Westerbork sei »erträglich« gewesen, bestätigt auch Moshe Nordheim, »aber es blieb eben ein Lager«.

Mehrere tausend Insassen mussten Zwangsarbeit für die SS verrichten. Michael Gelber begleitete seinen Vater oft zur Arbeit in die Seifenfabrik. Andere arbeiteten in der Landwirtschaft, die auch der Versorgung des Lagers diente. Wieder andere sortierten Metallteile. Häftling Rudolf Breslauer dokumentierte auch diesen Teil des Lagerlebens. Die erhalten gebliebenen Passagen des Westerbork-Films zeigen hauptsächlich die Häftlinge bei der Arbeit. Anscheinend wollte Lagerkommandant Gemmeker mit dem Film beweisen, wie nützlich das Lager für die Kriegswirtschaft im Nazi-Reich war.

Breslauer fährt mit seiner Kamera durch eine Arbeitsbaracke, vorbei an mehreren Werkbänken, um eine bewegte Einstellung für seinen Film zu bekommen. Er benutzt dafür anscheinend eine Güterlore, deren Gleise im Barackenboden verlegt sind. Die Männer an den Werkbänken demontieren Kabel. Sie trennen die Kabelhüllen von den Leitungen, um deren wertvollen Rohstoff Kupfer zurückzugewinnen. Einer der Männer trägt eine Krawatte unter einer schweren Arbeitsschürze. Die anderen tragen Overalls und Häftlingsmützen. Niemand spricht. In einem anderen Raum sitzen Frauen an Maschinen und ziehen die Kupferdrähte glatt. Die Stimmung ist gelöster als bei den Männern, einige der Frauen unterhalten sich.

Breslauer zeigt auch die »Freizeit« hinter Stacheldraht: Männliche Häftlinge beim sonntäglichen Fußballspiel auf dem Appellplatz. Mit einiger Begeisterung verfolgen die Zuschauer am Rand des Spielfeldes das Match. Eine Frauengruppe bei der Freiluftgymnastik. Die Frauen springen und hüpfen, sie machen Kniebeugen, bilden einen Kreis um die Trainerin. Ein harmloses, fröhliches Bild. Nur wenn man genau hinschaut, merkt man, dass etwas nicht stimmt: Die Trainerin trägt den gelben Stern auf dem Trikot, die Frauen in der Gruppe auch. Im Hintergrund steht ein hölzerner Wachturm. Die Aufnahmen des Propagandafilms sollen befehlsgemäß eine gewisse Normalität suggerieren, aber es gelingt nicht ganz. Es ist, als liege ein Schleier über diesen Bildern, etwas Unaussprechliches, ein Tabu. Das Unheil, das über diese Menschen und ihre Familien gekommen ist, und die dunkle Vorahnung dessen, was den meisten von ihnen noch bevorsteht.

Auch das von den Häftlingen gestaltete Kulturprogramm zeigt Breslauers tragisches Filmdokument: Schwenk über ein Orchester mit improvisierter Besetzung – Klavier, Streicher und einige Blechbläser. Schnitt: Die Kamera zeigt eine kleine Bühne. Eine Sologeigerin tritt auf. Sie singt, man hört nicht, was. Der Film ist ja stumm. Dann schwingt eine mit kurzen Shorts bekleidete Tänzerin die Beine, Pappkameradinnen im Hintergrund imitieren die Kulisse der Berliner »Hiller Girls«. Es folgt ein Tanzpaar, das im Stil von Fred Astaire und Ginger Rogers steppt. Keiner der Künstler trägt den gelben Stern. Die Bühne des kleinen Theaters war der einzige Ort, an dem die Häftlinge davon befreit waren.

Es folgt der Auftritt zweier Komiker. Sie imitieren die amerikanischen Stars der Stummfilmzeit, Laurel und Hardy (»Dick und Doof«). Einer der Männer trägt einen schmalen Schnurrbart in jenem Stil, der im Dritten Reich groß in Mode war. Es ist »Doof«.

An jedem Montagabend wurde aus dem Spiel tödlicher Ernst. »Um elf Uhr nachts machten die Barackenältesten das Licht an«, berichtet Moshe Nordheim. »Und dann lasen sie vor, wer am nächsten Morgen auf den Transport in den Osten musste.« Es war der Moment, vor dem jeder im Lager Angst hatte. »Das war reine Panik, Hysterie, manche haben geweint, andere haben geschrien«, berichtet Michael Gelber. Die meisten in der Baracke aber, so Gelber, »haben den Atem angehalten und waren insgeheim froh, dass sie noch nicht dran waren«. Es habe jedes Mal quälend lange gedauert, bis sich die Stimmung unter den »Aufgerufenen wieder einigermaßen beruhigt« hätte, erzählt Moshe Nordheim. Einige hätten dann begonnen, »jemanden zu finden, der vielleicht sagte: ›Du kannst noch eine Woche bleiben‹«. Eine verzweifelte, meist vergebliche Hoffnung.

Moshe Nordheim beobachtete wiederum, dass sich Kinder freiwillig zum Abtransport meldeten, wenn ihre Eltern aufgerufen wurden. Sie wollten nicht allein im Lager zurückbleiben, obwohl alle ahnten, dass sie vom »Arbeitseinsatz im Osten« nie wieder zurückkehren würden. »Man wusste nichts Genaues«, sagt Walter Guttmann, der als 15-Jähriger ein knappes halbes Jahr in Westerbork gefangen gehalten wurde. »Aber in den Waggons, die aus Auschwitz zurückkamen, lagen Zettel, auf denen stand, dass Menschen ermordet würden.« Häftlinge in Westerbork, die den Zug säubern mussten, fanden sie und konnten sie vor der SS in Sicherheit bringen.

»Wenn Alte und Babys abtransportiert werden«, sagt Sonni Schey, die 1939 als Elfjährige ins Lager kam und bis 1944 das Drama um die Transporte Woche für Woche miterleben musste, »dann weiß man doch, was ›Arbeitseinsatz‹ bedeutet. Allein die Waggons – das waren Viehwaggons.« Sonnis Eltern, Helene und Joshua Birnbaum, hatten in Westerbork die Aufgabe, sich um die »Waisenkinder« zu kümmern. Es waren »Waisen«, deren Eltern untergetaucht oder von den Nazis bereits deportiert worden waren und die nicht, wie der Deutsche Walter Guttmann, bei einer Pflegefamilie lebten. Sonni Schey erzählt, oft genug hätten ihre Eltern versucht, die ihnen anvertrauten Kinder vor dem Abtransport zu retten. »Meine Mutter hat Kinder, die einen ›arisch‹ klingenden Namen trugen, bei [dem Lagerkommandanten, Anm. d. A.] Gemmeker für ›arisch‹ erklärt«, berichtet Sonni Schey. »So konnte sie diese Kinder bis zur Klärung ihrer Abstammung vor einer Deportation schützen.« Doch meistens erreichte sie allenfalls einen Aufschub. Die SS nahm es mit den »Ariernachweisen« sehr genau, und in vielen Fällen ließen sich die Bewacher nicht auf einen Deal ein. »Mein Vater wollte einmal einen Jungen noch aus dem Waggon holen, der schon zur Abfahrt bereitstand«, sagt Sonni Schey. »Weil er so ›arisch‹ aussah, glaubte mein Vater, er könne die SS-Leute überzeugen, ihn nicht abzuschieben.« Aber vergebens, die Bewacher kannten keine Gnade. Der Zug fuhr, wie geplant, mit seiner »Fracht« nach Osten. Sonni Scheys Vater quälten fürchterliche Schuldgefühle. »Er hat es sich nie verziehen, dass er diesen Jungen nicht retten konnte. Bis ans Lebensende glaubte er noch, die Hilferufe aus dem Waggon zu hören, als der Zug abfuhr. Immer und immer wieder.«

8.

LISTEN FÜR
DAS ÜBERLEBEN

Am 15. Juli 1942 hatte der erste Zug mit niederländischen Juden das Lager Westerbork in Richtung Auschwitz verlassen. Die Fahrt führte über Assen, Groningen und den Grenzbahnhof Bad Nieuweschans zur deutschen Seite Ostfrieslands und dann weiter nach »Osten«. Ungefähr drei Tage waren die Häftlinge während dieser Fahrt in den Güterwaggons eingepfercht, es gab kaum Wasser und Nahrung, die sanitären Bedingungen waren unbeschreiblich. Beim ersten Transport mussten mehrere der »Waisenkinder« aus Westerbork und einige hundert Juden aus dem Konzentrationslager Amersfoort die fehlenden der ursprünglich zu deportierenden Juden ersetzen. Bis Ende des Jahres 1942 wurden 39 weitere Güterzüge aus Westerbork nach Auschwitz geschickt. Bis Februar 1943 waren schließlich insgesamt 52 Deportationszüge aus den Niederlanden abgefahren, mit denen 46 455 Juden nach Auschwitz beziehungsweise zu den Außenlagern deportiert wurden. Von März bis Juli 1943 gingen 18 Transporte mit insgesamt 33 208 Menschen in das Vernichtungslager Sobibor. Nur 19 von ihnen überlebten, nahezu alle anderen wurden kurz nach ihrer Ankunft ermordet.

»Niemand wollte auf die Transporte nach Osten«, sagt Moshe Nordheim. »In Westerbork hat jeder versucht, mit den Nazis zu verhandeln.« Marietta Moskin, geborene Duschnitz, war mit ihren Eltern und Geschwistern aus Wien nach Amsterdam geflohen. Die Familie wurde im August 1941 bei einer Razzia festgenommen und nach Westerbork verschleppt. Marietta war zu dieser Zeit 13 Jahre alt. Ihren Reisepass zog die »Zentralstelle für jüdische Auswanderung«

ein – gegen Quittung. Mariettas Eltern hatten in Westerbork »Camp-jobs«, was sie anfangs vor der Deportation bewahrte. »Es war für die SS ja zunächst egal, wer nach Auschwitz kam«, sagt Marietta Moskin beim Interview in New York. »Denen war nur wichtig, dass es genug waren.« Dann fand die Mutter allerdings heraus, dass es möglicher-weise noch einen wirksameren Schutz vor den Deportationen gab. Einige Menschen schienen nie Gefahr zu laufen, in den Osten ab-transportiert zu werden, und bald kannte sie auch den Grund. »Diese Leute«, sagt Marietta Moskin, »besaßen südamerikanische Pässe. Das musste etwas Gutes bedeuten.« Ihre Mutter Clara schmuggelte einen Brief aus dem Lager, und über Verwandte in der Schweiz gelang es ihr, paraguayanische Pässe für die ganze Familie zu besorgen. Es wa-ren Fälschungen, »das Papier nicht wert, auf dem sie ausgestellt wa-ren«, erzählt Marietta Moskin, aber irgendwie schien das die Nazis nicht zu stören. Vorerst fielen sie damit als »Auslandsjuden« unter die »Rückstellungskategorie 1«. Später bekam die ganze Familie auch noch ein Einreisezertifikat für Palästina. »Bis 1944 konnten wir in Westerbork bleiben«, berichtet Marietta Moskin. »Das haben wir ne-ben den Campjobs sicher auch diesen Papieren zu verdanken.«

Sie galten bei vielen Juden in Holland als eine Art Lebensversiche-rung, wenn auch mit hohem Risiko. Irene Butters Vater hatte in Amsterdam einen entsprechenden Tipp von einem Bekannten be-kommen, den er zufällig auf der Straße getroffen hatte. »Der Freund hatte gerade equadorianische Pässe bekommen, von einem Schwe-den«, erzählt Irene Butter, »und er gab meinem Vater den Kontakt und sagte: ›Schick’ ihm eure Passfotos, schreib’ etwas Persönliches dazu, und er wird wissen, was du brauchst.‹ Das hat mein Vater dann sofort gemacht.« Nur kamen die Pässe nicht rechtzeitig an, und die Familie wurde im Sommer 1943 nach Westerbork verschleppt. »Dann geschah ein Wunder«, sagt Irene Butter. »Die Pässe wurden uns tatsächlich ins Lager nachgeschickt.«

In den meisten Fällen handelte es sich bei diesen Staatsangehörig-keitspapieren aber nicht um Pässe, sondern um sogenannte »Pro-mesas« (Zusagen). Das waren Briefe von Konsulaten des jeweiligen Staates mit der Zusicherung, dass die Staatsangehörigkeit gewährt werde und die Zustellung des Passes in nächster Zeit erfolgen solle.

»Diese Promesas waren großenteils von sehr zweifelhafter Qualität«, berichtet der Historiker Eberhard Kolb. »Manche Konsuln vergaben die Promesas großzügig, um bedrohten Menschen zu helfen, andere machten aus dem Verkauf derartiger Schriftstücke ein lukratives Geschäft.«

Dennoch war das Auswärtige Amt zunächst bereit, diese Papiere anzuerkennen, denn man brauchte schließlich »austauschfähige« Personen für die Verhandlungen über die Rückkehr von »Reichsdeutschen« in Mittel- und Südamerika. In Eichmanns »Judenreferat« im Reichssicherheitshauptamt war man gegenüber den »Promesas« weitaus kritischer eingestellt, nachdem dort bekannt geworden war, dass sie hauptsächlich in Holland, aber auch in Polen vermehrt aufgetaucht waren. Seit Frühjahr 1943 stand fest, dass solche »Gefälligkeitspässe« nicht länger akzeptiert werden sollten, obwohl bis dahin noch keine endgültige Ablehnung der Pässe von den entsprechenden Ausstellerstaaten vorlag. So forderte die »Zentralstelle zur Bekämpfung der politischen Pass- und Ausweisfälschung« im RSHA im März 1943, die Inhaber solcher Papiere in die »allgemeinen Judenmaßnahmen« einzubeziehen. Geplant war ein entsprechender Erlass des »Reichsführers-SS« Himmler.

Das RSHA bat die zuständige Referatsgruppe »Inland II« im Auswärtigen Amt um Zustimmung, zumal auch die süd- und mittelamerikanischen Staaten zögerten, ihre »neuen« Staatsbürger anzuerkennen. Im Auswärtigen Amt leitete man die Angelegenheit mit dem Hinweis, es handele sich um eine »Rechtsfrage«, an die Rechtsabteilung weiter. Die zuständigen Referenten Eduard Sethe und Johann Ivo Theiss kamen dann zu dem Schluss, dass »im Interesse [...] von Reichsdeutschen aus dem feindlichen Ausland, insbesondere den mittel- und südamerikanischen Ländern, unbedingt verhindert werden [muss], dass Juden, die für einen Austausch mit diesen Staaten in Frage kommen, auch wenn der ordentliche Erwerb ihrer Passpapiere oder die Gültigkeit derselben zu Zweifeln Anlass geben sollte, in die allgemeinen Judenmassnahmen einbezogen werden. Es [ist] dafür Sorge zu tragen, dass jeder einzelne, nach dem beabsichtigten Erlass zu behandelnde Fall, bei dem nicht von vornherein das zum Beweis der fremden Staatsangehörigkeit vorgelegte Ausweispapier als glatte Fälschung erkannt wird und der in Frage stehende fremde Staat also in keiner Weise an der Angelegenheit interessiert sein kann, vorher dem AA zur Stellungnahme vorgelegt wird.«

Gegen den Widerstand des RSHA wurde demnach vereinbart, dass die »Promesa«-Besitzer nicht sofort in die Vernichtungslager deportiert, sondern bis zur weiteren Prüfung ihrer Passunterlagen »zwischeninterniert« werden sollten. Denn noch war es in den Niederlanden und anderen besetzten Gebieten in Westeuropa möglich, »austauschfähige« Juden zu finden, was in den östlichen Ländern schon lange nicht mehr der Fall war. Allerdings wurde das auch in Holland immer schwieriger, wie ein Schreiben Otto Benes, des Vertreters des Auswärtigen Amtes, vom März 1943 zeigt:

> »In der Anlage überreiche ich die von der Schweizer Gesandtschaft Berlin ausgestellte zweite Liste über 211 Juden, die neben der niederländischen zugleich die britische Staatsangehörigkeit besitzen und für einen eventuellen Austausch in Frage kommen, nach erfolgter Prüfung durch den Befehlshaber der Sicherheitspolizei und SD, zurück. […] Von diesen 213 [Abweichung im Original, Anm. d. A.] Personen sind 42 Personen zum Arbeitseinsatz nach dem Osten bereits abtransportiert worden. […] Es ist Vorsorge zu treffen, dass die sich noch in den Niederlanden befindlichen Personen bis zur endgültigen Entscheidung der Angelegenheit nicht zum Arbeitseinsatz abtransportiert werden. Die sich noch frei im Lande bewegenden Juden dieser Liste werden gleichfalls in das Lager Westerbork überführt werden.«

Allerdings war auch dieser Aufschub nicht von langer Dauer. Bereits ab Januar 1943 wurden die »Rückstellungen«, die anfänglich vor der Deportation schützten, immer weiter eingeschränkt, um die Transportzüge in die Vernichtungslager zu füllen. »Jede Woche mussten 1000 Juden aus Holland nach Auschwitz«, kommentiert Walter Guttmann, der selbst permanent von der Deportation bedroht war, »und die mussten gefunden werden. Am Anfang ging das, aber langsam waren keine Juden mehr in Amsterdam, und da wurde es schon viel schwerer. Da hatten sie nicht mehr genügend Leichenfutter.«

Immer mehr dieser Listen, die vor Deportation schützen sollten, seien »geplatzt«. Das wiederum hinderte die Eichmanns Referat unterstehende »Zentralstelle für jüdische Auswanderung« in Holland nicht daran, zu den schon bestehenden, langsam ausgehöhlten Rückstellungskategorien eine weitere einzuführen. Die neuen Stempelnummern begannen mit der Nummer 120 000 und konnten von der Zentralstelle in Ausnahmefällen vergeben werden. Man konnte sie auch von Mittelsmännern der SS gegen hohe Geldsummen erwerben. Die Häftlinge in Westerbork schrieben der 120 000 deshalb eine ganz besondere Bedeutung zu. »Wer auf diese Liste wollte«, sagt Irene Butter, »musste den Nazis 120.000 Gulden bezahlen, damit er verschont bleibt. Aber auch das war natürlich nicht sicher.«

Denn welche Konsequenzen diese sogenannte »120 000-Liste« nach sich ziehen konnte, wurde den Betroffenen wie immer nicht konkret gesagt. »Gezielte Andeutungen ließen jedoch vermuten«, sagt die Historikerin Alexandra-Eileen Wenck, »dass bisher Rückgestellte mit dem neuen Stempel ihre Rückstellung sozusagen potenzieren beziehungsweise erneuern konnten.« In einem geheimen Vermerk vom 25. Juni 1943 schreibt SS-Sturmbannführer Wilhelm Zoepf, der Leiter des Referats IV B 4 beim Befehlshaber der Sicherheitspolizei und des SD (BdS) Den Haag und damit Vertreter Eichmanns in den Niederlanden, wie sich das RSHA das weitere Vorgehen mit den Juden auf der »AB-Liste« (für »Auslandsbeziehungen«) vorstellt:

> »Durch die Entwicklung der letzten Zeit hat der Stempel 120 000 bei der Judenschaft eine derartige Anziehungskraft erhalten, dass er das Hauptmittel für die nächste Zeit sein wird, um das Vertrauen der Juden zu gewinnen. Dabei ist ausdrücklich zu betonen, dass von Seiten der Sicherheitspolizei niemals der Judenschaft bekanntgegeben wurde, welche schließliche Behandlung dieser Stempel garantieren soll. Lediglich in einigen Fällen ist durch die Zentralstelle für jüdische Auswanderung Juden in Aussicht gestellt worden, mit diesem Stempel eine allenfallsige Vormerkung zur Auswanderung zu verbinden. Immerhin sollten diese Juden nicht zum Arbeitseinsatz nach dem Osten kommen. Damit ist an sich die Frage der mit dieser Stempelnummer versehenen Juden

noch in keiner Weise festgelegt. Anstelle des noch nicht stattgefundenen Abtransportes zum Arbeitseinsatz nach dem Osten
sind die Juden zunächst im Lande geblieben. [...] Ob andererseits dieser oder jener auf der Stempelliste 120 000 (sogenannte
AB-Liste) aufgenommene Jude schließlich tatsächlich im Wege
des Austausches zur Auswanderung kommt oder nicht, hängt ab:
a) von der besonderen Eigenart des Juden, b) von der Zustimmung
des betreffenden ausländischen Staates, die jetzt noch nicht vorauszusehen ist.«

Die »120 000«-Besitzer waren beim BdS Den Haag intern in folgende
Kategorien unterteilt:

>»1. Juden, die nachgewiesenermaßen Beziehungen zu Feindlän
>   dern haben
>2. Juden, die solche Beziehungen nicht haben, aber Vermögens
>   werte abgeliefert haben, die anderweitig nicht an die Oberflä
>   che gekommen wären
>3. Juden, die nur vorübergehend vom Abtransport zurückzustel
>   len sind, jedoch mit Sicherheit nicht nach dem Ausland aus
>   wandern sollen (Diamant-Fachleute)
>4. Verdienstjuden, die früher nach Theresienstadt geschickt wur
>   den und nunmehr in Bergen-Belsen verbleiben sollen
>5. ASt-Juden [Antragsteller-Juden, Anm. d. A.], über deren schließ
>   liches Schicksal noch nichts besprochen ist.«

Bergen-Belsen – im Sommer 1943 erfuhren die zuständigen Dienststellen erstmals von dem Lager, das ab diesem Zeitpunkt in die
wahnwitzigen Pläne der Nazis zur »rassischen Neuordnung« des
Kontinents einbezogen wurde. Schon im Juni 1943 stand fest, dass
noch zu bestimmende Juden aus den Niederlanden nach Bergen-Belsen transportiert werden sollten, und so wurde verstärkt nach potentiellen Austauschjuden gesucht:

>»Gewünscht werden Juden mit verwandtschaftlichen, freundschaft
>lichen, politischen oder kaufmännischen Beziehungen zu Ange-

hörigen der Feindstaaten oder zu Niederländern, die sich in den Feindstaaten aufhalten und dort politisch tätig sind. [...] Da damit zu rechnen ist, dass auch für die Niederlande einige tausend Juden für diesen Austausch auszusuchen sind und nach hiesigen Erfahrungen sich tatsächlich auch eine Reihe von Juden mit stärksten Bindungen zu den Feindländern in den Niederlanden (freibeweglich oder im Lager Westerbork) noch aufhält, ist von hier aus veranlasst worden, dass IV B 4, die Zentralstelle für jüdische Auswanderung, Amsterdam, und das Lager Westerbork sich bereits jetzt um die Erstellung einer entsprechenden Liste und vorläufige Zurückstellung dieser Juden von der Abschiebung bemüht.«

Darüber hinaus wurden Mitte des Jahres 1943 in Amsterdam drei große Razzien durchgeführt. Diese waren mit antisemitischen Aktionen in Holland verbunden, im Zuge derer wiederum Tausende bisher »verschonter« Juden nach Westerbork gebracht wurden. Zur Ergreifung der untergetauchten Juden wurden anschließend Kopfgeldprämien ausgesetzt, und man versuchte, untergetauchte Juden aus ihren Verstecken zu locken, indem der BdS Den Haag am 24. Juni 1943 bekanntgab, dass Juden für einen Austausch gesucht würden:

»SS-Obergruppenführer Rauter schlägt vor, zum gegebenen Zeitpunkt der noch in den Niederlanden weilenden Judenschaft bekanntzugeben, dass ›Austauschjuden gesucht werden‹. Möglicherweise kann damit noch ein Teil der untergetauchten Juden veranlasst werden, sich wieder zu melden. Dieser Zeitpunkt dürfte dann gegeben sein, wenn die ohnehin für den Osten bereits bereitstehenden Juden dorthin abtransportiert sind und außerdem einige andere Gruppen nach Bergenbelsen [Schreibweise im Original, Anm. d. A.] gelangt und einen gewissen Ruf dieses Aufenthaltslagers hier bekannt gemacht haben.«

Am 31. August 1943 erließ SS-Brigadeführer Ernst Kaltenbrunner, Nachfolger Heydrichs als Chef der Sicherheitspolizei und des SD, »Richtlinien zur technischen Durchführung der Verlegung von Juden in das Aufenthaltslager Bergen-Belsen«. Darin wird unter anderem festgelegt, für eine Verlegung kämen »nur solche Juden in Betracht, die an sich gemäß den Richtlinien für eine Evakuierung nach dem Osten zu erfassen wären, wegen ihren besonderen Verbindungen zum feindlichen Ausland jedoch zunächst bis auf weiteres zur Verfügung zu halten sind.« [Unterstreichung und Grammatik im Original, Anm. d. A.]

Im Übrigen, so der Kaltenbrunner-Erlass, »sind für die Transporte die diesbezüglichen für die Evakuierung nach dem Osten geltenden Bestimmungen maßgebend. Bei der Mitnahme von persönlichen Ausrüstungsgegenständen, insbesondere Kleiung, Wächse usw. sowie von Lebensmitteln kann großzügig verfahren werden.« Die »Austauschjuden« behielten nur als »lebende Ware« ihren Wert für die Nazis.

In einem dem Erlass beigefügten Schreiben befahl SS-Gruppenführer Heinrich Müller (»Gestapo-Müller«), Eichmanns direkter Vorgesetzer, entsprechende Personen auszuwählen. Diese sollten im September 1943 überstellt werden, sobald das Lager Bergen-Belsen die baulichen Voraussetzungen dafür biete. Auf der Grundlage dieser Erlasse wurde dann die Gruppe derjenigen »privilegierten« niederländischen Juden, die nicht nach Auschwitz, sondern nach Bergen-Belsen gebracht werden sollten, genauer definiert:

1) Die 400 Palästina-Juden sollen zu gegebener Zeit nach Bergen-Belsen kommen.
2) Austauschjuden, sowohl die vom Auswärtige Amt gemeldeten wie auch solche, die noch nicht dem Auswärtige Amt gemeldet sind, sollen alle nach Bergen-Belsen.
3) Die Honduraner und Paraguayer sowie alle Juden mit gekauften Pässen sollen ebenfalls als Austauschjuden nach Bergen-Belsen verbracht werden.
4) Die Barneveld-Juden sind ebenfalls für Bergen-Belsen vorgesehen.
5) Die 500 Doppelstaatler sollen gleichfalls nach Bergen-Belsen.

Die sogenannten »Barneveld-Juden« waren etwa 600 Juden aus »hochgestellten gesellschaftlichen oder kulturellen« Kreisen, die im ehemaligen Schloss »De Schaffelaar« in der Ortschaft Barneveld untergebracht und am 29. September 1943 in das Lager Westerbork verbracht wurden. Es war der Tag, an dem die Nazis in Amsterdam die letzte große Razzia gegen Juden durchführten. Am 1. November 1943 schießlich stellte Bene vom Auswärtigen Amt fest, dass die »Judenfrage [...] für die Niederlanden als gelöst betrachtet werden [kann], nachdem das Gros der Juden außer Landes verbracht worden ist«.

Doch noch immer waren Tausende im »Durchgangslager« Westerbork gefangen. Bis zu diesem Zeitpunkt war erst ein Transport aus Westerbork nach Bergen-Belsen geleitet worden, neun weitere würden folgen. »Ursprünglich sollten mit ihm 305 sogenannte ›Verdienstjuden‹ in das ›Altersghetto‹ nach Theresienstadt gebracht werden«, schreibt die Historikerin Wenck, »Theresienstadt galt jedoch zu diesem Zeitpunkt als überfüllt, so dass der Abtransport dieser ›Verdienstjuden‹ am 14. September 1943 nach Bergen-Belsen erfolgte, wo sie ›zwischeninterniert‹ wurden.« Erst ein Vierteljahr später, am 25. Januar 1944, wurden 281 von ihnen weiter nach Theresienstadt überstellt. Nur 71 Menschen überlebten.

Noch immer fuhren Woche für Woche Züge aus Westerbork in Richtung Osten, aber nun waren gelegentlich an die lange Reihe der Güter- oder Viehwaggons auch einige Personenwagen der 3. Klasse angehängt. Für die Häftlinge ein deutliches Zeichen. Ein Hoffnungszeichen.

»Es gab schon Gerüchte in Westerbork, etwa im September/Oktober 1943«, berichtet Moshe Nordheim, »dass wir nach Palästina ausgetauscht werden sollen und deshalb in ein ›spezielles‹ Lager kommen.« Der Transport nach Bergen-Belsen war für den Herbst 1943 geplant, verzögerte sich aber, weil Westerbork eine Zeitlang unter Quarantäne gestellt wurde. Im Lager war Polio ausgebrochen. »Im Januar 1944 sind wir dann auf den Transport gegangen«, sagt Nordheim. Mit einer ganz speziellen Erfahrung: »Der Zug war ein gewöhnlicher Zug, mit Fenstern. Sonst waren es immer Viehwagen gewesen.«

Am zweiten Montag des Jahres 1944, es war der 11. Januar, gab ein holländischer Polizist Familie Gelber in Westerbork einen wohlgemeinten Tipp. Er riet ihnen, sofort das Nötigste zu packen und zu fliehen, da sie für den nächsten Tag für einen Transport vorgesehen seien, in ein Lager, das noch niemand kannte – Bergen-Belsen. Die Eltern entschieden, nicht zu fliehen, und setzten stattdessen auf das Prinzip Hoffnung – und auf den Rat der SS. Michael Gelbers Vater wagte einen ebenso ungewöhnlichen wie riskanten Schritt: »Mein Vater hat den Lagerkommandanten Gemmeker gefragt: ›Was soll ich machen?‹«, erzählt Michael Gelber. Ein »normaler« Häftling, ein Jude gar, hätte es sich niemals erlauben können, einen SS-Offizier auch nur anzusprechen. Wenn sich einer der »Herrenmenschen« näherte, mussten die Häftlinge stramm stehen und, soweit vorhanden, die Kopfbedeckungen herunterreißen. Erich Gelber wagte es dennoch, dem Lagerkommandanten gegenüberzutreten, weil er mehrfach für ihn persönlich einige Dienste verrichtet und bei diesen Gelegenheiten auch ein paar Worte mit ihm gewechselt hatte. Der Lagerkommandant gab Gelbers Vater eine überraschende Antwort. »Gemmeker hat ganz klar gesagt: ›Bergen-Belsen kenne ich nicht, das ist ein neues Lager. Wo der Zug sonst hinfährt nach dem Osten, das bedeutet nicht viel Gutes‹«, berichtet Michael Gelber. »Gemmeker wusste also genau, was da los ist. Und dann sagte er auch noch: ›Ich kann dich hier behalten mit deiner Familie, so lange ich will. Bis ein Befehl aus Berlin kommt, dass alle Leute mit Kindern auf einen Transport nach dem Osten, nach Auschwitz, müssen. Dann muss ich euch losschicken.‹ Und dann haben meine Eltern entschieden, nach Bergen-Belsen zu fahren. Ohne zu wissen, wohin.«

Am Morgen danach begann für Michael Gelber und seine Familie eine Reise ins Ungewisse. Wie Tausende anderer Häftlinge auch hofften sie nun schon seit vielen Monaten auf einen Austausch, einige seit Jahren. So wie die Pflegefamilie von Walter Guttmann. »Sie hatten ja honduranische Pässe und Zertifikate für Palästina«, berichtet er, »aber irgendwann half das nicht mehr, und man sagte uns, wir würden demnächst verlegt werden. Und zwar in ein ›Vorzugslager‹ namens Bergen-Belsen.« Davon hatten sie noch nie gehört. »Aber wir glaubten«, sagt er, »es müsste nach Westerbork das Paradies sein. Schließlich sollten wir bevorzugt werden.«

Auch für Irene Butter und ihre Familie erschien das unbekannte Lager wie eine Verheißung. »Man sagte uns, wir kämen in ein besseres Lager«, erzählt sie, »nach Bergen-Belsen, wegen unserer ecuadorianischen Pässe und wegen des ›Austauschs‹. Ja, so haben sie es genannt, ›Austausch‹. Zuerst glaubten wir tatsächlich, es würde besser, denn wir fuhren nicht in Viehwaggons, sondern in richtigen Personenwagen.« Auch bei Walter Guttmann und seiner Familie keimte Hoffnung auf: »Als wir die Personenwagen mit den Fenstern sahen, wussten wir, dass wir Austauschmaterial waren.«

In seinem auf Befehl des Lagerkommandanten Albert Gemmeker gedrehten Westerbork-Film hat Häftling Rudolf Breslauer diese Zwei-Klassen-Gesellschaft im Holocaust festgehalten. Breslauer filmte die Abfahrt eines der berüchtigten Transporte aus Westerbork in allen Einzelheiten. Über die Intention des Auftraggebers ist nichts bekannt, Gemmeker selbst ist während der Vorbereitungen zur Abfahrt des Zuges im Kreise einiger SS-Offiziere zu sehen. Sie tragen die graue Felduniform, schließlich sind sie im Krieg – im Krieg gegen wehrlose Gegner. Sie kontrollieren Transportlisten. Möglicherweise wollte Gemmeker mit dem Film dokumentieren, wie ruhig und geordnet die Transporte vonstattengehen. Was der Mann hinter der Kamera empfand, als er die Abreise in den Tod festhielt, bleibt für immer ein Geheimnis. Breslauer wurde zusammen mit seiner Familie in der zweiten Hälfte des Jahres 1944 nach Auschwitz-Birkenau deportiert.

Breslauer zeigt den abfahrbereiten Zug am Bahnsteig. Es ist ein langer Zug, das Ende scheint am Horizont zu verschwimmen. Im Vordergrund die Personenwagen der 3. Klasse, noch mit geöffneten Türen, im Hintergrund die geschlossenen Güterwaggons. Vereinzelt stehen Menschen vor den Waggons, um sich zu verabschieden. Ein paar Worte werden gewechselt, bevor der Zug abfährt. Ein gewohntes Bild. Nur ist hier alles anders. Für viele wird es ein Abschied für immer sein, und sie wissen es. Die Stimmung scheint ruhig. Niemand wehrt sich, niemand scheint in Panik zu sein. Lager-SS patrouilliert gemessenen Schrittes, ein paar Bahnbeamte stehen herum. Die Transporte wurden von der Deutschen Reichsbahn durchgeführt. Ein Kind steht am Fenster einer schon geschlossenen Waggontür. Das Kind hebt die Hand und winkt. Ein älterer Mann in einem hellen Mantel steht vor dem Wagen und winkt zurück.

Breslauer zeigt auch die Güterwaggons. Drei Männer und eine Frau stehen an der geöffneten Schiebetür. Einer der Männer spricht mit einem Angehörigen der »FK« – der aus Häftlingen bestehenden Lagerpolizei, der sogenannten »Fliegende Kolonne«. Am rechten Bildrand erkennt man zwei Frauen, die durch die geöffnete Luke eines Waggons schauen. Vorbei an den Güterwaggons wird eine bettlägerige Frau auf einer improvisierten Krankenbahre mit großen Kutschenrädern zum »Arbeitseinsatz im Osten« gefahren. Vor ihr auf der Bahre liegt ein Koffer mit einer Aufschrift in großen, weißen Zeichen. Breslauer schwenkt mit der Kamera mit. Im Jahr 2007 ist es dem Filmemacher Harun Farocki anhand dieses Bildes gelungen, das Datum und weitere Einzelheiten dieses Transportes zu rekonstruieren. *F oder P Kroon* konnte Farocki auf dem Koffer entziffern und *26.?.82* oder *92*. Name und Geburtsdatum der Besitzerin. Die Transportliste führt Frouwke Kroon auf, geboren am 26.9.1882, ermittelte Farocki für seinen unvertonten Essayfilm *Der Aufschub – Dokumentarische Szenen aus einem Judendurchgangslager*. Frouwke Kroon wurde am 19. Mai 1944 nach Auschwitz deportiert und dort gleich nach der Ankunft ermordet. Damit konnte Farocki den Tag der Filmaufnahmen bestimmen. Es ist höchstwahrscheinlich der einzige auf Film dokumentierte Abtransport nach Auschwitz.

In Breslauers Aufnahmen kommt Frouwke Kroon noch einmal ins Bild, wie sie an den Güterwaggons vorbeigeschoben wird. Offensichtlich sucht man einen Platz für sie. Die Waggons haben sich inzwischen merklich gefüllt. Im Güterwaggon mit der Kreideaufschrift *10* hilft ein Mann dem Bahnbeamten, die große Schiebetür zu verschließen. Der Bahnbeamte, auch er trägt den gelben Stern, legt von außen den Riegel um. Die Transportlisten besagen, dass der Zug an diesem 19. Mai 1944 mit 691 Menschen von Westerbork abfuhr. Zwei von ihnen ließen sich anhand der Aufnahmen identifizieren. Neben Frouwke Kroon ist es die neunjährige Anna Maria (»Settela«) Steinbach, die aus einer Sinti- und Roma-Familie stammt. Sie war erst drei Tage zuvor zusammen mit ihrer Familie bei einer Razzia in Eindhoven festgenommen und nach Westerbork gebracht worden.

Das Bild des Mädchens mit dem Kopftuch, das ängstlich in Breslauers Kamera blickt, wurde zu einem der Symbole für den Holocaust, den millionenfachen Mord an unschuldigen Menschen. Durch eine Schicksalsgenossin konnte Settela Steinbach ein halbes Jahrhundert nach dem Transport identifiziert werden. Crasa Wagner, die sich in demselben Waggon befand, hörte, wie Settelas Mutter den Namen rief und ihre Tochter warnte, den Kopf nicht zu weit aus der Öffnung zu strecken. Crasa Wagner überlebte Auschwitz, mit ihrer Hilfe konnte Settela Steinbach 1994 identifiziert werden. Settela Steinbach und ihre Mutter wurden ermordet.

Breslauers Kamera zeigt eine Kreideaufschrift auf dem Waggon, in dem Settela Steinbach fuhr: *74 Pers*. Später, bei der Abfahrt des Zuges, ist die Zahl korrigiert: Die *74* ist durchgestrichen, darüber steht jetzt *75*. »Die Lagerverwaltung nahm es mit den Zahlen sehr genau«, kommentiert Harun Farocki.

Der Zug setzt sich in Bewegung. Die SS-Offiziere stehen unbeteiligt auf dem Bahnsteig. Einzelne Bewacher fahren auf den Trittbrettern der Güterwaggons mit oder steigen in die Personenwagen. Einige der Deportierten winken zum Abschied aus den Luken der Güterwagen. Man sieht erst nicht, wem sie zuwinken. Dann kommt ein Mann auf dem Bahnsteig ins Bild. Er lächelt unsicher in die Kamera.

Der professionelle Kameramann Rudolf Breslauer filmte die Abfahrt in wechselnden Einstellungen. Die Lok dampft, als sie losfährt. Die rollenden Waggonräder auf den Gleisen in Großaufnahme. Eine Totale der langen Wagenreihe. Der letzte Waggon mit einem Bewacher fährt aus dem Bild. Aufnahmen, wie man sie später für eine Montage im Schneideraum braucht. Breslauer hatte keine Gelegenheit mehr dazu. Auch er wurde mit seiner Familie nach Auschwitz deportiert. Seine Frau und die beiden Söhne wurden vergast. Breslauer erlebte wohl noch die Räumung des Lagers und starb im Februar 1945. Seine Tochter überlebte als Einzige aus der Familie den Holocaust.

Eine sorgfältig gestaltete Grafik in dem Film zieht die »Leistungsbilanz« von Westerbork bis zum Sommer 1944: Eingang 103 376, nach dem Osten 91 545, Bergen-Belsen 3029, Theresienstadt 2470, Lager Vught 897, Internierung 350. Die Zahlen sind unterlegt mit Pfeilen, welche die Richtung der Transporte zeigen. Der Pfeil »Eingang« weist auf eine Art Firmenzeichen hin. Die Silhouetten von Baracken und einer Fabrik, umrahmt von drei Kreisen. Aus dem Schornstein der Fabrik steigt Rauch auf. Eine einzige Assoziation drängt sich auf: Menschenrauch. »Wohl das einzige Nazi-Lager mit einem Firmen-Logo«, kommentierte Harun Farocki mit bitterem Sarkasmus.

Am 3. September 1944 verließ der letzte Transport in Richtung Osten das Lager Westerbork. Ein weiteres Kapitel des Holocaust wurde damit vorerst geschlossen. Insgesamt sind etwa 107000 Juden aus den Niederlanden deportiert worden. Nur etwa 5200 von ihnen haben überlebt. Eichmann, Bene, Zoepf und Co. hatten ganze Arbeit geleistet. Sie konnten Holland jetzt als »judenrein« melden.

9.

BERGEN-BELSEN –
DAS »VORZUGSLAGER«

Der Zug setzte sich in Westerbork in Bewegung. Bis Bergen-Belsen waren es rund 280 Kilometer. Eine ganze Zeitlang blieben die 3.-Klasse-Wagen und die Güterwaggons zusammengekoppelt, es gab nur eine Route in Richtung Osten: über Assen, Groningen, Bad Nieuweschans zur deutschen Seite Ostfrieslands. »Als der Zug endlich abfuhr«, sagt Irene Butter, »hatten wir zum ersten Mal, seit ich mich erinnern konnte, gute Laune. Wir machten sogar Witze.« Auch Michael Gelber erinnert sich an die gelöste Stimmung im Personenabteil: »Es war keine Drei-Tage-Reise wie nach Auschwitz«, sagt er, »bei der die Leute schon auf dem Weg gestorben sind. Wir waren in guter gesundheitlicher Verfassung, und wir waren erleichtert. Wir waren ja mit Freunden unterwegs.« Die Freunde seien alle Zionisten gewesen, sagt Gelber, »wie wir auch«.

Was Gelber und seine Eltern nicht wussten: Sie waren vorgesehen für einen dritten Austausch gegen eine Gruppe von »Reichsdeutschen« aus Palästina, die Templer. Mit 436 Juden für den Palästina-Austausch, unter ihnen auch die Familien Gelber und Nordheim, weiteren 385 Juden für den deutsch-britischen Austausch, sowie anderen jüdischen Gefangenen mit »Beziehungen zum feindlichen Ausland« wurde bei diesem Transport am 12. Januar 1944 das erste große Kontingent holländischer »Austauschjuden« in das Konzentrationslager Bergen-Belsen geschickt.

In Soltau, etwa 20 Kilometer nördlich von Bergen-Belsen, hielt der Zug. Die Güterwaggons wurden von den Personenwagen abgekoppelt. Der »Auschwitz-Transport« fuhr anschließend weiter in

Richtung Osten, die Wagen der 3. Klasse wurden zur Eisenbahn-rampe des Konzentrationslagers Bergen-Belsen umgeleitet. Nach etwa zwölf Stunden hatten die »Austauschjuden« die nächste Station ihrer Odyssee erreicht. »Bis dahin war alles gut«, berichtet Michael Gelber, »aber auf der Rampe standen plötzlich jede Menge SS-Leute mit Schäferhunden, ein »Totenkopf«-Regiment. Die schrien nur: ›Raus, raus, schnell, schnell!‹« Irene Butter erlebte ähnliche Szenen: »Dieses Geschrei war fürchterlich«, erinnert sie sich. »Es war die schlimmste Überraschung, die man sich denken kann.« – »Wir kamen morgens an. Sie empfingen uns mit Knüppeln, Peitschen und großen Hunden«, sagt Walter Guttmann. »Da wussten wir, dass das hier doch nicht das Paradies ist.«

Ab jetzt unterstanden die Häftlinge dem Kommando der SS, genauer gesagt der 6. Kompanie des SS-Totenkopf-Sturmbanns Sachsenhausen, einer eingespielten Truppe, die ihre »Ausbildung« im Konzentrationslager Sachsenhausen erhalten hatte. Entsprechend war die Behandlung der Häftlinge. »Das war etwas ganz anderes als in Westerbork«, sagt Michael Gelber. »Da hatten wir mit den Deutschen kaum etwas zu tun gehabt. Es war ein Unterschied wie Tag und Nacht.« An der Eisenbahnrampe mussten sich die Neuankömmlinge in Fünfergruppen aufstellen, dann wurde der Abmarsch in das sieben Kilometer entfernte Lager befohlen.

Der Weg von der Eisenbahnrampe ins Lager führte durch einen Wald am Rande der Lüneburger Heide. Die rund 1000 Neuankömmlinge marschierten unter Hundegebell und den Kommandos der SS-Mannschaften vorbei an der Ortschaft Bergen. Hier wusste die Bevölkerung vom nahe gelegenen Konzentrationslager. »Die glotzten uns alle an«, sagt Walter Guttmann, »das war eigentlich das Schlimmste.« Nach knapp anderthalb Stunden Fußmarsch traf die Gruppe in Bergen-Belsen ein. »Dort stand schon unser Gepäck auf dem großen Appellplatz«, berichtet Michael Gelber, »und dann mussten wir uns eine freie Schlafstelle in einer der Baracken suchen. So fing es in Bergen-Belsen an.« Es sollte für ein Jahr ihr »Zuhause« werden.

Mit der Errichtung des Lagers hatte Himmler im Dezember 1942 den Chef des Wirtschaftsverwaltungshauptamts (WVHA), SS-Obergruppenführer Oswald Pohl, beauftragt. Pohl, NSDAP-Mitglied der ersten Stunde, General der Waffen-SS und in seiner Funktion im WVHA der Herrscher über die »Generalinspektion Konzentrationslagerwesen«, wurde nach dem Krieg bei den Nürnberger Prozessen als einer der Drahtzieher des Holocaust zum Tode verurteilt und 1951 in der JVA Landsberg hingerichtet – in jener Festung, in der Hitler einst seine Haftstrafe nach dem gescheiterten Putsch von 1923 verbüßte, an dem Pohl als treuer Anhänger seinerzeit vermutlich selbst teilgenommen hatte.

Himmlers Auftrag an Pohl war eine der ersten Konsequenzen aus dessen Unterredung mit Hitler im Dezember 1942, bei der »Führer« und »Reichsführer« die Einrichtung eines »Sonderlagers für Juden mit Anhang in Amerika« beschlossen hatten. Im Frühjahr 1943 ließ Pohl auf dem Gelände des nicht mehr voll belegten Kriegsgefangenenlagers Bergen-Belsen (»Stalag 311«) ein isoliertes Lager für »Austauschzwecke« einrichten. Nicht mehr voll belegt, weil in den Monaten zuvor etwa 90 Prozent der sowjetischen Kriegsgefangenen in dem Lager, etwa 17 000 Menschen, an Auszehrung und Epidemien gestorben waren. Es waren genau die Monate, in denen die 6. Armee der Wehrmacht im 2800 Kilometer entfernten Stalingrad vernichtend geschlagen worden war. Die Einhaltung von völkerrechtlichen Regeln, gleich welcher Art, hatten die sowjetischen Kriegsgefangenen von den Deutschen sowieso nicht zu erwarten. Die Nazis verfolgten gegenüber den Rotarmisten eine »Politik des Aushungerns«.

Von dem insgesamt etwa 55 Hektar großen Gelände in Bergen-Belsen blieb ab April 1943 nur noch der nördliche Lagerteil mit dem Kriegsgefangenenlazarett unter Wehrmachtsverwaltung. Den weit größeren Teil nutzte fortan die SS für ihre Zwecke. Am 27. April 1943 erschien der Name »Bergen-Belsen« erstmals im Verteiler eines Runderlasses der Amtsgruppe D des WVHA, die für die Konzentrationslager zuständig war. Am 10. Mai 1943 wurde in einem Runderlass der Amtsgruppe D die Errichtung des »Zivilinterniertenlagers Bergen-Belsen« offiziell mitgeteilt. »Zivilinternierte« – ein Begriff, der völkerrechtliche Konsequenzen nach sich zog. Der Name signalisierte, dass das Lager Bergen-Belsen innerhalb des Systems der NS-Konzentrationslager eine Sonderstellung einnehmen sollte. »Bergen-Belsen war für diejenigen, die hierher kamen, eine Chance, dem

Massenmord zu entkommen«, berichtet Thomas Rahe, der historische Leiter der Gedenkstätte Bergen-Belsen, »wenn auch eine sehr ungewisse, denn letztlich sind hier um ein Vielfaches mehr Menschen umgekommen als ausgetauscht worden.« Mit »rechtsstaatlichen Bedingungen«, so Rahe, habe deshalb auch dieses Lager »nichts zu tun« gehabt, vielmehr sei es »Teil des NS-Verbrechenskomplexes« gewesen. Und das, so Rahe, »wollte die SS natürlich auch vor dem Roten Kreuz und der internationalen Öffentlichkeit verbergen«. Deshalb wurde ein Anfangsfehler rasch korrigiert. Im Juni 1943 wurde das »Zivilinterniertenlager« in »Aufenthaltslager« umbenannt. Diese Änderung hatte Oberregierungsrat Dr. Rudolf Kröning vom Referat II B 4 (Ausländerpolizei) des RSHA »aus taktischen Gründen« angeregt. Ein kleiner, aber wichtiger Unterschied. Die Begründung war sehr aufschlussreich: »Diese Änderung ist erforderlich«, vermerkte Kröning, »da Zivilinterniertenlager gemäß der Genfer Konvention internationalen Kommissionen zur Besichtigung zugänglich sein müssen.« Internationale Kommissionen – dabei hätte es sich zum Beispiel um das Rote Kreuz oder gar internationale jüdische Organisationen gehandelt. Und das wollte die SS mit allen Mitteln vermeiden.

Die SS musste sich vor ihren Häftlingen normalerweise nicht fürchten, zu ungleich waren die Waffen verteilt. Was die Nazi-Strategen aber für gefährlich hielten, das waren die »Greuelmärchen« entflohener oder – wie im Falle eines Austauschs – entlassener Häftlinge im Ausland. Noch schlimmer wären verbürgte Berichte internationaler Organisationen über die wahren Zustände in den Konzentrationslagern gewesen, darüber waren sich Himmler und Konsorten im Klaren. Solche Berichte hätten sie gegenüber möglichen alliierten Verhandlungspartnern in einem Maße diskreditiert, dass Gespräche über einen Austausch von Gefangenen – oder eine Freilassung unter bestimmten Bedingungen – niemals möglich gewesen wären. Denn mit Massenmördern wollte niemand verhandeln – eine Haltung, die zumindest bei den Westalliierten weitverbreitet war und tatsächlich in vielen Fällen konstruktive Gespräche über die Rettung jüdischer Häftlinge verhinderte. Im Umgang mit den »Austauschjuden« versuchten die Nazis zumindest den Anschein einer menschenwürdigen Behandlung aufrechtzuerhalten, soweit es die Verhältnisse in Kriegszeiten zuließen, soweit es nicht andere Interessen gab, die brutalere Methoden oder gar Mord erfolgversprechender erscheinen ließen – und soweit die SS-Mannschaften in den Lagern überhaupt mitspielten.

Jahrelang waren sie darauf gedrillt worden, Häftlinge bis in den Tod zu schikanieren, die Vernichtung auf vielfältige Weise war ihr Geschäft. Jetzt sollten sie plötzlich akzeptieren, dass auch Juden gewisse Rechte haben, worauf SD-Chef Kaltenbrunner in seinen »Richtlinien« unter Punkt V »Behandlung im Aufenthaltslager Bergen-Belsen« ausdrücklich hingewiesen hatte. So sollten »Juden nicht als Häftlinge, sondern als Lagerinsassen« bezeichnet werden, ihre Lagerkleidung durfte »aus der mitgebrachten Zivilkleidung mit Judenstern« bestehen, die »Heranziehung zur Arbeit« sollte sich »in normalen Bahnen« vollziehen, und sogar der »zensurierte Briefverkehr mit Angehörigen und Bekannten« wurde »bis zu einem bestimmten Ausmaß« gestattet. Selbstverständlich war auch diese »Vorzugsbehandlung« rein taktisch ausgerichtet. »Während die Vernichtung in anderen Lagern zum Prinzip gehörte«, sagt Thomas Rahe, »war Bergen-Belsen als Geisellager eben so aufgebaut, dass die Häftlinge überleben sollten. Man kann Geiseln ja nur austauschen, wenn sie noch leben.« Das leuchtete sogar den Nazis ein. Michael Gelber analysiert seine damalige Situation mit einem gewissen Sarkasmus: »Wir wurden nicht an Ort und Stelle ermordet, und wir hatten bestimmte Vorrechte: Wir wurden nicht kahl geschoren, wir konnten tagsüber im Familienkreis bleiben – und wir wurden nicht tätowiert.« Die Begründung dafür liefert Gelber gleich mit: »Wir sollten doch ausgetauscht werden. Man kann uns ja nicht ins Ausland schicken mit einer Nummer im Arm. So doof waren die Nazis auch wieder nicht.«

Dennoch waren humane Behandlung oder auch nur das nackte Überleben im von der SS organisierten Vernichtungsapparat sonst nicht vorgesehen. Schon wenige Monate nach der Errichtung des Lagers Bergen-Belsen kritisierte das Auswärtige Amt die dortigen Zustände, die dem ursprünglichen »Austauschzweck« zuwiderliefen und ihn gleich zu Anfang zu gefährden schienen. Kaltenbrunners »Richtlinien« wurden schon zu Beginn nur äußerst mangelhaft umgesetzt und im Verlauf des Krieges immer weiter vernachlässigt. Dass Bergen-Belsen nicht den Status eines Zivilinterniertenlagers erhielt, sondern auf Weisung Himmlers sofort in das KZ-System eingegliedert wurde, hatte gravierende Folgen: »In hohem Maße war mit dieser Entscheidung die spätere Lagerentwicklung, die in der Katastrophe vom Frühjahr 1945 kulminierte, vorprogrammiert«, urteilt der Historiker Eberhard Kolb, der sich eingehend mit der Geschichte Bergen-Belsens auseinandergesetzt hat. Als »Sonderlager« für jüdische Häftlinge, die nicht zur Zwangsarbeit in Rüstungsbetrieben eingesetzt werden durften und für einen Austausch bereitgehalten wurden, habe das »Aufenthaltslager«, so Kolb, »einen Fremdkörper innerhalb des Systems der Konzentrationslager« gebildet. Sonst hätten es die Funktionäre im WVHA unter dem Kommando Oswald Pohls seit 1942 als ihre Hauptaufgabe betrachtet, die »Arbeitskraft der Konzentrationslager-Häftlinge bis zum äußersten für die deutsche Rüstungswirtschaft zu mobilisieren« – also das Prinzip »Vernichtung durch Arbeit«.

So hatte Pohl beispielsweise in einem Befehl vom 30. April 1942 im Hinblick auf die KZ-Arbeiter in der Rüstungsindustrie angeordnet: »Der Lagerkommandant allein ist verantwortlich für den Einsatz der Arbeitskräfte. Dieser Arbeitseinsatz muß im wahren Sinne des Wortes erschöpfend sein, um ein Höchstmaß an Leistung zu erzielen. […] Die Arbeitszeit ist an keine Grenzen gebunden.« Da die Insassen des »Aufenthaltslagers« für diese Art von Arbeitseinsatz aber nicht zur Verfügung gestanden hätten, sei das Lager von der zentralen Konzentrationslagerverwaltung völlig vernachlässigt worden, analysiert Kolb, und bald schon hätten die Bemühungen der Funktionäre des WVHA eingesetzt, »dem Lager – über seine Funktion als ›Aufenthaltslager‹ hinaus – weitere Funktionen innerhalb des ›eigentlichen‹ Aufgabenbereichs des WVHA zuzuweisen und so das Lager in ein ›echtes‹ Konzentrationslager zu verwandeln.«

Die verschiedenen Funktionen des Lagers Bergen-Belsen spiegelten sich in seinem Aufbau wider. In den ersten anderthalb Jahren wurden vier verschiedene, streng voneinander abgeschottete Einzellager errichtet: Das »Sonderlager« für jüdische Gefangene aus Polen; das »Neutralenlager« für Angehörige neutraler Staaten; das »Sternlager« für ausländische Staatsangehörige, die für mögliche Austausche vorgesehen waren – dazu zählten beispielsweise auch die Gruppen aus Westerbork, mit denen Michael Gelber und Moshe Nordheim nach Bergen-Belsen kamen. Das »Ungarnlager« für die Angehörigen des sogenannten »Kasztner-Transports« kam nach der deutschen Besetzung Ungarns im Herbst 1944 hinzu.

Die Zustände in Bergen-Belsen wurden unhaltbar, als das WVHA dem Lager in den knapp zwei Jahren seines Bestehens weitere Funktionen aufbürdete, für die es überhaupt nicht eingerichtet war, und die seine Kapazitäten bei weitem überstiegen: Das sogenannte »Erholungslager« für kranke männliche Zwangsarbeiter anderer Konzentrationslager, die angeblich gepflegt werden sollten; das »Kleine Frauenlager«, aus dem Frauen zur Zwangsarbeit in Norddeutschland weiterverteilt wurden; das »Große Frauenlager«; das »Häftlingslager II«; das »Nebenlager« in den Kasernengebäuden. Gegen Ende des Jahres 1944 – und damit gegen Ende des Krieges – wurden auf Befehl Himmlers immer mehr Häftlinge aus Auschwitz und anderen Konzentrationslagern nach Bergen-Belsen verlegt. Damit wuchsen sich die unhaltbar gewordenen Zustände in dem ehemaligen »Vorzugslager« zu jenem Inferno aus, das die britischen Befreier am 15. April 1945 vorfanden.

Das apokalyptische Ende war also schon in der Entstehungsgeschichte Bergen-Belsens angelegt. Im Frühjahr 1943 war nicht allzu viel Zeit geblieben, das Lager für die »Austauschjuden« in einen einigermaßen akzeptablen Zustand zu versetzen. Die Baracken des Kriegsgefangenenlagers mussten ausgebessert werden, wobei sanitäre Einrichtungen völlig fehlten. Für die Bau- und Erdarbeiten wurden Häftlinge eines Baukommandos eingesetzt, das vorwiegend aus politischen Häftlingen bestand, die in einem eigenen Lagerteil untergebracht wurden. Auch diese Unterkünfte wurden nur provisorisch instand gesetzt und eingezäunt, ebenso wie alle anderen vorhandenen Baracken, in denen die Häftlinge untergebracht waren. An zusätzlichen Bauten enstanden ein Kleiderlager für die SS und ein Krematorium mit einem Verbrennungsofen, gedacht zur Einäscherung der Sterbefälle im Lager, nicht zur systematischen Vernichtung. Wegen des insgesamt völlig unzureichenden Ausbaus kam das

Lager während der gesamten Zeit, in der es genutzt wurde, nie über den primitiven und provisorischen Zustand der Anfangszeit hinaus. Auch das trug mit zu den verheerenden Zuständen im Winter 1944/45 mit Tausenden von Toten durch Typhusepidemien, ausgelöst durch eine völlige Verwahrlosung, bei.

10.

HOTEL POLSKI – EIN TÖDLICHES TÄUSCHUNGSMANÖVER

Die ersten »Austauschjuden«, die nach Bergen-Belsen geschickt wurden, kamen ein halbes Jahr vor den Gefangenen aus Westerbork, am 7. Juli 1943, mit einem Transport aus Polen. Es waren etwa 2300 jüdische Häftlinge, die meisten von ihnen waren zuvor mehrere Wochen im *Hotel Polski* interniert gewesen. Ende 1942, nach der gewaltsamen Auflösung des Warschauer Ghettos, hatten die deutschen Besatzer angekündigt, sie würden jüdische Staatsangehörige neutraler Staaten aus dem ehemaligen Polen ausreisen lassen. Etwa 3000 Juden stellten daraufhin Ausreiseanträge, die meisten von ihnen auf der Grundlage von »Promesas«, die oft gefälscht waren. Damals zirkulierten Tausende dieser, im RSHA sogenannten »Gefälligkeitspässe« im polnischen Untergrund. Wenn ihre Besitzer beispielsweise bereits deportiert worden waren, wurden die Papiere mit gefälschten Namen weitergegeben oder verkauft. Teilweise wurden in Polen »Promesas« gegen hohe Summen sogar von jüdischen Kollaborateuren der Gestapo zum Kauf angeboten. Sie wurden auch kostenlos an bekannte jüdische Persönlichkeiten und Ghetto-Kämpfer ausgegeben, wenn diese den Gestapo-Agenten schriftlich bestätigten, sie hätten Juden gerettet.

Ausgestattet mit »Promesas« dieser Art meldeten sich auch Juden, die sich bislang im »arischen« Teil Warschaus vor den Nazis versteckt hatten – obwohl die jüdische Untergrundbewegung vor der »Falle *Hotel Polski*« warnte. Diese Ausreisewilligen wurden auf Befehl des Kommandeurs der Warschauer Sicherheitspolizei, Ludwig Hahn, im *Hotel Polski* in der Warschauer Ulica Długa 29 interniert. Unklar ist bis heute, ob die »Hotel-Polski-Affäre«, wie sie nach dem Krieg genannt wurde, vor allem Juden aus ihren Verstecken herauslocken sollte, oder ob tatsächlich eine Abschiebung der Antragsteller beziehungsweise eine Austauschaktion mit »Reichsdeutschen« in Lateinamerika geplant war. Jedenfalls war in Eichmanns Abteilung im RSHA schon im Frühsommer 1943 die Entscheidung gefallen, alle »Promesa«-Besitzer in die Vernichtungslager zu deportieren. So wurde eine Gruppe von Hotelinsassen in das lothringische Internierungslager in Vittel verschleppt, der überwiegende Teil wurde nach Bergen-Belsen geschickt. Schon im *Hotel Polski* waren sie von den Gestapo-Beamten wie auch von dem berüchtigten SS-Untersturmführer Karl Georg Brandt ungewohnt »gut« behandelt worden. »Vor Brandt, dem Leiter des Judenreferates beim Kommandeur der Sipo und des SD im Distrikt Warschau, wie auch den anderen Gestapo-Beamten, hatten sie bisher ihr Leben in Sicherheit bringen müssen«, schreibt die Historikerin Alexandra-Eileen Wenck. »Jetzt wurden sie gesiezt, und man half ihnen eigentümlich höflich und zuvorkommend beim Einsteigen in die Transportmittel.«

Zurück blieben etwa 300 bis 400 Personen, die keine Papiere besaßen. Die meisten von ihnen wurden später im Warschauer Gestapo-Gefängnis für politische Häftlinge, dem Pawiak, erschossen.

Als die etwa 2300 Personen starke Gruppe aus dem *Hotel Polski* am 7. Juli 1943 die Verladerampe des Truppenübungsplatzes in der Nähe des Lagers Bergen-Belsen erreichte, wurde sie auch hier, anders als die späteren Gruppen, mit »SS-unüblicher Höflichkeit« (Wenck) empfangen und zum Lagergelände geführt. Streng getrennt von den politischen Häftlingen des Baukommandos und den später aus anderen besetzten Ländern eintreffenden »Austauschjuden« bezogen die polnischen Juden die Baracken, die nun das »Sonderlager« bildeten.

Auch hier bemühte sich die SS gemäß den Kaltenbrunner-Richtlinien um eine »Vorzugsbehandlung«, die sich zum Beispiel darin ausdrückte, dass die Häftlinge gesiezt oder mit ihrem Namen angesprochen wurden. Auch konnten sie ihre Zivilkleidung behalten, und das Tragen des Davidsterns wurde – entgegen den Kaltenbrunner-Richtlinien – nicht zur Pflicht gemacht. Die Häftlinge des »Sonderlagers« wurden nicht zur Zwangsarbeit herangezogen, die Tätigkeiten beschränkten sich auf Dienste innerhalb des Lagers wie Reinigung, Instandhaltung, Essensverteilung und ähnliches. Allerdings mussten die polnischen Juden in den ersten drei Monaten ihres Aufenthalts einige »Baumaßnahmen« erbringen. Noch immer waren die Baracken, in denen die Austauschhäftlinge nach Geschlechtern getrennt untergebracht wurden, völlig unzureichend, ebenso wie die sanitären Einrichtungen. An diesen provisorischen Zuständen sollte sich während der gesamten Dauer der Existenz des Lagers nichts ändern. Im Gegenteil: Je mehr Häftlinge nach Bergen-Belsen verlegt wurden, desto primitiver, enger und schlechter wurden die Verhältnisse.

Für die innere Ordnung im Lager sollte in einer Art Selbstverwaltung ein jüdischer Ältestenrat sorgen. Den sogenannten »Insassen« wurden ein zensierter Briefwechsel und der Empfang von Paketen des Roten Kreuzes oder von Angehörigen gestattet, soweit diese noch am Leben oder in der Lage waren, Pakete zu verschicken. Viele der Häftlinge nutzten diese Möglichkeit, um die Lebensmittelrationen zu ergänzen, die nach den für Konzentrationslager geltenden Sätzen bemessen wurden. Die Norm sollte pro Tag bei 1234 Kalorien liegen, wie Josef Gitler-Barski in seinen Erinnerungen schreibt: 380 Gramm Brot, Mittagssuppe; wöchentlich: 100 Gramm Marmelade, 50 Gramm Quark, 75 Gramm Margarine sowie am Morgen und am Abend Kaffee. Seinem Bericht ist jedoch auch zu entnehmen, dass die tatsächliche Kalorienzahl unter 1000 Kilokalorien pro Person gelegen habe, weil die Portionen meist kleiner gewesen seien als angegeben. Ab Oktober 1943 wurde dann die Ernährung immer unregelmäßiger und unzureichender. Das mag auch damit zu tun gehabt haben, dass Norddeutschland durch flächendeckende Bombardements ringsum zu großen Teilen in Schutt und Asche lag. Im Juli bereits hatten britische Bomber mit der »Operation Gomorrha« in Hamburg einen Feuersturm entfacht, bei dem 34 000 Menschen starben und etwa eine halbe Million obdachlos wurden. Auswirkungen der Bombardements waren auch in Bergen-Belsen zu spüren: Die Brotfabrik im 120 Kilometer entfernten Celle war ebenfalls bombardiert worden. Das Lager selbst wurde verschont. Es existieren Fotos der britischen Luftaufklärung, die Bergen-Belsen von oben zeigen, daher dürfte bei den Alliierten kaum ein Zweifel geherrscht haben, um welche Art von Einrichtung es sich hier gehandelt haben muss.

Der Tagesablauf sah für die ersten polnischen »Austauschjuden« zu dieser Zeit etwa so aus: 5.30 Uhr Wecken, sechs Uhr Frühstückskaffee, acht Uhr Aufstehen. Nach Frühstück und Morgenwäsche konnten die Häftlinge während des Sommers noch in der Sonne lesen oder sich zur Vorbereitung auf den Austausch, den sie erwarteten, von anderen Häftlingen Englisch beibringen lassen. Bis zum Mittagessen um zwölf Uhr sollte das Lagergelände aufgeräumt werden. Danach nutzen viele Häftlinge ihre Zeit für weitere eigene Studien, Vorträge und andere Aktivitäten, die auch nach dem Abendbrot fortgesetzt wurden. Dazwischen immer wieder die obligatorischen Zählappelle – bis zu viermal täglich mussten die Häftlinge auf dem großen Appellplatz in der Mitte des Lagers antreten.

»Vieles von dem, was über Theresienstadt nur in der Propaganda verbreitet wurde, war den Insassen des ›Sonderlagers‹ in Bergen-Belsen möglich«, schreibt Alexandra-Eileen Wenck in ihrer ausführlichen Untersuchung *Zwischen Menschenhandel und Endlösung.* »Sie organisierten Vorlesungen über verschiedene Wissensbereiche wie Literatur, Architektur und biblische Themen, Übungsstunden in Malerei oder Tanzdarbietungen von Franziska Mann, die in Warschau den Ruf einer Gestapo-Kollaborateurin gehabt hatte.« Selbst religiöse Aktivitäten waren den jüdischen Häftlingen erlaubt: Nicht nur Gottesdienste wurden abgehalten, sondern auch jüdische Feiertage begangen, an denen die Lagerleitung oft eine Zulage zur normalen Essensration genehmigte. Angesichts der Zerstörung von Synagogen, der systematischen Verfolgung und der millionenfachen Morde überall sonst in Europa eine geradezu groteske Situation.

Etwa zu dieser Zeit wurden in Warschau etwa 300 000 Juden des Ghettos in das Vernichtungslager Treblinka abtransportiert. Nach allem, was sie selbst in der Gewalt der deutschen Besatzer durchgemacht hatten, muss den jüdischen Häftlingen das »Sonderlager« in Bergen-Belsen wie eine Enklave erschienen sein, ein »jüdisches Reservat« inmitten der nationalsozialistischen Terrorherrschaft. Sie hatten plötzlich Freiräume, von denen sie noch wenige Wochen zuvor nicht zu träumen gewagt hätten.

Viele der Häftlinge, die aus dem *Hotel Polski* kamen, waren wohlhabend. Für die gefälschten »Promesas« hatten sie teilweise viel Geld bezahlt, jetzt bereiteten sie sich auf den von den Nazis zugesagten Austausch vor. »Viele Frauen trugen Kleider aus Samt und Seide«, berichtet eine polnische Jüdin aus dem »Sonderlager«. »Es gab auch andere Frauen, die nicht so elegant gekleidet waren, aber ich war fasziniert von diesen schicken Frauen, die in der Umgebung dieses rauen deutschen Lagers besonders herausstachen. […] Die Menschen lagen in der Sonne, manchmal auf Decken, manchmal direkt im Sand. Die Frauen trugen Shorts oder Badeanzüge, die Männer trugen kurze Hosen. Alle, die sich für die Abreise vorbereiteten, wählten ihre besten Kleider aus. Sie wollten besonders elegant sein, weil sie ja bald ›Ausländer‹ sein würden. Einige Frauen trugen Mäntel mit Fuchs- oder Nerzkragen und große Samthüte im modischen Stil der ›arischen‹ Seite von Warschau, manche trugen auch Netzstrümpfe und spezielle Schuhe für die Reise. Sie hatten schweinslederne Handtaschen und große Tücher, die sie über die Schultern warfen.«

Doch es war ein kurzer Ausflug in die Zivilisation. Er währte nicht lang, denn die Nazis hatten anderes im Sinn. Über die »Austauschfähigkeit« der Neuankömmlinge und damit über ihr weiteres Schicksal entschied SS-Obersturmführer Siegfried Seidl aus Eichmanns Abteilung IV B 4, der zuletzt Kommandant des Ghettos Theresienstadt gewesen war. Seidl hatte als neuer Leiter der Lager-Gestapo in Bergen-Belsen die Aufgabe, die Ausweise, »Promesas« und Zertifikate aller Häftlinge des »Sonderlagers« zu überprüfen. Seidl stellte eine Gruppe von 1800 Personen mit »Promesas« zusammen, die in seinen Augen wertlos waren. Im RSHA waren Eichmann und andere ohnehin schon länger nicht mehr geneigt, an die Echtheit der »Gefälligkeitspässe« zu glauben. Der Versuch, mit gefälschten Dokumenten die Freiheit zu erlangen, sollte nach ihrem Willen mit dem Tode bestraft werden.

Die Gruppe der 1800 »Promesa«-Besitzer sollte – so sagte man es den Häftlingen – in das Lager »Bergau« bei Dresden gebracht werden. Doch das war nur ein Trick, ein zynisches Täuschungsmanöver, das die Nazis gern anwandten, wenn sie Menschen in den Tod schickten und keinen Ärger haben wollten. Das Lager »Bergau« existierte nicht.

Zunächst sollten auch die Besitzer von Palästina-Zertifikaten mit »abreisen«, da der SS ein Austausch zu gefährlich schien, wie aus einem Schreiben des Reichsinnenministeriums vom 10. Oktober 1943 hervorging:

> »In dem Lager Bergen-Belsen bei Hannover befinden sich folgende Personen [...] im Besitz von Zertifikaten. Da diese vorgenannten Personen Augenzeugen der im Ghetto in Warschau gegen die Juden durchgeführten Maßnahmen waren, werden gegen ihre Ausreise im Austauschwege nach Palästina sicherheitspolitische Bedenken erhoben.«

Diese »sicherheitspolitischen Bedenken« wurden jedoch zurückgestellt, soweit es die Inhaber von Palästina-Zertifikaten betraf, auch auf Initiative des Auswärtigen Amtes. Wieder einmal zeigte sich der Konflikt zwischen den verschiedenen »Judenreferaten« in der Nazi-Bürokratie. Das RSHA, zuständig für die Erfassung, Verfolgung und Ermordung der Juden, hatte wenig Interesse, zugunsten eines Gefangenenaustauschs von diesem Ziel der »Endlösung« abzurücken. Im Auswärtigen Amt hingegen legte man mehr Wert darauf, möglichst viele Auslandsdeutsche »heim ins Reich« zu holen und deshalb über möglichst viele Austauschkandidaten zu verfügen, wie das folgende Antwortschreiben des Außenministeriums an Oberregierungsrat Kröning vom RSHA zeigt:

> »In Anbetracht der großen Zahl von Personen, die von der Schweizerischen Gesandtschaft für den deutsch-palästinensischen Austausch benannt worden sind, deren Aufenthaltsort jedoch nicht mehr ermittelt werden konnte, wird gebeten, nochmals zu überprüfen, ob die in dem nebenbezeichneten Schreiben geäußerten sicherheitspolizeilichen Bedenken gegen die Ausreise dieser Personen so schwerwiegend sind, dass ein Austausch dieser Personen auf keinen Fall in Frage kommt. Das AA würde es sehr begrüßen, wenn im Interesse des in Aussicht stehenden deutsch-palästinensischen Austauschs, durch den wiederum einer großen Zahl von Reichsdeutschen im feindlichen Ausland die Rückkehr

in die Heimat ermöglicht werden soll, die Bedenken weitmöglichst zurückgestellt werden könnten.«

In diesem Fall setzten sich Hitlers Diplomaten im Außenamt durch. Die Inhaber der Palästina-Zertifikate blieben gegen den Willen des RSHA in Bergen-Belsen, weil man sie dort als »Austauschreserve« vorhalten wollte. Es blieben auch mehrere andere jüdische Gefangene, die Staatsbürger der USA waren, sich beim Überfall der Wehrmacht aber auf Besuch in Polen befunden hatten und nicht mehr nach Hause reisen konnten. Alle anderen Mitglieder der polnischen Gruppe sollten ins Lager »Bergau« deportiert werden, angeblich zur Vorbereitung eines Austauschs mit »Reichsdeutschen« in Lateinamerika.

In Wahrheit kamen sie alle nach Auschwitz. Zunächst machte sich unter denjenigen, die nicht mit abreisen konnten, große Verzweiflung breit. Sie fürchteten, möglicherweise ihre letzte Chance zum Austausch verpasst zu haben. Später erfuhren sie dann, was tatsächlich passiert war: Niemand hatte den Transport nach »Bergau« überlebt. Anfragen nach dem Verbleib der »Bergau«-Gruppe wurden im RSHA nur ausweichend beantwortet.

Am 21. Oktober 1943 war die 1800 Personen starke Gruppe aus Bergen-Belsen abgefahren. Zwei Tage später waren sie alle tot – vergast oder erschossen. Der Transport wurde nach der Ankunft im Lager Birkenau entladen, und die Häftlinge sollten, während ihre Papiere für die »Weiterreise« geprüft wurden, zur »Desinfektion« gehen. Dann befahlen die SS-Bewacher den Häftlingen, Uhren und Schmuck abzugeben. Dabei kam es zu einem dramatischen, höchst verzweifelten Akt von Gegenwehr, wie er in der Geschichte des Holocaust nur in seltenen Einzelfällen vorkam.

Filip Müller, »Häftlingsnummer 29236«, einer der wenigen Überlebenden des jüdischen Sonderkommandos an den Krematorien und Gaskammern von Auschwitz, gab in seinen Erinnerungen einen detaillierten Bericht dieses Vorfalls. Im Jahr 1964 sagte Müller, der 1922 in der Slowakei geboren wurde, als einer der wichtigsten Zeugen im Frankfurter Auschwitzprozess aus. Weltweit bekannt wurde er durch seine eindringlichen Schilderungen des Grauens von

Auschwitz in Claude Lanzmanns neunstündigem Dokumentarfilm *Shoah* (1985). Hier Müllers Bericht mit geringen Kürzungen:

»Die SS-Leute, die den Transport begleiteten, [...] baten die Leute auszusteigen. Das geschah mit einer Höflichkeit, wie ich sie noch nicht erlebt hatte. [...] Die SS-Unterführer verließen nun einer nach dem anderen unauffällig den Umkleideraum und kamen nach kurzer Zeit mit Knüppeln zurück. Wahrscheinlich hatten sie vom Lagerführer Schwarzhuber grünes Licht bekommen, auch mit diesen Menschen so zu verfahren, wie sie es gewohnt waren. Hatten sie anfangs mit betonter Höflichkeit und geheuchelten Sprüchen zur Desinfektion gebeten, so herrschten sie jetzt die Menschen an. [...] Immer wütender und unbarmherziger schlugen die SS-Leute auf die schiebende und drängende Menge ein. [...] Den SS-Leuten sah man an, daß sie sich jetzt wieder als Herren der Lage fühlten. Quackernack und Schillinger schritten gravitätisch und selbstbewußt vor der gedemütigten Menge auf und ab, blieben aber plötzlich stehen. Eine auffallend attraktive Frau mit blauschwarzem Haar hatte ihre Neugier erregt. [...] Als die Frau merkte, daß sie die Aufmerksamkeit der beiden SS-Männer auf sich gelenkt hatte, tat sie so, als versuchte sie, ihre Lüsternheit zu erregen, indem sie ihnen kokettierende Blicke zuwarf. [...] Die Entkleidungsszene, die sie jetzt vor den beiden SS-Leuten spielte, hatte deren Aufmerksamkeit so in Anspruch genommen, daß sie offenbar sexuell erregt waren und sich um nichts anderes mehr kümmerten. Glotzend standen sie da, der Frau zugewandt, und hatten die Hände in die Hüften gestemmt, wobei die Schlagstöcke an ihren Handgelenken herumbaumelten. Die Frau entledigte sich nun ihrer Bluse und stand jetzt im Büstenhalter vor ihren geilen Zuschauern. Dann lehnte sie sich mit dem linken Arm gegen einen Betonpfeiler, bückte sich und hob den linken Fuß etwas hoch, um den Schuh auszuziehen. Was dann geschah, spielte sich in Blitzesschnelle ab. Mit einer reflexartigen Bewegung schlug sie Quackernack mit dem Absatz ihres Stöckelschuhes wuchtig gegen die Stirn. Er bedeckte sein Gesicht, das schmerzverzerrt war, mit beiden Händen. In diesem Augenblick stürzte sich die junge Frau auf ihn und entriß ihm mit einem raschen Griff die Pistole. Dann fiel ein Schuß. Schillinger schrie auf und fiel zu Boden. Sekundenbruchteile später fiel ein zweiter Schuß, der auf Quackernack gezielt war. Obwohl er nur wenige Schritte entfernt war, verfehlte die Kugel jedoch ihr Ziel. Im Auskleideraum brach jetzt Panik aus. [...] Währenddessen fiel ein dritter Schuß. Ich sah, daß einer der SS-Männer, die Schillinger hinausschleiften, zu humpeln begann. [...] Vor der Tür zum Umkleideraum waren zwei Maschinengewehre aufgestellt worden. [...] Dann hörte ich die Maschinengewehre rattern und ein schreckliches Blutbad unter den Menschen im Umkleideraum anrichten. Einige wenige, denen es gelungen war, sich hinter Betonpfeilern oder in Winkeln zu verstecken, wurden wenig später ergriffen und im Nebenraum erschossen. In der Zwischenzeit hatten auch die ›Desinfektoren‹ ihr todbringendes Cyklon-B in die Gaskammer geworfen, wohin die Gutgläubigen, den trügerischen Worten Hösslers [Schutzhaftlagerführer, Anm. d. A.] Vertrauenden, vor etwa einer Stunde arglos gegangen waren. Am nächsten Morgen erfuhren wir, daß Schillinger auf dem Transport ins Krankenhaus gestorben und Unterscharführer Emmerich verwundet worden war. [...] Der Leichnam der Tänzerin wurde auf dem Seziertisch des Sektionsraums im Krematorium II aufgebahrt. SS-Leute kamen dorthin, um ihn sich anzuschauen, bevor er eingeäschert wurde. Vielleicht sollte ihnen dieser Anblick als Warnung dienen und zeigen, welch schlimme Folgen ein Augenblick mangelnder Wachsamkeit für einen SS-Mann haben konnte.«

Bei der mutigen Attentäterin handelte es sich um die Tänzerin Franziska Mann, Künstlername Lola Horowitz, die in Bergen-Belsen zur Unterhaltung der Mithäftlinge Tanzvorführungen gegeben hatte. Sie wurde 1917 geboren und begann ihre Karriere vor dem Zweiten Weltkrieg in einer Tanzschule in Warschau. Sie galt als eine der begabtesten Tänzerinnen ihrer Generation in Polen, sowohl im modernen Tanz als auch im klassischen Ballett. Ihr größter Erfolg war der 4. Platz bei einem internationalen Tanzwettbewerb in Brüssel. Zu Beginn des Zweiten Weltkriegs trat sie im Warschauer Nachtclub

Melody Palace auf. Sie war Gefangene des Warschauer Ghettos und gehörte später zu den Internierten im *Hotel Polski*, bevor sie nach Bergen-Belsen und von dort dann nach Auschwitz deportiert wurde. Gerüchte, sie sei eine Nazi-Kollaborateurin in der Zeit des Warschauer Ghettos gewesen, wurden nie bestätigt.

Der erschossene SS-Oberscharführer Josef Schillinger, »ein untersetzter, breitschultriger Mann mit einem Affengesicht, ein verkommenes Subjekt, ein Schrecken der Häftlinge«, wie der Auschwitz-Überlebende Wiesław Kielar schrieb, wurde mit militärischen Ehren in seinem badischen Heimatdorf Oberrimsingen in der Nähe von Freiburg im Breisgau beigesetzt. Erst 2003, nach der Intervention eines engagierten Hobbyhistorikers namens Andreas Meckel, wurde Schillingers Grab vom Ehrenfeld des Friedhofs entfernt.

Im Februar 1944 wurden noch einmal 200 polnische Juden von Bergen-Belsen aus ins Vernichtungslager deportiert, ein dritter Transport mit 147 Personen verließ das Lager am 24. Mai 1944 in Richtung Auschwitz. Von den insgesamt rund 3000 Juden, die im Juli 1943 aus Polen gekommen waren, durften 350 nur deswegen in Bergen-Belsen bleiben, weil SS-Obersturmführer Seidl, Chef der Lager-Gestapo, ihnen die »Austauschfähigkeit« bescheinigte. Von diesen 350 Personen standen 266 auf der »Palästina-Liste«, 34 waren Staatsbürger der USA und als solche besonders »wertvoll«, und 50 besaßen südamerikanische Pässe, deren Echtheit die SS anerkannte. Bis Mai 1944 waren in dem sogenannten »Sonderlager« 552 Personen interniert, bis zum Juni 1944 waren es bereits 600 Personen. Bemerkenswert war, dass die »Sonderlager«-Häftlinge in Bergen-Belsen bis kurz vor Kriegsende unter strikter Bewachung festgehalten wurden, damit sie nicht in Kontakt mit den Häftlingen anderer Lagerteile kamen. Die Gründe waren dieselben, weshalb die SS ursprünglich »sicherheitspolitische Bedenken« dagegen angemeldet hatte, diese Häflinge in die Freiheit zu entlassen: Man fürchtete, sie könnten Mitgefangenen von den ungeheuren Verbrechen der Nazis im ehemaligen Polen berichten, die sie mit eigenen Augen gesehen hatten.

Als die erste Gruppe polnischer Juden im Juli 1943 schon drei Wochen im Lager Bergen-Belsen war, hatte sich hoher Besuch aus Berlin angesagt. Oberregierungsrat und SS-Obersturmbannführer Rudolf

Kröning vom RSHA und Eberhard von Thadden, Referatsleiter in der Gruppe »Inland II« und damit »Judenreferent« im Auswärtigen Amt, reisten am 30. Juli 1943 gemeinsam zu einer Inspektion nach Bergen-Belsen, um sich selbst ein Bild von den Zuständen zu machen. Etwa einen Monat zuvor hatte Kröning von Thadden vertraulich angesprochen und »erhebliche Bedenken« unter anderem gegen »die Pläne über die Heranziehung und den Arbeitseinsatz der in diesen Lagern untergebrachten Juden« geäußert, wie von Thadden in einem Vermerk an die Rechtsabteilung des Auswärtigen Amtes festhielt. Kröning fürchtete, die Häftlinge könnten innerhalb kürzester Zeit der »Vernichtung durch Arbeit« zum Opfer fallen. Von Thadden schrieb weiter:

> »[…] zwar sei ihm [Kröning, Anm. d. A.] gesagt worden, diese Juden würden arbeitsmäßig nicht so scharf angefasst werden, dass sie dabei draufgingen, aber er habe nach der in Ausarbeitung befindlichen Lagerordnung etc. den Eindruck, dass man zumindestens sie sehr scharf anpacken werde. Da er in der Angelegenheit von sich aus nichts mehr unternehmen könne, gebe er zu erwägen, ob sich nicht unter Umständen das Amt von sich aus für die Angelegenheit interessieren wolle, um sicherzustellen, dass durch Art der Aufziehung des Unterbringungslagers nicht der beabsichtigte Zwecke – geeignete Objekte für eventuelle Austauschverhandlungen bereitzustellen – gefährdet wird.«

11.

BERGEN-BELSEN –
EIN BESUCH

Die Rechtsabteilung im Auswärtigen Amt war alarmiert. Nicht über die Tatsache an sich, dass Juden in den Konzentrationslagern »arbeitsmäßig so scharf angefasst« wurden, dass sie dabei »draufgingen« – jeder in den zuständigen Dienststellen wusste, dass die »Vernichtung durch Arbeit« ein Teil der »Endlösung« war. Vielmehr fürchtete man einmal mehr, die Geschäftsgrundlage für die Austauschverhandlungen könnte durch die unmenschlichen Methoden der SS durchkreuzt werden. SS-Obersturmbannführer Kröning vom RSHA, dem Holocaust-Forscher eine »pragmatische Haltung« bescheinigen – im Unterschied beispielsweise zu Eichmann –, nahm die Frage der Behandlung der Austauschkandidaten sehr ernst. Etwa zwei Wochen vor den ersten Deportationen der polnischen Juden nach Bergen-Belsen, am 25. Juni 1943, forderte er in einem Blitz-Fernschreiben an den Kommandeur der Sicherheitspolizei im Distrikt Warschau, SS-Standartenführer Ludwig Hahn, dass »alle Misshandlungen, Fesselungen oder sonstigen Maßnahmen unterbleiben, die sich im Rahmen der zwischenstaatlichen Abkommen nicht rechtfertigen lassen«. Die Beamten vor Ort seien »in scharfer Form« von der Verhaltensrichtlinie zu unterrichten und würden für Verstöße zur Verantwortung gezogen. Kröning begründete diese Mahnung zur Vorsicht mit außenpolitischer Rücksichtnahme und möglichen Konsequenzen für die deutschen Austauschkandidaten, die im Ausland interniert seien.

Um diese Zeit führten von Thadden und Kröning sowie weitere Mitarbeiter des RSHA eine internationale Delegation durch das

Ghetto Theresienstadt. In der Nazi-Propaganda diente das Lager in der Nähe von Prag, eine ehemalige Garnisonsstadt, als »Vorzeige- und Altersghetto« gegen die »Greuelmärchen« im Ausland über die unmenschlichen Zustände in den deutschen Konzentrationslagern. Die Propaganda gipfelte etwa ein Jahr später in der Herstellung des Films *Theresienstadt. Ein Dokumentarfilm aus dem jüdischen Siedlungsgebiet*, der die »Wohltaten« des Nazi-Regimes für die Juden zeigen sollte und für ausländische Besucher gedacht war. Anders als der Titel suggeriert, war es jedoch kein Dokumentarfilm, sondern ein Spielfilm, in dem mit Schauspielern, inszenierter Handlung und herausgeputzter Kulisse eine heile Ghetto-Welt vorgegaukelt wurde. Der Film wurde nach dem Krieg bekannt unter dem Titel *Der Führer schenkt den Juden eine Stadt* – ein Titel, der vermutlich von den Häftlingen selbst mit bitterem Sarkasmus erfunden worden war. Ähnlich wie im Fall des Westerbork-Films, den der Häftling Rudolf Breslauer im Auftrag der SS drehen musste, wurde auch in Theresienstadt ein Gefangener, der in Berlin geborene Schauspieler und Regisseur Kurt Gerron, mit der Herstellung beauftragt. Gerron und die meisten Schauspieler des Theresienstadt-Films wurden später in Auschwitz ermordet. In dem angeblichen »Vorzeige-Ghetto« starben bis Kriegsende von den insgesamt etwa 140000 Gefangenen etwa 33000 an den Folgen der fürchterlichen Lebensumstände, etwa 88000 Menschen wurden nach Auschwitz und in andere Vernichtungslager wie Treblinka, Majdanek oder Sobibor deportiert. Nur etwa 4000 der Theresienstadt-Gefangenen überlebten.

Auch als von Thadden und Kröning mit der internationalen Delegation Theresienstadt besuchten, war das Ghetto entsprechend hergerichtet worden. Eine dreiste Täuschungsaktion. Man führte die Gäste, darunter Vertreter des Internationalen Roten Kreuzes, durch ein Lager, das angeblich völkerrechtlichen Standards genügte und in dem menschenwürdiges Leben möglich war. Vielleicht ließen sich die Gäste auch allzu bereitwillig täuschen, nach all dem, was zu dieser Zeit bereits an detaillierten Berichten aus den Konzentrationslagern bekannt war. Es ist jedenfalls nicht bekannt, dass es einen internationalen Protest gegen das Ghetto Theresienstadt gegeben hat. Kommandant des Ghettos war zu dieser Zeit noch SS-Obersturmführer Seidl, den von Thadden und Kröning vier Wochen später bei ihrer Inspektion in Bergen-Belsen als neuen Chef der Lager-Gestapo wiedertrafen. »Die dicht aufeinanderfolgenden Besuche der beiden Lager zeigen«, sagt der Holocaust-Forscher Sebastian Weitkamp, »als wie brisant die deutschen Stellen im Frühjahr 1943 die Kenntnis des Mordprogramms im Ausland einschätzten und als wie wichtig es angesehen wurde, die Meldungen darüber zu dementieren.«

Nach seinem Besuch in Bergen-Belsen setzte von Thadden am 6. August 1943 einen internen Bericht für die Rechtsabteilung des Auswärtigen Amtes auf, in deren Auftrag er zusammen mit Kröning das Lager inspiziert hatte. Ein weiterer, etwas weniger ausführlicher Bericht ging an das RSHA zu Händen von Kröning und Eichmann. Als die beiden SS-Offiziere das Lager am 30. Juli besuchten, waren die Umbauarbeiten auf dem Gelände noch in vollem Gange. Von Thadden stellte nach dem ersten Rundgang fest, dass sich das ehemalige Kriegsgefangenenlager aus vier Teilen zusammensetzte. »Ein Teil ist mit politischen Konzentrationslager-Häftlingen belegt (zurzeit 400)«, schrieb er, »ein weiterer Teil mit tuberkulösen russischen Kriegsgefangenen (zurzeit angeblich etwas über 1000), ein dritter Teil ist Kleiderdepot für eine Division der Waffen-SS und ein vierter Teil, in dem etwa 3000 Personen untergebracht werden könnten, dient als Aufenthaltslager für Juden. Zurzeit sind dort etwa 2300 polnische Juden untergebracht, die den Anspruch darauf erheben, südamerikanischer Staatsangehörigkeit zu sein.«
Für die Internierten hatte der Berichterstatter nur geringschätzige Bemerkungen übrig. »Irgendeine Arbeit«, schrieb von Thadden, »wird von den Juden im Lager nicht ausgeführt. Obwohl ausreichend Raum zur Verfügung steht, machen sie sich auch nicht selbst Bewegung, etwa durch Sport oder ähnliches, sondern ergehen sich nach Schilderung des Lagerkommandanten ausschließlich im Faulenzen und im Minnespiel.« Für erwähnenswert hält der Diplomat auch die finanziellen Verhältnisse der Häftlinge. Die »Mehrzahl der Juden« verfüge »über große Geldbeträge«. Vier Millionen Zloty hätten die 2300 Lagerinsassen angemeldet, das entsprach zwei Millionen Reichsmark. Die Juden, berichtet von Thadden weiter, führten

»umfangreiches Gepäck« mit sich; die ihnen zur Verfügung stehenden Schränke würden jedoch so gut wie nicht benutzt, »da die Juden offensichtlich aus Sorge vor Diebstahl untereinander ihre Sachen in den Koffern« beließen und, wie Lagerkommandant Adolf Haas mitgeteilt habe, »zu einem erheblichen Teil sogar nachts auf ihren Koffern« schliefen.

Somit wurden alle antisemitischen Vorurteile bestätigt. Aber etwas machte dem »Judenreferenten« des Auswärtigen Amtes Sorgen. Die Juden, beobachtete von Thadden, seien »von dem Tuberkuloselager für russische Kriegsgefangene lediglich durch die Fahrbahn und zwei Stacheldrahtzäune getrennt. Die »in dieser Frage sofort aufkommenden Bedenken« hätten den Lagerkommandanten veranlasst, »anzuordnen, dass neben diesen Stacheldrahtzaun sofort noch ein zweiter Zaun aus Brettern gestellt wird, damit ein Beobachten der Vorgänge von einem Lagerteil in den anderen weitgehend unterbunden wird«. Die Sensibilität im Umgang mit den Kriegsgefangenen war bei den Nazis sehr ausgeprägt, allerdings nur im Hinblick auf die Frage, wie man die unmenschliche Behandlung vor dem Ausland verbergen kann. Insgesamt hatten die gefangenen Rotarmisten durch die Politik des Aushungerns und andere Vernichtungsmethoden kaum ein besseres Schicksal zu erwarten als die jüdischen Konzentrationslager-Häftlinge. Das Problem bei den »Austauschjuden« wiederum war aus Sicht der Nazis, dass sie einfach zuviel wussten. Sonst wurden Unzählige einfach nur deshalb ermordet, weil sie zu unfreiwilligen Mitwissern der grauenhaften Verbrechen geworden waren. Hier sollte man »Feinde des Reiches« in die Obhut der Kriegsgegner entlassen, ohne dass man weitere Druckmittel gegen sie in der Hand hatte. Daran konnten sich die Helfershelfer der »Endlösung« in der Nazi-Administration nur schwer gewöhnen.

Von Thadden hielt sich an die Linie seines Ministeriums, als er das Bergen-Belsener »Sonderlager« auf eine halbwegs menschenwürdige Unterbringung der jüdischen Häftlinge hin untersuchte. So konstatierte der Diplomat, »die sanitären Verhältnisse in dem Teil, der zur Aufnahme der Juden dient«, seien »denkbar unerfreulich«. Bei den Baracken handele es sich ausschließlich um Sommerbaracken, »einwandig und mit einfachen Fenstern versehen«. Der Lagerkommandant glaube jedoch, so von Thadden, dass der Aufenthalt in den Baracken im Winter möglich sein werde. Öfen seien bestellt, Brennmaterial stünde ausreichend zur Verfügung.

Dennoch warnte von Thadden eindringlich: »Für den vom Auswärtigen Amt gewünschten Zweck – Bereitstellung von 20 000 bis 30 000 Juden, die für einen Austausch nach Übersee in Betracht kommen – ist das Lager in seiner heutigen Form denkbar ungeeignet. Ich halte es nicht für möglich, Juden Wand an Wand mit Konzentrationslager-Häftlingen und tuberkulösen kriegsgefangenen Russen unterzubringen, wenn man die Absicht verfolgt, die Juden demnächst ins Ausland ausreisen zu lassen. Hinzu kommt, dass den Juden hierdurch geradezu Material für Greuelpropaganda in die Hand gespielt wird.« Dass von den 18 000 russischen Kriegsgefangenen 17 000 verstorben seien, wie von Thadden in seinem Bericht notierte, schien ihn nur insoweit zu stören, dass diese Tatsache »auch den dort untergebrachten Juden nicht unbekannt« geblieben sein dürfte. Auch Hitlers Diplomaten erwiesen sich als willige Helfershelfer des Systems.

Fazit der Inspektion: Nur bei Verbesserung der sanitären Anlagen, Vergrößerung der Kapazitäten sowie Entfernung der sowjetischen Kriegsgefangenen und der übrigen Häftlinge hielt es von Thadden für tragbar, das Lager zur Unterbringung von Juden heranzuziehen, »die später ins Ausland herausgelassen werden sollten«. Zwecks weiterer Erhöhung der Aufnahmekapazität sei es wünschenswert, dass die SS ihr Kleiderdepot zur Verfügung stelle, das in den besten Baracken des Lagers untergebracht war. Von Thaddens Empfehlung: Das Auswärtige Amt solle dem Reichssicherheitshauptamt mitteilen, »die bisherige Form des Lagers entspräche nicht dem gedachten Zwecke, sondern gefährde diesen geradezu«. Sein Reisebegleiter Kröning, im RSHA zuständig für die Bearbeitung der im Reich lebenden Ausländer, beabsichtige, »im Sinne dieser Anregungen seinerseits bei den zuständigen Abteilungen« in seiner Dienststelle vorstellig zu werden.

An den provisorischen, primitiven und beengten Verhältnissen änderte sich während der gesamten Existenz des »Aufenthaltslagers« Bergen-Belsen wenig. Im Gegenteil, die Zustände bis zum Kriegsende sollten sich derart verschlechtern, dass aus dem »Vorzugslager«

schließlich ein Todeslager wurde. »Bergen-Belsen blieb trotz der spezifischen Aufgabenstellung der SS unterstellt«, sagt Thomas Rahe, der historische Leiter der Gedenkstätte Bergen-Belsen. »Das war die Voraussetzung dafür, dass sich der Charakter des Lagers ab Frühjahr 1944 gravierend änderte.« Alles habe damit begonnen, sagt Rahe, dass die SS »kranke und nicht mehr arbeitsfähige« Häftlinge aus anderen Konzentrationslagern »zum Sterben« nach Bergen-Belsen verlegt habe. »So wurde das Lager zu dem, wie es alle von den Bildern kennen.«

Als immer mehr jüdische Gefangene aus ganz Europa nach Bergen-Belsen verlegt wurden, begann man, das »Aufenthaltslager« in mehrere Abteilungen aufzugliedern, die streng voneinander abgeschottet und durch hohe Stacheldrahtzäune getrennt waren. Neben dem »Sonderlager« entstanden zunächst das »Neutralenlager« und das »Sternlager« – so genannt, weil der Davidstern auf der Zivilkleidung getragen werden musste. Es wurde zur größten Abteilung in Bergen-Belsen, später kam noch das »Ungarnlager« hinzu. »Diese Aufteilung des »Aufenthaltslagers« in eine Reihe von Einzellagern«, analysiert die Historikerin Wenck, »entsprach der komplexen Vielfalt von Absichten und Zwecken, deretwegen das RSHA die verschiedenen ›Kategorien‹ von Juden vom ›Abtransport nach dem Osten‹ vorerst befreit und in Bergen-Belsen konzentriert hatte.«

Die holländischen »Austauschjuden« waren die zahlenmäßig stärkste Gruppe in Bergen-Belsen, gerettet vor der Deportation nach Auschwitz, weil sie es in Westerbork auf eine der begehrten »Sperrlisten« geschafft hatten – die »Palästina-Liste«, die »Südamerika-Liste«, die »Doppelstaatler-Liste« oder die »120 000«-Liste. In zehn Transporten wurden zwischen Januar und September 1944 insgesamt 3670 »Austauschjuden« von Westerbork ins Bergen-Belsener »Sternlager« deportiert. Ende Juli 1944 lebten im »Sternlager« etwa 4100 Menschen, die alle darauf hofften, ausgetauscht zu werden. In den rund 18 Baracken dieses Lagerbereichs waren neben den holländischen auch griechische Juden aus Saloniki untergebracht, dazu kamen mehrere hundert jugoslawische und albanische Juden aus einem Lager bei Zagreb, die angeblich ebenfalls ausländische Pässe besaßen. Aus dem Lager Drancy folgten etwa 200 französische Jüdinnen, vor allem Ehefrauen und Töchter französischer Soldaten, die sich in deutscher Kriegsgefangenschaft befanden.

So wie Francine Christophe. Sie war zehn Jahre alt, als sie im Frühjahr 1944 mit ihrer Mutter aus Drancy nach Bergen-Belsen kam. Ihr erster Eindruck, als sich das Tor hinter ihr schloss, war ein Schock. »Man vergisst immer zu sagen, wie ungeheuer schmutzig es in einem KZ ist«, sagt sie. »Dafür ist es doch da. Sie wollen zeigen, dass wir Untermenschen sind und die Bewacher zur überlegenen Rasse gehören. Am Anfang konnten wir noch gelegentlich duschen. Aber die Duschen gingen bald nicht mehr. Es gab ohnehin keine Handtücher, keine Zahnbürsten, keine Seife und natürlich auch kein Toilettenpapier. Wir lebten wie die Tiere.«

In dieses »Sternlager« kamen aus dem Lager Westerbork Anfang 1944 auch Michael Gelber, Moshe Nordheim, Walter Guttmann, Sonni Schey und Irene Butter mit ihren Familien. Und auch sie erlebten die schleichende Auflösung aller humanen Standards. Die SS-Kommandoführer schikanierten die Häftlinge jetzt nach Belieben. Die aufgesetzte Höflichkeit der Anfangstage war verschwunden. Die Unterbringung war menschenunwürdig, die Verpflegung völlig unzureichend und weitgehend ungenießbar. Rot-Kreuz-Pakete kamen seit Ende 1943 praktisch nur noch selten. Die wenigen, die das Lager noch erreichten, konfiszierten die SS-Bewacher für den eigenen Bedarf. Der Tauschhandel blühte weiter – allerdings war nicht mehr viel da, was man hätte tauschen können. Zigaretten waren wie auf jedem Schwarzmarkt begehrte Tauschobjekte. Renata Laqueur war zusammen mit ihrem Ehemann Paul Goldschmidt 1943 in Holland verhaftet worden, über Westerbork kam sie am 15. März 1944 mit einem Transport holländischer »Austauschjuden« nach Bergen-Belsen. Die damals 25-Jährige notierte in ihrem geheim geführten Tagebuch die Umtauschsätze im »Sternlager«: »16 Zigaretten = 1 Ration Brot (ca. 300 Gramm), 1 Portion Brot = 40 Stückchen Urotropin (Trockenspiritus), 1 Riegel Schokolade = 1 Pfund Zucker, 1 mal Haare schneiden = 3 Zigaretten, 1 Kleid = ca. 2 Rationen Brot.«

Der holländische Dichter Sallie Pinkhof, auch er Häftling im »Sternlager«, widmete dem Tauschhandel in seinen Erinnerungen ein Gedicht:

»Nein! Die Börse ist nicht tot!
Suppe für Viertelportion Brot!
Ein Oberhemd für Zigaretten zehn,
Aber voll Tabak will ich sie sehn!

Der Sardinenmarkt war heute schlecht dran,
Neue Pakete kamen an.
Eine Portion Muscheln für zwei Marmelade,
Du kennst die Preise? – Ach, wie schade!

Hast Du Tannalbin, meine Frau ist krank,
Ich helf Dir mit Zucker – Besten Dank!
So gehts bei der Arbeit an jedem Ort
Die Börse lebt – lebt mit uns fort.«

Im Gegensatz zum »Sonderlager« mussten die Häftlinge des »Stern-lagers« Zwangsarbeit leisten. Besonders hart war die Arbeit des »Stub-benkommandos«, das in den abgeholzten Wäldern in der Umgebung die Wurzelstöcke als Brennmaterial ausgegraben werden musste. Zu den weiteren Aufgaben der Häftlinge gehörten Kartoffelschälen für das gesamte Lager, Kesselreinigen sowie Erd- und Kanalisationsar-beiten. Auch für die Kriegswirtschaft des Nazi-Regimes wurden die Häftlinge zu stumpfsinniger Zwangsarbeit herangezogen. Darüber berichtet Renata Laqueur in ihren Tagebuchaufzeichnungen:

> »Sonntag, den 28. Mai 1944 (Pfingsten)
> [...] Ich habe noch Fieber und bin schlapp wegen des Durchfalls. Morgen wieder elf Stunden sitzen. Wir sortieren jetzt Knöpfe für die ›Heeresunterwäsche‹. Intelligenzarbeit! Ich muß jetzt hin-ein in meine Baracke. Es ist genauso, wie wenn man in ein Auto einsteigt, das einen ganzen Tag lang in glühender Sonne gestan-den hat.
>
> Montag, den 29. Mai 1944 (2. Pfingsttag)
> Es ist immer noch fürchterlich warm. Der Staub schmerzt in den Augen, der Sand ist glühend heiß, und die Baracken gleichen Brut-

kästen. Ich hab' Geschwüre an den Füßen, geschwollene Knöchel, Kopfschmerzen, Durchfall und einen verdorbenen Magen. Und ziemlich erhöhte Temperatur. Sonst fühle ich mich gesund und munter.

Wir haben jetzt herrliches Wetter, und der Sonnenaufgang ist hinreißend schön. Aber das stundenlange Sitzen in der stickigen Baracke! Heute um elf Uhr Fliegeralarm, der bis viertel vor drei Uhr dauerte. Wir saßen, saßen und warteten. Entgegen aller bisherigen Erfahrung kam um ¼ vier Uhr der Befehl, wieder anzutreten. [Der SS-Kommandoführer, Anm. d. A.] sagte, als wir murrten: ›Ich habe 36 Stunden Dienst, muß immerfort stehen, während ihr auf dem A... sitzt. So müde wie ich könnt ihr bestimmt nicht sein.‹ Er kann sich nicht vorstellen, wie müde ich bin. Müde vom Lärm, von der Hitze, vom Durchfall, vom Hunger und vom Gefangensein. Müde von diesem ganzen Wahnsinn. Stundenlang kann ich mich aufregen, wenn ich sehe, was alles möglich ist: Eine Frau (sie arbeitet eigentlich nur aushilfsweise in unserem Kommando, weil sie über 60 ist) wurde müde und nickte bei ihrer Arbeit einen Augenblick ein – dafür wurde zur Strafe ihre ganze Gruppe ›an den Zaun gestellt‹. Das spielte sich folgendermaßen ab: Als wir nach neunstündigem Arbeitseinsatz wegen des Fliegeralarms heute Mittag endlich ins Lager zurückkamen, mußten sich diese Frauen an den Zaun stellen, in der glühenden Sonne, und mußten – ohne Essen – dort stehenbleiben, bis wir wieder antraten. Dann wieder weiterarbeiten bis ½7 Uhr.

Kollektivstrafen ›alle für einen‹ – herrliches System unserer deutschen Untermenschen!«

Das größte Arbeitskommando war die sogenannte »Schuhzerreißindustrie«, auch »Schuhkommando« genannt, untergebracht in einer großen Baracke am südwestlichen Rand des Lagers. Daneben war in einem großen Zelt ein riesiger Berg aus Schuhen aufgeschichtet. Es waren Tausende und Abertausende. Woher sie stammten, blieb nicht lange ein Rätsel. So erfuhren die Häftlinge von der mörderischen Vernichtungs- und Verwertungsmaschinerie der SS. »Ich war gerade 16 geworden«, sagt Walter Guttmann. »Mit 15 oder 16 musste man anfangen zu arbeiten. Ich wurde zum Schuhkomando eingeteilt, und wir haben sehr schnell gewusst, dass das Schuhe aus Auschwitz waren.«

Walter Guttmann musste die Schuhe mit einem Wagen vom Zelt in die Baracken bringen. Dort saßen Häftlinge, die unter Aufsicht von SS-Kommandoführern die Schuhe mit scharfen Messern aufschlitzten. »Das Leder wurde getrennt«, berichtet Walter Guttmann. »Es ging dann nach Deutschland für neue Schuhe. Was sie mit den Hacken und der Sohle vorhatten, weiß ich nicht genau.«

Aber auch die wurden mit Sicherheit verwertet. Der Amsterdamer Rechtsanwalt Abel J. Herzberg war im Januar 1944 mit dem ersten Transport aus Westerbork nach Bergen-Belsen gekommen. In seinen Tagebuchaufzeichnungen *Außerhalb der Zeit, außerhalb des Lebens, außerhalb des Raumes* notierte er:

>»Worin besteht die Arbeit, die wir verrichten? Hauptsächlich im Auftrennen von alten Schuhen und im Herausschneiden der noch brauchbaren Lederstücke. Es ist eine Arbeit für Schwachsinnige und – wie man verstehen wird – eine fürchterlich dreckige Arbeit. Fragt man den aufsichtführenden Scharführer, wozu das alles gut sein soll, dann bekommt man folgende Antwort: ›Wir Deutschen sind Habenichtse, und ihr Juden sollt helfen, durch eure Arbeit uns reich zu machen.‹ Diese Lektion in deutscher Volkswirtschaft nehmen wir uns natürlich sehr zu Herzen. Wir brennen vor Eifer, um Deutschland durch das Auftrennen von Schuhen ›reich zu machen‹. Und nun entwickelt sich zwischen uns Juden und dem Scharführer eine ständige zähe Auseinandersetzung über die Höhe unserer Arbeitsleistung. Eines ist klar: den Vorwurf, wir betrieben Sabotage, dürfen wir auf keinen Fall aufkommen lassen; denn Sabotage bedeutet mindestens KZ. Es muß also unbedingt etwas getan werden. Die Frage ist nur: wie viel oder wie wenig. Einige verstehen es, so gut wie nichts zu tun. Über die abgeholte Menge alter Schuhe wird Buch geführt; die Buchhalter sind Juden, aber sie können natürlich nur innerhalb gewisser Grenzen mit den Zahlen jonglieren. Man erfindet daher die genialsten Methoden, um den Scharführer hereinzulegen. Man holt beispielsweise

Schuhe vom großen Haufen, lässt eine sehr stark nach oben ›aufgerundete‹ Zahl aufschreiben und bringt obendrein die besagten Schuhe insgesamt oder teilweise wieder zum großen Haufen zurück. Wenn dann so ein Scharführer einfach nicht begreifen kann, weshalb keine Produktivität zustande kommt und warum das Material nicht weniger wird, dann haben die Juden wenigstens einen Augenblick lang auch ihr Vergnügen.«

Die SS wusste, wie sie sich an den Häftlingen rächen konnte. Besonders gefürchtet waren die Zählappelle, die mehrmals täglich im Freien stattfanden. »Wir mussten in Reih und Glied stehen«, berichtet Michael Gelber, »in Reihen von fünf Häftlingen, hintereinander, immer eine Baracke zusammen. Das ergab dann so eine Art Quadrat.« Dann hätten die SS-Kommandoführer begonnen zu zählen, berichtet Gelber. »5, 10, 15, 20 – es hat nie gestimmt! Meistens deshalb, weil die nicht richtig zählen konnten.«

Diese Appelle, sagt Gelber, seien oft ohne Vorwarnung gekommen, auch nachts, ohne Angabe von Gründen. »Dann mussten wir plötzlich alle raus aus der Baracke – alle, die Alten, Kranke, Kinder. Meist blieb keine Zeit zum Anziehen.« Deshalb, erzählt Gelber, habe er einmal auf Strümpfen neun Stunden lang im Schnee gestanden. »Man kann sich vorstellen, dass manche das nicht überleben«, sagt er. »Man wird schlecht ernährt, es gibt Wanzen, Läuse, Ratten. Ständig brachen Epidemien aus. Da fing es schon an, dass überall im Lager Leichen herumlagen.« Auch Moshe Nordheim erinnert sich mit Schrecken an die Appelle. »Es ist unglaublich, wie viele Menschen allein auf dem Appellplatz gestorben sind«, weiß er zu berichten. Den Grund für dieses sinnlose Antreten fasst er in einem Wort zusammen: »Sadismus.«

Mit zehn Jahren war Moshe Nordheim nach Bergen-Belsen gekommen. In seiner Erinnerung ist das Lager bis heute ein »Dschungel«: »Ich habe mich an Hunger, Krankheit und Tod gewöhnt. Dass überall Tote herumlagen, war normal. Um zu überleben, musste ich wissen, wo ich etwas Essbares ›organisieren‹ kann und wie ich der SS am besten aus dem Weg ging. Man wurde nicht gleich erschossen, aber dauernd geschlagen.« Nackt unter Wölfen. Unterricht hatten

Moshe und seine gleichaltrigen Schicksalgenossen in den Lagern nicht, und auch das Spielen wie andere Kinder hatten sie verlernt. »Wir haben mit den Toten ›gespielt‹«, erinnert er sich. »Es ging darum, zu sagen, ob einer noch lebt oder nicht. Darin war ich Experte.«

Innerhalb weniger Wochen nach ihrer Abreise mit dem Personenzug waren die Häftlinge aus Westerbork an einem Tiefpunkt angelangt. Die Hoffnungen auf einen raschen Austausch hatten sich zerschlagen. Michael Gelber möchte von »Hoffnung« in diesem Zusammenhang nicht mehr sprechen. »Man hatte nur ein Interesse: Überleben«, erzählt er, »etwas zu essen finden, gesund bleiben, schauen, dass man sich hin und wieder waschen kann, wenn man sich überhaupt gewaschen hat.« Die Zustände in Michael Gelbers Baracke waren katastrophal. Auf engstem Raum wurden 300 bis 350 Menschen zusammengepfercht. Für sie alle gab es in der Mitte des Raumes eine Waschgelegenheit und gerade mal zwei Toiletten. »Den Gestank«, sagt Gelber, »kann man nicht beschreiben. Viele hatten ja auch Diphterie und andere Krankheiten. Meine Eltern haben darauf geachtet, dass wir nicht zu viele Läuse hatten, und dass wir irgendwo schlafen konnten. Wir teilten uns im dritten Stock zu zweit eine Matratze.« Die Eltern hätten alles getan, erzählt Gelber, um ihm und seinem Bruder Eduard eine gewisse Sicherheit zu geben. »Aber das war kaum möglich. Sie hatten selbst keine Kraft«, sagt er. »Die Alten sind gestorben, die mit 40 oder 50 sind gestorben, und die Kinder sind gestorben.«

12.

DER AUSTAUSCH

In Bergen-Belsen begann die Zeit des Wartens – und des Sterbens. Renata Laqueur notierte in ihrem Tagebuch:

»Donnerstag, den 15. Juni 1944
Ich denke viel darüber nach, wie wohl die Zeit nach dem Krieg aussehen wird. Werden wir jemandem, der nicht zufällig Ähnliches mitgemacht hat wie wir, überhaupt etwas erzählen können? Können wir in Worte fassen, was dieses Erlebnis des Lagers für uns bedeutet? Was das heißt: hinter Stacheldraht zu sehen, wie schlanke Kiefern emporwachsen und junges Blattgrün entlang einer Lagerstraße aufsprießt; was der dauernde Zwang und Druck der SS-Bewachung und der ständigen Kontrolle bedeuten; wie man dauernd bemüht ist, sich vorzustellen: dich selbst berührt es nicht, dieses Geschrei, Geschelte, Gepolter; wie man spürt, dass man älter wird, dass einem die Jugend zwischen den Fingern zerrinnt in diesem jahrelangen Warten auf das Ende der Unterdrückung. Was Monate bedeuten, in denen man die Stunden, Tage und Wochen zählt und in denen die einzigen Lichtpunkte sind: der Schlaf, das warme Essen und einige Sonnenstrahlen auf dem Weg vom Appellplatz zur Baracke nach einem langen Appell in feuchter Kälte. Lichtpunkte: Gedanken und Träume von ›früher‹ […].«

Doch dann passiert, woran niemand mehr richtig glauben wollte oder konnte. Im Lager verbreitete sich die Kunde: Es wird ausgetauscht. Es sollte der Anfang eines monatelangen Nervenkriegs zwischen den Häftlingen und der NS-Bürokratie werden. Ohne es zu wissen, gerieten sie zwischen die Fronten der kriegführenden Nationen Deutschland und Großbritannien. Simon Heinrich Herrmann, der Anfang 1944 aus Westerbork nach Bergen-Belsen gekommen war, gibt in seinem Tagebuch einen minutiösen Bericht der Ereignisse.

»Mittwoch, den 26. April, halb ein Uhr mittags. Auf dem Appellplatz sind wiederum in dichten Scharen die Arbeitskolonnen angetreten. Sechs Stunden geistestötender Arbeit stehen noch bevor. Die ›Grünen‹ [Lager-SS, Anm. d. A.] erscheinen, die Reihen schließen sich und machen sich zum Marsch bereit. Plötzlich ertönt eine Stimme: ›Alle Inhaber von Palästinapapieren heraustreten!‹ Wie ein elektrischer Schlag geht es durch die Glieder! Habe ich nicht falsch gehört? Große Aufregung bemächtigt sich der Menge. Während wir Palästinaleute uns an einem gesonderten Platz versammeln, versuchen wir, mit unserem Geist die Tragweite dieses Befehls zu erfassen. […] Es war inzwischen der Kommandant mit einem Beamten in Zivil, offenbar vom Auswärtigen Amt in Berlin, anwesend, und es begann der Aufruf von Namen aufgrund einer Liste. Von den beinahe 1300 Personen mit Zertifikatsnummern wurden 272 aufgerufen, von denen sich 22 im Krankenhaus befanden. Erst als den Nichtgenannten befohlen wurde, wegzutreten, kam es uns zum Bewußtsein, daß bei etwa vierfünftel aller Palästina-Aspiranten die kaum geborene Hoffnung schon wieder vernichtet war.«

Dieser Ankündigung waren monatelange Verhandlungen zwischen dem Auswärtigen Amt in Berlin und der britischen Regierung vorausgegangen. Wie üblich verliefen diese Konsultationen nicht zwischen den Kriegsgegnern direkt, sondern über die Schutzmachtabteilung der Schweizerischen Gesandtschaft. Ursprünglich wollten die Deutschen nur 120 jüdische Häftlinge freilassen, die Briten forderten aber, dass die 151 Personen »nachgeliefert« werden sollten, die beim vorigen Austausch nicht aus dem deutschen Machtbereich entlassen worden waren. Man einigte sich schließlich auf den Austausch von etwa 270 Menschen. Die Nazis wollten keinen einzigen Häftling zu viel ausreisen lassen. Sie feilschten um das Leben von einigen wenigen, während sie gleichzeitig Hunderttausende fabrikmäßig ermordeten. In einem Schreiben vom 21. März 1944 bestätigte das Auswärtige Amt, dass im Konzentrationslager Bergen-Belsen 300 jüdische Personen für einen Austausch mit Palästina bereitstünden, zusätzlich elf Personen im Internierungslager Laufen. Französische Juden mit palästinensischer Staatsangehörigkeit befänden sich im lothringischen Vittel. Daraufhin setzte Lagerkommandant Adolf Haas den Sonderappell für die 1300 Angehörigen der Palästinalisten an, bei dem die 272 Namen verlesen wurden. Bei den Auserwählten auf dem Appellplatz (22 lagen im Krankenhaus) mischte sich in die Freude zunächst Misstrauen. Herrmann berichtet:

»Ein unvoreingenommener Mensch wäre sogleich zu einer günstigen Schlußfolgerung gelangt, wir allerdings hatten gelernt, gegen alles, was von den Deutschen kam, mißtrauisch zu sein. In unserer Aufregung drückte sich darum nicht nur eine gesteigerte Hoffnung, sondern auch starker Zweifel aus. Wohin wird man uns bringen, sind wir, die wir auf jener uns unbekannten Liste stehen, besser dran als die anderen, welche nicht genannt wurden? Daß wir an diesem Tag den ersten Schritt getan haben könnten auf einem Wege, der in die Freiheit führt, daran wagten wir einfach nicht zu denken.

Lange Überlegungen gab es indessen nicht. In großer Eile packten wir unser Hab und Gut, nahmen von den wenigen zur Arbeitszeit im Lager anwesenden Freunden flüchtig Abschied und begaben uns abermals zum Appellplatz. Von diesem Augenblicke ab durften wir mit den übrigen Lagerinsassen nicht mehr in Kontakt treten.«

Ab jetzt wurden die 272 ausgewählten Häftlinge, hauptsächlich Kinder, Frauen und nur einige wenige Männer im wehrfähigen Alter, vom übrigen Bereich des »Sternlagers« durch Stacheldraht getrennt. Die Gruppe wurde besser verpflegt und nicht mehr zur Zwangsarbeit herangezogen. Wieder einmal sollten die Austauschkandidaten in Absprache mit der SS in »Quarantäne« mit halbwegs menschenwürdigen Bedingungen für ihre letzte Zeit hinter KZ-Stacheldraht – in der Erwartung, dies würde ihr Urteil über die »Endlösung« etwas abmildern. Die Häftlinge nahmen die Erleichterung dankbar an. Herrmann berichtet:

> »Die Behandlung besserte sich zusehends. Der größte Vorzug war, dass wir nicht zu arbeiten brauchten. Zum ersten Mal nach langer Zeit fanden wir Ruhe, die uns allen sehr gut tat. Der Ton der ›Grünen‹ uns gegenüber war offensichtlich entgegenkommender geworden. Zu unserem Erstaunen bemerkten wir, dass einige, als Schreihälse bewährte SS-Männer auch mit normaler Stimme mit uns sprechen konnten. Kleine Ungenauigkeiten wurden nicht mehr bestraft, die täglichen Appelle wurden zu einer kurzen Formalität. Allerdings, das Essen blieb in Qualität und Menge das gleiche. In unserer Absonderung fühlten wir selbst den Hunger noch stärker, da wir den ganzen Tag Zeit hatten, an unseren leeren Magen zu denken.«

In Vorfreude auf die Freiheit und die neue Heimat bereitete sich die Gruppe auf das Gelobte Land vor. Einige der Häftlinge kannten Palästina aus eigener Anschauung und berichteten nun den Schicksalsgenossen von Land und Leuten, den großen Städten und dem Leben in den Kibuzzim. »Besonderen Eindruck«, schreibt Herrmann, »hinterließ bei uns natürlich die Schilderung des Reichtums der uns im Gelobten Lande an Lebensmitteln erwartete.«

Nach etwa vier Wochen in »Quarantäne« traf die Gruppe aber ein harter Schlag. Das Misstrauen gegenüber den »guten« Absichten der Nazis schien sich wieder einmal zu bestätigen, wenn auch nicht alle 272 Häftlinge betroffen waren. Da im »Sonderlager« Vittel am Rande der Vogesen noch 50 Häftlinge mit einer in den Augen der SS »einwandfreien« palästinensischen Staatsangehörigkeit interniert waren, wollte das Auswärtige Amt diese bei dem Austausch bevorzugen, was anscheinend dem RSHA nicht mitgeteilt worden war. Im Gegenzug bedeutete dies, dass 50 der Bergen-Belsener Häftlinge die

Ausreisegruppe wieder verlassen und zurück in den »normalen« Teil des Lagers mussten. Dies geschah am 28. Mai 1944 während eines Appells, bei dem Lagerkommandant Haas und der Chef der Lager-Gestapo Seidl die Abfahrt der Gruppe für die kommenden Tage ankündigten – was sich jedoch auch nicht bewahrheiten sollte.

Während Haas begann, die Liste mit den Namen zu verlesen, kam es zu einer grotesken Szene. Kurz zuvor war bereits Fliegeralarm gegeben worden, und so erschienen wenig später die ersten alliierten Bomber über dem Lager – für die Häftlinge normalerweise eine erfreuliche Abwechslung, weil sie darin das Zeichen einer nahenden deutschen Niederlage sahen. In Gegenwart des Kommandanten wagte allerdings niemand von den Angetretenen, nach oben zu sehen. Haas bemühte sich nach Kräften, gegen den Fluglärm anzuschreien, musste jedoch schließlich kapitulieren und schickte die Häftlinge in die Baracke zurück. Als er wenig später mit dem Namensaufruf fortfuhr, stellte sich heraus, dass 50 der Anwesenden nicht genannt worden waren. Haas teilte lakonisch mit, dass diese Personen nicht mitreisen würden. »Es war einer der dramatischsten Augenblicke meines Lebens«, schreibt Herrmann. »Große Niedergeschlagenheit bemächtigte sich aller, denn eine gute Nachricht für 222 Menschen war verschüttet unter der Trauer über eine so tragische Botschaft für die 50 anderen.«

Die auserwählten 222 Häftlinge sollten am 8. Juni 1944 in Istanbul gegen die »Reichsdeutschen« ausgetauscht werden, ihre Abreise aus Bergen-Belsen war daher für den 1. Juni vorgegeben. Es blieben nur wenige Stunden, für die Vorbereitungen durfte keine Zeit verstreichen. Erwachsene hatten die Erlaubnis, 40 Kilogramm, Kinder 30 Kilogramm Gepäck mitzunehmen; aus den Beständen des Reiches wurden pro Person 100 Reichsmark in britischen Pfund ausgezahlt. So kam der Morgen des Abreisetages. Früh morgens um sieben Uhr war die Gruppe bereit zur Abfahrt. Eines Befehls zum Antreten hatte es dieses Mal nicht bedurft. Herrmann berichtet, was dann geschah:

> »Die Baracke war bereits teilweise geräumt, als der Befehl kam, mit dem weiteren Herausbringen der Bagage zu stoppen, da eine kleine Verzögerung eingetreten sei. Wir warteten. Kurz darauf

kam die Nachricht, die herausgeschafften Gepäckstücke müßten in die Baracke zurück, wir sollten uns jedoch reisefertig halten. Jetzt wurden wir stutzig. Was hatte das wieder zu bedeuten? Mit verlegenen Gesichtern saßen wir auf unseren Koffern und warteten wieder. Es war deutlich, daß der Befehl einer Reiseverschiebung von außerhalb des Lagers gekommen sein mußte, wenn das Signal zum Aufbruch noch einige Stunden auf sich warten ließ. Mit großer Spannung erwarteten wir jeden ›Grünen‹, der zu uns in die Baracke kam, jedoch keiner von ihnen brachte den erhofften Bericht.«

Im Gegenteil. Die Reisegruppe musste vier Tage ohne irgendeine Information darüber ausharren, was aus den Austauschplänen wird. Schließlich zerplatzten alle Hoffnungen, als die Lagerkommandantur mitteilte, die Abfahrt würde sich »auf unbestimmte Zeit« verschieben. Das hatte gravierende Folgen: Am 5. Juni mussten die Häftlinge den eigens für sie abgegrenzten Bereich verlassen und wieder in das »allgemeine Judenlager« wechseln – und damit zurück ins alte Häftlingsleben, wie Herrmann beklagte: »Nicht in die Freiheit marschierten wir, sondern zurück in ein Sklavenleben, aus dem wir uns schon erlöst geglaubt. Unsere ganze Kraft mußten wir zusammennehmen, um diesen Schlag zu ertragen.«

Warum der Austausch abgesagt worden war, erfuhren die Häftlinge wie üblich nicht. Sie waren noch immer als KZ-Häftlinge in der Hand der Nazis, das bedeutete, dass sie überhaupt keine Rechte hatten. So hatten sie keine Ahnung, dass ihre geplante Ausreise nach Palästina hinter den Kulissen zu erheblichen diplomatischen Verwicklungen zwischen dem deutschen Außenminister Ribbentrop und dem Großmufti von Jerusalem, Mohammed el-Husseini, geführt hatte. Nachdem Ribbentrop am 15. Dezember 1943 den deutsch-palästinensischen Austausch zunächst genehmigt und ein Datum festgelegt hatte, beschwerte sich der Großmufti schriftlich bei ihm und beim »Reichsführer-SS«, Heinrich Himmler. Er hielt sich für den alleinigen Vertreter der arabischen Interessen und fühlte sich übergangen.

Es war ein Streit unter Freunden, denn die führenden Nazis und den Großmufti verbanden gemeinsame Interessen. Sie wollten beide den Holocaust auf den Nahen Osten ausdehnen. Diese Liaison von Halbmond und Hakenkreuz hatte schon früh begonnen. Am 31. März 1933, acht Wochen nach der Machtergreifung Hitlers, nahm el-Husseini über den deutschen Generalkonsul in Jerusalem Kontakt mit Berlin auf. Die Palästinenser, so lautete seine Nachricht, böten bei der »Ausbreitung faschistischer anti-demokratischer Staatsführung« ihre Unterstützung an, um den »schädlichen jüdischen Einfluss« weltweit zu bekämpfen.

Hitler wusste anfangs nur wenig über den Großmufti. Der »Führer« hielt ihn für eine »Art mohammedanischen Papst«. Ganz falsch lag er damit nicht. El-Husseini war 1921 zum Großmufti ernannt worden und damit die höchste religiöse Autorität im von Großbritannien verwalteten Palästina. Aber er war mehr als ein religiöses Oberhaupt. Seinen Einfluss, der von Ägypten bis in den Irak reichte, hatte er vor allem im politischen Kampf erworben: gegen die jüdischen Siedler in Palästina und gegen die Mandatsmacht England. Dieser Kampf führte den Mann mit dem Turban im November 1941 nach Berlin. Seine Mission: den Holocaust im Nahen Osten voranzutreiben und die Ideologie des deutschen Faschismus in der arabischen Welt zu verbreiten.

Zeitungen und Wochenschauen berichteten ausführlich über seine Ankunft – das Tausendundeine-Nacht-Flair von Kaftan und Turban bot eine exotische Abwechslung zur bleiernen Kriegspropaganda. Himmler und Goebbels schwärmten von der »weltanschaulichen Verbundenheit« mit dem Mufti. Im Berliner Bezirk Zehlendorf bezog er als Gast des Nazi-Regimes eine Villa. Im *Hotel Adlon* stand ihm außerdem eine Suite zur Verfügung. Bald nach seiner Ankunft empfing ihn Adolf Eichmann, dessen Pläne zur »Lösung der europäischen Judenfrage« den Mufti beeindruckten. Es sollte der Beginn einer langen Freundschaft werden.

Drei Wochen nach seiner Ankunft in Berlin kam el-Husseini mit Hitler zusammen. Der »Führer« erwies sich als cholerischer Gastgeber. Als der »mohammedanische Papst« das Büro betrat und ihm die Hand reichen wollte, ließ Hitler seine hinter dem Rücken verschränkt. Der Kaffee, den der Mufti gemäß arabischer Sitte erwartete, fehlte auf dem Tisch. Der Dolmetscher wies darauf hin, dass es eine

Beleidigung sei, keinen Kaffee anzubieten, was bei Hitler einen Wutanfall auslöste. Er sprang aus dem Sessel, schrie, »ich lasse es nicht zu, dass überhaupt irgendjemand im Hauptquartier Kaffee trinkt« und verließ Türen knallend den Raum. Einige Minuten später kam Hitler zurück, gefolgt von einem SS-Mann mit zwei Gläsern Limonade, und hieß den Mufti mit ruhiger Stimme willkommen.

Der Gast erwartete sich von diesem Treffen eine schriftliche Erklärung, die die Unabhängigkeit der arabischen Staaten nach dem Sieg der »Achsenmächte« garantierte. Doch Hitler war nicht in der Stimmung, etwas zu unterschreiben. Er verwies auf Italien, das Interessen in der Region habe. Hitler versprach aber, sobald Rommels Armeen von Ägypten aus Palästina erobert hätten, »das dort lebende Judentum zu vernichten«.

Nach dem rüden Empfang schien Hitler durchaus von seinem Gast angetan. Er ließ hinterher wissen, der Mufti mache mit seinen »blonden Haaren und blauen Augen« einen guten Eindruck: »Trotz seines Spitzmausgesichts war unter seinen Vorfahren sicher mehr als ein Arier.« Beim anschließenden Kameratermin für die Wochenschau schüttelten sich beide fast freundschaftlich die Hand. Während seiner Berliner Jahre avancierte el-Husseini zur »muslimischen Karte«: Er sollte die arabische Bevölkerung in Nordafrika und im Nahen Osten gegen die Engländer aufhetzen und so helfen, den strategisch wichtigen Sueskanal und die Ölfelder unter deutsche Kontrolle zu bringen.

Auch mit dem »Reichsführer-SS« Heinrich Himmler, der »Seiner Eminenz, dem Großmufti« bei mehreren Gelegenheiten Glück für seinen Kampf gegen die Juden Palästinas gewünscht hatte, machte el-Husseini gemeinsame Sache. Im Frühjahr 1943 begann er die muslimische SS-Division »Handschar« aufzubauen, die in Bosnien Partisanen bekämpfte. Der Mufti kümmerte sich um die Rekrutierung der »Muselgermanen«, wie er sie bezeichnete, und die »weltanschauliche und politische« Erziehung der Soldaten.

Im Februar 1943 hatte er aus der englischen Presse von dem Plan erfahren, 4000 jüdische Kinder aus Bulgarien nach Palästina umzusiedeln. El-Husseini sandte ein Schreiben an den bulgarischen Außenminister Bogdan Filow und schlug ihm vor, die Kinder nach Polen zu schaffen. »Dort stehen sie unter starker Kontrolle«, so der Brief, »und man entgeht ihrer Gefahr und vollbringt eine gute, dankbare Tat dem arabischen Volke gegenüber.« Dass der Massenmord an den Juden in den Konzentrationslagern in Osteuropa zu dieser Zeit in vollem Gange war, wusste er. In Sofia ignorierte Filow seinen Vorschlag. El-Husseini setzte die Presse auf den Fall an und informierte Ribbentrop und Himmler. Der wiederum schaltete Eichmann in die Sache ein. Ergebnis: Die 4000 Kinder durften nicht ausreisen. Auf ähnliche Weise wurde das Vorhaben verhindert, 80000 Juden aus Rumänien nach Palästina zu schleusen. Keiner von ihnen überlebte den Holocaust.

Dieses Mal jedoch setzten die Nazis andere Prioritäten. Sie brauchten »Austauschmaterial«. Ungeachtet der Proteste des Großmuftis erhielten die 222 Häftlinge im Sternlager am 29. Juni 1944 zum zweiten Mal den Befehl, sich für einen Abtransport innerhalb der nächsten 24 Stunden bereit zu halten. »Wie ein Blitzschlag durchzuckt es uns«, schreibt Herrmann, »also doch! Ohne Vorbereitung traf uns die Botschaft: Wir werden frei. Ein wilder Freudenausbruch war die Antwort. Die Kinder waren nicht zu bändigen. In unserem Innern geschah eine plötzliche Umschaltung auf eine andere Welt, eine Revolution in einer Minute.«

Es folgten minutiöse Gepäckkontrollen und Leibesvisitationen für die gesamte Gruppe. Die Häftlinge mussten ihren gesamten Tascheninhalt leeren, die Kleidung wurde von oben bis unten befühlt. »Hierbei gaben die Deutschen eine letzte Probe ihrer Brüll- und Schimpfkunst«, berichtete Herrmann. Es sei den Abreisenden noch einmal eingehämmert worden, dass sie zur Klasse der Gauner und Betrüger gehörten, dann habe es eine Lebensmittelzuweisung für die erste Reiseetappe gegeben, welche die Lagerrationen um ein beträchtliches übertroffen hätten. Herrmann: »Der Tiefpunkt war überschritten. An der Grenze des deutschen Herrschaftsbereiches sollten wir in einer einigermaßen menschenwürdigen Verfassung abgeliefert werden.« Noch in der Nacht zum 30. Juni verließ der Zug mit den Häftlingen die Eisenbahnrampe bei Belsen, an der sie einige Monate zuvor angekommen waren. Sie reisten mit Personenwagen der 2. Klasse.

Himmler hatte zuvor eilig entschieden, die Beschwerde des Großmuftis sollte den geplanten Austausch nicht behindern, »da also
nicht von deutscher Seite die Judeneinwanderung nach Palästina gefördert [wird], sondern nur eine Anzahl von Juden den Engländern
übergeben, weil sie bereits zur Bevölkerung Palästinas gehören«. Der
Leiter der Rechtsabteilung des Auswärtigen Amtes, Erich Albrecht,
stellte zudem fest, ein so kurzfristiger Abbruch des Austauschs stelle
zum einen die Glaubwürdigkeit der deutschen Regierung in Frage,
zum anderen bedeute es für die internierten »Reichsdeutschen« in
Palästina eine besondere Härte, wenn sie nach langjähriger Internierung in dem heißen Klima nochmals zurückgehalten würden. Insgesamt sei die Einmischung des Mufti ein unzulässiger »Übergriff«, der
nicht hingenommen werden sollte.

So gelangten die ersten Austauschhäftlinge schließlich über Celle,
Hildesheim, Fulda, Würzburg und Linz nach Wien. Ihre erste Unter-
kunft nach den Konzentrationslagern Westerbork und Bergen-Belsen war ein Obdachlosenasyl – für die Häftlinge ein ungewohnter
Luxus nach den Entbehrungen der Lagerhaft. Zusammen mit den 50
Häftlingen aus dem Internierungslager Vittel und elf Personen aus
dem Lager Laufen reiste die Gruppe über Budapest, Belgrad, Sofia
und Istanbul weiter. Am 6. Juli 1944 wurden die jüdischen Internierten bei Meidan Ekbes an der syrisch-türkischen Grenze gegen die
Gruppe der deutschen Internierten ausgetauscht. Am 10. Juli 1944
erreichten die »Austauschjuden« in Haifa das rettende Gelobte Land.

In Bergen-Belsen notierte Abel J. Herzberg, der zu den 50 Häftlingen gehörte, die erst für die Abreise ausgewählt und dann plötzlich
wieder ins Lager zurückgeschickt wurden, am 8. August 1944 in seinem Tagebuch:

> »Wir erdulden es, wie man ein objektives Naturgesetz hinnimmt,
> zum Beispiel das Gesetz der Schwerkraft, die Kälte und die Hitze,
> und wir stemmen uns dagegen an, mit Bitterkeit und mit Schwei-
> gen. [...] Aber im Übrigen sind wir vom Leben völlig abgeschnit-
> ten. Und das bedeutet – nur wer gefangen war, wird das verstehen
> können: schmachten, hungern nach Freiheit.«

Für die Zurückgebliebenen schwand die Hoffnung auf einen weiteren Austausch mit jedem Tag. »Als der erste Transport im Juli 1944 abgefahren ist, war schon klar, dass es keinen weiteren Transport nach Palästina gibt. Unser Zertifikat hatte seinen Wert verloren«, sagt Michael Gelber.

Das hatte es ohnehin schon deshalb, weil die Alliierten an Verhandlungen mit Nazi-Deutschland seit einiger Zeit kein Interesse mehr hatten. Schon bei der Konferenz von Casablanca im Januar 1943 hatten US-Präsident Franklin D. Roosevelt und der britische Premier Winston Churchill die »bedingungslose Kapitulation« des Hitler-Regimes als Kriegsziel ausgegeben. Sie wollten Hitler-Deutschland in die Knie zwingen.

Die »Austauschjuden« waren jetzt ihrem Schicksal selbst überlassen.

13.

UNGARN –
UNTER DEUTSCHER BESATZUNG

Deutsche Panzer rollen durch Budapest, Wehrmachtsoldaten in Felduniform marschieren, Frauen und Kinder stehen am Straßenrand und winken. Einige Jungen klettern auf die Panzer. Ein friedlicher Einmarsch. So jedenfalls zeigt es die deutsche Wochenschau. Es ist der 19. März 1944. Die Wehrmacht hat Ungarn besetzt. Noch gelten die Deutschen hier als Verbündete im Kampf gegen den Bolschewismus. Nur hier, im Osten Europas, war die deutsche Armee noch auf dem Vormarsch, wenn auch nicht mehr für lange Zeit. An vielen anderen Fronten war sie längst auf dem Rückzug. Die Wehrmacht wird in Ungarn voller Erwartung empfangen, allerdings nicht von allen. Denn ihr Einmarsch brachte das Todesurteil für nahezu 800 000 Juden, die zu jener Zeit in Ungarn lebten. Zehntausende waren aus anderen Ländern vor den Nazis hierher geflohen, jetzt saßen sie wieder in der Falle. »Hitler hatte den Krieg zu der Zeit schon verloren«, sagt Yehuda Blum, der den Einmarsch der Deutschen mit zwölf Jahren in Budapest erlebt hatte, »aber einen Krieg wollte er noch gewinnen: Den gegen uns, die Juden.«

Der ungarische Ministerpräsident Miklós Kállay hatte zuvor geheime Sondierungen über einen Waffenstillstand mit den westlichen Alliierten geführt, was den deutschen Nachrichtendiensten nicht verborgen geblieben war. Mit der Besetzung Ungarns durchkreuzte Hitler die Pläne Kállays, sich aus dem Bündnis der »Achsenmächte« zu lösen. Dieser floh am Tag des deutschen Einmarschs in die Türkische Gesandtschaft in Budapest, wo er sich bis zu seiner Verhaftung im November 1944 aufhielt. Kállay wurde in das Konzentrationslager Dachau verschleppt, später nach Mauthausen. Die Befreiung erlebte er 1945 in Südtirol.

Innerhalb weniger Tage übernahmen die Nazis in Ungarn die Macht. Als neuer Reichsbevollmächtigter wurde SS-Brigadeführer Edmund Veesenmayer eingesetzt, Befehlshaber der deutschen Truppen in Ungarn wurde General Hans von Greiffenberg, Höherer SS- und Polizeiführer, und damit Stellvertreter Himmlers in Ungarn, wurde SS-General Otto Winkelmann. Miklós Horthy blieb Staatsoberhaupt, bis auf weiteres.

Je aussichtsloser die militärische Lage im Zweiten Weltkrieg wurde, desto fanatischer verfolgten die Nazis das Ziel der »Endlösung«. Der Krieg, den Hitler gegen das jüdische Volk führte, hatte, zusätzlich zu den Millionen gefallener Soldaten auf allen Seiten, zu dieser Zeit schon mehr als fünf Millionen zivile Opfer gefordert. In Ungarn sollten die Deportationen jetzt noch viel gezielter und schneller vollzogen werden, als es in den anderen besetzten Gebieten bisher geschehen war. Zum ersten Mal leitete Adolf Eichmann höchstpersönlich einen Einsatz auf besetztem Territorium, mit ihm kamen seine erfahrensten »Judenberater« aus seinem Referat IV B 4 im Reichssicherheitshauptamt. Darunter SS-Obersturmführer Hermann Krumey, SS-Hauptsturmführer Otto Hunsche, SS-Hauptsturmführer Dieter Wisliceny, der zuvor in der Slowakei für die Judenvernichtung verantwortlich war, SS-Obersturmbannführer Theodor Dannecker, SS-Hauptsturmführer Franz Novak und SS-Hauptsturmführer Siegfried Seidl, der als Chef der Lager-Gestapo in Bergen-Belsen über die »Austauschfähigkeit« der Häftlinge entschieden hatte und sich jetzt beim Sondereinsatzkommando bewähren sollte. Nur wenige Tage nach dem deutschen Einmarsch bezog das »Sondereinsatzkommando Eichmann« im Budapester *Hotel Majestic* offiziell Quartier.

Im Schatten der Wehrmacht kam mit Eichmann und dessen engster Truppe ein »Judenkommando« aus etwa 150 bis 200 Mann nach Budapest, darunter Angehörige der verschiedenen Stellen des NS-Geheimdienstapparates: Sicherheitsdienst (SD), Sicherheitspolizei (Sipo) und Gestapo. Doch ohne Unterstützung waren sie nicht dazu in der Lage, innerhalb weniger Wochen 450 000 Menschen zu deportieren. Dies gelang nur mit Hilfe der ungarischen Regierung unter dem von den Deutschen neu eingesetzten Ministerpräsidenten Döme Sztójay. Eichmann selbst verfügte über Teile der ungarischen Polizei, der Gendarmerie und der Beamtenschaft.

Erklärtes Ziel der ersten Verhaftungen sollten all jene sein, die als Feinde der Nazis angesehen wurden: Politiker, Beamte, Armeeoffiziere, Intellektuelle, aber auch Künstler und Wissenschaftler. Etwa 10 000 Menschen wurden allein in der ersten Woche nach der Besetzung verhaftet, unter ihnen rund 3000 teils prominente Mitglieder der großen jüdischen Gemeinden, und in verschiedene Auffanglager verschleppt. Die Deutschen wollten mit derlei großangelegten Aktionen ein Terrorregime errichten, und sie wussten, dass ihnen nicht mehr viel Zeit blieb.

»Die Mörder kamen spät und hatten es eilig«, sagt Ladislaus Löb, geboren 1933 in Klausenburg (ungarisch Kolozsvár, rumänisch Cluj) in Siebenbürgen, das nach dem Einmarsch der Wehrmacht unter deutsche Verwaltung kam. »Im fünften Jahr des Zweiten Weltkriegs gab es in den Ländern unter deutscher Herrschaft keine Juden mehr. Die ungarischen Juden hatten noch überlebt. Aber jetzt, in den letzten Monaten des untergehenden Dritten Reichs, stand uns die schnellste und brutalste Operation des Holocaust bevor.«

Löbs Überlebenskampf, der ihn binnen eines Jahres über Budapest nach Bergen-Belsen führte, begann am 8. Mai 1944, jenem Tag, an dem er seinen elften Geburtstag feierte. »Vielmehr feierte ich ihn nicht, weil die Erwachsenen keine Lust auf eine Geburtstagsparty hatten«, erinnert er sich später. Anfang Mai 1944 hatten die Deutschen in seiner Heimatstadt eine alte Ziegelei zu einem Ghetto umfunktioniert, in dem sie innerhalb kürzester Zeit 18 000 Menschen aus Klausenburg und Umgebung unter erbarmungswürdigen Umständen zusammenpferchten. Löb und seine gesamte Familie wurden im Klausenburger Ghetto interniert, überlebt haben von ihnen nur wenige. »Die meisten meiner Verwandten starben später in Auschwitz«, sagt Löb, »es hat keinen Zweck zu berechnen, wie viele genau.« Obwohl er selbst sagt, er sei zu jung gewesen, um alles zu verstehen, habe er doch die körperliche und seelische Belastung des Ghettos bis zu einem bestimmten Grad mit den Erwachsenen geteilt. »Der Hunger, der Schmutz, die schleichenden Krankheiten, die wachsende Zahl der Todesfälle und Selbstmorde, die drohenden Wachen«, sagt Löb, »das Trauma, aus einem zivilisierten Leben auf einen Schlag in einen untermenschlichen Zustand versetzt worden zu sein – das alles blieb mir nicht ganz verborgen.«

Sein Vater Izsó und er konnten unter abenteuerlichen Umständen aus dem Ghetto fliehen (die Mutter war zwei Jahre zuvor an Tuberkulose gestorben). Durch eine Verletzung aus dem Ersten Weltkrieg hatte Löbs Vater ein steifes Knie und konnte nur an einem Stock gehen. Jüdische Kriegsverletzte und ihre Angehörigen waren in der Slowakei von den seit 1938 geltenden Judengesetzen ausgenommen, wenn die Verletzung mindestens 75 Prozent betrug. »Mein Vater war nur zu 50 Prozent Invalide, aber er war schlau«, sagt Ladislaus Löb. Der Vater hatte die 50 aus seinem Invalidenzeugnis gekratzt und sie durch 75 ersetzt. Diese plumpe Fälschung hatte für den Alltag in Siebenbürgen ausgereicht, bei einer Flucht konnte man sich nicht darauf verlassen. Izsó Löb bestach deshalb einen Beamten, ihn für einige Zeit aus dem Ghetto zu entlassen. Gegen kleine Geschenke, das hatte der Vater schnell gelernt, zeigten sich die örtlichen Beamten großzügig. Den Sohn ließ er zurück. Er eilte in die Stadt und fand einen Beamten, der ihm gegen eine weitere Bestechung eine offizielle Kopie des gefälschten Zeugnisses ausstellte. »Auf der Kopie sah ›75 Prozent‹ so koscher aus, als ob Moses selbst es geschrieben hätte«, sagt Löb.

Der Vater kehrte ins Ghetto zurück und wartete auf eine passende Gelegenheit. Im allgemeinen Chaos nach einem Luftangriff nahm er seinen Sohn an der Hand, riss die gelben Sterne von der Kleidung und schlenderte zum Ausgang. Mittels einer neuerlichen Bestechung gelangten Izsó und Ladislaus Löb in die Freiheit. »An schwelenden Ruinen vorbei« so Löb, »eilten mein Vater und ich [...] zum Bahnhof und erwischten knapp einen Zug, der [...] im Begriff war, nach Budapest abzufahren.« Im Zug habe es von Detektiven auf der Jagd nach jüdischen Flüchtlingen gewimmelt. »Einer der Detektive hielt auch vor uns«, erzählt Löb. »Als er das Zeugnis meines Vaters sah, sagte er argwöhnisch: ›Das ist eine Kopie. Wo ist das Original?‹ Ich wurde vor Angst fast ohnmächtig, aber mein Vater behielt seine Geistesgegenwart. Indem er sein Hosenbein hochzog und auf die Stelle wies, wo statt einer Kniescheibe nur Narben zu sehen waren, sagte er: ›Das ist das Original.‹ Der Detektiv sagte ›Schon gut‹ und setzte seine Runde fort.«

Schließlich erreichten Ladislaus Löb und sein Vater Budapest. Dort hielten sie sich eine Zeitlang versteckt, schlossen sich später dem »Kasztner-Transport« an, wurden mit diesem nach Bergen-Belsen deportiert, bevor sie im Dezember 1944 freigelassen wurden.

Nach dem Krieg studierte Löb in der Schweiz Anglistik und Germanistik, später lehrte er deutsche Sprache und Literatur sowie Vergleichende Literaturwissenschaft an der University of Sussex im englischen Brighton. Seit 1993 ist er emeritiert. Löb, ein zurückhaltender, freundlicher Mann mit einem leisen Humor, hat sich nicht nur lebenslang mit der Sprache seiner Peiniger beschäftigt, er sucht auch die Auseinandersetzung mit den Schrecken der eigenen Kindheit, kehrt oft an die Stationen seines Leidenswegs zurück und hält beispielsweise Vorträge und Lesungen in der Gedenkstätte des Konzentrationslagers Bergen-Belsen. Seine Erlebnisse hat er literarisch in einer Autobiographie verarbeitet, die in sechs Sprachen erschienen ist. »Im Vergleich mit den Leiden der meisten Juden in Europa unter den Nazis waren die meinen kaum der Rede wert«, schreibt Löb in seinen Erinnerungen. »Im Gegensatz zu Millionen war der Holocaust für mich – manchmal wörtlich – ein Kinderspiel. Ich weiß nicht, warum ausgerechnet mir ein so leichtes Schicksal vergönnt war.« Vielleicht habe er einfach Glück gehabt, meint er. Oder es sei vielleicht doch nicht so leicht gewesen und er verdränge mehr Furcht und Elend, als er wahrhaben wolle. Das Überleben, glaubt er, habe er vor allem seinem Vater zu verdanken, nicht nur wegen des Invalidenausweises: »Jedenfalls hatte ich selbst im Ghetto, im Viehwaggon und im Konzentrationslager die Illusion, dass mein Vater mich beschützen konnte.«

Yehuda Blum stammt wie Ladislaus Löb aus der Slowakei. Er wurde 1931 in Bratislava (Pressburg) geboren und erlebte als Siebenjähriger, wie nach dem Einmarsch der Deutschen Entrechtung und Verfolgung begannen. »Sehr wenige aus meiner Generation haben überlebt«, sagt Yehuda Blum heute. »Die meisten meiner Kameraden wurden in Auschwitz ermordet. Ich konnte mit den Eltern und meinen beiden Schwestern überleben.«

Prof. Yehuda Blum ist ein nachdenklicher Mann, der langsam und überlegt spricht. Jemand, der während des gesamten Gesprächs in Tel Aviv eine freundlich-kritische Distanz zu seinem Gegenüber aus Deutschland wahrt. Nach den grauenvollen Erfahrungen seiner Jugend, dem Gefühl der Heimatlosigkeit und des Verlorenseins, hatte er es sich zur Lebensaufgabe gemacht, am Aufbau des Staates Israel mitzuwirken. »Ich bin dankbar, dass ich die Gründung eines jüdischen Staates erleben konnte«, sagt er, »und dankbar, dass ich meinem Land dienen durfte.« Erst als Soldat in Uniform, später an der Hebräischen Universität Jerusalem als Professor für Internationales Recht und dann als Botschafter Israels bei den Vereinten Nationen. Bei den Friedensverhandlungen in Camp David 1979 gehörte er zum Beraterteam um den israelischen Ministerpräsidenten Menachem Begin. »Aber mein Leben«, sagt Yehuda Blum, »verdanke ich einem Deutschen, was paradox genug ist.« Ein »Volksdeutscher« hatte Anspruch auf die Wohnung in Bratislava erhoben, in der die Familie lebte. »Innerhalb von 72 Stunden wurden wir ausgesiedelt.« Über die Kontakte des Vaters, der in Bratislava für das American Jewish Joint Distribution Committee arbeitete – eine amerikanische Hilfsorganisation, die 1914 zur Unterstützung von jüdischen Glaubensgenossen im Ausland gegründet worden war – gelangte die Familie in das damals noch nicht von den Deutschen besetzte Ungarn. »So kamen wir nach Budapest. Wären wir in Bratislava geblieben, hätte man uns sicher irgendwann nach Auschwitz gebracht«, sagt Yehuda Blum.

Doch auch in Budapest waren die Flüchtlinge nicht sicher. Der 19. März 1944, der Tag des deutschen Einmarschs, war laut Ladislaus Löb »das schwärzeste Datum in der Geschichte der ungarischen Juden«. Die Geschichte der Verfolgung in Ungarn hatte aber schon weitaus früher begonnen.

Mit dem Ende des verlorenen Ersten Weltkriegs ging die österreichisch-ungarische Doppelmonarchie der Habsburger unter. 1919 errichtete Béla Kun eine Räteregierung aus Sozialisten und Kommunisten, die mit gewaltigen wirtschaftlichen und außenpolitischen Schwierigkeiten zu kämpfen hatte und nicht lange währte. Nach nur einem Jahr wurde es von einer nationalistisch und antisemitisch geprägten Bewegung unter Admiral Miklós Horthy gestürzt. Horthy wurde als Regent eingesetzt und rechnete mit seinem Vorgänger ab. Kun war jüdischer Herkunft, und so brach sich der offene Antisemitismus Bahn. 5000 Menschen, die meisten von ihnen Juden, wurden bei Pogromen ermordet. Zehntausende mussten fliehen. Die alte Habsburger Herrlichkeit war endgültig untergegangen. Danach regierte eine ganze Zeitlang das Chaos.

1920 verschoben sich die Grenzen: Nach dem Friedensvertrag von Trianon verlor Ungarn zwei Drittel seines Territoriums, wodurch sich die Nationalitäten von etwa einem Drittel seiner Einwohner von heute auf morgen veränderten, ohne dass sie dafür ihre Heimat verlassen hätten. Erst mit Hitlers Hilfe konnte das Horthy-Regime verlorene Territorien zurückgewinnen, die 1920 in Trianon der Tschechoslowakei zugesprochen worden waren: Nach dem Einmarsch der Wehrmacht 1938 und der »Zerschlagung der Rest-Tschechei« erhielt Ungarn Gebiete mit ungarischer Bevölkerung von der neu gegründeten Slowakei und der Karpato-Ukraine zurück. Die ungarische Propaganda feierte das als Erfolg der an Deutschland angelehnten Außenpolitik Horthys. Er blieb dieser Linie treu, trat 1939 aus dem Völkerbund aus, unterzeichnete den »Antikominternpakt« zwischen dem Deutschen Reich und dem Japanischen Kaiserreich zur Bekämpfung der Kommunistischen Internationale (Komintern) und gesellte sich damit zu den »Achsenmächten«. Dafür wurde Ungarn 1940 von Hitler erneut belohnt: Siebenbürgen, das dem ungarischen Erzfeind 1920 zugesprochen worden war, ging jetzt in Teilen wieder an Ungarn zurück. So wurden auch Ladislaus Löb und seine Familie wieder zu Ungarn, nachdem sie vorher ein paar Jahre lang Rumänen gewesen waren.

Hitlers Ansinnen war es jedoch keinesfalls, Freundschaftsgeschenke zu verteilen. Ungarn sollte sich wirtschaftlich und politisch revanchieren, zum einen durch den Eintritt in den Krieg auf der Seite der »Achsenmächte«, zum anderen sollte es auch seinen Teil zur »Endlösung« der »Judenfrage« beitragen. »Große Überredungskünste brauchte er nicht dazu«, sagt Ladislaus Löb. »Meistens waren sowohl die ungarische Führung als auch der ungarische Mob nur zu bereit, den Nazis bei der Verfolgung der Juden zu helfen oder sie sogar zu überbieten.«

Nach deutschem Vorbild erließ Ungarn zwischen 1938 und 1941 drei »Judengesetze«, die die Juden sozial, wirtschaftlich und politisch entrechten und ausgrenzen sollten. Jüdische Bedienstete wurden aus dem Staatsdienst entlassen, es wurden Berufsverbote für jüdische Journalisten, Verleger sowie Theater- und Filmregisseure verhängt, die Quote für die Zulassung jüdischer Studenten an den Universitäten senkte man auf sechs Prozent. Aufgrund der Reduzierung jüdischer Arbeitnehmer in einzelnen Betrieben verloren etwa 250 000 Juden ihr regelmäßiges Einkommen, Verdienstmöglichkeiten ergaben sich oftmals nur noch in illegalen Bereichen. Das dritte Judengesetz von 1941 führte schließlich die »Rassenschande« ein. Fortan standen Geschlechtsbeziehungen zwischen Juden und Nichtjuden unter Strafe. Gleichzeitig wurde die Definition des Begriffs »Jude« um diejenigen erweitert, die mindestens zwei jüdische Großeltern hatten, sowie jene etwa 100 000, die zum Christentum übergetreten waren und bisher unter dem Schutz der christlichen Kirchen gestanden hatten.

»Anfänglich war die Absicht – wenn es je hinter dem hirnlosen Ressentiment eine Absicht geben kann –«, kommentiert Ladislaus Löb, »die Juden zu isolieren, zu demütigen und aus dem Land zu vertreiben. Es dauerte nicht lange, bis Raub und Mord daraus wurden.« Rudolf Kasztner, Vorsitzender der zionistischen Hilfsorganisation Wa'ada, der später mit Eichmann um die Freilassung ungarischer Juden feilschte, schrieb 1946: »Jedem mit Hitlers Hilfe vollzogenen Gebietszuwachs folgte ein Judengesetz. Zuerst passte sich Ungarn, wenn auch nicht ohne innere Opposition, auf dem Gebiet der ›legalen‹ Maßnahmen dem Reich an. Der Krieg, die deutschen Waffenerfolge, das blutige Beispiel im Osten entfesselten die bösen Instinkte, die Gewalt.«

Nach dem Überfall auf die Sowjetunion ermordeten deutsche »Einsatzkommandos« die jüdische Bevölkerung in der benachbarten Ukraine schon 1941 zu Zehntausenden. Die Ukraine war, wie zuvor schon Polen, zu einem der Schlachtfelder der »Endlösung« geworden. Im ukrainischen Kamenetz-Podolskij beispielsweise fielen im August 1941 allein rund 16 000 polnische, slowakische und österreichische Juden deutschen und ungarischen Soldaten zum Opfer, die bei der Gelegenheit gleich noch weitere 7000 einheimische Juden erschossen. Ende Januar 1942 ermordeten ungarische Einheiten im Zuge der »Partisanenbekämpfung« in Novisad und Umgebung mehr als 2000 Juden und einige tausend Serben.

Die jungen jüdischen Männer Ungarns wurden von 1940 an zum militärischen Arbeitsdienst eingezogen. Sie begleiteten die regulären Militäreinheiten an die Front und mussten Militärdienst ohne Waffe leisten. Die Zwangsarbeiter in Uniform wurden ungemein brutal behandelt. Bei absoluter Mindestverpflegung mussten sie Schützengräben ausheben, Leichen einsammeln, Straßen bauen, Straßensperren, Festungen oder Bunker errichten. Vor allem aber mussten sie Minen legen oder die des Feindes suchen. Ein wahres Himmelfahrtskommando. Teilweise wurden sie bis in deutsche Konzentrationslager verschleppt. Ein junger Landarbeiter berichtet 1945 bei der Befreiung des KZ Mauthausen über seine Erlebnisse beim militärischen Arbeitsdienst:

»Zwei Jahre ohne die geringste Unterbrechung stand ich im Arbeitsdienst und arbeitete an verschiedenen Stellen in Ungarn, aber auch an der Front in Galizien. [...] Da war also vor allem der Kompaniekommandant-Stellvertreter, [...] das war ein ausgesprochener Bluthund, dessen unmenschlicher Grausamkeit besonders während meiner Frontdienstleistung in Galizien zumindest die Hälfte der Kompanie zum Opfer fiel. Seine – übrigens wiederholt mit dem größten Zynismus offen geäußerte – Absicht war, so viele als nur möglich von uns auszurotten. Das suchte er vor allem dadurch zu erreichen, dass er die Begleitmannschaft gegen uns aufhetzte. Außerdem ließ er uns hungern und schwer misshandeln. [...] ›Ein ungarischer Soldat darf nicht hungern‹, sagte er, ›die Juden aber sollen nur hungern. Das wird ihnen gar nicht schaden, im Gegenteil, nur guttun wird es ihnen.‹«

Rudolf Kasztner, der selbst in einer dieser Kompanien Zwangsarbeit leisten musste, nannte sie »mobile Konzentrationslager«. Während des Krieges starben von etwa 100000 Männern etwa 40000 durch Hunger, Kälte, Misshandlungen oder Typhusepidemien.

Zwischen 1942 und 1944 wurde Ungarn zur Zufluchtsstätte für etwa 15 000 jüdische Flüchtlinge aus dem Osten. Die Flucht über die polnisch-ungarische Grenze war lebensgefährlich. Die ungarischen Grenzposten erhielten Befehl, die beim Grenzübertritt gefangenen jüdischen Flüchtlinge den Deutschen auszuliefern. In vielen Fällen erschossen sie die Gefangenen gleich selbst. Während die Vernichtung der Juden also schon begonnen hatte, und Zehntausende ungarische Juden als »Arbeitsdienstler« in den Osten geschickt wurden, kamen zur gleichen Zeit immer mehr jüdische Flüchtlinge ins Land, die vor den vorrückenden deutschen Einheiten Schutz suchten. In ähnlichen »Paradoxen« sei die Doppelspurigkeit der ungarischen Politik zum Ausdruck gekommen, erläutert Kasztner. Den Nazi-Anhängern in Regierung und Verwaltung hätten einflussreiche Kreise gegenübergestanden, die sich vor den Folgen eines verlorenen Krieges fürchteten. In breiten Massen sei der Krieg gegen die Alliierten niemals populär gewesen.

Je mehr Niederlagen die »Achsenmächte« im Verlauf des Zweiten Weltkriegs einsteckten, umso ernsthafter erwogen Horthy und sein Ministerpräsident Kállay, sich von ihrem Verbündeten Hitler loszusagen und mit den Alliierten einen Separatfrieden zu schließen. Darüber hinaus bemühte sich Kállay um eine gemäßigte Politik gegenüber den Juden. Mehrfach bedrängte Hitler im Beisein von Außenminister Ribbentrop seinen Bundesgenossen Horthy, Ministerpräsident Kállay zu entlassen, und er forderte dringend härtere Maßnahmen gegen die Juden. Horthy erklärte, alles, was man gegen die Juden tun konnte, sei bereits getan worden. Umbringen könne man sie ja wohl nicht. Ribbentrop antwortete, dass genau das beabsichtigt sei, was Hitler bestätigte.

Als Horthy nicht in der gewünschten Form parierte, lud Hitler ihn am 18. März 1944, wie schon einmal zuvor, zu einem Treffen in das prachtvolle Schloss Klessheim in der Nähe von Salzburg. Eine Einladung, die Horthy nicht ablehnen konnte. Hitler machte dem Bundesgenossen heftige Vorwürfe wegen der »Untreue« seiner Regierung und bemängelte, dass er »die Judenfrage nicht gelöst« habe. Von der Zusammenkunft existiert kein förmliches Protokoll, aber Hitler soll die Entsendung von 100 000 jüdischen Zwangsarbeitern gefordert haben, was Horthy angeblich zusagte. Horthys Einverständnis sollte später den Nazis und ihren ungarischen Helfershelfern als Vorwand für die Deportation von etwa 450 000 ungarischen Juden dienen.

Nur ganz beiläufig erfuhr Horthy bei dem Treffen, dass Hitler vorhatte, Ungarn kurzerhand zu besetzen. Als Horthy sich zurück auf den Weg nach Ungarn machte, wurde sein Zug für einige Stunden auf einem Nebengleis aufgehalten. Als Horthy am nächsten Morgen endlich in Budapest eintraf, hatten deutsche Truppen das Land still und heimlich besetzt, ohne irgendwo auf Widerstand gestoßen zu sein. Horthy sah zu, wie seine Ratgeber, persönliche Freunde, Mitglieder der beiden Parlamente verhaftet und nach Deutschland deportiert wurden. Jetzt war er auch bereit, eine neue Regierung zu ernennen. Eine ganze Garnitur rechtsorientierter Politiker stand schon bereit, dem angeblich bedrohten Vaterland als Minister unter dem neuen Regime zu dienen.

Drei Tage nach dem Einmarsch der deutschen Truppen, am 22. März, setzte Horthy unter dem Druck der Deutschen eine neue Regierung ein. Im Gegensatz zu seinem Vorgänger Kállay war der neue Ministerpräsident Döme Sztójay, der frühere ungarische Gesandte in Berlin, ein leidenschaftlicher Antisemit, ebenso wie László Endre, Staatssekretär für politische (jüdische) Fragen, László Baky, Staatssekretär für Inneres und führendes Mitglied der rechtsradikalen »Partei für die Ungarische Erneuerung«, sowie László Ferenczy, Gendarmerie-Chef und Beauftragter für Konzentration und Deportation der Juden. Sie alle wurden zu willfährigen Erfüllungsgehilfen Eichmanns bei der Deportation und Ermordung der Juden Ungarns. Sie wurden nach dem Krieg zum Tode verurteilt und hingerichtet.

»Die Regierung Sztójay hatte eine dreifache Aufgabe zu erfüllen«, schreibt Rudolf Kasztner, »mehr ungarische Soldaten an die Ostfront zu schicken, das Dritte Reich wirtschaftlich intensiver zu unterstützen und die Judenfrage zu lösen. Letzteres war das wichtigste.«

Die Regierung war nur noch eine Marionettenregierung, das Staatsoberhaupt, Reichsverweser Horthy, war jetzt ein Herrscher ohne Land. In der »Judenfrage«, die bald die ganze Politik bestimmen sollte, galt in Budapest ab März 1944 der souveräne, absolute und uneingeschränkte Wille des »Ungeheuers Eichmann« (Kasztner). Mit Eichmanns Ankunft in Budapest und mit den Maßnahmen der von den Deutschen gesteuerten Regierung verschärfte sich die Lage für die ungarischen Juden in rasender Geschwindigkeit. Horthy sagte den Deutschen zu, dass Ungarn ihrer Kriegsindustrie »jüdische Arbeitskräfte« zur Verfügung stellen würde. Damit lieferte er die ungarischen Juden praktisch ans Messer und gab sein stillschweigendes Einverständnis zu den Deportationen. Horthy nahm auch hin, dass »deutsche Berater« (das Judenkommando) den ungarischen Behörden bei der Lösung dieser Aufgabe behilflich sein sollten. »In keinem anderen Land«, fasst der in Rumänien geborene Historiker Randolf F. Braham zusammen, »wurde das Programm der Endlösung – die Errichtung zentraler und örtlicher Judenräte, die Absonderung, Enteignung, Ghettoisierung, Konzentration, Einwaggonierung und Deportation der Juden – so barbarisch und so schnell durchgeführt wie in Ungarn.«

14.

RUDOLF KASZTNER –
VERHANDLUNGEN MIT DEN MÖRDERN

Hastig erließ die Regierung mehrere antijüdische Gesetze, mit denen auch das Tragen des gelben Sterns für alle Juden ab dem sechsten Lebensjahr zur Pflicht wurde. »In Deutschland dauerte es acht Jahre, bis die Nazis den ›Judenstern‹ einführten«, sagt Yehuda Blum, »in Ungarn dauerte es gerade mal zwei Wochen.« Wer sich vorschriftsmäßig mit dem Stern auswies, sei bald »ghettoisiert und deportiert« worden, berichtet Ladislaus Löb: »Der Stern war unser Fahrschein nach Auschwitz.«

Das alltägliche Leben bestand ab sofort nur noch aus Verboten. Übertretungen wurden hart bestraft: Juden durften ihre Wohnungen nachts und den größten Teil des Tages nicht mehr verlassen; Reisen durften sie nur mit speziellen Bewilligungen; Restaurants, Theater, Kinos oder Parks durften sie nicht mehr betreten; die Lebensmittel wurden rationiert, Juden durften nur noch sehr geringe Mengen einkaufen; Möbel, Radios, Autos und Kunstwerke wurden beschlagnahmt. Die letzten jüdischen Anwälte, Ärzte oder Apotheker, die ihre Berufe noch ausgeübt hatten, verloren jetzt ihre Arbeitsplätze. Jüdische Offiziere und Unteroffiziere wurden in den ungarischen Streitkräften nicht mehr geduldet. Die letzten jüdischen Betriebe und Geschäfte wurden »arisiert«. Alle jüdischen Organisationen waren verboten, mit Ausnahme der Judenräte, die von den Deutschen selbst eingesetzt wurden.

Und in dieser Situation entschied sich der Budapester Anwalt Rudolf Kasztner, direkt mit den Mördern in Kontakt zu treten. Kasztner handelte nicht allein, sondern im Namen dieser mutigen kleinen

Der Massenmörder
als Kinderfreund.
»Reichsführer-SS«
Heinrich Himmler
(2. von rechts) auf
Inspektionsreise
im besetzten Weiß-
russland, 1941.

Land	Zahl
A. Altreich	131.800
Ostmark	43.700
Ostgebiete	420.000
Generalgouvernement	2.284.000
Bialystok	400.000
Protektorat Böhmen und Mähren	74.200
Estland - judenfrei -	
Lettland	3.500
Litauen	34.000
Belgien	43.000
Dänemark	5.600
Frankreich / Besetztes Gebiet	165.000
Unbesetztes Gebiet	700.000
Griechenland	69.600
Niederlande	160.800
Norwegen	1.300
B. Bulgarien	48.000
England	330.000
Finnland	2.300
Irland	4.000
Italien einschl. Sardinien	58.000
Albanien	200
Kroatien	40.000
Portugal	3.000
Rumänien einschl. Bessarabien	342.000
Schweden	8.000
Schweiz	18.000
Serbien	10.000
Slowakei	88.000
Spanien	6.000
Türkei (europ. Teil)	55.500
Ungarn	742.800
UdSSR	5.000.000
Ukraine 2.994.684	
Weißrußland aus-schl. Bialystok 446.484	
Zusammen: über	11.000.000

Aus dem Protokoll der »Wannseekonferenz« vom
20.1.1942: Diese Aufstellung der jüdischen Bevölkerung
in Europa diente als Grundlage für die »Endlösung«

Führer und »Reichsführer«: Hitler und Himmler auf
dem Obersalzberg. Die Pläne für den Handel mit
Juden wurden von Hitler persönlich genehmigt.

Adolf Eichmann, der Vollstrecker der »Endlösung«. Im Sommer 1944 schickte er allein aus Ungarn fast eine halbe Million Menschen in die Gaskammern.

Kurt Becher (r.), 26.8.1964. Der frühere Himmler-Vertraute als Zeuge auf dem Weg zum »Hunsche-Krumey-Prozess« vor dem Frankfurter Schwurgericht. Becher starb 1995 als wohlhabender Kaufmann in Bremen.

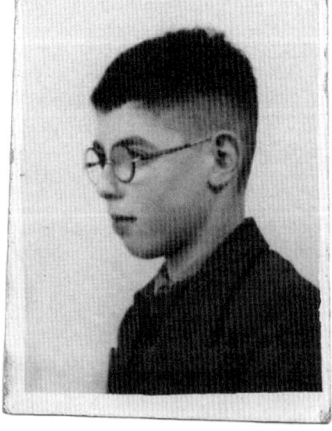

Walter Guttmann, um 1940. Zusammen mit seinem Bruder war er kurz zuvor als Waisenkind zu jüdischen Pflegefamilien nach Holland geschickt worden.

Rudolf Kasztner nach der Befreiung in der Schweiz, ca. 1946. In dieser Zeit verfasste Kasztner seinen Bericht für den zionistischen Weltkongress.

Rudolf Kasztner (links) 1944 im Gespräch mit Ottó Komoly, Kopf der zionistischen Bewegung in Ungarn.

Ladislaus Löb (Mitte) mit seinen Eltern Izsó und Jólan in Klausenburg (Kolozsvár), 1938. Löbs Mutter starb vier Jahre darauf an Tuberkulose.

Ladislaus Löb im Dezember 1944, nach der Befreiung aus dem KZ Bergen-Belsen. Der damals Elfjährige konnte mit seinem Vater in die Schweiz ausreisen.

Rudolf Kasztner (rechts, mit seinen Brüdern). Der Rechtsanwalt betätigte sich schon in jungen Jahren als Aktivist für die zionistische Sache.

Joel Brand, 1961. Er war Kasztners Partner bei den Verhandlungen mit Eichmann über die Freilassung ungarischer Juden. Brand hatte in der Türkei vergeblich versucht, mit den Alliierten Kontakt aufzunehmen.

Marietta Moskin, geb. Duschnitz (Mitte), zusammen mit ihren Eltern. Über den »Südamerika-Austausch« war die Familie aus Bergen-Belsen freigekommen.

Das jüdische Rettungskomitee Wa'ada 1944 in Budapest: Moshe Schweiger, Hansi Brand, Rudolf Kasztner, Joel Brand (von links nach rechts)

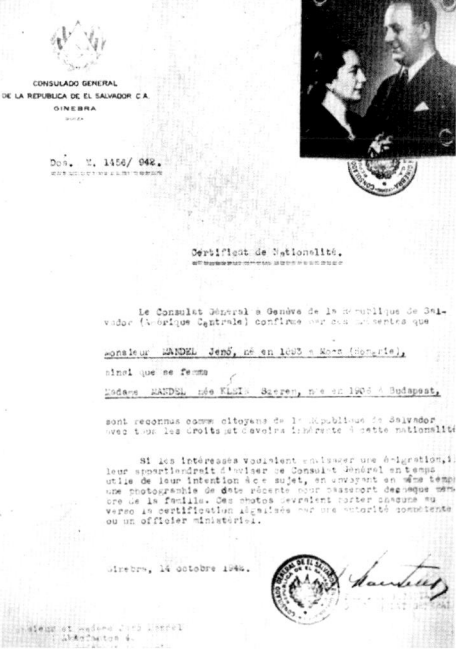

Die polnische Tänzerin Franziska Mann. Auf dem Weg zur Gaskammer in Auschwitz betörte sie einen SS-Mann und erschoss ihn mit dessen eigener Waffe.

»Promesa« der Republik El Salvador für das in Budapest lebende Ehepaar Mandel. Solche Nationalitätsbescheinigungen erkannte die SS im Allgemeinen nicht an.

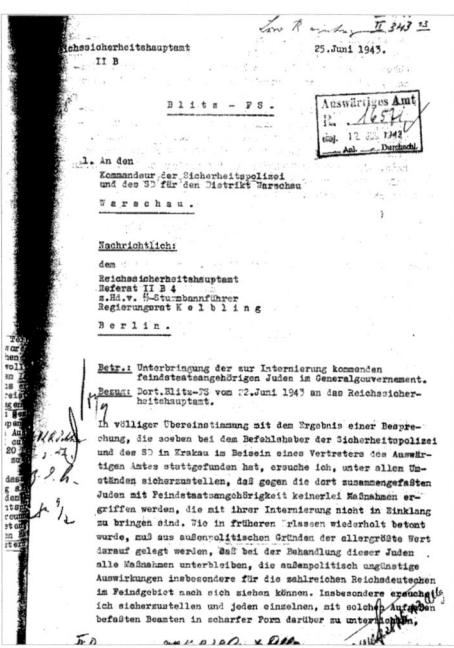

Akten aus dem Politischen Archiv des Auswärtigen Amtes. Der »Zivilgefangenenaustausch Palästina« fiel in die Zuständigkeit von Hitlers Diplomaten.

Blitz-Fernschreiben an den Gestapo-Chef in Warschau: »Juden mit Feindstaatsangehörigkeit« galten als wertvoll für den Austausch gegen »Reichsdeutsche«.

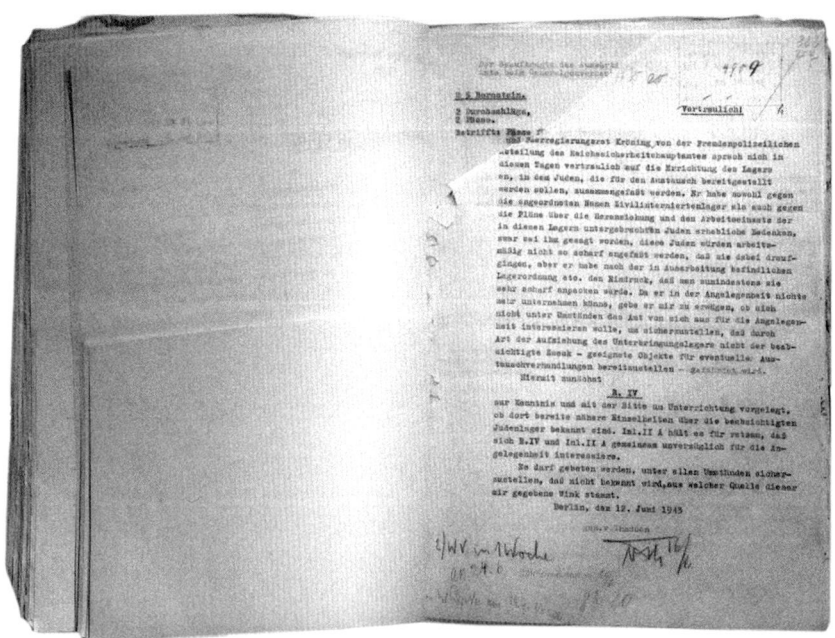

Thadden-Vermerk, Juni 1943: Selbst die Gestapo fürchtete, die »Austauschhäftlinge« könnten der »Vernichtung durch Arbeit« zum Opfer fallen.

In Freiheit: Der »Kasztner-Zug« mit etwa 1700 Passagieren in der Schweiz.
Bis zuletzt musste Kasztner mit der SS um die Ausreise der Geiseln feilschen.

Dezember 1944: Der Hölle entkommen: Überlebende Kinder des
»Kasztner-Zugs« nach dem Grenzübertritt in die Schweiz.

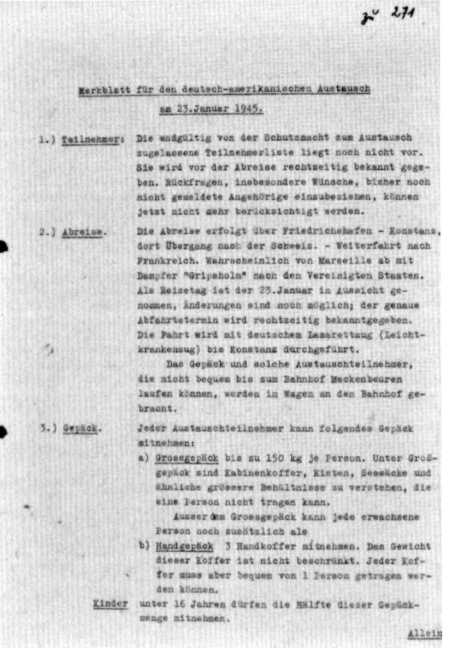

»Merkblatt für den deutsch-amerikanischen Austausch« im Januar 1945: Die Ausreise der »Heimkehrer« wurde bis ins kleinste Detail geregelt.

Der Austausch vom Januar 1945 war die letzte von drei Aktionen, bei denen Besitzer südamerikanischer Pässe gegen »Reichsdeutsche« getauscht wurden.

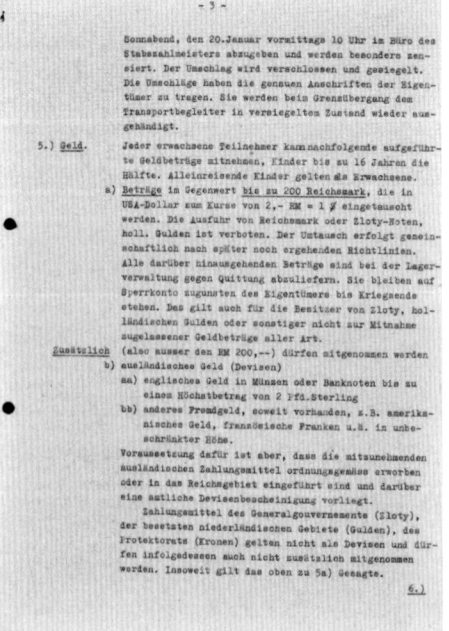

Beträge bis zu 200,- RM durften in US-Dollar umgetauscht und mitgeführt werden. Die SS legte sogar den Devisenkurs fest: »2,- RM = 1 $«.

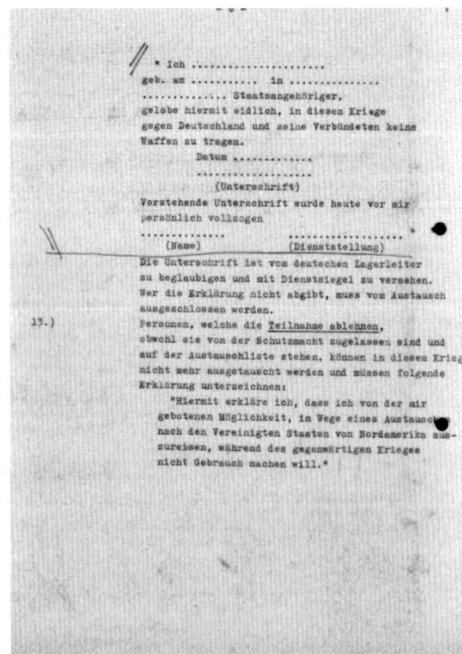

Männliche Häftlinge im wehrfähigen Alter mussten »eidlich« geloben, »in diesem Kriege gegen Deutschland und seine Verbündeten keine Waffen zu tragen«.

Rückkehr ins Leben. 13.4.1945:
Soldaten der US-Armee treffen in
der Nähe des Dorfes Farsleben
auf einen Zug mit Häftlingen aus
Bergen-Belsen.

Ende eines Alptraums. Etwa 2500 Menschen wurden
in Farsleben befreit. Ihr Zug hätte ursprünglich ins
Konzentrationslager Theresienstadt fahren sollen.

Leben hinter Stacheldraht. So sah der ungarische
Künstler István Irsai sein Gefängnis in Bergen-Belsen.
Irsai wurde mit dem »Kasztner-Zug« gerettet.

Überlebende des Frauenlagers im KZ Bergen-Belsen, April 1945.
Im Hintergrund der »Schuhberg« von den im Lager Ermordeten.

Das KZ Bergen-Belsen aus der Luft. Durch ihre Aufklärung waren die Alliierten
über die Standorte der NS-Konzentrationslager schon früh im Bilde.

Den britischen Soldaten bot sich in Bergen-Belsen ein Bild des Grauens.
Die meisten Häftlinge starben an Auszehrung und Seuchen wie Typhus.

Allein in den letzten Kriegsmonaten waren Zehntausende in Bergen-Belsen gestorben.
Diese Bilder wurden zu Symbolen für die Schrecken des Holocaust.

Adolf Haas, der erste Kommandant des KZ Bergen-Belsen von Mai 1943 bis Dezember 1944. Sein späteres Schicksal ist unbekannt. Er gilt als vermisst.

Josef Kramer übernahm im Dezember 1944 die Leitung in Bergen-Belsen. Er hatte damals bereits eine zehn-jährige »Karriere« in verschiedenen KZs hinter sich.

SS-Offiziere in Auschwitz, 1944: Josef Mengele, Kommandant Rudolf Höß, Josef Kramer und ein unbekannter SS-Offizier (von links nach rechts).

Bergen-Belsen-Kommandant Josef Kramer von britischen Soldaten abgeführt.
In der britischen Öffentlichkeit wurde er als »Bestie von Belsen« bezeichnet.

Kramer (1), zusammen mit Fritz Klein (2), als Angeklagter vor einem britischen Militärgericht.
Am 13.12.1945 wurde er in Hameln gehängt.

Mitglieder des »Kasztner-Zugs«, 1944 in der Schweiz. Die meisten der fast 1700 Geretteten ließen sich in Palästina nieder.

Kinder aus dem »Kasztner-Zug« in der Jugendorganisation Bne Akiwa in der Schweiz. Zum erstenmal seit Jahren konnten sie wieder das Leben genießen.

Rudolf Kasztner mit Tochter Zsuzsi (geb. 1946 in Genf) auf der Überfahrt nach Palästina.

Rudolf Kasztner im Zeugenstand des Nürnberger Wilhelmstraßen-Prozesses (6.1.1948 bis 11.4.1949) vor dem 11. US-Militärtribunal

Prozess 1954. Kasztner zeigt Malkiel Grünwald (vorn) wegen Verleumdung an, wurde aber schließlich selbst als angeblicher Nazi-Kollaborateur verurteilt.

Tatort in Tel Aviv, 3.3.1957. Kasztner wurde vor seiner Wohnung von rechtsextremen israelischen Fanatikern angeschossen. Zwölf Tage darauf starb er.

Gruppe von Zionisten und Orthodoxen, die sich »Komitee für Rettung und Hilfe« nannten (hebräisch: Wa'adat Esra weHazala oder kurz Wa'ada). Aber Kasztner war die herausragende Figur, als sie den irrwitzig erscheinenden Versuch unternahmen, sich gegen die »Endlösung« zu stemmen.

Unter den Mitgliedern befanden sich, neben Vertretern der polnischen und slowakischen Flüchtlinge und der verschiedenen Gruppierungen junger Pioniere, namentlich Endre Biss, Joel und Hansi Brand sowie Samu Springmann. Zu ihrem Präsidenten ernannten sie Dr. Ottó Komoly, Ingenieur und Offizier des Ersten Weltkriegs. Kasztner selbst wurde geschäftsführender Vizepräsident, die treibende Kraft hinter den Verhandlungen mit Eichmann und seinem »Sondereinsatzkommando«. Ein weiteres führendes Mitglied der Wa'ada, Moshe Schweiger, war wenige Tage nach dem Deutschen Einmarsch von der SS verhaftet worden. Schweiger war der örtliche Leiter der »Hagana«, der paramilitärischen zionistischen Untergrundorganisation.

Es war ein Kampf mit ungleichen Waffen. Für die ungarischen Juden ging es um Leben und Tod, für Eichmann hingegen nur um die Erfüllung des großen Plans von der »Endlösung«. Dafür hatte er jahrelang mit fanatischem Eifer gearbeitet, von den ersten »Auswanderungsplänen« nach Madagaskar bis zu den unerbittlichen Deportationen in die Vernichtungslager.

Ungarn sollte als letztes Land im deutschen Machtbereich »judenrein« werden, auch wenn dieser Machtbereich gerade wieder dabei war, zu schrumpfen. Eichmann versprach Zugeständnisse bei den Deportationen und forderte Lösegeld beziehungsweise kriegswichtige Güter, während er gleichzeitig die Transporte nach Auschwitz anrollen ließ. So schnell konnte man gar nicht verhandeln, wie die Menschen zu Zehntausenden aus der ungarischen Provinz verschleppt wurden. Die jüdischen Unterhändler wussten, dass ihnen die Zeit davonlief. Rudolf Kasztner und Joel Brand, der später bei dem Rettungsversuch eine zentrale Rolle spielten sollte, standen dem Morden machtlos gegenüber. Sie hatten nichts, womit sie drohen konnten, ihnen blieben nur Bluff und Bestechung – und die Hoffnung auf Unterstützung durch die Alliierten. In der Einleitung zu seinem Bericht stellt Kasztner die Situation folgendermaßen dar:

»In Budapest aber war es unsere Aufgabe, das Desinteressement der westlichen Welt für einen großzügigen Rettungsplan zu tarnen und eine Grundlage für unsere Rettungsaktion aus eigenen Mitteln zu schaffen. [...] Als die Lage der Budapester Juden kritisch geworden war, boten wir neue wirtschaftliche Leistungen an, um weitere Deportationen zu verhüten und das Budapester Ghetto zu retten.

Das war der Weg, der damals gegangen werden mußte! Seine Richtigkeit und Notwendigkeit standen für keinen der jüdischen Führer in Ungarn zur Diskussion. In der Geschichte der mehr als 2000-jährigen Judenverfolgungen ist es mehr als einmal vorgekommen, daß jüdisches Leben für Geld erkauft werden mußte. Schuld daran war nicht der Jude, und schuld war auch nicht einmal immer das Geld.

Andere Nationen mußten in kritischen Zeitpunkten dieses Krieges ihre territoriale Integrität ebenfalls mit wirtschaftlichen Konzessionen erkaufen. Um nur die Neutralen zu nennen: Die Schweden lieferten dem Dritten Reich Stahl; die Türken Chrom; die Schweiz gewährte einen Clearing-Kredit von mindestens einer Milliarde Franken!

Wir haben weniger gezahlt.

Dagegen haben wir versucht, Zweifel am Sinn des Weitermordens zu erwecken und den Hoffnungsstrahl aufleuchten zu lassen, daß einmal die Zeit kommen würde, in der das Verschonen von Menschenleben in die Waagschale fallen könnte, auf welcher individuelle und kollektive Verantwortung abgewogen werden. Wir jonglierten mit unseren weit verzweigten Verbindungen zu den Alliierten und ließen durchblicken, daß Präsident F. D. Roosevelt die Rettungsversuche mit besonderem Interesse verfolgen würde.

Dieser Versuch blieb nicht ergebnislos. Er begegnete deutschen Wunschträumen, die lange Zeit nicht zugegeben wurden. Dergestalt gelang es, eine schmale Bresche in das Gefüge des Grundsatzes zu schlagen, demzufolge die Juden Europas total vernichtet werden sollten. Es war indessen nur eine schmale Bresche, nur ein Anfang. Der Jüdische Krieg ging unaufhörlich weiter. In Auschwitz und den übrigen Vernichtungslagern wurde weiter gemordet, fast automatisch, geradezu einem unheimlichen Trägheitsgesetz folgend, und zum Schluß sogar gegen die Befehle Himmlers. Die kleinste bei der höchsten deutschen Instanz erwirkte Konzession mußte beim Exekutivapparat besonders und wiederholt erkämpft werden. Gebremst konnte der Jüdische Krieg Hitlers von Budapest aus – und von den Juden der übrigen Welt – zwar werden, aber ohne das elastische Verständnis aller Alliierten für dieses besondere Problem des Zweiten Weltkriegs konnte die Rettungsaktion nicht zu einer allgemeinen werden.«

»Mit seiner charakteristischen Kombination von Kühnheit, Durchtriebenheit und Chuzpe«, kommentiert Löb, »rettete Kasztner mehr Juden vor dem Tod als jeder anderer Jude in der Geschichte des Holocaust.« Auch mehr als der »Judenretter« Oskar Schindler, kein Jude, dem Hollywood-Regisseur Steven Spielberg ein filmisches Denkmal setzte. Kasztner hingegen bezahlte den Einsatz für seine Schicksalsgenossen später mit dem Leben. Und es war nicht die SS, die ihn ermordete, sondern es waren israelische Landsleute, junge Extremisten, die in ihm nur einen Verräter und Nazi-Kollaborateur sahen. Am 15. März 1957 erschoss der 24-jährige Ze'ev Eckstein, Mitglied der rechtsextremen Lechi-Gruppe, Kasztner in Tel Aviv auf offener Straße.

Wer Kasztners Rolle in diesem tragischen Spiel um Leben und Tod verstehen will, muss sich mit seiner Persönlichkeit beschäftigen. Rudolf (Rezsö) Kasztner wurde am 14. April 1906 in Klausenburg geboren – in der Stadt, in der auch Ladislaus Löb 27 Jahre später zur Welt kam. Kasztner besuchte das jüdische Gymnasium, studierte Rechtswissenschaften und beherrschte zu dieser Zeit schon fünf Sprachen fließend. Nach Abschluss seines Studiums betätigte er sich als Journalist, arbeitete – bekannt als zionistischer Aktivist – in den zwanziger Jahren unter anderem als politischer Korrespondent der Tageszeitung *Új Kelet (Neuer Naher Osten)*.

1932 wurde er nach zehnjähriger Mitgliedschaft einer der Führer der Barisia, einer zionistischen Jugendbewegung. 1937 heiratete er die Tochter des wohlhabenden Vorsitzenden der jüdischen Gemeinde in Klausenburg und Abgeordneten des rumänischen Parlaments, Erzsébet Fischer, genannt Bogyó.

Als das rumänische Siebenbürgen 1940 Ungarn zugesprochen wurde, zog Kasztner nach Budapest, wo er weiterhin eine aktive Rolle in der zionistischen Bewegung übernahm, bis er 1942, wie die meisten jüdischen Männer seiner Generation, zur Zwangsarbeit in den Arbeitskompanien der ungarischen Armee eingezogen und nach Siebenbürgen zurückgeschickt wurde. Er überlebte den Arbeitsdienst und schloss sich nach seiner Entlassung dem kurz zuvor gegründeten Rettungskomitee Wa'ada an.

Wer war Rudolf Kasztner? Diejenigen, die ihn kannten, erinnerten sich an einen widersprüchlichen Menschen, gleichermaßen bewundert wie umstritten. Ein Mitglied des Jugendwiderstandes in Ungarn, Rafi Ben-Shalom, bewunderte beispielsweise Kasztners Mut, während er ihm aber gleichzeitig einen Hang zum »Größenwahn« bescheinigte.

Filip von Freudiger, ein Vertreter der orthodoxen jüdischen Gemeinde und Mitglied des von den Deutschen eingesetzten Judenrats, schilderte Kasztner als »diktatorisch von Natur, eifersüchtig auf die Erfolge von anderen und schrecklich nachlässig im Bezug auf Termine und Vereinbarungen«. Gleichzeitig aber lobte er Kasztner als »idealistisch, kompetent, weitsichtig […] selbstlos und immer bereit, persönliche Risiken einzugehen«.

Kasztners Tochter Zsuzsi, geboren 1946 in Genf, war elf Jahre alt, als ihr Vater ermordet wurde. Sie hat die Zeit des Holocaust und der Verhandlungen mit Eichmann somit nicht selbst miterlebt, wohl aber die Nachkriegsjahre, in denen ihr Vater in Israel zum »verhassten Helden der Shoah« (*The Jewish Chonicle*) wurde. Sie lebt heute in Tel Aviv, wo sie lange als Krankenschwester arbeitete, und hat drei Töchter. Eine von ihnen ist Merav Michaeli, eine der bekanntesten Radio- und Fernsehmoderatorinnen Israels. Zsuzsi Kasztner fühlt sich als Sachverwalterin des väterlichen Erbes. Ihr lebenslanges Thema ist die Auseinandersetzung sowohl mit seinen Kritikern, als auch mit denen, die Kasztner unendlich dankbar sind: den Überlebenden mit ihren Kindern und Enkeln.

Zsuzsi Kasztner ist regelmäßig bei Veranstaltungen der Gedenkstätte Bergen-Belsen zu Gast. Besonders wichtig ist es ihr, die Diskussion auch in die jüngeren Generationen zu tragen. »Das ist das große Geschenk, das mein Vater den Juden gegeben hat«, sagt sie im Interview in der Bibliothek der Gedenkstätte, »die zweite, dritte, vierte Generation. Überlegen Sie, wie viele Menschen heute leben, nur dank meines Vaters.« Den Hass gegen ihn kann sie sich nur so erklären: »Viele konnten nicht verstehen – und manche können es noch immer nicht –, warum er diesen Mut hatte, mit Eichmann zu sprechen«, erklärt Zsuzsi Kasztner. »Die Juden in Budapest flüsterten Eichmanns Namen. Sie trauten sich nicht, seinen Namen laut auszusprechen. Aber hier war dieser Jude, der ihm gegenübertrat. Das machte viele misstrauisch. Dabei glaube ich, mein Vater bezog seinen Mut nur daraus, dass er wusste, er hatte nichts zu verlieren.«

Joel Brand, der Kasztner bei den Verhandlungen mit Eichmann und den anderen SS-Offizieren begleitete, beurteilte ihn durchaus mit kritischer Distanz. Kasztner, der zeitweilig eine Affäre mit Brands Ehefrau Hansi unterhielt, sei, so sagte Brand einmal, der »Prototyp des hochmütigen Intellektuellen«, der dazu in der Lage war, im richtigen Moment blitzschnell mutige Entscheidungen zu treffen, obwohl er von Natur aus eher furchtsam war. Gleichsam beschreibt er ihn aber auch als unzuverlässig und konstatiert, ihm habe die »ursprüngliche Beziehung zu den einfachen Menschen« gefehlt.

Diese Widersprüchlichkeit ist auch für Joel Brand selbst charakteristisch. Seine Biographie spiegelt die Brüche und Zerrissenheit wider, die typisch waren für die Zeit und die Region in Osteuropa, in die er hineingeboren worden war. Hier prallten im ersten Drittel des 20. Jahrhunderts Kulturen, Religionen, Nationen und politische Systeme aufeinander. Nachdem die alten Kaiserreiche untergegangen waren, blieb als Erkenntnis für die Menschen nur diese: Nichts ist mehr von Dauer. Und manche lebten danach. Brand war ein Abenteurer und Lebemann, versuchte sich im Lauf der Zeit in vielen Berufen: Telefontechniker, Kaufmann, Seefahrer bei der Handelsmarine und schließlich Schriftsteller. Seine Muttersprache war Deutsch, er wurde aber als ungarischer Staatsbürger 1906 in Siebenbürgen geboren – ebenso wie Kasztner. Zusammen mit seinen Eltern übersiedelte er 1910 nach Erfurt. Sein Vater war Unternehmer, aber Joel sympathisierte mit den Kommunisten. Er trat in die Firma des Vaters ein, leitete dort die Verkaufs- und Vermietungsabteilung, und wurde

schließlich im September 1932 in Frankfurt am Main wegen angeblichen Verrats militärischer Geheimnisse verhaftet und zu zwei Jahren
Gefängnis verurteilt. Als er entlassen wurde, war Hitler bereits anderthalb Jahre an der Macht. Brand emigrierte über Ungarn zu seiner
Schwester nach Rumänien. 1935 heiratete er, und während er durch
die Casinos, Nachtlokale und Kaffeehäuser Budapests tingelte, versuchte seine Frau Hansi den Zwei-Personen-Haushalt mit einem
kleinen Strickwarenbetrieb über Wasser zu halten.

Während des Zweiten Weltkriegs saß er, der Jude, oft mit deut-
schen Offizieren in einschlägigen Lokalen zusammen, darunter Josef
Winninger, ein Offizier der »Abwehr«, des Nachrichtendienstes der
Wehrmacht. Er traf sich mit ungarischen Offizieren, die Kontakte
zu den Geheimdiensten pflegten, und auch mit dem mutmaßlichen
Doppelagenten Bandi Grosz, einem ungarischen Juden, der zum
Christentum konvertiert war und angeblich gleichsam für die Polen,
die Japaner und die Amerikaner sowie für die deutsche Abwehr, die
Gestapo und die SS spionierte, sah man ihn oft. »Brands Lebensweise
war bedenklich«, fasst Ladislaus Löb zusammen, »aber nützlich, als
es galt, Juden zu retten.«

Die Wa'ada hatte schon vor dem Einmarsch der Deutschen heimlich Verbindung zu mehreren jüdischen Untergrundorganisationen
im Ausland aufgenommen. Unter ihnen war auch der Budapester Ju-
welier Samu Springmann, der ein Netz von Informanten, an die er
meist erhebliche Bestechungsgelder bezahlte, beschäftigte: Kuriere
des ungarischen Außenministeriums, Mitglieder der ungarischen
und deutschen Geheimdienste, Doppelagenten, darunter auch Bandi
Grosz, sowie Schmuggler. Ferner hielt er den Kontakt mit Vertretern
der Jewish Agency im neutralen Istanbul und mit der Jewish Agency
in Palästina aufrecht.

Als die Deutschen im März 1944 in Ungarn einmarschierten, hatte
sich in der Wa'ada bereits eine gewisse Arbeitsteilung ausgebildet.
Brand kümmerte sich vor allem um die Flüchtlinge aus den anderen
osteuropäischen Ländern. Springmann unterhielt das Netz der Kuriere und war für die Finanzen zuständig. Kasztners wichtigster Bereich waren die Beziehungen mit dem Ausland. Bis dahin hatte die
Arbeit hauptsächlich der Rettung von jüdischen Flüchtlingen aus

Polen, der Slowakei und Jugoslawien gegolten. Es waren Tausende Juden, die wie Lasdislaus Löb und Yehuda Blum nach Ungarn geflohen waren. Sie mussten untergebracht und finanziell unterstützt werden, da sie selbst meist nichts hatten. Sie brauchten Dokumente, damit sie sich auf der Straße frei bewegen und vor allem auch arbeiten konnten. Da legale Papiere schwer zu besorgen waren, besorgte die Wa'ada mit ihrem Netz von Unterstützern gefälschte. Etwa 3500 dieser Flüchtlinge wurden von den ungarischen Behörden aufgegriffen und interniert.

Als die Wehrmacht in Deutschland einmarschierte, war es mit der »Zufluchtsstätte Ungarn« für die Juden endgültig vorbei. Das letzte Rückzugsgebiet für die europäischen Juden – unsicher, wie es ohnehin für sie war – befand sich jetzt in den Händen des schlimmsten Feindes. Ab diesem Zeitpunkt, so berichtet Kasztner, habe die Wa'ada »für die Rettung des Restes der jüdischen Gemeinschaft in dem übrigen von den Deutschen besetzten Teil Europas« gearbeitet.

15.

DAS GESCHÄFT –
BLUT GEGEN WARE

An einem Sonntag waren die Deutschen in Ungarn einmarschiert. Kaum jemand hatte es bemerkt, denn der Einmarsch war reibungs- und annähernd widerstandslos abgelaufen. Am frühen Morgen verbreitete sich die Kunde in Budapest. Schon früher hatte man deutsche Soldaten auf den Straßen der ungarischen Hauptstadt gesehen. Kaum jemandem fiel auf, dass sie jetzt bewaffnet waren. Die Wa'ada wusste, was auf dem Spiel steht. Kasztner berichtet:

> »Während die kleinen Mercedes-Autos der Gestapo hin und her sausten, um die politischen Gegner der Nazis festzunehmen, hielten wir im *Café Parisette* eine improvisierte Besprechung ab. Komoly präsidierte. In fieberhafter Eile wurden die ersten Maßnahmen besprochen. Joel Brand nahm an dieser Besprechung nicht teil: in den frühen Morgenstunden hatte ihn Winninger in die Privatwohnung eines der Wehrmachtagenten geführt. Zusammen mit ihm wurden auch die Valuten- und Geldbestände des Komitees sichergestellt: Der Koffer, der den Briefwechsel mit Istanbul, der Schweiz und Pressburg enthielt, ferner Abschriften von Aussagen der Flüchtlinge über die deutschen Greueltaten im Osten, Protokolle von Auschwitz, Treblinka, Lemberg etc., wurden von Winninger nachmittags abgeholt. Ich hatte die Sachen bis dahin in meiner Pension versteckt gehalten.«

Schnell reifte ein Plan, was zur Rettung der ungarischen Juden zu tun sei. Aus Gesprächen mit einem jüdischen Rettungskomitee im slowakischen Pressburg (Bratislava), war bekannt, dass die SS »auf wirtschaftlicher Grundlage« gesprächsbereit sei.

Bereits im März 1942 hatte sich die Leitung des slowakischen Rettungskomitees darum bemüht, die deutschen Stellen durch Zahlung von Lösegeldern dazu zu bewegen, die Deportation der slowakischen Juden einzustellen. Gegen eine Zahlung von 50.000 Dollar, so sicherte der deutsche Beauftragte in der Slowakei, SS-Hauptsturmführer Dieter Wisliceny, zu, wolle man nach der Deportation der ersten 55 000 Juden auf den Abtransport weiterer 25 000 Juden verzichten. Zwei Dollar für ein Menschenleben. Nachdem Wisliceny wochenlang vergebens auf die vereinbarte Summe gewartet hatte, ließ er weitere 3000 Juden nach Polen deportieren. Das Rettungskomitee zahlte schließlich, und die Deportationen wurden eingestellt.

»Die Hintergründe dieser Konzessionsbereitschaft waren seinerzeit gänzlich unbekannt. Man wußte nicht, wie weit es sich um ein ›offizielles‹, von höchster Stelle genehmigtes Geschäft handelte oder um die episodenartige Aktion einiger untergeordneter Organe der SS von ephemerer Dauer. Man stellte sich die Frage, woher die plötzliche Bereitschaft der SS kam, jüdisches Leben überhaupt, und wenn, dann so billig zu verkaufen. Erst nachträglich wurden die innere Konstruktion und der Charakter von Wislicenys Nachgiebigkeit in der Slowakei bekannt. Während der Deportation von slowakischen Juden hatte der päpstliche Nuntius bei den katholisch-exponierten slowakischen Quislingen Tiso und Tuka interveniert. Der Nuntius machte sie darauf aufmerksam, dass die deportierten Juden in Polen vergast würden. Tuka bat die Deutschen um Aufklärung. Wisliceny stellte die Version von den Gaskammern energisch in Abrede, berichtete aber gleichzeitig nach Berlin, dass es im Interesse der deutsch-slowakischen Beziehungen läge, die Deportationen abzubremsen. Die Mehrzahl der Juden – 55 000 – war schon weg. Eichmann, der unmittelbare Chef Wislicenys, nahm den Vorschlag an, um so mehr, als dieser noch hinzugefügt hatte, er werde die Einstellung der Deportationen bei den Juden auch wirtschaftlich zu verwerten wissen.«

Kasztner vermutete, als er von dieser Angelegenheit hörte, die Zugeständnisse in Pressburg hätten dazu dienen sollen, die »Endlösung« –
die in Polen bereits in vollem Gang war – angesichts der Proteste
vor der Welt zu verbergen. Eine geschäftliche oder eine prinzipielle
politische Bedeutung konnte Kasztner in diesem – angesichts der
sonstigen Opferzahlen – vergleichsweise »unbedeutenden« Geschäft
nicht erkennen. Später, bei seinen und Joel Brands Verhandlungen
mit Eichmann in Budapest, war das anders. Die Nazi-Verantwort-
lichen für den Holocaust mussten sich langsam auf das Ende vorbe-
reiten – ihr eigenes. Und da konnten ihnen die Juden nützlich sein.
Brand fasste die Motivlage seiner Verhandlungspartner in seiner
Zeugenaussage beim Prozess gegen Eichmann 1961 so zusammen:
»Die Deutschen hatten zu der Zeit nichts, eine einzige Karte hatten
sie noch gegen die Alliierten: Hier leben noch ein paar Juden, die geben wir euch, wenn ihr uns etwas dagegen gebt.«

Die Aktion in Pressburg 1942 hatte Menschenleben gerettet. Das
war ein kleiner Hoffnungsschimmer, auch für die Wa'ada in Budapest. Wichtig war auch, dass der Kontakt zwischen Wisliceny und
dem slowakischen Rettungskomitee in Pressburg nicht abgebrochen
worden war. Die Gespräche waren weitergegangen. Anfang 1943
hatte SS-Offizier Wisliceny das Komitee in Pressburg mit einem
Vorschlag überrascht, genannt der »europäische Plan«: Danach waren die Deutschen angeblich bereit gewesen, in allen von ihnen besetzten oder mit ihnen verbündeten Ländern – Polen ausgenommen
– die Deportationen einzustellen und von weiteren Vergasungen ab-
zusehen. Als Gegenleistung hatte Wisliceny die Zahlung von zwei
Millionen Dollar gefordert. Monatelang war über diesen Plan korres-
pondiert und verhandelt worden. Doch – wenig überraschend – diese
Transaktion ist nicht zustande gekommen.

Kasztner und die anderen Mitglieder des Budapester Rettungskomitees konnten sich keinen Reim auf Wislicenys »europäischen
Plan« machen. Hatte der SS-Mann einfach nur vorgehabt, sich selbst
die Taschen zu füllen? Denn wer hätte ihn zur Rechenschaft ziehen
können, wenn er Geld zwar eingesteckt hätte, die Gegenleistung
– Einstellung der Deportationen – aber ausgeblieben wäre? Waren die
Mörder obendrein auch noch geldgierig und korrupt? Oder steckte

mehr dahinter? Der Aktionsplan, den die Wa'ada in Budapest unmittelbar nach der Besetzung Ungarns ausgearbeitet hatte, stützte sich teilweise auf die Gespräche in Pressburg und beinhaltete folgende Punkte:

»1. Organisation des aktiven und passiven Widerstands der ungarischen Judenheit;
2. Verhandlungen mit den Deutschen über den Verzicht auf Vernichtungsmaßnahmen, wenigstens deren Hinausschiebung oder Verminderung;
3. Zusammenarbeit mit ungarischen Kräften im Widerstand gegen den deutschen Druck;
4. Verbergung von Juden durch Anlage von Bunkern und Fälschung von Dokumenten;
5. Organisation und Leitung der Flucht nach Rumänien und zu den Partisanen Titos, hauptsächlich der Flüchtlinge aus Polen und der Slowakei, die solchen Unternehmungen eher gewachsen waren;
6. Appell an das Internationale Rote Kreuz und die neutralen diplomatischen Vertretungen um Schutz und Hilfe.«

Eichmann brachte lange Erfahrung und fertige Pläne zur Vernichtung der ungarischen Juden mit. Dass er über Techniken und Methoden keine Verhandlungen zulassen würde, war allen Beteiligten der Wa'ada klar. Er genoss auch Vorfahrt auf den Schienen. Züge für die Logistik der Wehrmacht, für den Nachschub an die Front oder für Truppentransporte waren im letzten Kriegsjahr Mangelware, aber wenn Eichmann Züge brauchte, bekam er sie immer.

Bereits am 19. März, dem Tag des Einmarschs, begannen auf den Bahnhöfen von Budapest die ersten Razzien nach Juden, die aus der Provinz geflohen waren. Ungefähr 1800 Menschen wurden verhaftet und in das Internierungslager von Kistarcza, 20 Kilometer von Budapest entfernt, verbracht. Mit sofortiger Wirkung wurden Synagogen und jüdische Schulen in Budapest in SS-Werkstätten und Autogaragen umgewandelt, war es Juden untersagt, öffentliche Verkehrsmittel zu benutzen, der Briefverkehr wurde eingestellt, Telefonleitungen gekappt. »So schnitt man die Hauptstadt von der Provinz und die einzelnen Gemeinden voneinander ab«, schreibt Kasztner, »man isolierte die Juden, damit sie nicht frühzeitig erfuhren, was ihnen bevorstand.« So gut es eben ging, versuchte man, das Endziel – die Deportation nach Auschwitz – zu tarnen. Den nördlichen Teil des Landes sowie Transsylvanien erklärte man zunächst zu »Kriegsgebieten«, in denen sich die erklärten Feinde, die Juden, nicht frei bewegen dürfen. Schon bald begann man, die Juden in Ghettos zu konzentrieren.

Am selben Tag veranlassten die SS-Offiziere Krumey und Wisliceny im Verwaltungsgebäude der jüdischen Gemeinschaft, dass sich die Leiter aller jüdischen Organisationen, etwa 500 Persönlichkeiten, am nächsten Tag zu einem Treffen einfinden sollten. In der Annahme, man wolle sie festnehmen, brachten diese ihr Gepäck mit. Wisliceny jedoch versicherte ihnen, dass »für sie kein Grund zur Beunruhigung« bestehe. Krumey ergänzte sogar, dass es »keine Verhaftungen, keine Rechtsverletzungen und keine Deportationen geben« werde und befahl die Bildung eines Judenrats, der die autonome Kultusgemeinde mit gesetzlich verankerten Rechtsgrundlagen ersetzen solle. Ferner machte Wisliceny deutlich, dass man die Juden erst ausrauben wollte, bevor man sie vernichtete, indem er jegliche Bankabhebungen von jüdischen Konten unter Strafe stellte. »Diese Mischung von Drohungen und falschen Versprechen«, analysiert Ladislaus Löb, »war typisch für die zynische, aber wirksame Art, mit der die Nazis die Ängste und Hoffnungen der Juden manipulierten, um sie in willige Werkzeuge ihrer eigenen Vernichtung zu verwandeln.«

Der neu gebildete »Zentralrat der Ungarischen Juden« ernannte Samuel Stern, einen wohlhabenden Bankier mit guten Kontakten zu den Regierungskreisen, zu seinem Vorsitzenden. Zu seinen ersten Aufgaben zählte, dem »Judenkommando« eine Aufstellung über alle jüdischen Institutionen sowie über sämtliche in jüdischem Besitz befindliche Immobilien vorzulegen. Bei einem ersten Treffen zwischen Vertretern des Zentralrats und Eichmann, das am 31. März im *Hotel Majestic* stattfand, sicherte Eichmann seinen Gesprächspartnern abermals zu, dass die Budapester Juden nichts zu befürchten hätten. Über etwaige Deportationen sprach er nicht. Sie stünden unter dem

Schutz der Deutschen, seien allerdings bis zum Ende des Krieges verpflichtet, die gegen sie verhängten Zwangsmaßnahmen hinzunehmen. »Selbstverständlich log er«, sagt Ladislaus Löb. Es gab keine einfache Erklärung, führt Löb weiter aus, weshalb die Judenräte so bereitwillig den Befehlen der Deutschen folgten. Ein Grund sei natürlich die Angst vor Repressalien gewesen, ein anderer die Hoffnung, durch Verständigung die Deportationen abzuwenden oder bis zum nahenden Zusammenbruch des Nazi-Reichs hinauszuzögern. Ein dritter Grund aber, so Löb, sei »Verblendung« gewesen. »Sie konnten – oder wollten – nicht glauben, dass das, was den Juden anderswo passiert war, in einem zivilisierten Land wie Ungarn passieren könnte.«

Doch gerade in Ungarn sollte die »Endlösung« so schnell und systematisch exekutiert werden wie nirgendwo sonst in Europa. Eichmanns Plan sah vor, Ungarn in Zonen zu unterteilen, um die Deportationen zu organisieren. Diese Zonen wurden ab sofort systematisch durchkämmt. Zone I umfasste etwa die Karpaten im Nordosten, Zone II Siebenbürgen im Osten, Zone III den Bereich nördlich von Budapest, Zone IV und V die Gebiete östlich und westlich der Donau. Die etwa 200 000 in Budapest lebenden Juden waren von diesen Plänen ausgenommen – jedenfalls vorerst. Eichmann wollte erst das Land von den Rändern her der Reihe nach »säubern«, und dann die Hauptstadt. Zug um Zug, das war der Plan. Selbst in Auschwitz waren die »Kapazitäten« nicht unbegrenzt.

Es waren Tage hektischer Aktivitäten für Rudolf Kasztner, Joel Brand und die anderen Mitglieder des Rettungskomitees. Der Auftritt Wislicenys an der Spitze des »Judenkommandos« nährte bei ihnen die Hoffnung, dass man durch direkte Verhandlungen mit der SS, ähnlich wie in der Slowakei, etwas zur Rettung der Juden erreichen könnte. Kasztner und Brand sollten auszukundschaften, ob man mit dem Judenkommando auf »wirtschaftlicher Grundlage« verhandeln und somit ein »diplomatisches« Manöver einleiten könnte. Es ging darum, die gefürchtete »Ghettoisierung« und Deportation zu vermeiden oder wenigstens aufzuschieben.

Jetzt zahlten sich Joel Brands gute Beziehungen zu den Offizieren Schmidt und Winninger von der deutschen Abwehr aus. Er bat sie, Eichmanns Stellvertreter Wisliceny zu fragen, ob das Judenkommando bereit sei, »mit dem illegalen jüdischen Rettungskomitee auf wirtschaftlicher Grundlage über die Milderung der antijüdischen Maßnahmen zu verhandeln«. Es dauerte einige Tage, bis Wisliceny sich zurückmeldete. Ein Treffen mit Kasztner und Brand fand am 5. April in der Privatwohnung des »Abwehr«-Offiziers Winniger statt. Wisliceny erschien in Begleitung von SS-Hauptsturmführer Klausnitzer, der als Beobachter der Gestapo fungierte, auch Schmidt und Winninger nahmen an dem Gespräch teil. Kasztner berichtet von dem Dialog, der sich dann entwickelte:

> »Nach einer kurzen Einleitung stellten wir Wisliceny folgende Fragen:
> ›Ist das Judenkommando bereit, und wenn ja, unter welchen Bedingungen
> a) das Leben der ungarischen Juden zu schonen?
> b) die Konzentration der ungarischen Juden in Ghettos zu unterlassen?
> c) von der Deportation der Juden aus Ungarn Abstand zu nehmen?
> d) die Auswanderung von ungarischen Juden, die über ausländische Visen und Einreisebewilligungen verfügen, zuzulassen?‹
> Wisliceny antwortete darauf sachlich, wie folgt:
> ›[...] Wir bestehen selbstverständlich darauf, daß der Einfluß der Juden auf allen Gebieten radikal ausgeschaltet werde; wir bestehen aber weder auf der Ghettoisierung noch auf der Deportation. Solche Maßnahmen würden sich nur dann ergeben, wenn man dies von ungarischer Seite – noch dazu über unseren Kopf hinweg – unmittelbar in Berlin fordern sollte.
> Es kann zwischen uns also über die Erhaltung der jüdischen Substanz verhandelt werden. Was die Frage der Auswanderung betrifft, so muß ich von meiner vorgesetzten Behörde Instruktionen verlangen. Persönlich glaube ich nicht, daß unsere höchsten Stellen an einer Auswanderung kleineren Umfangs interessiert wären. Lassen Sie aber einen Plan ausarbeiten, der die Auswanderung von mindestens 100 000 Juden vorsieht. Wir werden versuchen, ihn Berlin mundgerecht zu machen.‹«

Als erste Gegenleistung für den »mundgerechten« Auswanderungs-
plan forderte Wisliceny zwei Millionen Dollar. Als Beweis des »guten
Willens« und der Leistungsfähigkeit der Wa'ada wollte er als Vorschuss zehn Prozent, also 200.000 Dollar, innerhalb einer Woche in
Pengö erhalten. Weitere zehn Prozent der geforderten zwei Millionen
verlangten Schmidt und Winninger, für sich selbst ein weiteres Prozent des Betrages. Dass der Provisionsbetrag zum Schwarzmarktkurs
umgerechnet werden sollte – damals sechseinhalb Millionen Pengö –
verstand sich von selbst.

Die jüdischen Unterhändler versuchten, für die Gesamtsumme
von zwei Millionen Dollar eine Ratenzahlung zu vereinbaren, weil
sie das Geld im Ausland besorgen müssten. Wisliceny bemerkte daraufhin, dass sich die Deutschen ohnehin nicht mit zwei Millionen
Dollar begnügen würden, auch diese Forderung sei nur als Vorschuss
gedacht. Als erste Gegenleistung verlangten Brand und Kasztner unter anderem die Freilassung der Internierten von Kistarcza und ein
Ende der in Budapest seit dem 19. März betriebenen Menschenjagd.
Wisliceny wich dieser Forderung mit der Erklärung aus, dass »solche Details unvermeidliche Begleitmusik jeder revolutionären Änderung« seien. Damit endete die erste Verhandlungsrunde mit den
Mördern.

Nach dem Gespräch mit Wisliceny wurde beschlossen, das »Ein-
trittsgeld«, also den Vorschuss, zu bezahlen und diese Verbindung dadurch aufrechtzuerhalten, in der Hoffnung, wenigstens etwas Zeit
zu gewinnen. Der Vorsitzende des Judenrats Stern versuchte, die
sechseinhalb Millionen Pengö aufzubringen, was angesichts der von
den Nazis geplünderten Gemeindekasse keine leichte Aufgabe war.
Stern lud wohlhabende Juden einzeln zu sich ein und forderte sie auf,
ihren Beitrag zum Rettungswerk zu leisten, was sich allerdings als
schwierig erwies. Bis zum festgesetzten Termin am 9. April kamen
nur drei Millionen Pengö zusammen, knapp 100.000 Dollar, die
Brand und Kasztner in Winningers Wohnung ablieferten. Der Übergabe an Wisliceny wohnten zwei ranghöhere SS-Offiziere bei: Obersturmbannführer Hermann Krumey und Hauptsturmführer Otto
Hunsche, der dem engeren Stab des Judenkommandos angehörte,
was Kasztner und Brand als Zeichen dafür deuteten, dass sie sich

nicht persönlich bereichern wollten, sondern einen Befehl der SS-Führung umsetzten. Für die Zahlung der Restsumme setzte Krumey ein neues Ultimatum.

In der Folge stattete die SS die führenden Wa'ada-Mitglieder mit Schutzpässen aus, befreite sie von der Pflicht, den gelben Stern tragen zu müssen und gestattete ihnen volle Bewegungsfreiheit. Kurz: Kasztner, Brand und die anderen Komiteemitglieder konnten sich wieder wie Menschen fühlen. Jedem war klar, dass sie der Gnade der SS ausgeliefert waren, diese »Privilegien« konnten jederzeit wieder entzogen werden.

Am 21. April lieferten Kasztner und Brand weitere zweieinhalb Millionen Pengö ab. Da sich die noch fehlende weitere Million zu der Zeit nicht aufbringen ließ, drohte Krumey mit dem Abbruch der Verhandlungen. Nach langen Diskussionen erreichten Kasztner und Brand einen weiteren Aufschub, woraufhin Krumey die Bereitschaft der Deutschen signalisierte, einer bestimmten Zahl von Juden die Auswanderung zu gestatten. Voraussetzung dafür sollte sein, dass ein neutraler Staat oder die USA bereit waren, sie aufzunehmen. Kaszner und Brand legten ihrerseits Krumey ein Telegramm aus Istanbul vor, aus dem hervorging, dass 600 Einwanderer mit britischen Einreise-Zertifikaten von Constanta aus mit dem Schiff nach Palästina befördert werden könnten.

Krumey erwiderte, ein Transport per Bahn via Rumänien komme nicht in Frage. Es müsse nach außen der Charakter einer Deportation gewahrt bleiben, weil die ungarischen Behörden einer Auswanderung von Juden sonst die Zustimmung verweigern würden. »Wir versicherten Krumey«, schreibt Kasztner in seinem Bericht, »dass wir eine Genehmigung der ungarischen Behörden bekommen könnten. Doch sowohl Krumey als auch Hunsche protestierten aufs energischste gegen jede Einmischung ungarischer Behörden in unsere Verhandlungen. ›Diese Aktion‹ – so erklärte Krumey wörtlich – ›ist ein Reichsgeheimnis‹.«

Nach Abschluss der Verhandlungen erklärte Schmidt den jüdischen Unterhändlern, dass die Deportation der Juden und ihre Überführung in Ghettos beschlossene Sache sei. Grund dafür sei, dass László Endre, der Staatssekretär für jüdische Fragen, auf der vollständigen Ausrottung des ungarischen Judentums bestehe. Nur wenn es Kasztner und seinen Leuten gelänge, sofort ausreichende Geldmittel zur Verfügung zu stellen, könnten sie mit deutscher Unterstützung rechnen. »Sie können aber nicht einmal diesen unbedeutenden Vorschuss zahlen«, schloss Schmidt die Unterredung laut Kasztners Bericht, »wer soll also glauben, dass Sie dann die zwei Millionen Dollar zahlen werden? Und was sind schon zwei Millionen Dollar?«

Schließlich gelang es doch, die noch offene Summe für den Vorschuss aufzubringen: Insgesamt fünf Millionen Pengö waren über Bankier Sterns Kontakte zusammengekommen. Anderthalb Millionen steuerte die Wa'ada bei, indem sie Devisenreserven auflöste, die man eigentlich für Rettungsaktionen im Ausland aufbewahren wollte. Das Spiel um Leben und Tod war eröffnet.

Vom 7. April 1944 an mussten die Juden in Ungarn per Gesetz den gelben Stern tragen. Das schlimmste der drei neuen »Judengesetze« war jetzt erlassen worden. Zuerst mussten sie ihre Radioapparate, dann ihr ganzes bewegliches Vermögen abliefern. Jüdische Immobilien wurden enteignet. Wo immer die Gestapo in der Provinz erschien, wurden zuerst prominente jüdische Persönlichkeiten als Geiseln verhaftet und den Gemeinden »Kriegsbußen« auferlegt, die Millionen Pengö betrugen. »Jemand musste die Besetzungskosten doch tragen«, schreibt Kasztner bitter in seinem Bericht, und er fährt fort:

> »Von überallher führte man die Juden aus den Dörfern in die Städte; man riss die Menschen aus ihren Wohnungen, an die sie sich so krampfhaft klammerten, heraus und brachte sie mit wenigen Ausnahmen unter freiem Himmel im Schmutz und Staub von Ziegeleien unter; man ließ sie ohne Essen und ohne Wasser; man nahm ihnen dann auch noch das wenige ab, was sie ursprünglich aus ihren Wohnungen mitnehmen durften.
>
> Viele hielten die Torturen nicht aus. Hunderte begingen damals Selbstmord. Es wurde eine Lage geschaffen, die unmöglich zu halten war. Und eben das war das Ziel Eichmanns und Endres: Die unhaltbare Lage sollte ein weiteres Argument dafür sein, dass Deportationen absolut notwendig seien.

Der Judenrat versuchte – auf die verzweifelten Meldungen aus der Provinz hin –, Lebensmittelsendungen in die Ghettos zu organisieren. Wir schickten durch Kuriere Geld. Es war eine Sisyphusarbeit. Alle Anzeichen sprachen dafür, dass die Deportationen nicht mehr aufzuhalten waren – wenn nicht ein Wunder geschah. Dieses Wunder geschah nicht.«

Kasztner befürchtete, es könne sich jetzt nur um Wochen, vielleicht sogar um Tage handeln, bis die Deutschen mit den Deportationen begännen. Das slowakische Hilfskomitee schickte Meldungen seines Nachrichtendienstes, durch die seine schlimmsten Befürchtungen bestätigt wurden. Demnach war die SS im Begriff, die Gaskammern und Krematorien in Auschwitz auszubessern und zu renovieren. Die Zahl der Mannschaften wurde erhöht, und einer der Scharführer soll sich die Äußerung geleistet haben: »Bald essen wir feine ungarische Salami.« Zwischen der ungarischen und der slowakischen Bahndirektion, so erfuhr das slowakische Hilfskomitee, wurden Verhandlungen über den Transit von 150 Güterzügen aufgenommen. Der Weg von Ungarn nach Auschwitz führte über die Slowakei.

Am 28. April, 40 Tage nach der Besetzung, erschien eine SS-Einheit im Internierungslager Kistarcza. Die Menschen wurden in Güterwaggons gejagt und in unbekannte Richtung abtransportiert; nur Kinder unter 14 und Erwachsene über 60 Jahren wurden ausgenommen. Am darauffolgenden Tag meldete das jüdische Hilfskomitee aus Pressburg an die Freunde in Budapest, dass ein Zug mit ungarischen Juden über die Slowakei in Richtung Auschwitz gefahren war. Kasztner und Brand verlangten eine sofortige Unterredung mit Krumey.

Der ließ sich vier Tage Zeit und erklärte dann lächelnd, dass die Zustimmung von Berlin zur Auswanderung der 600 Personen über Rumänien vorläge. In ein bis zwei Wochen könne diese Aktion über die Bühne gehen. Die Hälfte der Auswanderer sollten Inhaber von Palästina-Zertifikaten aus der Provinz sein. Krumey erklärte sich bereit, diese Gruppe unter SS-Begleitung nach Budapest zu bringen. Er wollte die Betreffenden in Budapest in einem »Bevorzugtenlager« unterbringen. Anschließend erklärte er, er wolle weitere 100 Personen ausreisen lassen, sofern ein Entgelt von zusätzlich zehn Millio-

nen Pengö, umgerechnet etwa 10.000 Dollar pro Person, bei ihm
einginge.

Kasztner erklärte Krumey, er wolle die anstehenden Angebote
prüfen. Danach fragte er ihn nach der Deportation aus Kistarcza.
Krumeys Antwort fiel bezeichnend aus, wie Kasztner berichtet:

>»Haben die Betreffenden noch nicht geschrieben?‹ fragte mich
Krumey mit unschuldiger Miene.
›Woher hätten sie denn schreiben sollen?‹
›Von Waldsee. Sie werden bald schreiben.‹
›Wo liegt denn dieses Waldsee?‹
›Waldsee? Darüber kann ich nichts Näheres sagen. Es liegt nicht
weit von hier, westlich von Ungarn. Übrigens haben wir nur Fach-
arbeiter mitgenommen.‹
›Wieso Facharbeiter? Die Deportierten waren doch durchwegs
bürgerliche Elemente!‹
›Sie werden im Reich schon ein Fach lernen …!‹«

Auch Ladislaus Löb und sein Vater hörten von Postkarten, die aus
»Waldsee« in Budapest eintrafen. Die Absender berichteten, dass sie
wohlbehalten dort eingetroffen seien und gut behandelt würden.
»Die Wahrheit war«, sagt Löb, »dass die SS sie gleich nach ihrer Ankunft in Auschwitz gezwungen hatte, diese Karten zu schreiben, bevor sie vergast wurden.« Während viele einander – oder eher sich
selbst – versichert hätten, dass es keinen Grund zur Unruhe gäbe,
wenn man die Juden in so schöne Orte schickte, habe der Vater Verdacht geschöpft. Er habe den Aufrufen nicht geglaubt, sondern auch
in Budapest den gefälschten Invalidenausweis genutzt, um zwischen
den verschiedenen jüdischen Organisationen hin und her zu laufen,
so Löb, »nach Auskunft fragend, die Wahrheit hinter den Gerüchten
abschätzend und Rat oder Hilfe suchend«. So habe er schließlich
auch von Kasztners Verhandlungen mit den Nazis gehört.

Unterdessen machte man sich bei der Wa'ada Gedanken, wer die
600 Auserwählten sein könnten, die mit Genehmigung der SS vielleicht nach Palästina ausreisen durften. Wa'ada-Vorsitzender Otto
Komoly hielt in seinem Tagebuch fest: »Lange Besprechungen mit

zionistischen Führern. Unmöglich, eine 600er-Liste zusammenzustellen. 600 Namen – aus 800 000.« Die wenigen vorhandenen Zertifikate nur einigermaßen gerecht zu verteilen, war für das jüdische Hilfskomitee auch vorher schon eine unlösbare Aufgabe gewesen. Diesmal aber ging es um Leben und Tod.

Es kam jedoch alles anders. Eichmann zog die Verhandlungen an sich. Zunächst schaltete er die beiden »Abwehr«-Offiziere Schmidt und Winninger aus, indem er ihnen mit Hilfe des Mehrfach-Agenten Bandi Grosz nachwies, sie hätten bei den Verhandlungen mit der Wa'ada in die eigene Tasche gewirtschaftet. Eichmann ließ Schmidt und Winninger von der Gestapo festnehmen. Dann rief er Joel Brand zu sich. Am Morgen des 25. April brachte ihn ein SS-Unteroffizier in einem schwarzen Mercedes vom Treffpunkt beim Café *Zur Oper* in Eichmanns Hauptquartier im *Hotel Majestic*. Brand beschreibt seinen Gesprächspartner, nach den Aufzeichnungen von Alex Weissberg, folgendermaßen: »Von mittlerer Größe und schlankem Körperbau, blond, mit dünnen Lippen und schmaler Nase.« Während er insgesamt »einem durchschnittlichen kaufmännischen Angestellten« glich, hatte er ungewöhnliche Augen: »Stahlblau, hart und scharf blickten sie so, als ob sie den Partner durchbohren wollten.« Seine Redeweise mit ihren stoßartigen Anläufen und unerwarteten Pausen erinnerte Brand an »das Knattern eines Maschinengewehrs«.

Laut Kasztners Bericht eröffnete der Leiter des »Judenkommandos« die Besprechung mit folgenden Worten:

>»Ich weiß natürlich von den Verhandlungen zwischen Krumey und Ihnen. Das sind jedoch Bagatellen. Ich gebe Ihnen jetzt die große Chance, eine Million ungarischer Juden zu retten. […] Geld brauche ich keines. Ich weiß nicht, was ich damit anfangen soll. Ich benötige Kriegsmaterial, vor allem Lastautos. Ich habe daher beschlossen, Sie nach Istanbul fahren zu lassen, damit Sie Ihren dortigen Freunden ein großzügiges Angebot des Reichs überbringen können. Ich werde sämtliche ungarische Juden ins Reich überführen; sie werden dort gesammelt werden. Ich warte zwei Wochen auf die Antwort aus Istanbul. Sie kommen sofort nach Budapest zurück, um die Antwort Ihrer Freunde zu überbringen.

Wenn diese positiv ausfällt, können Sie meinetwegen die ganze Million Juden mitnehmen; wird sie negativ sein, werden Sie die Folgen tragen.«

Eichmann ergänzte, er wolle Brands Mutter, seine Frau und die Kinder als Geiseln zurückbehalten, um seine Rückkehr aus Istanbul zu garantieren. Am 8. Mai teilte Eichmann ihm mit, er habe jetzt »die Zustimmung der höchsten Stellen« zur Fortsetzung der Verhandlungen erhalten. Gemeint war Eichmanns Vorgesetzter, Gestapo-Chef Heinrich Müller. Brand berichtet über den weiteren Fortgang der Gespräche in seinen Erinnerungen: »Was ich gern bekäme, das wären Lastkraftwagen,« sagte Eichmann, »Sie wollen eine Million Juden haben? Ich mache Ihnen ein kulantes Angebot: Sie liefern mir ein Lastauto für 100 Juden … Das macht in summa 10 000 Lastwagen … Sie müssen für Winterbetrieb geeignet sein.«

Die Lastwagen sollten »ausschließlich für den Einsatz an der Ostfront« eingesetzt werden, »nie im Westen«. Er glaubte, das sei wichtig für die Gespräche Brands mit seinen Freunden bei den westlichen Alliierten. Der Deal hatte, nach Eichmanns nicht ganz unzutreffender Einschätzung, keine Chance, wenn die USA oder die Briten davon ausgehen mussten, dass sie Lkw an den deutschen Kriegsgegner liefern, die anschließend gegen sie eingesetzt werden. Eichmann versprach Brand: »Wenn Sie aus Konstantinopel zurückkommen und mir mitteilen, dass das Angebot angenommen wurde, dann löse ich Auschwitz auf und stelle Ihnen zehn Prozent der versprochenen Million an die Grenze. Sie übernehmen diese 100 000 Juden und liefern mir nachträglich 1000 Lastautos. Und dann geht das Geschäft Zug um Zug weiter. Je 1000 Lastautos für 100 000 Juden.«

Brand versuchte Eichmann zu überzeugen, dass das Geschäft leichter abzuschließen wäre, wenn die Deutschen von der Deportation absähen. Am Nachmittag desselben Tages erfuhr Kasztner unter vier Augen von Wisliceny, dass die allgemeine und totale Deportation beschlossene Sache sei – mithin die Ausrottung aller ungarischen Juden. Die einzige Rettung wäre, so Wisliceny zu Kasztner, wenn die Reise Brands nach Istanbul erfolgreich wäre. »Unternehmen Sie alles, damit die Reise nicht negativ ausfällt, und wirken Sie dahin, daß man die deutschen Forderungen wenigstens zum Teil erfüllt, denn so können Sie vielleicht Zeit gewinnen«, sagte Wisliceny.

Im April 1944 war es zwei Häftlingen in Auschwitz gelungen, aus dem Vernichtungslager zu fliehen. Rudolf Vrba (eigentlich Walter Rosenberg) und Alfréd Wetzler waren beide etwa zwei Jahre in Auschwitz interniert gewesen. Jetzt nahmen sie Kontakt zu Vertretern des Judenrates im slowakischen Zilina auf, weil sie einen Bericht über das Grauen schreiben wollten, von dem sie annahmen, er würde die Welt aufrütteln.

Auf 32 Seiten enthüllten sie die Organisation und die Funktion der Todesfabrik. Der detaillierte Bericht wurde zunächst auf Slowakisch und Deutsch verfasst und später in mehrere Sprachen übersetzt, um vor allem auch die westlichen Alliierten auf den systematischen Massenmord in Auschwitz aufmerksam zu machen. Vrba und Wetzler wollten auch den Juden in Ungarn die Augen öffnen, deren Deportationen nach Auschwitz in dieser Zeit gerade begannen.

Auszug aus dem Bericht:

»Derzeit sind in Birkenau vier Krematorien in Betrieb. Zwei größere, I und II, und zwei kleinere, III und IV. Die Krematorien der Type I und II bestehen aus drei Teilen. A der Ofenraum, B die große Halle, C die Vergasungskammern. (Vergleiche Fotokopie der Zeichnung) Aus der Mitte des Ofenraumes ragt ein riesiger Kamin in die Höhe. Ringsum sind neun Öfen mit je vier Öffnungen. Eine jede Öffnung fasst sechs normale Leichen auf einmal, welche innerhalb anderthalb Stunden vollkommen verbrennen. Dies entspricht einer täglichen Kapazität von etwa 2000 Leichen. Daneben ist die große Vorbereitungshalle, die so ausgestattet ist, dass sie den Anschein erweckt, als ob man in der Halle einer Badeanstalt wäre. Sie umfasst ungefähr 2000 Personen, und es soll sich angeblich darunter noch eine grosse Wartehalle befinden. Von hier geht eine Tür, und einige Treppen führen hinunter in die etwas tiefer gelegene schmale und sehr lange Vergasungskammer. Die Wände dieser Kammer sind durch blinde Duschanlagen maskiert, so dass sie einen riesigen Waschraum vortäuscht. Am flachen Dach sind drei durch Klappen von außen hermetisch verschließbare Fenster. Von der Gaskammer führt durch die Halle ein Gleispaar zum Ofenraum.

Die Vergasung wird nun so vorgenommen, dass die Unglücklichen in die Halle B gebracht werden, wo ihnen gesagt wird, dass sie in das Bad geführt werden. Dort müssen sie sich auskleiden, und um sie in der Meinung, wonach die tatsächlich in das Bad geführt werden, zu bekräftigen, erhält ein jeder von zwei in weißen Mänteln gekleideten Männern ein Handtuch und ein Stückchen Seife. Hierauf werden sie in die Gaskammer C gedrängt. 2000 Personen füllen diese Kammer derart, dass ein jeder nur aufrecht stehen kann. Um diese Menschen in die Kammer einpferchen zu können, werden öfters Schüsse abgegeben, um die sich bereits in den Kammern Befindlichen zu veranlassen, dass sie sich zusammendrängen. Wenn schon alles in der Kammer ist, wird die schwere Tür geschlossen. Eine kleine Zeit wird dann abgewartet, vermutlich darum, dass die Temperatur auf eine gewisse Höhe steigen soll, dann steigen SS-Männer mit Gasmasken auf das Dach, öffnen die Fensterklappen und schütten aus Blechdosen ein Präparat in Staubform in die Kammer. Die Dosen tragen die Aufschrift ›Cyklon‹ zur ›Schädlingsbekämpfung‹ und werden in einer Hamburger Fabrik erzeugt. Es ist anzunehmen, dass es sich um ein Cyan-Präparat handelt, welches sich bei einer gewissen Temperatur vergast. Nach drei Minuten ist in der Kammer alles tot. Es ist bisher noch niemand angetroffen worden, der bei Öffnung der Kammer ein Lebenszeichen gegeben hätte, was bei dem primitiven Verfahren im Birkenwalde keine Seltenheit war. Die Kammer wird dann geöffnet, gelüftet, und das Sonderkommando führt die Leichen auf flachen Feldbahnwagen zum Ofenraum, wo die Verbrennung stattfindet. Die beiden anderen Krematorien III und IV sind im Großen und Ganzen auf ähnlicher Grundlage errichtet, ihre Kapazität ist aber halb so groß. Die Gesamtkapazität der vier Krematorien in Birkenau ist somit 6000 Vergasungen und Krematorien täglich.«

16.

DEPORTATION –
MÖRDERISCHER DRUCK

Am 16. April, ganze vier Wochen nach dem deutschen Einmarsch in Ungarn, begann die Verschleppung der Juden aus Zone I (Karpaten im Nordosten) in die Ghettos. Bis zum 3. Juni waren die Verschleppungen in allen fünf Zonen abgeschlossen. Budapest bildete eine eigene Zone. Zeitlich versetzt, am 14. Mai, hatte die allgemeine Deportation in einem so rasenden Tempo begonnen, wie es in der Geschichte des Holocaust beispiellos war. Viehwaggons wurden eingesetzt, in denen jeweils 80 bis 100 Menschen untergebracht wurden – ohne Nahrungsmittel oder persönliches Hab und Gut. Lediglich zwei Eimer, einer mit Wasser und einer zur Verrichtung der Notdurft, wurden ihnen von ihren Peinigern zur Verfügung gestellt. Zuvor hatten sie eine verschärfte Leibesvisitation durch eifrige ungarische Gendarmen über sich ergehen lassen müssen, die unter Anwendung von Folter, teils gar unter Einsatz elektrischen Stroms, herauszubekommen versuchten, wo jemand nicht abgelieferte Wertsachen versteckt oder welchem Nichtjuden er sie übergeben hatte. Für viele war es letztlich eine Erleichterung, in den Deportationszug einzusteigen. Dann wurden die Waggons plombiert. Kasztner schreibt in seinem Bericht:

>»Die Generation der jungen Männer fehlte. Eltern wollten sich nicht von ihren Kindern, Kinder nicht von ihren Eltern trennen. Und im tiefsten Grund der Seele schlummerte in jedem noch immer die Hoffnung, dass er auf irgendeine Weise einem schlimmeren Schicksal vielleicht doch entgehen können würde.

Das Untergraben der seelischen Widerstandskraft der Massen, die Irreführung der jüdischen Leiter waren von Eichmann fehlerlos organisiert. Das Judenkommando wandte dabei sämtliche Erfahrungen an, die es in verschiedenen Ländern Europas bei der Ausrottung der dortigen Juden gesammelt hatte. Durch die Konzentrierung in Ziegeleien und im Freien wurde die Möglichkeit zur Bildung eines Widerstands von vornherein ausgeschaltet. Eichmann wollte »kein zweites Warschau« haben. In der ungarischen Presse, im Radio war von Deportationen keine Rede. Die antijüdischen Gesetze (monatlich können 1000 Pengö vom Bankkonto behoben werden; jüdische Beamte müssen bis zum 1. November ihre Ämter verlassen; etc.) erweckten die Illusion von Maßnahmen auf lange Sicht.«

Dabei hieß die Perspektive Auschwitz. Die Täuschungsmanöver waren Teil der mit abgrundtiefer Perfidie geplanten »Judenmaßnahmen«. Ab dem 15. Mai wurden an der Rampe in Auschwitz-Birkenau in der Regel vier Transporte am Tag mit jeweils 3000 Juden »abgefertigt«. Für diese letzte Etappe der »Endlösung« hatte man eigens die Kapazitäten des Vernichtungslagers ausgebaut. Eine neue Eisenbahnstrecke führte die Opfer direkt an die Gaskammern und Krematorien. Sie liefen Tag und Nacht. Etwa 330 000 Menschen wurden sofort nach ihrer Ankunft vergast, etwa 65 000 in andere Konzentrationslager überstellt. Die meisten anderen Deportierten wurden zur Zwangsarbeit herangezogen, fielen also der »Vernichtung durch Arbeit« zum Opfer. In weniger als zwei Monaten beförderten ungefähr 150 Züge 450 000 Juden aus der ungarischen Provinz nach Auschwitz.

Das war die mörderische Situation, in der Joel Brand nach Istanbul aufbrechen sollte. Auf ihm lastete jetzt ein ungeheurer Druck. Kasztner war zwischenzeitlich von der ungarischen Polizei festgenommen worden und wurde erst nach Brands Abreise wieder auf freien Fuß gesetzt. An den letzten Besprechungen zwischen Brand und Eichmann nahm auch SS-Obersturmbannführer Kurt Becher, der Chef des SS-Wirtschaftsstabes in Budapest, teil. Bis dahin hatten die jüdischen Unterhändler noch nichts von Kurt Becher gehört. Sie wussten nicht, in welcher Eigenschaft er zugegen war. Und sie wussten auch nicht, wie er zu Himmler stand und welchen Einfluss er auf Eichmann hatte. Das sollte sich bald ändern.

Die letzten Verhandlungen zwischen Brand und Eichmann bewegten sich in streng »geschäftlichem« Rahmen: Ware auf der einen, jüdisches Leben auf der anderen Seite. Für Eichmann war es selbstverständlich, dass sich bei den Alliierten, besonders aber bei den Amerikanern, starker jüdischer Einfluss geltend machen würde. Sie würden daher geneigt sein, jedes Opfer für die Rettung des Lebens von einer Million Juden zu bringen. Von Politik war erst dann die Rede, als Brand seine Zweifel ausdrückte, ob es gelingen würde, ausgerechnet in Istanbul 10 000 Lastwagen zu beschaffen. Darauf Eichmann nochmals: »Beruhigen Sie Ihre Freunde«, er meinte die Vertreter der westlichen Alliierten, »dass wir die Lastautos nicht an der Front, sondern im Hinterland benützen werden. Höchstens kann der Fall eintreten, dass wir sie im äußersten Notfall an der Ostfront zum Einsatz bringen.«

Was Brand noch nicht ahnte, war, dass es der SS nicht nur um Lastwagen ging. Eichmanns Chef Himmler, zu dieser Zeit nach Hitler der mächtigste Mann im Nazi-Reich, suchte eine Möglichkeit, diskrete Kontakte zu den Alliierten zu knüpfen und dachte dabei auch daran, seinen Vertrauten Becher dafür einzusetzen. »Himmler und ein paar andere Nazi-Bonzen«, sagt Yehuda Blum, »waren damals schon überzeugt, dass sie den Krieg verloren hatten.« Deshalb hätten sie einen Weg gesucht, hinter Hitlers Rücken mit den Alliierten über einen Sonderfrieden zu verhandeln. »Und wie kommt man beispielsweise an die Amerikaner heran? Über die Juden natürlich, denn die regieren dort ja bekanntlich!« Damit seien die Nazis, so Blum, »zu Opfern ihrer eigenen Wahnpropaganda« geworden.

Als am 17. Mai die Transporte nach Auschwitz bereits seit zwei Tagen rollten, machten sich Joel Brand und der zwielichtige Multi-Agent Bandi Grosz, den die Deutschen als »Vertrauensmann« ausgewählt hatten, in Begleitung Krumeys auf den Weg nach Wien. Von dort aus reisten sie, ausgestattet mit deutschen Pässen, am Morgen des 19. Mai in einem deutschen Kurierflugzeug weiter nach Istanbul. Brand hatte eine Liste der von den Deutschen geforderten Waren bei sich. »Für die Auslieferung von einer Million ungarischer Juden verlangten die Deutschen 200 Tonnen Tee, 800 Tonnen Kaffee, zwei Millionen Kisten Seife, 10 000 Lastautos sowie andere kriegswichtige Güter ohne Mengenangabe, insbesondere Wolfram, deren Menge nicht angegeben war«, schreibt Kasztner. Als die Wa'ada den jüdischen Stellen in Istanbul Brands Ankunft ankündigte, erhielt sie in einem verschlüsselten Telegramm die Antwort, dass »Chaim« ihn erwarte. Zu Brands Enttäuschung stellte sich allerdings in Istanbul heraus, dass nicht Chaim Weizmann gemeint war, der einflussreiche Präsident der Zionistischen Weltorganisation WZO, sondern nur Chaim Barlas, der Leiter des Rettungskomitees der Jewish Agency in Istanbul.

In Budapest wussten nur wenige jüdische Führer wie Samuel Stern oder Filip von Freudiger, der Vertreter der orthodoxen Gemeinde, Bescheid über Brands Mission. Sie hätten »nicht einen Augenblick« geglaubt, meint Kasztner, dass die Alliierten die deutschen Forderungen erfüllen würden. Trotzdem sahen sie in der Istanbuler Reise eine einmalige Chance: Zum einen würde man die Gesprächspartner in Istanbul aus erster Hand über die Ereignisse in Ungarn informieren können, zum anderen sei das Angebot im Wesentlichen das zynische Eingeständnis der von den Nazis bis dahin sorgfältig verheimlichten Ausrottung der europäischen Juden. Und drittens, so glaubte man, wäre man zumindest in der Lage, die Weltöffentlichkeit zu alarmieren.

Kasztner kommentiert in seinem Bericht:

> »Mit der Reise nach Istanbul wurde unsere Initiative von einer diskreten Menschenhandelsaffäre zu einer Angelegenheit von internationalem Ausmaß. Die Deutschen glaubten, das ungarische Judentum sei ein wertvolles Pfand. Sie waren entschlossen, es teuer zu verwerten. Sie gaben uns gegenüber zu, daß ›nach fünf Jahren Krieg im Reich manches knapp geworden sei‹. Sie brauchten Waren. Als Gegenwert für uns wollten sie sie von den Alliierten haben, vom Feind – zur Stärkung des eigenen Kriegspotentials. Auf diesem Weg gingen sie so weit, daß sie bereit waren, die Ausrottung der Juden einzugestehen. Sie riskierten, ihr Angebot abgelehnt zu sehen und sich selbst als Erpresser bloßgestellt. Was

verfolgten sie eigentlich? Nur wirtschaftliche oder auch politisch-diplomatische Ziele? Bestand bei ihnen wirklich die Bereitschaft, ihrer Judenpolitik eine neue Richtung zu geben? Wir in Budapest waren damals nur auf Vermutungen angewiesen. Noch lange konnten wir keinen klaren Einblick in die Karten der SS gewinnen.«

Nach Brands Abreise meldeten sich Kasztner und Brands Ehefrau Hansi, die zwischenzeitlich Kasztners Geliebte geworden war, bei Eichmann. Mit dem »Hauptregisseur der Judenvernichtung«, wie Kasztner ihn nannte, sprachen die jüdischen Emissäre offen über die Grausamkeiten in den Ghettos und den Deportationszügen. Es ging auch ein weiteres Mal um die Ausreise der »600er-Gruppe« nach Palästina. Kasztner und Hansi Brand fragten nach, warum die für die Auswanderung aus der Provinz angeforderten Personen nicht nach Budapest gebracht worden seien, wie es Eichmanns Mitarbeiter Krumey versprochen hatte. Unter solchen Umständen, so Kasztner zu Eichmann, könne man kaum aussichtsreiche Verhandlungen im Ausland führen.

Eichmann antwortete in seiner zynischen Art, wenn es vorkäme, dass in Subkarpatien 90 Menschen in einem Waggon zusammengepfercht würden, dann nur deshalb, »weil die Juden in dieser Gegend viele Kinder haben und Kinder nur wenig Platz benötigen«. Auch wären die Juden in jenem Landesteil wenig anspruchsvoll. In anderen Gegenden würden weniger Personen in die Waggons gesperrt werden. Außerdem versprach er, zu untersuchen, warum die Überführung der »600er-Mitglieder« aus der ungarischen Provinz nach Budapest noch nicht erfolgt war. Er erklärte, er habe von der Wa'ada keine diesbezügliche Liste erhalten. Im Übrigen schloss er es kategorisch aus, die Deportationen einzustellen. Man solle ihn »nicht für blöd halten«, so Eichmann zu Kasztner. Denn wenn er die Deportationen einstelle, erklärte Eichmann, ließe man sich mit ihm im Ausland auf überhaupt keine Verhandlungen mehr ein. Eichman gab den jüdischen »Partnern« den Rat, man solle die Verhandlungen in Istanbul energischer anpacken. Er lasse sich nicht täuschen, und seine Geduld habe schließlich Grenzen. Kasztner: »Noch am selben Tag telegraphierten wir nach Istanbul: ›Die Deportationen werden fortgesetzt!‹ Wir wollten unsere Freunde wissen lassen, daß die Zeit drängte. Es sollte rasch gehandelt werden.«

Am 22. Mai bestätigte Eichmann in einer weiteren Unterredung, die »600er-Gruppe« könne ausreisen, jedoch nicht über den Donauweg nach Constanta, da er keine Auswanderung nach Palästina zulassen wolle. Er sah eine andere Route vor, die über das besetzte Frankreich und Spanien nach Afrika führen sollte.

In den folgenden Tagen verbreitete Brand von Istanbul aus telegraphischen Zweckoptimismus: Er führe aussichtsreiche Verhandlungen, schrieb er, und »die verschiedenen Delegierten der Jewish Agency, der amerikanischen und britischen Behörden seien auf dem Weg zu ihm«. Derweil spitzten sich in Budapest die Ereignisse dramatisch zu. Offenbar hatte die ungarische Gestapo einen Hinweis auf die Geheimverhandlungen zwischen den Deutschen und dem jüdischen Hilfskomitee bekommen.

Am 27. Mai, einem Samstag, erschienen in der Wohnung von Wa'ada-Mitglied Endre Biss, die als Büro einer »arischen« Firma getarnt war, drei Agenten der ungarischen Gestapo. Bei der anschließenden Hausdurchsuchung entdeckten sie erhebliche Beträge an Devisen und ungarischen Pengő, zum größten Teil aus Istanbul und der Schweiz, die zur Unterstützung von Flüchtlingen gesammelt worden waren. Ein gut versteckter, »mit Tausenden von Blanko-Taufscheinen und militärischen Ausweisen« gefüllter Koffer hingegen blieb den Augen der Gestapo verborgen. Von dem Versprechen der Deutschen, dass die Wohnungen vor einem Zugriff der Behörden geschützt seien, wollten sie nichts wissen.

Kasztner nebst Ehefrau Bogyó und seiner Geliebten Hansi Brand sowie weitere Mitglieder der Wa'ada wurden in der Zentrale der ungarischen Gestapo am Schwabenberg inhaftiert. Hansi Brand sollte fünf Tage später als erste vernommen werden. Doch sie schwieg auf die Fragen der ungarischen Polizei, die vor allem wissen wollte, mit welchem Auftrag ihr Mann nach Istanbul entsandt worden war. Zur Strafe wurde sie verprügelt und so schwer verletzt, dass sie wochenlang nicht gehen konnte.

Am nächsten Morgen um neun Uhr begann die Anhörung Kasztners, ebenfalls begleitet von Ohrfeigen und Fußtritten. Dann klingelte das Telefon, und ein Scharführer der SS bewahrte ihn vor weiteren Übergriffen. Kasztner und die Mitgefangenen wurden der deutschen Gestapo übergeben, zwei Stunden später waren sie wieder frei. »Unsere Verhaftung war den Deutschen äußerst peinlich gewesen«, schreibt Kasztner. »Sie sollten eine Million Juden freigeben und nicht imstande sein, ihre ›Verhandlungspartner‹ freizubekommen? Sie befürchteten auch, wir könnten das ›Reichsgeheimnis‹ enthüllen, daß sie – hinter dem Rücken der ungarischen Regierung – die ungarischen Juden zum Verkauf anboten.«

Während Kasztner und Anhang in ungarischer Haft saßen, hatte Brand mehrere Telegramme aus Istanbul geschickt. Er meldete, es sei ihm gelungen, ein Interimsabkommen abzuschließen. Genauere Details verschwieg er, betonte jedoch: »Partner muß Bedingungen einhalten.« Kasztner erläutert: »Dass er unter ›Partner‹ die SS meinte, war uns klar. Aber um welche Bedingungen sollte es sich handeln? Um Einstellung der Deportationen? Würde Eichmann eine von uns gestellte Forderung erfüllen, solange sie von Istanbul nicht bestätigt war?«

Die Zeit drängte, Subkarpatien und Nordungarn waren durch die andauernden Deportationen bereits als »judenfrei« gemeldet worden. Kasztner zeigte Eichmann das Telegramm aus Istanbul und bat ihn, die Deportationen einzustellen, um die Verhandlungen in Istanbul nicht zu gefährden. Eichmann lehnte strikt ab und erklärte stattdessen, er werde die Transporte »mit Volldampf fortsetzen«.

Eichmanns große Sorge war, dass die ungarischen Behörden Wind von den Gesprächen zwischen der SS und den Juden bekommen könnten. In der Frage der »Endlösung« wollte er sich auch propagandistisch von niemandem überbieten lassen. Kasztner berichtet über ein Treffen mit Eichmann am Morgen des 3. Juni. Eichmann eröffnete die Debatte:

»[…] ›Wenn jetzt Juden aus Siebenbürgen nach Budapest gebracht werden, wird mich Endre [Innenstaatssekretär, Anm. d. A.] fragen, was wir für neue Geschäfte mit den Juden gemacht hätten. Nein, ich mache es nicht!‹

›Sie haben doch fest zugesagt! Sie sagten mir immer, Sie pflegen

Ihr Wort zu halten. Ich weiß, Sie haben doch wirklich in diesem Sinn nach Klausenburg telegraphiert…‹

›Ja, aber ich habe den Befehl gestern annulliert. Ist das klar? Ich habe jetzt keine Zeit mehr für Sie!‹«

Es war ein mörderisches Tauziehen. Am Anfang hatte das Rettungskomitee versucht, die Deportationen zu verhindern oder zumindest zu verzögern. »Die Deutschen hatten es versprochen«, schreibt Kasztner, »und wir hatten dafür bezahlt, viel bezahlt. Aber sie haben ihr Wort nicht gehalten.« Anschließend wurde darum gefeilscht, wenigstens 600 Menschen auswandern zu lassen, für die Palästina-Zertifikate vorlagen. »Wieder hatten sie zugesagt«, so Kaszter, »und versprochen, zu diesem Zweck 300 jüdische Prominente aus der Provinz nach Budapest zu bringen. Wieder haben sie ihr Wort nicht gehalten. Und nun sind mehr als 300 000 Juden bereits nach Auschwitz verschickt worden, ohne dass sie auch nur einem der 300 die Rettung ermöglicht hätten.«

Für Kasztner reifte der Verdacht zur Gewissheit, dass Eichmann ihn nur hinhalten wollte, um ungestört die Deportationen fortführen zu können. Er schreibt in seinem Bericht:

»Stets hatte Eichmann bisher zu Ausreden gegriffen. Einmal hatte es geheißen, wir hätten die Listen der Angeforderten ›an der falschen Stelle eingereicht‹. Ein zweites Mal ›hat man vergessen, die telegraphische Anweisung zu geben‹ – und das Ghetto wurde geräumt. Ein anderes Mal wieder hatten die untergeordneten Stellen ›nicht gehorcht‹. Und jetzt erklärt Eichmann einfach, er wolle seine Zusicherungen ›nicht halten‹.

Nehme ich dies zur Kenntnis, dann werden wir zu Komplizen bei der Deportation der Menschen, die man nach so vielen Qualen zur Rettung ausgewählt hatte. Damit ist der Tiefpunkt erreicht. Diesen Weg dürfen wir einfach nicht weiter beschreiten!«

In dieser verzweifelten Lage beschloss Kasztner, den offenen Konflikt zu wagen. Es kommt zu einer hitzigen Debatte, in deren Verlauf Eichmann einen Tobsuchtsanfall bekommt und in seinem berüchtigten Zynismus anbietet, Kasztner »zur Erholung« nach Theresienstadt oder Auschwitz zu schicken, weil seine Nerven »überspannt« seien. Kasztner kontert ungerührt, dass dies zwecklos wäre, weil Eichmann damit seinen Verhandlungspartner verlieren würde. In seinem Bericht schildert Kasztner, wie Eichmann dann die Diskussion fortsetzt:

> »›Was wollen Sie denn mit diesen paar Juden?!‹
>
> ›Es geht nicht nur um sie. Die Sache in Istanbul steht schlecht, weil Sie die Deportationen forcieren. Sie müssen einen Beweis liefern, dass Sie Ihr Angebot ernst meinen. Was machen Ihnen denn diese paar Juden aus?‹
>
> Einige Male scheint es mir, als ob Eichmann nachgeben wolle. Dann bekommt er plötzlich einen neuen Tobsuchtsanfall. Er schlägt auf den Tisch und will von nichts mehr wissen.
>
> Nach dieser Stunde macht er ganz unerwartet einen Kompromissvorschlag.
>
> ›Wissen Sie was? Ich werde 100 bis 200 Juden aus Klausenburg nach Theresienstadt schicken. Wir machen es so, daß ich sie einem Deportationszug in fünf Extrawaggons anschließe. Sie werden aber in der Slowakei abgekoppelt und gehen nicht nach Auschwitz.‹
>
> Sofort, ohne zu überlegen, lehne ich den Vorschlag ab.
>
> ›Sie glauben mir also nicht?‹
>
> ›Ich kann mir schwer vorstellen, wie man aus Theresienstadt einen ungarischen Auswanderertransport organisiert.‹
>
> ›Aber verstehen Sie doch einmal, ich kann es der ungarischen Regierung gegenüber nicht verantworten; ich kann hier nicht den Judenretter spielen. Ich habe László Endre versprochen, dass kein Jude mehr lebendig in dieses Land zurückkommt!‹«

Nach längerer Diskussion stimmte Eichmann schließlich doch zu, 50 Personen aus Klausenburg nach Budapest kommen zu lassen. Kasztner verlangte 250 Familien, mit der Begründung, es müsste eine Entschädigung für diejenigen geben, die Eichmann trotz Zusagen aus den anderen Ghettos nicht freigelassen hatte. Über zwei

Stunden lang wurde jetzt um das Leben der Juden geschachert. Eichmann erhöhte die Zahl auf 100 und blieb endlich bei »ungefähr 200« stehen. Er ließ einen Scharführer kommen und gab ihm den Befehl, nach Klausenburg zu fahren. Daraufhin übergab ihm Kasztner eine vorbereitete Namensliste. In der Eile wurde noch schnell vereinbart, dass die Klausenburger die Reise nicht in plombierten Waggons unternehmen sollten, also nicht in Güterwaggons, und dass sie auch ihr Gepäck mitnehmen durften. Eine wichtige Frage war noch offen: »Wo wollen Sie sie unterbringen?«, fragte Eichmann. »Ich will in Budapest keinen Skandal und kein Aufsehen!« Kasztner erklärte ihm, jüdische Helfer hätten schon längst ein Lager vorbereitet.

Nach dem Gespräch begegnete Kasztner auf dem Korridor dem SS-Scharführer, der auf Befehl Eichmanns nach Klausenburg fahren sollte. »Er hat mich vor seinem gefürchteten Chef sitzen sehen«, schreibt Kasztner. »Nun lässt er sich ins Ohr flüstern, dass er mit einer dicken Belohnung rechnen kann, falls man in Klausenburg mit der Zahl großzügig verfahren wird. ›Circa 200‹ kann auch mehr bedeuten … Wird Eichmann jetzt sein Wort wirklich halten? Und warum machte er eigentlich dieses Zugeständnis?«

Kasztner ging von der Überlegung aus, dass Eichmann und die deutschen Machthaber, SS-Brigadeführer Edmund Veesenmayer als Reichsbevollmächtigter und der Höhere SS- und Polizeiführer Otto Winkelmann, in Ungarn in dieser Frage inzwischen nicht mehr auf eigene Verantwortung handelten. »Hinter ihnen und über ihnen«, spekulierte Kasztner, müsse es »ein höheres deutsches Forum geben, das sie deckt und das mit uns noch seine Pläne haben könnte«. Kasztner sollte Recht behalten, wie sich bald zeigen sollte. Nicht nur die Ankunft von SS-Obersturmbannführer Kurt Becher deutete darauf hin.

17.

»REICHSFÜHRERS
GEHORSAMSTER BECHER«

Kurt Becher war ein persönlicher Vertrauter Himmlers, und der »Reichsführer« hatte ihn als Sonderbevollmächtigten und Chef des SS-Wirtschaftsamtes mit einem delikaten Auftrag nach Budapest geschickt. Er sollte Pferde und Ausrüstungsgegenstände für die SS organisieren, so lautete die Legende auch gegenüber der ungarischen Regierung, die ja immer noch an der Seite der »Achsenmächte« im Krieg stand. Aber Bechers wirklicher Auftrag ging weiter: Er sollte das Land für die SS und ihre kriegswirtschaftlichen Belange ausplündern und verfügte dafür auch über geheime Sondervollmachten von Himmler. Dabei ging es insbesondere um Vermögen, das sich noch in jüdischer Hand befand.

Vor allem aber lautete Bechers Auftrag, den Manfred-Weiss-Konzern in aller Heimlichkeit in den Besitz der SS zu bringen. Der nach seinem Gründer benannte Komplex war das größte Industrieunternehmen Ungarns und besaß unter anderem Steinkohlebergwerke, große Eisen- und Maschinenbauunternehmen, Energieerzeugungsunternehmen, Aluminiumwerke und die wichtigsten ungarischen Unternehmen im Flugzeugbau. Im fünften Kriegsjahr war er damit für die Rüstungsindustrie der Nazis von außerordentlichem Interesse. Zum Konzern gehörten auch Textilwerke und zwei Landgüter. Er war ursprünglich im Besitz einer aus etwa 60 Mitgliedern bestehenden Großfamilie von Juden, Konvertiten und Nichtjuden. Im Zusammenhang mit den »Judengesetzen« hatte der ungarische Staat die 45 Prozent des jüdischen Teils der Familien Weiss und Chorin beschlagnahmt. Die SS setzte nun alles daran, in den Besitz der verbliebenen 55 Prozent der Anteile zu kommen, ohne dass die ungarische Regierung davon etwas wissen sollte.

Mit einer Kombination aus Drohung, Nötigung, Erpressung und falschen Versprechen brachte Becher den nichtjüdischen Teil der Familien dazu, die Mehrheit ihrer Aktien der SS und in seine eigene Macht zu übergeben. Gleichzeitig zog er mit seiner Geliebten, Gräfin Hermine von Platen, in eine der luxuriösesten Villen der Familie Weiss in Budapest. Als Gegenleistung für die Übertragung des Konzerns ließ er im Juni 1944 neun Familienmitglieder in die Schweiz und 32 nach Portugal fliegen. Fünf Familienmitglieder mussten als Geiseln in einem Lager in Wien bleiben, damit die Wahrheit über den erpresserischen Deal nicht ans Licht kam.

Für Ladislaus Löb war Becher »ein gutaussehender, gewandter Gauner, ein aalglatter Hochstapler, ein gewissenloser Betrüger und, um es deutlich zu sagen, sehr wahrscheinlich ein Kriegsverbrecher«.

Kurt Becher wurde 1909 in Hamburg als Sohn eines Kaufmanns geboren. Über seinen weiteren Lebensweg gab er 1961 in seiner Zeugenvernehmung im Eichmann-Prozess Auskunft. Der Ex-SS-Offizier zog es damals vor, nicht zum Gericht nach Jerusalem zu reisen, deshalb wurde er in seinem Wohnort Bremen von Erwin S. Shimron, dem Vertreter des Generalstaatsanwalts von Jerusalem, vernommen. Mit anwesend war Bechers Verteidiger Wechtenbruch. Das Protokoll liegt heute in der Ludwigsburger Zentralstelle zur Aufklärung nationalsozialistischer Verbrechen. Becher betont gleich zu Beginn, bei wem er sein kaufmännisches Wissen erworben hat – bei Juden, angesehenen zumal: »Nach Absolvierung der kaufmännischen Lehrzeit im Jahre 1928 in der angesehenen jüdischen Getreide- und Futtermittel-Importfirma Herm. Simonis, Hamburg« so berichtet Becher vor dem israelischen Staatsanwalt, sei er über Zwischenstationen zunächst kaufmännischer Angestellter und ein Jahr später Prokurist in der Getreide- und Futtermittel-Maklerfirma Friedrich Heins, Hamburg, gewesen. »Durch meinen damaligen Chef, Herrn Heins«, so Becher weiter, »wurde ich am Reitsport interessiert und betätige mich seit 1932 bis auf den heutigen Tag aktiv im Reitsport. 1934 schlossen sich die Hamburger Reiter mit eigenen Pferden zu einem SS-Reitersturm zusammen. Nach Gründung dieses SS-Reitersturms wurde ich von meinem Reitlehrer dazu bewogen, ebenfalls in diesen Reitersturm einzutreten. Der Reitersturm wurde dann im Jahre 1937 in die Partei übernommen.«

Zu Kriegsbeginn kam SS-Unterscharführer Kurt Becher in die 1. SS-Reiterstandarte unter dem Kommando von Hermann Fegelein, dem späteren Schwager Eva Brauns, deren Schwester Margarete er heiratete, und damit, zumindest für wenige Stunden am 29. und 30. April 1945, auch der Schwager Hitlers. Bekanntlich töteten sich der »Führer und Reichskanzler« und seine frisch angetraute Ehefrau an diesem Tag durch eigene Hand.

Kurt Becher diente zwischen 1940 und 1943 in verschiedenen Kavallerieeinheiten der Waffen-SS, die auch als »Totenkopf-Reiterstandarten« bekannt wurden. Diese Einheiten waren hinter der Front in besetzten Gebieten als Verstärkungen für Polizeieinheiten und Einsatzkommandos tätig. Sie führten »Strafexpeditionen und Säuberungsaktionen« durch und töteten »Partisanen«, vor allem aber hatten sie es auf Juden abgesehen. Einer ihrer Befehle lautet: »Jeder Partisan ist zu erschießen. Juden sind grundsätzlich als Partisanen zu betrachten.«

Die »Totenkopf-Reiter« hatten ihr eigenes Lied:

»Wir haben geritten in Polenland, den Zügel gefasst, das Schwert in der Hand. Es dröhnen die Hufe, die Scholle sie springt, wenn in sausender Fahrt uns der Wind umsingt. Wir reiten kämpfend zum Sieg, donnernd dröhnt unser Sieg Heil! Sieg Heil!

Der Totenkopf geht unserem Kampf voran, er weist uns mit eherner Hand die Bahn. Wir haben zu wählen, ob Sieg oder Tod, denn der Totenkopfreiter, der kennt keine Not. Wir reiten kämpfend zum Sieg, donnernd dröhnt unser Sieg Heil! Sieg Heil!«

Und so weiter, und so weiter. Der Historiker Martin Cüppers, wissenschaftlicher Mitarbeiter der Ludwigsburger Zentralstelle zur Aufklärung von NS-Verbrechen, hat die SS-Reiterstandarten als »Vorreiter der Shoah« beim Russlandfeldzug der Wehrmacht bezeichnet. »Mit den radikal wie nie zuvor realisierten Erschießungen«, schreibt

Cüppers, »ließen die SS-Reiter selbst die bisherigen Vernichtungs-
zahlen der Einsatzgruppe oder der Bataillone der Ordnungspolizei
weit hinter sich. Genau jene Praxis der Einheiten der Waffen-SS
wurde in den folgenden Wochen und Monaten aber nach und nach
von anderen Mordkommandos übernommen.«

Im Sommer 1941 war Bechers Einheit in den weißrussischen
Pripjet-Sümpfen in der Ukraine eingesetzt. Hermann Fegelein, der
Kommandeur der SS-Kavallerie, zeichnete am 28. Juli einen Regi-
mentsbefehl ab, der folgendermaßen lautete: »Es wird darauf hingewiesen, dass es einzelne Dörfer und Ortschaften gibt, die aus
ehemaligen Verbrechern bestehen. Diese müssen ohne Rücksicht
ausgerottet werden. Juden sind zum großen Teil als Plünderer zu behandeln.« Himmler ließ am 1. August einen Funkspruch an die SS-
Kavallerieeinheiten schicken, in dem es heißt: »Ausdrücklicher Befehl des RF-SS [Reichsführers SS, Anm. d. A.]. Sämtliche Juden
müssen erschossen werden. Judenweiber in die Sümpfe treiben.«

Die Reitende Abteilung des 1. SS-Kavallerieregiments, in der auch
Becher Dienst tat, hatte am 29. Juli unter ihrem Kommandeur Gus-
tav Lombard das Gebiet um die Pripjet-Sümpfe erreicht. Lombards
Losung lautete: »Es bleibt kein männlicher Jude leben, keine Rest-
familie in den Ortschaften.« Seine Männer ermordeten am 1. August
in Chomsk 2000 und am folgenden Tag in Motol mindestens 3000
Juden. »Die ihm gegebenen Anweisungen«, schreibt der Historiker
Cüppers, »interpretierte Lombard dabei dergestalt, dass er neben den
jüdischen Männern auch unterschiedslos alle Jüdinnen und deren
Kinder erschießen ließ.« Cüppers geht davon aus, dass die Reitende
Abteilung des 1. Kavallerieregiments »auf ihrem Vernichtungszug
durch das nordwestliche Pripjet-Gebiet mindestens 11000 jüdische
Männer, Frauen und Kinder ermordete.«

Am 20. Juli 1941 war Becher zum Ordonnanzoffizier des 1. SS-Kavallerieregiments ernannt worden. Kurz vor seiner Ernennung war
er noch Zugführer in einem Kavallerieregiment, das die Sümpfe »säu-
berte«, und nach seiner Ernennung gehörte es zu seinen Pflichten,
einschlägige Befehle weiterzuleiten und über die Ergebnisse Bericht
zu erstatten. Ergebnisse wie diese, die Lombard am 12. August an die
Vorgesetzten melden ließ: »Weiber und Kinder in die Sümpfe zu trei-

ben, hatte nicht den Erfolg, den er haben sollte, denn die Sümpfe waren nicht so tief, dass ein Einsinken erfolgen konnte.« Dennoch könne »gesagt werden, dass die Aktion als gelungen zu bezeichnen ist«.

Über die »Aktionen« der SS-Kavallerie war nach dem Krieg in der Bundesrepublik zunächst wenig bekannt. Auch in den Nürnberger Kriegsverbrecherprozessen waren die SS-Reiterstandarten nicht als verbrecherische Organisation bezeichnet worden. Das hatte zum einen damit zu tun, dass die Kriegstagebücher einiger Regimenter in den Jahren 1941/42 auf die eine oder andere Weise verlorengegangen waren und somit keine schriftlichen Aufzeichnungen existierten. Zum anderen hatten die Reiter ihre Befehle, wie der *Spiegel* 1961 schrieb, »so gründlich befolgt, dass nur Täter und keine Zeugen übriggeblieben waren«. Und die Täter hielten begreiflicherweise dicht.

Einmal kam den Strafverfolgern der Zufall beziehungsweise die Dummheit eines der Täter zu Hilfe. Franz Magill, einst Kommandeur der 2. SS-Totenkopf-Reiterstandarte, verplapperte sich 1961 als Zeuge im Prozess gegen den SS-Obergruppenführer Erich von dem Bach-Zelewski, als er ungefragt einen »Sondereinsatz« seiner Reiterei bei Pinsk erwähnte.

Diese Enthüllung veranlasste dann die Staatsanwaltschaft beim Landgericht Braunschweig, ein Ermittlungsverfahren gegen »Magill und andere« einzuleiten, in dessen Verlauf auch Kurt Becher 1963 als Zeuge vernommen wurde. In seiner Aussage gibt Becher zu, die Einheiten seiner Brigade seien »während des Vormarsches im Partisanenkampf im Raum der Pripjet-Sümpfe eingesetzt« worden. An »Judenvernichtungen« habe er aber nicht teilgenommen, behauptet er. Mehr noch: »Mir ist von Judenvernichtungsaktionen durch Einheiten meiner Brigade oder andere Formationen nichts bekannt. Ich habe erstmalig, als ich jetzt mit dem Gegenstand meiner Vernehmung vertraut gemacht wurde, von Judenaktionen durch Einheiten der Brigade gehört.« Auch habe er niemals »Befehle empfangen oder weitergegeben, die die Vernichtung von Juden oder überhaupt Maßnahmen in Bezug auf die Juden anordneten«. Das übliche Muster: Nichts gehört, nichts gesehen und schon gar nichts getan. Becher musste sich wegen seiner Zugehörigkeit zur SS-Kavallerie nie vor einem Gericht verantworten.

Becher wurde für seinen persönlichen Einsatz an den Kampfhandlungen der Brigade mit dem Eisernen Kreuz zweiter Klasse ausgezeichnet. Und auch sein Vorgesetzter Fegelein hielt große Stücke auf ihn. Als er Becher im November 1941 für die Beförderung zum SS-Obersturmführer vorschlug, bescheinigte er ihm, er habe »alle ihm übertragenen Arbeiten mit großem Geschick zur vollsten Zufriedenheit erledigt«. Für besonders erwähnenswert hielt Fegelein Bechers »Geschick beim Verhandeln mit übergeordneten Dienststellen der Wehrmacht«. Er sei »ein besonders gut erzogener, höflicher und gewandter SS-Führer«. Becher wurde anstandslos zum Untersturmführer befördert – und im März 1942 wegen »besonderer Tapferkeit vor dem Feinde« während des »besonders schwierigen Winterfeldzuges« in der Sowjetunion gleich noch einmal.

Der Chef des SS-Führungshauptamts, SS-Obergruppenführer und General der Waffen-SS Hans Jüttner, ernannte Becher noch im März 1942 zum SS-Hauptsturmführer. Becher blieb als Sachbearbeiter in der Dienststelle Jüttners, die das eigentliche Hauptquartier der SS war. Dort versorgte er die Einheiten der SS-Kavallerie mit Nachschub an Pferden, indem deutsche Reitgestüte, die in »nichtarischer« Hand waren, nach bewährter Art »arisiert« wurden. So »arisierte« er 1942 offenbar auch das weltberühmte Gestüt Schlenderhan. Im Gegenzug gestattete er den Inhabern, den Baronen Oppenheim, die Ausreise. Ein Muster, das er später zum Nutzen der SS auch in Budapest anwandte.

Kurze Zeit später wurde Becher zum Adjutanten seines alten »Totenkopf«-Kommandeurs Fegelein ernannt und damit stellvertretender Amtsleiter in der »Inspektion 3, Reit- und Fahrwesen« im SS-Führungshauptamt. In dieser Funktion nahm Becher auch direkt an Kämpfen teil. Darüber gab er im Juni 1961 in seiner Zeugenaussage im Eichmann-Prozess mit unverkennbarem Stolz Auskunft. Auszug aus Bechers Aussage:

>»Als im Winter 1942 die Kämpfe an der Ostfront, besonders im Donraum, eine gefährliche Wendung nahmen, wurden zur Unterstützung in dem Raum, in dem ungarische, italienische und rumänische Einheiten eingesetzt waren, deutsche Kampftruppen neu

gebildet und als Korsettstangen eingesetzt. Ich wurde im Dezember 1942 der Kampfgruppe Fegelein zugeteilt. Bei dieser Kampfgruppe handelte es sich um eine rein militärische Formation, die in aller Eile aus allen möglichen Einheiten des Heeres und der Waffen-SS zusammengestellt war. Hier habe ich verschiedene Einheiten im härtesten Kampf gegen den russischen Einbruch geführt. Ich erwarb mir hierbei neben dem Infanterie-Sturmabzeichen und der Nahkampfspange in Bronze das Deutsche Kreuz in Gold. Die Kämpfe, in deren Verlauf die Kampfgruppe völlig aufgerieben wurde, dauerten bis März 1943. Von Dezember 1942 bis März 1943 stand ich ununterbrochen an der Donfront.«

Als Kurt Becher, inzwischen zum SS-Obersturmbannführer befördert, im Frühjahr 1944 als Gesandter Himmlers nach Budapest kam, bestand – zum Leidwesen Eichmanns, dem der persönliche Draht zu Himmler fehlte – zwischen Becher und dem »Reichsführer« bereits ein so herzliches Verhältnis, dass Himmler den Untergebenen in seinen Briefen untypisch mit »Lieber Becher« anredete. Becher revanchierte sich auf ganz besondere Weise. Er begann mit der Anrede »Hochzuverehrender Reichsführer« – statt des sonst üblichen, militärisch knappen »Reichsführer!« – und schloss, ebenfalls völlig unüblich, mit einer unterwürfigen, dennoch sehr vertraulichen Formel, die nach dem Krieg gegen Bechers Willen zu seinem Markenzeichen werden sollte: »Reichsführers gehorsamster Becher«.

Kurz nach dem Einmarsch der Wehrmacht in Ungarn war Becher mit seinem Stab in Budapest erschienen. Ein standesgemäßes Quartier war dem Herrenreiter und seinem Stab schon bereitet worden: Drei hochherrschaftliche Villen in der Andrássy-Straße 114–116 standen zur Verfügung. Eichmann wohnte, wie er später zu Protokoll gab, noch im Hotel, da ihm noch keine »Dienststellenunterkunft« nachgewiesen worden war. Bechers Villen waren die elegantesten in der Stadt. Dass sie ausgerechnet den Familien des Weiss-Konzerns gehörten, dürfte ihm wohl kaum entgangen sein, auch wenn er das in seiner Zeugenvernehmung im Eichmann-Prozess 1961 etwas anders darstellte. Auszug aus dem Protokoll:

»Als ich im März 1944 mit meinem Stab nach Ungarn kam, wurden mir für meinen Stab durch die Wehrmachtskommandantur drei Einzelhäuser zugewiesen. Ich stellte fest, daß diese der Familie Weiss gehörten und habe daraufhin um einen Vertreter der Familie Weiss gebeten, damit ordnungsgemäß eine Inventaraufnahme gemacht werden konnte. Es meldete sich bei mir ein Herr Dr. Billitz. Mit diesem kam ich über meine Aufgabe, Ausrüstungsgegenstände zu beschaffen, ins Gespräch. Dr. Billitz meinte, daß ich mit dem maßgebenden Herrn des Manfred-Weiss-Konzerns – Dr. Franz Chorin – Verbindung aufnehmen sollte. Dieser allein könne mir bei meinem Auftrag behilflich sein. Dr. Chorin war damals in Haft. Es ist mir aber gleichwohl gelungen, die Verbindung herzustellen. Dr. Chorin war anfänglich der Meinung, es sollte zwecks Ankaufs eine ungarische Firma gegründet werden, äußerte dann aber später, daß auch auf diese Weise die Beschaffung der Ausrüstungsgegenstände wohl nicht zu erreichen sei. Im Verlaufe der freundschaftlichen Gespräche, die ich mit Dr. Chorin damals geführt habe, unterbreitete er mir eines Tages den Vorschlag, Deutschland möge den Manfred-Weiss-Konzern beziehungsweise die formell in nicht jüdischen Händen befindlichen Anteile übernehmen, dafür aber den Mitgliedern der Familie die Ausreise gestatten. Himmler genehmigte auf meinen Vorschlag hin den Abschluß eines Treuhandvertrages und befahl, daß SS-Obersturmbannführer Bobermin und ich mit in die Leitung des Konzerns berufen werden sollten.«

Wie die Anbahnung der »freundschaftlichen Gespräche« mit der Familie Weiss vonstatten ging, darüber gab es nach dem Krieg noch eine weitere Version von Becher. Bei seiner Aussage im November 1945 in Budapest, als dort der Kriegsverbrecherprozess gegen die frühere Regierung vorbereitet wurde, legte er vor allem Wert darauf, dass seine Rolle als »Judenretter« nicht zu kurz kam. Becher befand sich zu der Zeit in amerikanischer Gefangenschaft und wurde für den Prozess von den Amerikanern nach Ungarn »ausgeliehen«. 1946 übergaben ihn die Ungarn wieder an die USA – gegen Rückgabequittung. Bechers Budapester Version über den Deal lautete damals so:

»In Bezug auf die Manfred-Weiss-Transaktion möchte ich sagen, daß sie eine Idee von Dr. Chorin war. Auf Chorin lenkte Dr. Billitz, ein Direktor der Donau-Flugzeugwerke, meine Aufmerksamkeit. Dr. Billitz wollte wahrscheinlich Chorin protegieren, als er mich auf diesen aufmerksam machte, und zwar in dem Sinne, daß er hier auf dem ungarischen Markt ein gut informierter Kaufmann sei, und wenn ich in Budapest Ergebnisse erreichen wollte, dies über Chorin am besten realisieren könne. Billitz war also der Vermittler zwischen Chorin und mir. [...] Chorin befand sich in einem Sammellager in Wien, wo ich ihn einmal besuchte, nachdem mich Billitz auf ihn aufmerksam gemacht hatte. Dort sagte ich Chorin, daß man mich auf ihn als einen Menschen aufmerksam gemacht habe, der nicht nur im Metallfach versiert sei, sondern ebenso im Leder- und Textilfach und allen anderen Fächern, und der zu führenden Persönlichkeiten dieser Industriezweige entsprechende Verbindung habe. Chorin reagierte und sagte: ›Ja, ich bin der richtige Mann für Sie und stehe Ihnen auch gern zur Verfügung. Doch dazu müssen Sie mir die Möglichkeit verschaffen, aus diesem Lager herauszukommen; so kann ich unmittelbare Verbindungen schaffen, durch die Sie die verschiedenen Industrieartikel beschaffen können. Die Leitung dieses Amtes übernehme ich.‹«

Chorin, so sagte Becher weiter aus, habe ihm auch versichert, die ganze Angelegenheit diskret zu behandeln. Niemand würde erfahren, dass er aus dem Lager herauskomme und nach Hause gelangen sollte. Dr. Ferenc Chorin bat Becher, ihn gleich mitzunehmen. »Ich hatte dazu keine Vollmacht«, so Becher in seiner Aussage, »und es war mir nicht möglich, Chorin aus dem Lager herauszuholen. An höherer Stelle veranlasste ich dann, daß Chorin aus dem Lager geholt wurde; ich sandte dazu einen meiner Leute hin.«

Wie auch immer die Sache genau abgelaufen ist, auf jeden Fall kam eine Verbindung zwischen Becher und Chorin zustande. Man kann sich leicht vorstellen, weshalb der im Konzentrationslager internierte Senior der Familien Weiss und Chorin so bereitwillig »angeboten« hatte, Becher zu helfen. Chorin wurde nach Budapest gebracht. Während der nun folgenden Gespräche wohnte er wieder in seinem eigenen Haus in der Andrássy-Straße. Jetzt unter Hausarrest, nicht als Hausherr wie früher.

Später, nach der Ausreise eines Teils der Familie nach Portugal, verfasste Daniel Hanley, Attaché in der US-Botschaft in Lissabon, ein vertrauliches Papier über die wahre Geschichte der Transaktion. Grundlage waren eingehende Gespräche mit den Mitgliedern der Familie Chorin, Weiss und Mauthner. Das Papier wurde am 3. Juli 1945 verfasst, als Hitler-Deutschland schon untergegangen war, und auch die Weiss-Familie keine Repressalien mehr von den Nazis befürchten musste.

Demnach hatte die Gestapo sofort nach der Besetzung Ungarns im Frühjahr 1944 versucht, Dr. Ferenc Chorin und die anderen Mitglieder der Weiss-Familie ausfindig zu machen. Chorin und sein Schwager, Baron Moricz Kornfeld, waren geflohen und hielten sich im Kloster Zirc versteckt, etwa 120 Kilometer südwestlich von Ungarn. Dort wurden sie wenig später von der Gestapo entdeckt, unter Misshandlungen verhört und anschließend in das sogenannte »Arbeitserziehungslager« Oberlanzendorf in der Nähe von Wien gebracht.

Über weitere Mitglieder der Familie berichtet das Papier des US-Attachés:

»Am 2. April wurden Baron Eugen Weiss und sein Sohn Georg durch die Gestapo gefunden und in überfüllten Zellen in Haft gehalten. Die Suche nach Baron Alfons Weiss und anderen Mitgliedern der Familie blieb ohne Erfolg. Am 4. April wurde Eugen Weiss von der Gestapo aus der Haft geholt und zu seinem Haus gebracht, wo kurze Zeit zuvor Kurt Becher, ein höherer Offizier (Obersturmbannführer) der Waffen-SS, angekommen war, der ihm nun erklärte, er, Becher sei durch den Reichsführer SS (Himmler) autorisiert, im Interesse der Waffen-SS Wirtschaftsdinge in Ungarn zu verhandeln. Becher erklärte, daß es möglich sein könnte für Baron Eugen Weiss und die anderen Mitglieder der Familie, freizukommen und auszureisen, wenn eine befriedigende Lösung gefunden werden könne. Dabei erwähnte Becher sein Interesse am Manfred-Weiss-Konzern. Baron Eugen Weiss wies darauf hin, daß ein Teil der Familie und Eigner des Manfred-

Weiss-Konzerns arisch wären und verwies auf Dr. Billitz, einen Manager des Manfred-Weiss-Konzerns, weil er selbst, Eugen Weiss, nicht gewohnt sei, finanzielle Transaktionen für den Konzern zu machen.«

Jetzt begann in aller Stille ein Tauziehen um die Mehrheit im größten ungarischen Konzern. Becher versuchte nicht nur, die Aktion vor der ungarischen Regierung zu verbergen, auch die Konkurrenz in den eigenen Reihen – die Hermann-Göring-Werke, in denen sonst die überall in Europa gestohlenen und beschlagnahmte Unternehmen zusammengefasst waren – sollte nichts davon bemerken. Zwischen den Göring-Werken und der SS, die neben allem anderen auch ein gigantisches, auf Zwangsarbeit und Enteignung basierendes Wirtschaftsunternehmen war, herrschte im fünften Kriegsjahr um die wirtschaftliche Vorherrschaft im Nazi-Reich eine erbitterte Rivalität.

Aus diesen politischen Gründen wurde nicht einmal der deutsche Statthalter in Ungarn, Edmund Veesenmayer, der deutsche Gesandte in Budapest, in die Undercover-Operation eingeweiht. Vor allem sollte die Transaktion am Ende so aussehen, als habe die Familie sich aus freien Stücken entschieden, ihre Mehrheit am Konzern an die SS zu verscherbeln, als seien die Verträge zwischen zwei gleichberechtigten Partnern zustande gekommen. Dafür hatte sich Becher eine clevere Strategie zurechtgelegt, wie er die SS in mehreren Schritten in den Besitz des Konzerns bringen konnte. Bei einer Zusammenkunft der Familienmitglieder mit Becher und seinen Mitarbeitern wurde der Deal mit zunächst drei Verträgen besiegelt.

Zunächst kaufte die von Becher geleitete Gruppe einem »arischen« Mitglied der Familie ein kleines Unternehmen ab, die Hausverwaltungs- und -verwertungs AG. Dann übergaben die unterzeichnenden Eigentümer sämtliche Aktien der Manfred-Weiss-Holding dieser Hausverwaltungs- und -verwertungs AG zur »vertraulichen Verwaltung«. Im dritten Schritt verpflichtete sich die SS, vertreten durch Bechers Wirtschaftsstab, der Familie nach Ablauf von 25 Jahren das Gesamtvermögen zurückzugeben. Das wäre dann 1969 gewesen, was angesichts des nahenden Kriegsendes für eine sehr selbstbewusste Planung Bechers und der SS spricht.

204

Becher gab also vor, mit seiner Truppe nur als Treuhänder für die Weiss-Familie zu handeln. Allerdings ließ er sich in einem der Verträge zusichern, dass die nunmehr im Besitz der SS befindliche Hausverwaltungs- und -verwertungs AG »für ihre Tätigkeit als vertraulicher Vermögensverwalter fünf Prozent vom Umsatz der angeführten Gesellschaften« erhält. Die Rede war vom Umsatz, nicht vom Gewinn. Innerhalb kürzester Zeit wäre der Konzern also ausgeplündert worden, die Familien hätten ihr gesamtes Vermögen verloren, und alles wäre der SS in die Hände gefallen.

Darüber hinaus mussten die Familien Becher eine unwiderrufliche Generalvollmacht erteilen. Für die Dauer von 25 Jahren ermächtigten sie ihn zur »uneingeschränkten Vertretung vor Gerichten und Behörden, zur Übernahme von Vorladungen durch Gerichte und Behörden sowie sonstiger zugestellter Schriften«. Das mobile und immobile Vermögen der Familien – Bankforderungen und Hinterlegungen inbegriffen – könne Becher fortan, so erklärten die Familien, »in Anspruch nehmen und so darüber verfügen wie wir«.

Der Schweizer Journalist Kurt Emmenegger hat für eine Artikelreihe in den Jahren 1961 und 1962 über Bechers Machenschaften in Ungarn dieses Treffen präzise rekonstruiert, wobei er damals noch mit einigen Teilnehmern seitens der Familie sprechen konnte. Emmenegger nennt Becher einen »Erpresser«, »Räuber« und »Naziverbrecher«, der es wie kaum ein zweiter verstanden habe, »durch geschickte Kombinationen von Halbwahrheiten nicht nur seiner Strafe zu entgehen, sondern sich als Wohltäter und Menschenretter zu präsentieren«.

Ein Auszug aus Emmeneggers Bericht, in dem er auch auf die Schilderung Hans von Mauthners, eines Familienmitglieds, eingeht:

»Dr. Billitz übernimmt es, die zur Ausreise bestimmten Mitglieder der Manfred-Weiss-Familien zusammenzutrommeln – auch jene, die bisher in sicheren Verstecken untergebracht waren oder die von den antijüdischen Maßnahmen Eichmanns nichts zu befürchten gehabt hätten, weil sie Arier sind. Hans von Mauthner, bis 1944 Direktor der Sigg Aluminium-Werke und im November 1946 vorübergehend nach Ungarn zurückgekehrt, schildert vor einer

Art ungarischer Entnazifizierungskommission die Vorgänge. Seine Darstellung wird durch die Aussagen anderer Familienmitglieder untermauert:

>Am Morgen des 17. Mai 1944 hat mich Billitz angerufen. Ich wohnte damals im *Hotel Ritz* bei De Bavier und Dr. Robert Schirmer. Ich wurde auf nachmittags vier Uhr in die Budakeszi út 79 bestellt. Wir waren alle sehr nervös, denn wir wußten zwar, worum es sich im Prinzip handelte, waren aber keineswegs sicher, ob die Sache auch wirklich gelingen würde. Wir wußten ja immerhin, daß damals bereits Hunderttausende von Juden zur Deportation in Gettos zusammengetrieben waren. Unsere Nerven waren bis zum Zerreißen angespannt.<

Man kann sich die Situation leicht vorstellen. Billitz hat nämlich betont, daß pro Kopf nur 50 Kilo Gepäck mitgenommen werden dürfen. Die einzelnen Familien begeben sich in die ziemlich weit außerhalb des Stadtzentrums gelegene Budakeszi út 79 und finden die Sommerhäuser von schwerbewaffneten SS-Soldaten umstellt. Weder Chorin noch Dr. Billitz sind anwesend. Die SS-Wachen, meist ungarische Volksbundisten, sind zu den Millionären nicht sehr freundlich. Niemand darf das Haus verlassen. Und so bemächtigt sich der ungewiss Harrenden eine begreifliche Panik: das Schreckgespenst Auschwitz ersteht vor ihren Augen. [...]

Endlich, gegen Mitternacht, fahren ein paar Autos vor. SS-Obersturmbannführer Kurt Becher, in seiner elegantesten Uniform, tritt auf, gefolgt von den beiden deutschen Advokaten Dr. Wilhelm Schneider und Dr. Friedrich Zabransky. Auch Ferenc Chorin und Dr. Wilhelm Billitz sind mit Becher angekommen.

Becher hält eine kurze Ansprache. Man habe die und die Verträge geschlossen. Sobald die Unterschriften geleistet sind, werde man nach Wien wegfahren. Dann fordert Becher Dr. Schneider auf, die Verträge vorzulesen. Hören wir wieder Hans von Mauthner: >Niemand hörte richtig zu. Dann forderte man uns auf, die Unterschriften unter die Dokumente zu setzen. Alle unterschrieben ohne Schwierigkeiten, da Becher versichert hatte, man werde unmittelbar nachher nach Wien wegfahren. Lediglich Frau Chorin machte Schwierigkeiten. Sie erklärte einfach, sie wolle die Verträge nicht unterschreiben, weil Familienangehörige als Geiseln zurückbehalten werden sollten und weil für deren Leben keine Garantie bestehe. Chorin, der ganz gebrochen und totenblass war, nahm seine Frau beiseite und erklärte ihr: Wir haben keine andere Wahl! Wir müssen unterschreiben! Schließlich entschloss sich Frau Chorin zur Unterschrift, nicht zuletzt dank dem Eindruck der weinenden Kinder, die sich vor den bewaffneten SS-Soldaten fürchteten.‹«

Damit kein falscher Eindruck entsteht: Die Erpresser wollten den größten ungarischen Industriekonzern nicht geschenkt. Die SS war sogar zu Gegenleistungen bereit. Als Becher im Besitz der Unterschriften und der Vollmacht war, zückte er schließlich einen vierten Vertrag. In ihm wurde vereinbart, dass die Familienmitglieder der Weiss-Familie nach Abschluss der Transaktion ausreisen durften, teilweise in die Schweiz, teilweise nach Portugal, um von dort in die USA zu gelangen. Zusätzlich sicherte die SS zu, an die Familien 600.000 US-Dollar und 250.000 Deutsche Reichsmark zu bezahlen. Doch die Sache hatte einen Haken: Die Freigelassenen wurden zur Verschwiegenheit verpflichtet, auch nach ihrer Ausreise durften sie nicht über die Details des Deals sprechen. Die SS legte Wert auf Diskretion. Um das sicherzustellen, behielt Becher fünf Geiseln aus dem Familienkreis im deutschen Einflussbereich zurück.

Die Familien reisten noch in derselben Nacht nach Wien. Dort wurde Baron Moricz Kornfeld aus dem Konzentrationslager Oberlanzdorf geholt und zu seiner Familie gebracht. Nun musste auch er die Verträge unterschreiben. Die Ausreise aus Wien in die Bestimmungsländer zog sich dann allerdings in die Länge. Erst Ende Juni kamen die Familien in Portugal und der Schweiz an. Die Visa hatten gefehlt. Möglicherweise haben die Deutschen sie schließlich gefälscht.

Statt der vereinbarten 600.000 wurden jedoch nur 170.000 US-Dollar übergeben. Angeblich konnte die SS einen so hohen Devisenbetrag nicht beschaffen. Damit sie keine weiteren Ansprüche erheben konnten, ließ man den Familien nach ihrer Ankunft im neutralen Ausland nur Kopien der ersten drei Verträge aushändigen, nicht jedoch vom letzten Vertrag, in dem die von der SS zu leistenden Entschädigungszahlungen festgehalten worden waren.

Die SS, vertreten durch Becher, war jetzt im Besitz des wichtigsten ungarischen Rüstungskonzerns. Ein wahres Husarenstück. Nun musste man nur noch den deutschen und ungarischen »Freunden« erklären, wie der Deal zustande gekommen war. Auch dazu äußerte sich Becher in seiner Vernehmung im Eichmann-Prozess:

> »Nach meiner Erinnerung war es der Wunsch von Herrn Chorin, dass Horthy erst von diesem Vertrag unterrichtet werden sollte, nachdem die Familiengruppe Ungarn verlassen hat. Ich kann micht nicht erinnern, ob von deutscher Seite ähnliche Wünsche bestanden haben. Ich weiß nur, dass die gesamte Transaktion von Dr. Chorin ausging. Nach meiner Erinnerung wurden die Verträge Mitte Mai gezeichnet, und am gleichen Tage reiste die Familie aus Ungarn aus. Unverzüglich nach der Ausreise wurde meiner Erinnerung nach Veesenmayer durch Winkelmann unterrichtet.«

Der politische Skandal jedenfalls war perfekt. Die ungarische Regierung reagierte empört auf diese Verletzung ihrer »Souveränität«, die allerdings spätestens seit dem Einmarsch der Deutschen ohnehin nur noch auf dem Papier stand. Auch Edmund Veesenmayer, der deutsche Gesandte in Ungarn, fühlte sich hintergangen, intervenierte sogar bei Reichsaußenminister Ribbentrop und informierte ihn über die Eigenmächtigkeit der SS, allen voran natürlich Becher. Ribbentrop schickte den gesamten Vorgang einschließlich aller Depeschen von Veesenmayer an Hitler, musste dann allerdings zu seiner Verwunderung erfahren, dass der »Führer« vom »Reichsführer« bereits informiert worden war. Die Sache war gelaufen.

Himmler befahl auf Vorschlag von Becher nur hohe SS-Offiziere in den Aufsichtsrat: Bechers Chef, den SS-Obergruppenführer und General der Waffen-SS Hans Jüttner, den SS-Obergruppenführer Oswald Pohl und den SS-Brigadeführer Baron Kurt Freiherr von Schröder. Eine illustre Runde: Jüttner war zu dieser Zeit als Chef des Ersatzheeres mitverantwortlich für die Errichtung zahlreicher Kriegsgefangenenlager, in denen vor allem sowjetische Kriegsgefangene interniert, besser gesagt ausgehungert wurden; Pohl war als Chef des SS-Wirtschafts- und Verwaltungshauptamtes (WVHA) maßgeblich verantwortlich für die Durchführung des Programms »Vernichtung durch Arbeit« in den Konzentrationslagern; Schröder war ein bedeutender Wirtschaftsführer im Dritten Reich, saß zeitweilig in mehr als 30 Aufsichtsräten und hatte sich besondere »Verdienste« bei der »Arisierung« jüdischer Privatbanken erworben.

Über Bechers Beitrag zu der Manfred-Weiss-Aktion urteilte der Schweizer Journalist Emmenegger, das wahre Ziel seiner vermeintlich humanitären Handlungen sei »Warenbeschaffung gegen Menschen und das große Alibi für sich selbst und seinen Reichsführer« gewesen. Mit den erprobten SS-Methoden des Terrors habe er »Diebstahl, Raub, Erpressung« und »Meineid« begangen. Sein schlimmstes Verbrechen – von dem er die Aufmerksamkeit durch die Pose des »Judenretters« ablenken wolle – sei »Teilnahme an Massenmord«. Rudolf Kasztner kommentierte später, nachdem er die Einzelheiten des Weiss-Deals erfuhr, mit bitterer Ironie: »Das Judenkommando liquidierte, der Wirtschaftsstab kassierte.« Insofern klappte das Zusammenspiel zwischen den einzelnen SS-Dienststellen perfekt, trotz gewisser Rivalitäten, die zwischen Becher und Eichmann im Zuge der Ungarn-Aktivitäten aufkamen. Mit Eichmann kooperierte oder konkurrierte Becher, je nachdem, was seine eigenen Interessen erforderten.

Nachdem er sich die Mehrheit des Manfred-Weiss-Konzerns gesichert hatte, erfand Becher weitere Methoden, Kapital aus der Not der Juden zu schlagen. Mit seinen Adjutanten richtete er Werkstätten ein, in denen die bekanntesten Handwerker Budapests Luxusgüter für die SS herstellten. Sie bekamen dafür »Schutzpässe«, die sie vor Verfolgung bewahren sollten, aber keine Bezahlung.

Becher selbst hielt es bei seiner Zeugenaussage im Eichmann-Prozess für ratsam, seine eigene Rolle in Ungarn herunterzuspielen. Auszug aus dem Protokoll:

> »Nach meiner Erinnerung sind im Zusammenhang mit der Wehrmacht und den zuständigen ungarischen Dienststellen ca. 20 000 Pferde ausgehoben und unter die Bedarfsträger, Einheiten der

Wehrmacht, der Waffen-SS und vielleicht auch der Polizei aufgeteilt worden. Meine Bemühungen, Ausrüstungsgegenstände zu beschaffen, hatten nur einen geringen Erfolg. Einzelheiten sind mir insoweit nicht mehr in Erinnerung.«

Seine »Gedächtnislücken« sollten Becher noch einige Male zu Hilfe kommen. Trotz mehrerer Versuche diverser Strafverfolgungsbehörden in der Bundesrepublik wurde er nie als Kriegsverbrecher zur Rechenschaft gezogen. Vor einer Verurteilung durch die Alliierten bei den Nürnberger Kriegsverbrecherprozessen rettete ihn unter anderem der nächste Deal, in den er sich in Budapest einschaltete, und bei dem er Rudolf Kasztner kennenlernte. Auch »Reichsführers gehorsamster Becher« spürte, wie sein Chef Himmler in Berlin, dass sich der Krieg dem Ende zuneigte. Himmler suchte eine Möglichkeit der politischen Annäherung an die Alliierten ebenso wie die Chance, in letzter Minute mit der Rettung von jüdischem Leben noch von der eigenen Schuld abzulenken. Auch Becher dachte schon an die Zeit nach dem Krieg. Das Leben musste ja weitergehen. Der Historiker Yehuda Bauer nennt ihn einen »opportunistischen Nazi«, der sich nur um die Rettung von Menschenleben bemühte, »um auf lange Sicht selbst zu profitieren.«

18.

ZWISCHEN
»KASSIEREN UND LIQUIDIEREN«

Adolf Eichmann, SS-Obersturmbannführer wie Becher, war vom Auftreten Bechers, des persönlichen Gesandten Himmlers in Budapest, wenig begeistert, wie er in seinen Gefängnis-Aufzeichnungen verrät. Diese mit dem Titel *Götzen* versehenen Erinnerungen verfasste er 1961 handschriftlich auf 1200 Seiten während seines Prozesses in Israel; erst 2008 wurden sie von der israelischen Regierung zur Veröffentlichung freigegeben. Die *Zeit* nannte die Gefängnis-Aufzeichnungen damals »das monströse Dokument vollständiger moralischer Immunität« wegen der »Selbstgewissheit, mit der Schuld geleugnet, Verantwortung abgelehnt, Einklang mit dem großen Weltengang gefühlt wird«. Gemäß seiner Strategie im Prozess spielte Eichmann seine eigene Rolle systematisch herunter, er log, verdrehte die Tatsachen und wies im Übrigen alle Schuld von sich. Ähnlich wie bei den Aufzeichnungen des Auschwitz-Kommandanten Rudolf Höß sprechen aus Eichmanns Erinnerungen weder Reue, noch Mitgefühl mit den Opfern, dafür umso mehr Selbstmitleid und ein Werben um Verständnis für die großen Schwierigkeiten, die man bei der Bewältigung der ungeheuren Aufgabe namens »Endlösung« zu meistern hatte. Als besonders ärgerlich empfand es Eichmann, dass ihm dabei »Polizeiferne« wie Becher noch ins mörderische Handwerk pfuschten. Auszug aus Eichmanns *Götzen*:

> »Kurz nachdem ich im Monat März des Jahres 1944 in Budapest
> war, erschien eines Nachmittags auf meinem Hotelzimmer [...]
> ein SS-Obersturmbannführer der Waffen-SS, Kurt Becher. Da wir

beide gleichrangig waren, ergab sich von Haus aus sogleich ein Verhältnis, welches unter Gleichrangigen derselben Uniformfarbe überlichermaßen in den meisten Ländern der Erde dasselbe sein dürfte. [...] Dieser ehemalige SS-Obersturmbannführer Becher teilte mir um jene Zeit mit, daß er Sonderbevollmächtigter Himmlers in Budapest sei; seine Aufgabe wäre es, Vermögenswerte für die Waffen-SS sicherzustellen; kompletter gesagt damit, Ausrüstungsgegenstände für dieselbe zu besorgen.

Das Interesse an seinem Besuch bei mir galt dem Datum des Deportationsbeginns. Ich konnte ihm um jene Zeit auch keine andere Auskunft geben, als die, welche er wahrscheinlich ohnedies wissen mochte, da er ja gewissermaßen ›frisch gebacken‹ von Himmler kam.

[...] Nur als Herr Becher eines Tages anfing zu drängeln, da er in einer deportationsschwangeren Luft, in einer überhitzten Atmosphäre, seine Himmler-Befehle schneller, besser und eleganter durchführen könne und als diese Drängelei zunahm, da wurde ich – wie man zu sagen pflegte – linkisch. Denn im ›Ruck-Zuck‹-Verfahren arbeitet keine Behörde, auch die ungarische Gendarmerie, so intakt und schlagkräftig dieses Korps auch war, machte darin keine Ausnahme. Der Amtsschimmel braucht überall seine Zeit, egal ob in Deutschland oder Ungarn. Außerdem, und dies war das Schönste, konnte ich sie weder anlaufen lassen, weder abstellen, weder beschleunigen, noch verzögern. [...]

Mein Ärger wurde groß und größer, als er eines Tages damit anfing, Juden gegen Abtretung von Vermögenswerten, auswandern zu lassen. Nun war die Auswanderung von Juden um jene Zeit durch einen Befehl Himmlers strengstens verboten. Und nur er selbst oder der Chef der Sicherheitspolizei konnten Ausnahmen zulassen. Um wie viel mehr erstaunter war ich, als der Obersturmbannführer Becher solches ebenfalls, kraft eigenen Entscheides, nunmehr genehmigen konnte.

Ich, der ich jahrelang inmitten der jüdischen Auswanderung steckte und dienstlich damit befasst war, bis eben zu jenem genannten Verbot, mußte in Deportationsfahrplänen mit dem Reichsverkehrsministerium herumfummeln; mir, der ich in Auswanderungserfahrung eine mehrjährige ›Schule‹ zu durchlaufen hatte, wurde hier ein Polizeiferner zur Seite gesetzt, ohne daß auch ich solche Genehmigungen erteilen konnte. Ich mußte mich im Gegenteil von dieser polizeifernen Person noch drängeln lassen, mit der Deportation nunmehr endlich zu beginnen, damit er seine »Rosinen aus dem Kuchen« holen konnte, dabei genau wissend, daß über Deportation allein der Reichsbevollmächtigte, der Höhere SS- und Polizeiführer, Himmler und Ribbentrop zu entscheiden hatten; und allenfalls noch Kaltenbrunner. Da packte mich der Zorn; ein Zorn der umso schlimmer war, als Becher ja infolge seiner Himmler-Vollmacht tatsächlich unangreifbar gewesen ist. Er hatte eben den Befehl, gegen Vermögenswerte alles zu genehmigen. [...]

Und da begann ich zu überlegen. Ich dachte mir, was die können, das kannst Du auch. Ich schickte Obersturmbannführer Krumey los und mit ihm den SS-Hauptmann Wisliceny. Ich ließ bei den jüdischen Funktionären einmal sondieren, was für eine Auswanderungsgenehmigung für, sagen wir, 100 000 Juden geboten würde. Devisen wurden geboten. Aber dies half mir nichts; es war nichts Neues. Abwehr und der Sonderbevollmächtigte waren darin ohnedies tätig.

[...] Irgendjemand hatte nun damals eine Zahl von 10 000 Lastkraftwagen geborgen. War ich es, war es mein Chef in Berlin, der Generalleutnant Müller, war es Himmler oder Becher, ich vermag es mit Genauigkeit nicht mehr zu sagen. Genau weiß ich noch, daß ich meinem langjährigen Chef Müller einen Vortrag hielt, 1 000 000 Juden an irgendwelche von den jüdischen Organisationen gewünschten Punkte zu transportieren. Dafür wurden eben die 10 000 Lkw, winterfest, mit Anhängern, unter der Zusicherung, dieselben nicht an der Westfront einzusetzen, verlangt. Zehn Prozent, also 100 000 Juden, sollten, falls Joel Brand mit günstigem Bescheid aus dem Ausland zurückkam, sofort auf diesen Bescheid hin als Vorschubleistung zur Auswanderung gebracht werden.«

Dass die jüdischen Retter Kasztner und Brand mit ihren Vorschlägen mitten in einen Konkurrenzkampf zwischen Eichmann und Becher um die Gunst Himmlers geraten waren, konnten sie nicht ahnen. Kasztner konnte nicht »in Eichmanns Karten schauen«, wie er später sagte, aber er spürte, dass Bewegung in die Frage der »Auswanderung« kam. Deshalb, so Kasztners Schlussfolgerung, müsse die Aktion fortgesetzt werden. Wenn die Istanbuler Expedition auch nicht die Rettung aller ungarischen Juden bedeuten konnte, habe man dennoch versuchen müssen, zumindest einen Teil davon vor der Gaskammer zu bewahren. Deshalb war klar, dass die Juden Eichmann gegenüber die Behauptung aufrecht erhalten würden, die Verhandlungen mit dem Ausland führten mit der Zeit doch zum Erfolg – auch wenn Kasztner damals schon klar gewesen sein dürfte, dass das äußerst schwierig, wenn nicht gar unmöglich geworden war.

In Wahrheit kam Joel Brand in Istanbul nicht voran. Am Anfang zeigte Laurence Steinhardt, der Botschafter der USA in Ankara, starkes Interesse für die Sache. Die Vertreter des amerikanischen War Refugee Board flogen nach Istanbul, sie sprachen mit Brand und erstatteten in Washington Bericht. US-Präsident Roosevelt hatte das »War Refugee Board« Anfang 1944 ins Leben gerufen und ihm den Auftrag gegeben, »alle in seiner Macht stehenden Maßnahmen zu treffen, um Opfer der feindlichen Unterdrückung zu retten«. Die Gespräche mit Brand in Istanbul blieben zunächst ohne konkretes Ergebnis. Später wollten Brand und sein Begleiter Bandi Grosz von der Türkei nach Palästina weiterreisen, wobei sie an der syrischen Grenze als mutmaßliche deutsche Agenten vom Intelligence Service verhaftet wurden. Mehr als drei Monate wurde Brand dort festgehalten und verhört. Am Ende stellten ihn die Briten vor die Wahl: Einwanderung nach Palästina oder Rückkehr nach Ungarn. Brand wusste, dass Eichmann ihn umbringen lassen würde. Er entschied sich für Palästina.

Moshe Schertok, der damalige Vorsitzende der Jewish Agency, flog nach Syrien, um Brand zu treffen. Anschließend verhandelte Schertok in Kairo mit Lord Moyne, dem britischen Minister für den Nahen Osten. Der soll Brand später gefragt haben: »Was soll ich mit einer Million Juden anfangen? Wo soll ich sie hintun?« Schertok flog von Kairo nach London in der Hoffnung, dass die britische Regierung sich überreden ließe, »den Deutschen einen Köder vor die Nase zu

halten«. Dort sprachen Schertok und WZO-Präsident Chaim Weizmann mit dem britischen Außenminister Sir Anthony Eden und
dessen Stellvertreter. In Wirklichkeit hatte die britische Regierung
schon Anfang Juni beschlossen, in keiner Weise auf das deutsche
Angebot einzugehen. Später wiederholte Premierminister Winston
Churchill, dass über »dieses Thema keinerlei Verhandlungen« statt-
finden sollten. »Alles war vergebens«, kommentierte Rudolf Kasztner
diese hektische Reisediplomatie. »Während der Plan zur Rettung
von einer Million Juden langsam in den Aktenbündeln der verschiedenen Ämter versank, fiel uns in Budapest die Aufgabe zu, das Fiasko
vor den Deutschen zu tarnen.«

Unterdessen bereitete man sich in Budapest auf die Ankunft der
Gruppe aus dem Ghetto Klausenburg vor, für die binnen wenigen
Tagen drei große Baracken errichtet wurden. Am 10. Juni brachte ein
Sonderzug 388 Insassen des Klausenburger Ghettos nach Budapest.
Im längst noch nicht fertiggestellten Lager wurden die »verschmutz-
ten, zerfetzten und halbtot geschlagenen Juden« mit warmen Spei-
sen, einer Schlafstätte und Ruhe versorgt und nahmen, so Kasztner,
in wenigen Tagen »wieder menschliches Aussehen an«. Die von
Eichmann eingesetzte SS-Wache sollte menschlich mit den Lagerinsassen umgehen. »Diesen Befehl führten sie genauso treu aus, wie sie
den gegenteiligen ausgeführt hätten«, schreibt Kasztner.

Die Auswahl von 388 Personen für das »Bevorzugtenlager« unter
18 000 Internierten im Klausenburger Ghetto beschrieb Kasztner
als »eine qualvolle, nicht ohne innere Kämpfe erfolgte komplizierte
Operation«. Es waren grausame, fast unmenschliche Entscheidungen notwendig. Die Kriterien, auf die man sich schließlich einigte,
lauteten:

»a) Personen, die sich im jüdischen öffentlichen Leben Verdienste
erworben hatten;
b) die im Dienst der jüdischen Allgemeinheit standen oder Opfer
für jüdische soziale Zwecke gebracht hatten;
c) Witwen und Waisen von ›Arbeitsdienstlern‹ [also den zur
Zwangsarbeit in Uniform herangezogenen Juden, Anm. d. A.].«

Für einige Menschen auf der Liste kam jedoch jede Hilfe zu spät, da sie in dem Moment, als sie die Zusage für die Ausreise erhielten, Klausenburg bereits, zusammen mit rund 7000 weiteren Personen, in Richtung Auschwitz verlassen hatten. Der Bitte, den Zug zu stoppen, kam Eichmann nicht mehr nach.

Auch Ladislaus Löbs Vater war es gelungen, einen Zettel zu erlangen, mit dem er sich zusammen mit seinem Sohn ins Lager in der Kolumbusz-Gasse hineinschmuggeln konnte. Ladislaus Löb vermutet heute, den Zettel hätten sie durch Vermittlung eines Cousins »zweiten oder dritten Grades« bekommen, der zur »Führungsclique« der Wa'ada gehörte. Ein mulmiges Gefühl blieb. »Um der schwachen Hoffnung willen, gerettet zu werden«, sagt Löb, »hatten wir freiwillig unsere prekäre Freiheit gegen die sichere Gefangenschaft in den Händen unserer Todfeinde ausgetauscht.« Ein »verzweifeltes Hasardspiel« sei das gewesen, bei dem niemand das Ende habe voraussehen können.

Ungeduldig erwartete derweil Eichmann Brands Rückkehr aus Istanbul. »Wir mussten ihm Tag für Tag Vorträge darüber halten«, berichtet Kasztner, »dass sich die Verhandlungen zwischen London, Washington und Moskau in dieser Frage hinausziehen könnten.« Gründe für die Verzögerung gebe es genug, so das Argument Kasztners. Er mutmaßte, dass sich die Alliierten in dieser heiklen Frage möglicherweise nicht so leicht einigen könnten. Die Forcierung der Deportation der ungarischen Juden erschwere ebenfalls die Verhandlungen. In Wahrheit war der Hauptgrund, weshalb die Alliierten nicht einmal zum Schein über Eichmanns Angebot verhandeln wollten, dass sie die bedingungslose Kapitulation Deutschlands zum obersten Kriegsziel erklärt hatten.

Eichmann wollte sich jedoch nicht länger hinhalten lassen. Kasztner berichtet: »Am 9. Juni erklärte Eichmann: ›Wenn ich binnen drei Tagen keine positive Antwort von Istanbul erhalte, lasse ich die Mühlen in Auschwitz arbeiten.‹« Eine Drohung, die der Angeklagte Eichmann 1961 in seinem Mordprozess in Jerusalem aus Gründen des Eigenschutzes energisch abstritt. Er sei nur ein kleines Rad im Getriebe gewesen, behauptete er vor Gericht: »›Dann stelle ich die Mühle in Auschwitz ab, oder dann lasse ich die Mühle in Auschwitz weiterlaufen‹ – solch einen Satz habe ich nie gesagt. Ganz abgesehen davon, dass ich sie weder angeordnet habe, noch je hätte abstellen können, das lag nicht in meiner Vollmacht, und dazu hatte ich kein Pouvoir gehabt.«

Die Zeit drängte. Täglich rollten die Deportationszüge. Kasztner ließ jetzt nicht locker. Die andauernden Morde in Auschwitz hatten, so Kasztner gegenüber Eichmann, »das Komitee gegenüber den ausländischen jüdischen Organisationen und den Alliierten in eine unhaltbare Situation gebracht«. »Unser moralischer Kredit ist dahin«, argumentierte Kasztner. »Niemand im Ausland glaubt mehr daran, dass der Rettungsplan deutscherseits jemals ernstgemeint worden ist.« Daraufhin brüllte Eichmann ihn an: »Wie stellen Sie sich denn das vor? Sie glauben vielleicht, daß das Reich so viel Nahrungsmittel hat, um Hunderttausende ungarischer Juden monatelang zu füttern, oder Personal und Ärzte, um ihre Kranken zu pflegen? Für so was mögen sich die Herren Amerikaner einen weniger schlauen Partner aussuchen, als ich es bin.«

Eichmann verachtete seine »Geschäftspartner« Kasztner und Hansi Brand, weil sie Juden waren. Aber er hatte auch einen gewissen Respekt vor ihnen, obwohl das die Verhältnisse auf den Kopf stellte. Jederzeit hätte er sie, ohne mit der Wimper zu zucken, umbringen lassen können. Eichmann war aber überzeugt, dass hinter ihnen eine geheime Macht stand. Sie hatten sich als Stellvertreter des American Jewish Joint Distribution Committee bei ihm eingeführt, und er hatte das ernst genommen. Der »Joint« war für die Nazis die Verkörperung der »jüdischen Weltmacht« und des »jüdischen Reichtums«, wie Kasztner feststellte. Während Eichmann sie betrog, erpresste und terrorisierte, versuchten sie ihrerseits, ihn zu bluffen und hinters Licht zu fuhren. Sie reagierten auf seine Lügen und Drohungen mit ihren eigenen Täuschungsmanövern. Als Kasztner seiner Geliebten Hansi Brand erzählte, wie Eichmann ihn durch betont lässiges Rauchen bei Gesprächen einzuschüchtern versuchte, riet sie ihm, es Eichmann gleichzutun, was er dann befolgte. Eine Geste, die ihre Wirkung anscheinend nicht verfehlte. Nach dem Krieg lobte Eichmann die Kaltblütigkeit, mit der Kasztner »Zigaretten rauchte, als ob er in einem Kaffeehaus wäre«.

Über ihre Gespräche mit Eichmann gab Hansi Brand 1961 in ihrer Zeugenaussage im Eichmann-Prozess Auskunft. Zwischen Mai und September 1944 traf sie ihn, allein oder zusammen mit Kasztner, mehr als 15 Mal. Eichmann habe dauernd betont, dass ein »deutscher Offizier immer halte, was er verspreche«. Aber, so Hansi Brand, »er hielt nichts. Alles, was wir taten, unsere ganze Arbeit war wie ein täglicher, mühevoller Kampf gegen Windmühlen. Was wir an einem Tag erbauten, erwies sich am nächsten Tag als gar nichts.« Obwohl er, um eine »Verhandlungsgrundlage zu schaffen«, versprochen hatte, dass bei der Ankunft der ersten Transporte aus Ungarn »Auschwitz nicht funktionieren« würde, hätten die Vergasungen sofort begonnen. Hansi Brand bat ihn, wenigstens die Kinder zu schonen. Als er das ablehnte, gab sie ihm zurück: »Sie haben wohl keine Kinder und haben darum kein Erbarmen mit ihnen.« Darauf Eichmann: »Sie erlauben sich zu viel, Frau Brand. Wenn Sie so mit mir reden, dann empfehle ich Ihnen, mich nicht wieder aufzusuchen.«

Aus Istanbul kamen weiterhin keine ermutigenden Nachrichten. Deshalb kam in der Wa'ada der Plan für eine »Interimslösung« auf, um Zeit zu gewinnen und dadurch vielleicht auch Menschenleben zu retten, bis der Lastwagen-Deal vielleicht doch noch verwirklicht werden würde – oder das Nazi-Reich vielleicht schon in Schutt und Asche läge. Die Finanzexperten der jüdischen Organisationen rechneten aus, dass Werte von vier bis fünf Millionen Schweizer Franken in Budapest mobilisiert werden konnten, um den Auslandstransport zu finanzieren. Das Komitee beschloss einstimmig, Eichmann dieses Angebot vorzulegen. Kasztner forderte bei Eichmann die Sicherheit des Lebens von 100 000 Juden – »inklusive kleiner Kinder, Alter und Kranker« – gegen etwa fünf Millionen Schweizer Franken in Schmuck, Valuten und Pengö als Beweis der jüdischen »Opferwilligkeit«. Die Werte sollten sukzessive in dem Maß abgeliefert werden, in dem die Gegenleistung erfolgte. »Die Sicherstellung des Lebens dieser 100 000 wird sich auch auf die Verhandlungen günstig auswirken. Vor allem aber muß der Transport nach Palästina auf den Weg gebracht werden«, mahnte Kasztner.

Eichmann bestand auf einer Auszahlung in Waren. Geld und Gold interessierten ihn nicht. Er erklärte, dass er sich die Sache überlegen wolle. Am nächsten Tag ließ Wisliceny vom »Judenkommando« Kasztner unter vier Augen wissen, dass ein Teil der ungarischen Juden nicht nach Auschwitz, sondern nach Österreich gebracht werden sollte.

Bei einem Treffen am 14. Juli erklärte Eichmann, dass er das Angebot der Wa'ada prinzipiell annehmen wolle. Statt der geforderten 100 000, stellte Eichmann klar, wäre er bereit, 30 000 ungarische Juden in Österreich unterzubringen, die aber weder aus den Karpaten noch aus Siebenbürgen stammen dürften. Schließlich seien diese »ethnisch wertvollere und zeugungsfähigere Elemente«, und er sei nicht daran interessiert, gerade jene am Leben zu lassen. Ferner verlangte er, dass sämtliche Gegenleistungen auf einmal und im Voraus bezahlt werden sollten. »Ich erklärte ihm, dass das technisch nicht möglich sei«, berichtet Rudolf Kasztner. »Ich schlug vor, dass wir stattdessen, aufgrund gegenseitigen Vertrauens, mit offenem Konto arbeiten sollten. Beide Teile erfüllen Zug um Zug; verrechnet wird nachher. Eichmann nickte; er sei einverstanden.«

In Wahrheit hatte Eichmann von seinem Vorgesetzten Kaltenbrunner, dem Leiter des RSHA, den Befehl erhalten, 30 000 Sklavenarbeiter in die Gegend von Wien zu deportieren – was Kasztner nicht wusste. Sie sollten Schützengräben gegen die anrückende Rote Armee ausheben. Die Arbeiter waren vom Bürgermeister von Wien, Karl Blaschke, angefordert worden. Eichmann musste sie nach Österreich schicken, ob er wollte oder nicht. Trotzdem ließ er Kasztner glauben, dass er sie durch ein Lösegeld vor Auschwitz beschützen könne. »Zunächst besprachen wir die Kopfquote der nach Österreich zu bringenden Juden«, schreibt Kasztner. »Eichmann verlangte 200 Dollar. Ich sagte 100 Dollar als Minimum zu, falls die Juden am Leben blieben.«

So mussten die jüdischen Retter einmal mehr mit den Mördern um Menschenleben schachern. Schließlich einigte man sich darauf, 15 000 Juden aus der Provinz und 15 000 aus Budapest nach Österreich zu bringen, wo die Arbeitsfähigen zur Arbeit eingeteilt werden sollten. Alle anderen – Kinder, Alte und Kranke – sollten am Leben gelassen werden, Familien durften zusammen bleiben. Ihre Erhaltung und die Behandlung der Kranken, erklärte Eichmann, seien mit

Ausgaben verbunden, die »im Budget des Reichs nicht vorgesehen sind«. Kasztner bot Eichmann 100.000 Pengö – umgerechnet etwa 3.000 Dollar – als Vorschuss an, die weitere Finanzierung sollte vom Komitee in Budapest aus geregelt werden.

Sechs Züge mit insgesamt etwa 18 000 Juden, die bisher den Deportationen aus den Ghettos von Süd- und Ostungarn entgangen waren, wurden zwischen dem 25. und 28. Juni in das österreichische Konzentrationslager Strasshof gebracht. Damit wären nach der Übereinkunft mit Eichmann 1,8 Millionen Dollar an die SS zu zahlen gewesen, doch »dieser Posten kam niemals zur Verrechnung«, wie Kasztner schreibt. Kaltenbrunner hatte den Wiener Bürgemeister Blaschke indes beauftragt, die Möglichkeit einer »Sonderaktion«, also Massenexekution, im Auge zu behalten. Diejenigen Gefangenen, die kräftig genug zur Arbeit waren, wurden verschiedenen Industrieunternehmen zur Arbeit zugeteilt. Etwa 12 000 dieser Häftlinge überlebten. Sie wurden bei Kriegsende von der Roten Armee befreit.

Ungelöst war weiterhin die Frage des Palästina-Transports der »600er-Gruppe«. Noch immer warteten 388 Juden aus dem Klausenburger Ghetto in dem »Bevorzugtenlager« in der Budapester Kolumbusz-Gasse auf ihre Ausreise. Kasztner wollte, dass die Gruppe auf 600 Personen aufgestockt und über Rumänien nach Istanbul gebracht werden sollte, was Eichmann strikt ablehnte. Zum einen müsse nach außen hin weiterhin der Charakter einer Deportation gewahrt bleiben, auch wenn diese gerade zwischenzeitlich ausgesetzt wurden, zum anderen habe er »nicht die geringste Lust dazu, die Araber gegen das Deutsche Reich aufzuhetzen«, namentlich nicht seinen »persönlichen Freund«, den Großmufti von Jerusalem, dem die deutsche Regierung zugesichert hatte, »keinen europäischen Juden mehr nach Palästina gelangen zu lassen«.

Eichmann beharrte darauf, die Gruppe zunächst in Strasshof bei Wien unterzubringen, bevor sie über das besetzte Frankreich und Spanien nach Lissabon fahren sollte, wo ein Schiff nach Westafrika auf sie wartete. Das weitere Schicksal der Gruppe interessierte ihn nicht. Kasztner erreichte, dass Eichmann sich dazu bereit erklärte, weitere Gruppen aufgrund der von der Wa'ada vorgelegten Listen aus der Provinz nach Budapest bringen zu lassen.

Die jüdischen Hilfsorganisationen konzentrierten ihre Arbeit jetzt auf die Beschaffung der Gelder und Wertsachen. Man entschied sich, Plätze auf den Transporten solchen Personen anzubieten, die imstande waren, dafür größere »Werte und Beträge zur Verfügung zu stellen«, wie es Kasztner ausdrückte, was einen erbitterten Kampf um die angekündigten Plätze auslöste. Überall wurden bis dato versteckte Besitztümer angehäuft und Geld gesammelt, und so dauerte es nicht lange, bis auch die ungarischen Behörden davon erfuhren.

Da die Gesetze vorsahen, dass jegliches jüdisches Vermögen dem ungarischen Staat und nicht den Deutschen gehörte, fürchtete die ungarische Gestapo um einen Teil ihrer Beute, was Razzien unter den Menschen, die sich in den Büros des Komitees aufhielten, nach sich zog. »Die Abgabe des versteckten Vermögens«, schreibt Kasztner, »wurde zu einer heiklen Operation: riskant für denjenigen, der die Wertsachen bei sich hatte und ablieferte, gefährlich für diejenigen, die sie übernahmen.«

Am 20. Juni schließlich wurde das gesamte Vermögen, das, teils in Pengö und Valuten, hauptsächlich aber in Schmuck, Gold und Münzen, zum Zwecke der Gegenleistung für den Transport gesammelt worden war, in drei Koffern im Gestapo-Hauptquartier auf dem Schwabenberg zur Aufbewahrung und späteren Verrechnung präsentiert. Kein Geringerer als der Leiter des Wirtschaftsstabes, SS-Obersturmbannführer Kurt Becher, nahm sie entgegen. »Später waren sie in Bechers Besitz«, sagt Ladislaus Löb. »Als sie nach Kriegsende wieder in jüdischen Händen lagen, war der größte Teil ihres Inhalts verschwunden.«

Bei der Übergabe kam es zur ersten Begegnung zwischen Kasztner und Becher. Kasztner schildert die Ereignisse so:

»Bald stellte sich heraus, dass
1. er es war, der hinter den uns von Eichmann gewährten Konzessionen stand;
2. er unmittelbar Himmler mit einem Aufgabenkreis untergeordnet war, der es ihm ermöglichte, Einfluss auf die deutsche Judenpolitik auszuüben. Becher war von den Wertsachen beeindruckt. Sie galten für ihn und seinen Stab als ›Leistung‹. Nun

schaltete er sich immer mehr in die Aktion ein, deren Leitung Eichmann bis jetzt nur deshalb überlassen worden war, weil seine Autorität als professioneller Erpresser jüdischen Unterhändlern gegenüber außerordentlich geschätzt war.

Die Zusammenkunft mit Becher war für alle unsere Aktionen künftighin von entscheidender Bedeutung. Becher drängte nun Eichmann, seinerseits unsere ›Zug-um-Zug‹-Vereinbarung einzuhalten. Jetzt forderte mich Eichmann auf, ihm bei der Organisation der Transporte nach Österreich zu helfen.«

Die Deutschen waren zwischenzeitlich unter Druck geraten. Reichsverweser Horthy, formal immer noch das Staatsoberhaupt in Ungarn, befahl unter starken Drohungen aus dem Ausland, die Deportationen nach Auschwitz einzustellen. Auslöser waren unter anderem die »Auschwitz-Protokolle« der entflohenen Häftlinge Vrba und Wetzler, die in der Schweiz teilweise veröffentlicht worden waren und zu teils heftigen Reaktionen der Westalliierten und neutraler Staaten führten. »Endlich regte sich auch das sogenannte Weltgewissen«, schreibt Kasztner in seinem Bericht. Papst Pius XII. erinnerte Horthy am 25. Juni an seine humanitären, christlichen Pflichten. Einige Tage später überbrachte ein schwedischer Gesandter Horthy einen persönlichen Brief König Gustavs von Schweden, in dem dieser die Einstellung der Deportationen forderte. Am 26. Juni drohte US-Präsident Franklin D. Roosevelt mit schweren Repressalien, falls Horthy nicht reagierte. In der Intervention forderte Roosevelt die sofortige und vollständige Einstellung der Deportationen und wies auf die Folgen hin, die Ungarn zu erwarten hätte, wenn es der Aufforderung nicht nachkäme – die er später tatsächlich umsetzte. Am 2. Juli erlebte Budapest den schwersten Luftangriff der Alliierten, am 7. Juli erteilte Horthy schließlich den Befehl, die Deportationen abzubrechen.

»Ein einziges Mal kam es zu einem energischen Auftreten des Westens«, stellt Rudolf Kasztner in seinem Bericht fest, »und dies genügte, um den ungarischen Regenten Horthy dazu zu bringen, in einem Moment, wo sein Wort gegenüber den Deutschen vorübergehend etwas mehr Gewicht hatte, energisch für die Einstellung der Deportationen einzutreten. Es war eine kollektive Anstrengung König Gustavs von Schweden, des Papstes, des Internationalen Roten Kreuzes und der christlichen Kirchen Ungarns. Den Ausschlag für den Erfolg gab aber vor allem das würdevolle und energische Auftreten von Präsident Franklin D. Roosevelt.«

Bis dahin aber ließ Eichmann plangemäß mit den Deportationen fortfahren. Nach seiner Einteilung Ungarns in sechs verschiedene Zonen hätte die Deportation der etwa 200 000 Budapester Juden, jene der letzten Zone, vom 5. Juli an innerhalb von acht Tagen erfolgen sollen. Die umliegenden Zonen waren schon weitgehend »judenrein«. Vorbereitend begann man Tage zuvor damit, die jüdische Bevölkerung in sogenannte »Judenhäuser« – rund 1200 Gebäude für je 160 bis 170 Menschen, gekennzeichnet mit dem gelben Stern – zwangsumzusiedeln. Etwa 3000 ungarische Gendarme führten Kolonnen von Menschen – Männer, Frauen, Kinder – mit erhobenen Händen durch die Straßen Budapests ab.

Die Wellen der Deportationen kamen immer näher an die Hauptstadt heran. »In diesen Junitagen ist die große Stadt zu einer Irrenanstalt geworden«, schreibt Kasztner in seinem Bericht, »die Mehrheit starrt stumpf, fatalistisch dem Kommenden entgegen. Viele Tausende waren auf der Jagd nach Auswegen, ›arischen‹ Ausweispapieren, einem Versteck. Den meisten von ihnen war bald klar, dass alles vergebens war und es doch zur Verladung kommen würde.« Yehuda Blum schildert seine Situation so: »Wir wollten fliehen. Mein Vater verhandelte mit einem Rumänen. Der war sogar bereit, uns echte Papiere auszustellen. Aber das zog sich hin, und inzwischen hörte man, dass Vorbereitungen für den ›Kasztner-Transport‹ getroffen wurden.«

19.

DIE ABREISE

Mitten in der Apokalypse in Budapest bot das »Bevorzugtenlager« in
der Kolumbusz-Gasse seinen 388 Insassen aus Klausenburg sowie
weiteren Flüchtlingen wie Ladislaus Löb und seinem Vater und
bekannten Persönlichkeiten aus den Provinzghettos Schutz und Sicherheit. Am Tor stand ein SS-Mann Wache, der nicht wie sonst verhindern musste, dass jemand flieht – denn daran bestand vonseiten
der Insassen gar kein Interesse –, sondern darauf achten musste, dass
sich kein Unbefugter von außen Zutritt verschaffte. Aber niemand
durfte das Lager betreten, keine militärische oder polizeiliche Behörde, weder Deutsche noch Ungarn. Allein Eichmanns »Judenkommando« konnte die Genehmigungen für den Zutritt erteilen.

»Anfangs waren solche Genehmigungen schwer erhältlich«, berichtet Kasztner. »Später verzichteten wir auf solche und schmuggel-
ten die von der Gestapo und der ungarischen Polizei gesuchten sowie die aus der Provinz nach Budapest geflüchteten Juden in das
Lager ein.« Die stetig wachsende Zahl der Insassen, die von Eichmann und seinen Helfern zwar registriert, jedoch nicht hinterfragt
wurde, machte bald den Bau weiterer Baracken auf dem Lagergelände
notwendig. Neben einer zusätzlichen Krankenbaracke entstand sogar eine koschere Küche für die Orthodoxen. Als der Ansturm nicht
abriss, eröffnete man schließlich zwei weitere, ganz ähnliche Lager,
die etwa 2000 Juden Unterschlupf gewährten.

Bald war klar, dass die Anzahl der Insassen die zuvor vereinbarte
Anzahl von Teilnehmern am Palästina-Transport – 600 bis 700 Personen – sprengen würde. Eine Auswahl aus den 2000 vorläufig Ge-

retteten zu treffen, befand Kasztner als unmöglich, und so war ein weiteres Mal sein Verhandlungsgeschick gefragt. Nach und nach gelang es ihm, bei Eichmann eine Erhöhung der Teilnehmerzahl durchzusetzen – zunächst auf 1000, dann um weitere 200 –, und er erhielt letztlich eine Zusage für insgesamt 1300 Juden. Kasztner berichtet über den weiteren Fortgang der Preisverhandlungen:

> »Ursprünglich bot Eichmann 100 Juden für ein Lastauto an. Wir hätten mit dem Preis eines Lastautos gern die Herauslassung von 100 Juden verrechnet. Das wären 100 Dollar für ein Menschenleben gewesen. Davon wollte er aber nichts hören. Die Lastautos hätten ›nicht nur einen Preis, sondern auch einen Wert‹, sagte er. Schließlich mußte sich Eichmann doch grundsätzlich mit der pekuniären Verrechnungsbasis einverstanden erklären. Denn nun war nicht er mein einziger Partner mehr, sondern hatte auch noch mit Kurt Becher zu rechnen. Merkwürdigerweise war Eichmann der ›Billigere‹. Zuerst verlangte er 200, dann 500 Dollar ›pro Kopf‹. Der Wirtschaftsstab Becher kam mit einer Forderung von 2000 Dollar pro Kopf. In letzter Instanz setzte schließlich Himmler eigenmächtig den Preis auf 1000 Dollar fest.«

Für die Retter wurde die Lage immer problematischer. Immer neue finanzielle Lasten mussten sie auf sich nehmen, allein schon um Eichmann ruhig zu stellen, der sie ständig an ihre Verpflichtungen erinnerte: »Was ist mit unserem Angebot los? Warum ist Brand aus Istanbul nicht zurückgekehrt? Stellen sich die Juden und die Alliierten etwa vor, das Deutsche Reich ließe sich von ihnen an der Nase herumführen?«, wollte er von Kasztner wissen.

Obwohl die Rote Armee sich Ungarn näherte und im Westen die Alliierten nach der Landung in der Normandie vorrückten, »schien die restlose Vernichtung der ungarischen Juden noch immer die größte Sorge der Deutschen zu sein«, wie Kasztner registrierte. Nachdem der ungarische Kronrat auf Veranlassung Horthys die Deportationen aus Ungarn ausgesetzt hatte, setzten die Deutschen alle Hebel in Bewegung, um Horthys Widerstand zu brechen. Sogar eine bewaffnete Intervention gegenüber den »Verbündeten« wurde erwogen. Eichmann fühlte sich persönlich düpiert, weil er schon ein »Siegestelegramm« über die vollständige »Entjudung« Ungarns nach Berlin abgesandt hatte. In dieser Situation hätten die Verhandlungen mit Kasztner für die Deutschen eine Doppelfunktion gehabt, meint Yehuda Blum. »Kasztner wurde missbraucht von Becher und Eichmann, für ihre Zwecke. Sie konnten das jüdische Vermögen über Kasztner plündern, und sie konnten Zeit gewinnen.« Insofern sei Kasztner »eine tragische Figur«, sagt Blum, »eine Symbolfigur der jüdischen Tragödie«.

Die Entscheidung über die Abfahrt des Palästina-Transports ließ sich nicht länger aufschieben, aber nach dem Beschluss des Kronrats war sie besonders heikel geworden. In dem Moment, in dem in Ungarn die Deportationen ausgesetzt wurden, sollten 1300 Juden freiwillig eine Fahrt antreten, die sie direkt ins Deutsche Reich führte – mit ungewissem Ausgang. »Die polnischen Flüchtlinge, nach ihren Erfahrungen mit der SS, hielten uns alle für völlig verrückt«, schreibt Kasztner.

Dennoch beschloss das Komitee einstimmig, den Transport abgehen zu lassen. Es sollten auch Familienangehörige der Mitglieder des Rettungskomitees mitfahren, wie zum Beweis, dass man an ein glückliches Ende der Mission glaubte. »Zusätzlich hämmerte ich Eichmann immer wieder ein«, berichtet Kasztner, »daß die Abfahrt dieses Transports sowohl den Alliierten als auch dem neutralen Ausland bekannt wäre und sie das Schicksal der Gruppe aufmerksam verfolgen würden.« Kasztner präsentierte Telegramme, aus denen hervorging, dass die britische Regierung der Gruppe Zertifikate zur Verfügung gestellt hätte und dass zudem die spanischen und portugiesischen Durchreisevisen gesichert wären. So konnte er Eichmanns Besorgnis zerstreuen, dass man die Juden nirgends aufnehmen werde und sie ihm »auf dem Hals bleiben« würden.

Die Konditionen der Reise hatte man schriftlich vereinbart. Demnach sollte die Gruppe über Deutschland und Frankreich ins neutrale Ausland fahren, zuvor jedoch einige Wochen im Sammellager Strasshof bei Wien verbringen, das als »Bevorzugtenlager« eingerichtet werden würde. Für die 1300 Teilnehmer der Zugfahrt sollten 35 Waggons reserviert werden, 50 bis 80 Kilogramm Gepäck pro Person waren erlaubt. Darüber hinaus wurde vereinbart, dass die Transportteilnehmer während ihres Aufenthalts in Deutschland die Lebensmittelrationen der deutschen Zivilbevölkerung erhielten, dass sie nicht verpflichtet waren, den gelben Stern zu tragen und nicht zur Arbeit angehalten wurden. Ausdrücklich wurde vereinbart, dass Misshandlungen nicht vorkommen durften.

Jetzt musste alles sehr schnell gehen. Die Abfahrt der Gruppe wurde auf den 30. Juni festgesetzt. Wieder einmal musste eine »endgültige« Liste zusammengestellt werden. Die zur Verfügung stehenden 1300 Plätze wurden laut Kasztner nach dem vom Komitee bestimmten Schlüssel folgendermaßen verteilt:

»1. orthodoxe (Flüchtlinge und Budapester)
2. polnische, slowakische, jugoslawische Flüchtlinge
3. prominente liberale Juden
4. Zionisten, Zertifikatbesitzer
5. chaluzische Jugend [israelische Pioniere, Anm. d. A.]
6. Revisionisten
7. zahlende Personen, durch deren Beiträge der ganze Transport finanziert wird
8. Gerettete aus den Provinzghettos
9. hervorragende geistige, wissenschaftliche und künstlerische Persönlichkeiten.
10. Waisenkinder. Eine Gruppe Pfleglinge des Budapester jüdischen Waisenhauses sowie 17 jüdische Waisen aus Polen.«

»Diese Gruppe«, schreibt Kasztner, »stellte einen Miniatur-Querschnitt der damals in Ungarn lebenden Judenheit dar. Diejenigen, die sich in der Vergangenheit um das Judentum verdient gemacht hatten, sollten durch besondere Berücksichtigung geehrt werden.« Auch Mitglieder der Familie Kasztners gehörten zu der Gruppe, darunter seine Frau Bogyó und sein Schwiegervater Jószef Fischer, was Kasztner später zum Vorwurf gemacht wurde. Yehuda Blum hätte es dagegen für »nicht menschlich« gehalten, wenn Kasztner anders gehandelt hätte: »Natürlich ging es ihm auch darum, dass seine Familie befreit wurde.« Im Übrigen bekräftigt Blum: »Viele der Mitreisenden bezahlten nicht, zum Beispiel die Flüchtlinge aus der Slowakei, Polen, Kroatien, die Rabbiner aus den verschiedenen Städten, Akademiker. Auch unsere Familie hat keinen Pfennig dafür bezahlt.« Blum gehörte zur Gruppe der slowakischen Flüchtlinge, ebenso wie Ladislaus Löb: »Wir waren weder prominent, noch reich, noch verwandt mit Kasztner. Aber Kasztner hatte viele Leute auf der Liste eingeladen, vielleicht weil sie Geld hatten. Es waren 150 reiche Leute dabei, und aus denen hat Kasztner genug Geld herauspressen können, dass sie das Lösegeld für uns alle bezahlt haben.«

In seiner endgültigen Zusammensetzung wurde der Transport schließlich noch um zwei Kategorien erweitert:

Kurt Bechers SS-Wirtschaftsstab hatte an wohlhabende Juden und an die Handwerker, die für die SS arbeiten mussten, schon kurz nach dem Einmarsch der Wehrmacht im März gegen Bezahlung sogenannte individuelle »Schutzpässe« ausgestellt, zusammen mit ihren Angehörigen waren das etwa 50.

Die zweite Kategorie war die der »Tüchtigen«, wie Kasztner sie nannte. Am Tag der Abfahrt führte ein vierstündiger Fliegeralarm dazu, dass sich die Abfahrt des Zuges von 18 Uhr auf 23 Uhr verzögerte. Als es dunkel wurde, schlichen sich alle Insassen des Lagers in der Bocskaystraße zum Bahnhof – 450 Menschen statt der ursprünglich berechtigten 150 – und kletterten in den bereitstehenden Zug. »Vor der Abfahrt in Budapest ging es chaotisch zu«, sagt Yehuda Blum. »Zum Einsteigen musste jeder einen Zettel vorweisen, die wurden natürlich auch gefälscht. Die Zahl der Teilnehmer schwoll plötzlich unheimlich an.«

Dafür hielten sich die »Vertragspartner« auf der anderen Seite auch nicht an die Verabredungen. Eichmann hatte als besondere Gemeinheit keine Personenwaggons zur Verfügung gestellt, wie es verabredet war. »Das war der erste Schock«, erinnert sich Ladislaus Löb, »da standen 35 Güterwaggons. Niemand war daran gewöhnt, in einem Güterwagen mit zwei Kübeln zu reisen. Und wir wussten ja nicht einmal, wie lange die Fahrt dauern würde. Und wohin es gehen sollte.«

Die Waggons waren zuvor für den Kriegseinsatz bestimmt gewesen, was man an den Aufschriften erkennen konnte: *36 Mann oder 8*

Pferde. In jedem Waggon mit etwa 20 Quadratmeter Fläche wurden ungefähr 50 Menschen zusammengepfercht, manchmal auch mehr, mit jeweils bis zu 50 Kilo Gepäck. »Jeder kämpfte um einen Platz bei der Tür oder der Belüftungsluke«, erzählt Ladislaus Löb, »einige, die später kamen, drängten sich mit Gewalt hinein.«

Nach dem Ende des Fliegeralarms fuhr der Zug nachts langsam vom Rangierbahnhof Budapest-Rákosrendező langsam ab. Löb: »Er pfiff und ratterte, schlingerte und bockte die ganze Nacht, aber am Morgen sahen wir erstaunt, dass wir noch in Budapest waren – um genau zu sein, in der Station Ferencváros.« Die wäre unter normalen Umständen nur ein paar Minuten vom Ausgangsbahnhof entfernt gewesen. Um den andauernden Luftangriffen zu entkommen, war der Zug nur hin und her rangiert worden. Diese Verzögerung ermöglichte weiteren Juden, heimlich zuzusteigen, bis der Zug sich am frühen Morgen endlich in Bewegung setzte. Bei einem weiteren Aufenthalt vor einem Arbeitslager für Juden stiegen die beiden letzten ungeplanten Mitreisenden, zwei Chaluzim, zu.

Die Umstände der Reise schildert die damals 15-jährige Naomi Hershkovits im Interview mit Bertram von Boxberg von der Gedenkstätte Bergen-Belsen:

> »Dort [am Bahnhof, Anm. d. A.] haben auf uns Viehtransportwagen gewartet, und man sagte: ›Steigen Sie ein.‹ Wir sagten: ›Was soll das? Sind wir Vieh?‹ [...] Dann sind wir in diesen Zug eingestiegen, wir waren ca. 80 Menschen, es war Sommer... Hitze, furchtbare Enge. In die Mitte des Wagens stellte man einen Eimer und sagte: ›Das ist das Klo‹. Ich bekam hohes Fieber, ich hatte Durchfall und wusste nicht, was ich mit mir anfangen sollte. Wie ich am Anfang sagte, wir wurden sehr sittsam erzogen. [...] Und auf einmal sollte ich mich in Anwesenheit von 80 Menschen, mitten unter ihnen, auf diesen Eimer setzen und meine Bedürfnisse verrichten?... und plötzlich habe ich kapiert, dass ich schon eine Nummer bin, ich bin kein Mensch mehr.«

Ladislaus Löb kann die Verbitterung verstehen, aber trotz allem sagt er, er habe »Glück« gehabt. »Glück, weil die anderen unter ähnlichen

Verhältnissen nach Auschwitz gefahren sind. Für sie war es unendlich viel schlimmer. Man hat doppelt so viele Menschen hineingepfercht wie bei uns. Und dann fuhren sie, um getötet zu werden«. Und er fügt hinzu: »Wir nicht.«

In Mosonmagyaróvár an der österreichisch-ungarischen Grenze stand der Zug drei Tage in der Sommerhitze. Zumindest konnten die Insassen die Waggontüren öffnen, um Frischluft hereinzulassen. »Bei uns waren die Waggons nicht verplombt, anders als bei den Auschwitz-Transporten«, sagt Ladislaus Löb. Viele übernachteten im Freien. »Einige von uns stiegen aus und kehrten um, weil sie Angst hatten«, erinnert sich Yehuda Blum. Unterdessen hatte sich herausgestellt, dass in Strasshof nicht genügend Platz zur Aufnahme der angewachsenen Gruppe vorhanden war. Eichmann dirigierte den Zug also telegraphisch an einen Ort in der Tschechoslowakei um, wo sich ebenfalls eine Art »Bevorzugtenlager« befand. Sein Name: Auspitz. Als einige aus der Gruppe den Namen hörten, gerieten sie in Panik. Mit Einverständnis der Wachen durfte László Devecseri, einer der Mitreisenden, der einen falschen »arischen« Ausweis hatte, nach Budapest zurück, um Kasztner zu warnen. »Auf alle Fälle machte bald ein grimmiges Wortspiel die Runden«, erzählt Löb. »Auspitz – Auschwitz, Zion – Zyan.« Dieses Produkt jüdischen Galgenhumors, meint Löb, widerlege die Behauptung, die ungarischen Juden hätten in den letzten Kriegsmonaten nicht gewusst, was sie in Auschwitz erwartete.

»Wieder kommen Sie mit Ihren Greuelnachrichten«, schrie Eichmann, als Kasztner in Budapest Aufklärung von ihm verlangte. Eichmann teilte ihm bei der Gelegenheit mit, dass sich auch Auspitz nicht als geeignet erwiesen habe. Er habe daher angeordnet, den schon in Richtung Auspitz weitergeleiteten Zug über Wien in ein zur »Aufnahme vornehmer Gäste eingerichtetes Lager« zu dirigieren: Bergen-Belsen. »In Wien erhalten sie Erfrischungen, in Linz gehen sie baden!«, fügte Eichmann noch hinzu.

Der Zug fuhr weiter. Miriam Bück, eine Sprachlehrerin um die 30, berichtet in ihren Erinnerungen über die Atmosphäre in ihrem Waggon in dieser Nacht: »Auspitz und Auschwitz, einige Buchstaben Unterschied, konnten Leben und Tod bedeuten. […] Hatte man uns betrogen? […] Der Zug ratterte in der dunklen Nacht, die Menschenladung wand sich in Verzweiflung. Hysterische Frauen bekamen Weinkrämpfe. Männer blickten stumpf vor sich hin. Ein Wunder, dass niemand aus dem Zuge sprang.«

Aber wann immer der Zug hielt, stiegen mehrere der Mitreisenden aus. Sie trauten den Nazis nicht, und sie hatten gute Gründe dafür.

Am Wiener Bahnhof wurde die Gruppe tatsächlich mit frischem Essen erwartet, doch in Linz folgte dann das Entsetzen. Die rund 1700 Reisenden (es gab zu diesem Zeitpunkt, entgegen den sonstigen Gepflogenheiten der Nazis, wegen der vielen »illegalen« Mitreisenden keine genaue Liste) mussten zu einer Desinfektionsstelle, wo ein heißes Bad vorbereitet war. »Wir stiegen aus und marschierten in einer langen Kolonne zu einer Entlausungs- und Desinfektionsstation am Stadtrand«, erinnert sich Ladislaus Löb. »Unser Gepäck folgte auf Lastwagen. Am Ziel angekommen wurden Männer und Frauen getrennt.« Yehuda Blum wartete mit seinen Eltern und seinen Schwestern geduldig in der langen Schlange, bis sie an der Reihe waren. »Plötzlich hörten wir Schreie aus dem Bad«, erzählt er: »Mein Vater fragte einen SS-Mann, was dort geschieht. Der sagte ›Die werden vergast‹ und grinste. Er hielt das für einen Witz. Gleichzeitig schrie meine damals neunjährige Schwester auf Deutsch: ›Man wird uns vergasen!‹« Niemand aus der Familie, sagt Blum, habe zuvor je mit ihr darüber gesprochen. Die Schwester musste es irgendwo in Budapest aufgeschnappt haben. Unter jüdischen Kindern bestand zu jener Zeit kein Zweifel, was »vergasen« bedeutet.

Die Männer wurden in Gruppen von 250 bis 300 ins Gebäude getrieben, wo sie sich ausziehen und die Kleider zur Desinfektion übergeben mussten. Zusammen mit etwa 40 oder 50 anderen Männern betraten Ladislaus Löb und sein Vater den Raum, in dem die Duschen waren. »Ich weiß noch, wie schutzlos und verlegen ich mich fühlte«, sagt Löb, »als ich nackt, von nackten Männern in jedem Alter, jeder Form und jeder Größe eingeengt, neben meinem nackten Vater stand.« Eine Sekunde Entsetzen: Der Duschraum sah einer anderen, aus den Auschwitzer Berichten bekannten Einrichtung sehr ähnlich. Als aus den Öffnungen in der Decke Wasser floss, sei eine hörbare Welle der Erleichterung durch die Menge gegangen. »Es schien, als ob wir soeben nach einem Todesurteil begnadigt worden wären – was gewissermaßen tatsächlich der Fall war.«

Für die Frauen, meint Löb, sei es »noch schlimmer« gewesen. Da sie in einer prüderen Zeit aufgewachsen seien als heute, hätten sie sich zutiefst über ihre Nacktheit geschämt. Viele Jungen bis zwölf oder 13 Jahren, die keine männlichen Verwandten hatten, mussten mit den Frauen hineingehen, und männliche Wachen und männliche Gefangene, die das Gepäck desinfizierten, gingen frei zwischen den nackten Frauen hin und her. Naomi Herschkovitz war einerseits erleichtert, als sie deutsche Soldaten im Duschraum sah, weil sie das als Zeichen nahm, dass niemand vergast würde. Aber die Gleichgültigkeit dieser Männer, die Hunderte nackte Jüdinnen nicht einmal als Frauen zur Kenntnis nahmen, ließ sie erkennen, dass sie nun außerhalb der menschlichen Gesellschaft stand: »Wir sind nackt, schämen uns, einen Namen haben wir nicht, nur eine Nummer…«

Die Gruppe setzte ihre Fahrt fort. Am 9. Juli trafen 1684 Menschen in Bergen-Belsen ein. »Das Tor ging zu, und dann sahen wir die Wachtürme, die Stacheldrahtzäune, die Baracken«, berichtet Ladislaus Löb. »Wir hätten uns so etwas nicht träumen lassen. Und dann überall die abgerissenen Gestalten, die sahen besonders schlimm aus. Es war erst ein paar Wochen her, dass wir noch ganz zivilisiert zu Hause gelebt hatten. Das war ein Riesenschock.«

Sie wollten ins Gelobte Land. Und jetzt waren sie in der Hölle gelandet.

Eine Nacht zuvor, am 8. Juli 1944, schickte Eichmann in Ungarn den vorerst letzten Deportationszug nach Auschwitz. Innerhalb von nicht einmal vier Monaten hatte er fast eine halbe Million Menschen ermorden lassen.

20.

BERGEN-BELSEN,
DIE APOKALYPSE

Ein Sonntag im Sommer 2010. Ladislaus Löb ist nach Bergen-Belsen zurückgekehrt. Er wird am Abend in der Gedenkstätte sein neuerschienenes Buch vorstellen, das die dramatischen Monate von 1944 beschreibt, in denen er als Elfjähriger mehr als einmal den Tod vor Augen hatte. Es zieht ihn oft zurück in dieses Lager, an diesen Ort der Leiden und der Hoffnung.

Löb sucht die Stelle, an der einst seine Baracke stand. Es war die Baracke mit der Nummer 10. Sie steht nicht mehr, wie alle anderen Baracken auch, seit die britischen Truppen sie 1945 wegen der Seuchengefahr niedergebrannt hatten. Nur die Grundmauern sind heute noch zu erkennen. Die Dimensionen lassen sich gut abschätzen. Anderthalb Baracken mit insgesamt 13 Räumen waren für die 1684 Menschen aus Budapest reserviert, das sogenannte »Ungarnlager«. Löb hat nachgerechnet: »Theoretisch hätten wir 1,4 Quadratmeter Fläche pro Person gehabt. Mehr nicht.« In Wahrheit aber, so Löb, sei der Platz noch enger gewesen, weil einige Räume für bestimmte Funktionen requiriert worden seien, und die »Führer« der Gruppe, darunter auch Kasztners Schwiegervater Jószef Fischer, der angesehene Vorsitzende der jüdischen Gemeinde in Klausenburg, mehr Raum als die »gewöhnlichen« Mitreisenden für sich beansprucht hätten. Sonst wohnten im Schnitt etwa 160 Menschen in einem Raum. »Die Baracken waren dunkel, klamm und stanken«, erinnert sich Löb. »Wie wir bald entdeckten, waren sie auch voll Wanzen, Flöhe und Läuse.« Der größte Teil des Raumes sei von dreistöckigen Etagenbetten in Viererblocks mit engen Gängen dazwischen eingenommen worden. In der

Nähe des Eingangs ein Tisch mit ein paar Stühlen, am anderen Ende die einzige Toilette, die man nach Sonnenuntergang noch benutzen durfte. »Es war bei Todesstrafe verboten«, erzählt Löb, »die Latrine 60 Meter außerhalb von der Baracke aufzusuchen.« Vom nächsten Wachtturm, der neben der Latrine, aber auf der anderen Seite des Stacheldrahtzauns stand, konnte die Lager-SS mit Feldstecher und Maschinengewehr das Geschehen überwachen. Löb erinnert sich: »Ein Scheinwerfer zog lautlos und gespenstisch von Sonnenuntergang bis Sonnenaufgang seine Kreise an den Barackenfenstern vorbei.«

Am 9. Juli 1944, nach einer neuntägigen Irrfahrt, war die »Kasztner-Gruppe« an ihrem vorläufigen Bestimmungsort angelangt. Das letzte Ortsschild, das sie im Vorbeifahren gesehen hatten, war Celle. »Von Bergen-Belsen hatten wir noch nie gehört«, sagt Ladislaus Löb, »und wir hatten auch keine Ahnung, was uns in einem Konzentrationslager erwartet.« Das sollten sie bald erfahren. Ein SS-Oberscharführer mit einem deutschen Schäferhund riss an der Rampe in Bergen-Hohne die Waggontür auf und befahl den Neuankömmlingen auszusteigen. Zur Begrüßung fügte er hinzu: »Es ist heute nicht Schabbes, ihr könnt euch beeilen.«

In gerader Linie, zu viert oder fünf nebeneinander, musste die Kolonne in das sieben Kilometer entfernte Lager marschieren. Die SS-Wächter hatten die Peitschen wie immer zur Hand. Obwohl die Reisenden aus Ungarn eigentlich keine Häftlinge, sondern »Austauschmaterial« für Himmler und seine Helfer waren, konnten oder wollten die altgedienten KZ-Aufseher nicht von ihren einschlägigen Verhaltensmustern lassen. Zumindest mussten die Ankömmlinge ihr Gepäck nicht selbst schleppen, das brachten Lastwagen hinterher. Der elfjährige Ladislaus und sein kriegsverletzter Vater versuchten mühsam, mit der marschierenden Gruppe mitzuhalten. Nur nicht auffallen. Das war auch hier in dieser neuen, unheilschwangeren Umgebung die beste Überlebensstrategie.

Als die Kolonne durch den Haupteingang mit den großen Wachttürmen hindurchmarschiert war, musste sie noch etwa 500 Meter auf der großen, mit Stacheldraht von den übrigen Teilen des Geländes abgetrennten Straße gehen, bis sie in das eigentliche »Ungarnlager« gelangte. Es war ein erster und zugleich zutiefst erschreckender Eindruck, wohin es die ungarischen Juden auf ihrer Suche nach dem Heiligen Land verschlagen hatte. Entlang der Lagerstaße lagen hinter Stacheldraht auf der einen Seite das »Häftlingslager« und das »Sonderlager«, auf der anderen Seite befand sich das »Sternlager«, in dem unter anderem die holländischen Juden interniert waren. »Die Insassen des ›Häftlingslagers‹ waren im schlimmsten Zustand«, berichtet Ladislaus Löb, »tief gebückt, dem Tod durch Hunger und Erschöpfung nahe.« Sie gehörten zu jenen Todgeweihten, die im Lager »Muselmänner« genannt wurden, wobei der Begriff zwar in vielen Konzentrationslagern gebräuchlich war, seine Herkunft und Deutung aber nicht ganz geklärt ist. Löb vermutet, der Begriff drücke die Körperhaltung der völlig Entkräfteten aus, die an Moslems erinnere, die im Gebet ihre Ergebenheit ins Schicksal ausdrückten. Der Wiener Psychologe Viktor Frankl, der die Konzentrationslager Theresienstadt, Auschwitz und das Dachau-Außenlager Türkheim überlebte, zitierte in seiner Autobiographie einen Mitgefangenen: »Wisst Ihr schon, was man bei uns einen Muselmann nennt? Eine Jammergestalt, einen Herabgekommenen, der kränklich aussieht, abgemagert ist und körperlich nicht mehr schwer arbeiten kann. Über kurz oder lang, meist über kurz, wandert jeder Muselmann ins Gas!« Frankls Mutter wurde in Auschwitz ermordet, seine Frau starb in Bergen-Belsen.

Im Juli 1944 vegetierten die »Muselmänner« in Bergen-Belsen bereits zu Hunderten. Die Lehrerin Edith Goldstein, die wie Ladislaus Löb mit der »Kasztner-Gruppe« aus Budapest gekommen war, berichtet im Interview mit der Gedenkstätte über ihre ersten Gedanken nach der Ankunft: »Auf dem Weg trafen wir Muselmänner, die nur noch Haut und Knochen waren. […] Und wir verstanden, dass ganz bald auch wir wie sie sein würden, dass das die Zukunft war, die auf uns wartete.« Ihre Schicksalsgenossin Miriam Bück ergänzt: »Hohläugige, grauwangige lebende Leichname waren es, auf ihren Gesichtern stand der Tod geschrieben.«

Das war das »Aufenthaltslager« der SS für die »bevorzugten« Juden. Die Verhältnisse hatten sich im Laufe des Jahres 1944 erheblich verschlimmert. »Die dramatische Veränderung hat ganz wesentlich damit zu tun«, erklärt Thomas Rahe, der historische Leiter der Gedenkstätte Bergen-Belsen, »dass das Lager in das Gesamtsystem der Konzentrationslager eingegliedert und der SS unterstellt war.« Und fast schien es, als habe die SS das Interesse an ihrer »lebenden Ware« verloren. Das hatte mehrere Gründe: Zum Einen waren die Verhandlungen über weitere Austauschaktionen nach dem dritten deutsch-palästinensischen Austausch ins Stocken geraten, weil es mit zunehmender Kriegsdauer keine diplomatischen Beziehungen mehr zu Amerika oder England gab und alles über die Schweizer Botschaft laufen musste. Zum anderen bekamen die Häftlinge die Versorgungsmängel im zerbombten Deutschland als Erste und mit aller Härte zu spüren. Ferner sah das SS-Wirtschaftsverwaltungshauptamt (WVHA), das für Bergen-Belsen wie für alle anderen Konzentrationslager zuständig war, keinen besonderen Nutzen in diesem »Aufenthaltslager«.

Das WVHA betrieb Konzentrationslager zu dieser Zeit im Wesentlichen noch deshalb, um Menschen zu Hunderttausenden in Gaskammern oder durch Zwangsarbeit in den Rüstungsbetrieben zu töten. »Letzten Endes«, urteilt der Historiker Eberhard Kolb, sei »diese Lagerentwicklung die Folge jener grundsätzlichen Entscheidung« Himmlers gewesen, das Lager »in das Verwaltungsgefüge der Konzentrationslager« einzugliedern. Da die Häftlinge von Bergen-Belsen für einen Arbeitseinsatz in den Rüstungsbetrieben nicht in Frage gekommen seien, hätten sich die »Funktionäre des WVHA am Aufbau und Ausbau des Lagers völlig desinteressiert« gezeigt. Das drückte sich unter anderem darin aus, dass sämtliche Baracken und die sanitären Anlagen nichts anderes als Provisorien waren. Letztlich war auch das einer der Gründe, die zu den verheerenden Typhusepidemien in den letzten Kriegsmonaten führten.

Diese völlige Verwahrlosung war umso erstaunlicher, weil sich in der Nazi-Administration Dutzende von Verantwortlichen über Jahre hinweg über die »Verwendung« der »Austauschjuden« Gedanken gemacht, die juristisch »korrekten« Verfahren für diese Form des Menschenhandels entwickelt, Listen erstellt, Interessen zwischen polizeilichen und diplomatischen Stellen abgewogen, Verhandlungen über zum Teil verschlungene Pfade aufgenommen hatten und vieles mehr. Hitler war damit befasst, ebenso wie Himmler, Ribbentrop, RSHA-

Chef Kaltenbrunner, Gestapo-Chef Müller sowie Eichmann, Becher, und wie sie alle hießen. Der allmächtige Himmler setzte sogar insgeheim Hoffnungen darauf, über die »jüdische Karte« mit den Alliierten ins Gespräch über einen Sonderfrieden zu kommen. Aber gleichzeitig war der SS-Staat nicht in der Lage, dieser Handvoll Menschen, mit denen er so viel vorhatte, auch nur einigermaßen menschenwürdige Lebensbedingungen zu gewähren.

»Als man im WVHA registrierte«, sagt Thomas Rahe, der historische Leiter der Gedenkstätte Bergen-Belsen, »dass der Aufenthalt der ›Austauschjuden‹ doch bedeutend länger dauern würde, als ursprünglich erwartet, wies man dem Lager nach und nach weitere Funktionen zu und begann, andere Häftlinge dorthin zu verlegen, die auch ganz anderen Lebensbedingungen unterworfen waren.« Zwangsarbeit schied aus, da sich in der näheren Umgebung, am Rande der Lüneburger Heide, keine größeren Industriebetriebe befanden. Deshalb wurde das »Häftlingslager« von Bergen-Belsen im März 1944 für die Aufnahme nicht mehr arbeitsfähiger Häftlinge aus anderen Konzentrationslagern teilweise umfunktioniert. Es spricht für den Zynismus der SS, dass sie dafür die Bezeichnung »Erholungslager« wählte, schließlich hatten Ladislaus Löb, Edith Goldstein und die anderen bei ihrer Ankunft in genau diesem Lager die »Muselmänner« gesehen.

Ende März 1944 wurden die ersten Kranken nach Bergen-Belsen verlegt. Es waren etwa 1000 meist an Tuberkulose erkrankte Häftlinge aus dem Lager Dora im Harz, dem späteren Konzentrationslager Mittelbau-Dora. Tausende von Zwangsarbeitern waren dort zu dieser Zeit bereits an den Folgen der unmenschlichen Lebens- und Arbeitsbedingungen gestorben. Die Häftlinge sahen das Tageslicht nicht wieder, sie mussten Stollen vorantreiben für den Bau unterirdischer Fabrikationsanlagen und schliefen in »Schlafstollen«. Später wurden hier vor allem die »Vergeltungswaffen« V1 und V2 hergestellt. Von den etwa 60 000 Häftlingen, die in dem unterirdischen Lager arbeiten mussten, starben innerhalb von anderthalb Jahren 20 000.

Die SS hatte kein Interesse daran, dass die nach Bergen-Belsen verschickten Zwangsarbeiter wieder zu Kräften kommen. Kein einziger Arzt begleitete den Transport der 1000 Schwerkranken. Nach ihrer Ankunft mussten sie tagelang in leeren Baracken auf dem nackten Boden ausharren, ohne Pflege und warmes Essen. »Die Sterblichkeit unter den kranken und erschöpften Menschen«, schreibt der Bergen-Belsen-Forscher Eberhard Kolb, »war deshalb grauenhaft hoch, von den 1000 Häftlingen des Transports aus Dora erlebten nur 57 (das heißt 5,7 Prozent) das Kriegsende.«

In den folgenden Monaten wurden weitere Häftlinge aus anderen Konzentrationslagern nach Bergen-Belsen verlegt. Da alle Unterlagen über die Krankentransporte vor der Befreiung des Lagers im April 1945 vernichtet wurden, ist eine vollständige Auflistung nicht mehr möglich. Nachweisen lassen sich unter anderem folgende Einlieferungen: Ende Mai 1944 kamen 154 Kranke aus dem Buchenwald-Außenlager Laura, in dem V2-Triebwerke getestet wurden. Im Juli 1944 kamen etwa 200 meist Tuberkulosekranke aus dem KZ Sachsenhausen, im August August 1944 etwa 100 Kranke aus dem KZ Neuengamme, Mitte August einige Kranke von Außenkommandos des Lagers Dachau, im Dezember 1944 schließlich etwa 400 »Arbeitsunfähige«, überwiegend ungarische Juden, vom Arbeitskommando BRABAG (Braunkohle-Benzin AG) des KZ Buchenwald. Insgesamt wurden bis zum Januar 1945 etwa 4000 Menschen in dieses »Erholungslager« verbracht. »Die Todesziffern«, sagt der Historiker Kolb, bezeugten »deutlicher als viele Worte, was für Zustände in diesem Lagerteil« geherrscht hätten. Von den 920 dokumentierten Todesfällen im gesamten Lager Bergen-Belsen von April bis Juli 1944 entfallen vermutlich mindestens 820 auf das »Erholungslager«.

Überdies tötete der von der SS als »Oberpfleger« eingesetzte Kapo Karl Rothe im Sommer 1944 etwa 200 Häftlinge durch »Abspritzen« mit Phenolinjektionen in die Herzgegend. Rothe verübte diese Morde zum Teil auf Anweisung der Lagerführung und der Politischen Abteilung an Häftlingen, die nicht mehr genesungsfähig waren, zum Teil ging er bei der Auswahl seiner Opfer aber auch nach eigenem Ermessen vor. Rothe wurde Anfang September 1944 von einem Häftlingsgericht zum Tode verurteilt und anschließend gelyncht.

»Die wenigen Häftlingsärzte«, fasst Eberhard Kolb zusammen, »die sich redlich um ihre kranken Mitgefangenen bemühten, waren – vor allem in den ersten Monaten – nahezu machtlos gegenüber den als Blockälteste, Kapos, Stubendienste, Pfleger usw. fungierenden

Häftlingsfunktionären.« Ausgesprochen sadistisch verhielt sich der Lagerarzt und SS-Obersturmführer Dr. Wilhelm Jäger, der die Häftlinge zu stundenlangen Freiübungen und anstrengendem Dauerlauf zwang. Pierre Petit, »Schutzhäftling Nr. 2201«, berichtet über den »Frühsport« für die Kranken: »Der SS-Obersturmführer Dr. Jäger, mehr SS als Arzt, praktizierte mit fanatischem Eifer eine Luft-und-Sonne-Therapie eigener Konzeption und Erfindung. Zu diesem Zwecke mussten wir uns nach dem Zählappell – gleich, ob die Sonne brannte oder ein kalter Regen niederging – vollständig nackt ausziehen und zu einem schikanösen ›Frühsport‹ antreten, der regelmäßig in einen infernalischen Todesreigen ausartete.«

Ab August 1944 begann die SS, etwa 4000 Frauen aus Auschwitz und anderen Lagern des Ostens nach Bergen-Belsen zu verlegen. Als Reaktion auf den Vormarsch der Roten Armee folgten ihnen immer mehr Häftlinge. Die Zwangsarbeiterinnen sollten schließlich nicht dem Feind in die Hände fallen, denn das Deutsche Reich brauchte ihre Arbeitskraft noch für den »Endsieg«. Die Frauen mussten in Zelten hausen, die am Rand des Lagergeländes aufgestellt wurden, hinter den Baracken des Schuhkommandos. Die meisten blieben nur kurz in Bergen-Belsen, das jetzt neben allen anderen Funktionen auch zu einer »Arbeitsagentur für Zwangsarbeiterinnen« wurde, so der Bergen-Belsen-Historiker Thomas Rahe. Selbstverständlich gab es auch für diese neue Funktion eine amtliche Begründung. Die zuständige Abteilung D II des WVHA teilte mit, Bergen-Belsen sollte im Sommer 1944 »als Einweisungslager für sämtliche nichtjüdische Häftlinge dienen, damit die Eignungsprüfer der vielen Firmen, die Häftlinge haben wollten, nur noch nach Bergen-Belsen zu fahren brauchten und nicht mehr von einem Lager zum anderen«. Ein Teil der Frauen wurde zunächst in die Außenlager der Konzentrationslager Buchenwald, Neuengamme und Flossenbürg »vermittelt«.

Häftling Abel J. Herzberg aus dem Sternlager hatte beobachtet, wie die Insassen des Häftlingslagers die Zelte für die Frauen aufbauen mussten. Es waren elf große ehemalige Schützenfestzelte und sieben Zeltplanen, die so niedrig waren, dass die Frauen darin noch nicht einmal aufrecht stehen konnten. Am 15. August 1944 notierte Herzberg in sein Tagebuch:

»Die Männer, kaum bekleidet, viele barfuß, wurden im üblichen
Stil von ihren Kapos geprügelt. Es gibt wohl schwerlich eine größere Schande für die Menschheit als die Art, in der diese Häftlinge
zur Arbeit gezwungen werden. Sie müssen sich abquälen – nicht
wie Tiere, sondern wie Sklaven, und das ist sehr viel schlimmer.
[...] Der Kapo schlägt, mit einem Stock, mit einer Peitsche, mit einem Stück Gummi – und wenn er nichts anderes hat, mit seiner
Pfote. Er schlägt andauernd. Er schlägt, und er schreit. Der Häftling darf keinen Widerstand leisten und muß sich alles gefallen-
lassen. Würde er Widerstand zu leisten versuchen, käme er in den
Bunker, ohne Essen, bei noch härterer Arbeit; oder er würde gehängt. Sie setzen sich auch gar nicht zur Wehr, aber man sieht, daß
sie in den langen Jahren, die sie bereits gefangen sind, viel Ge-
schicklichkeit erworben haben, den Schlägen auszuweichen. [...]
Wir dürfen nicht mit ihnen sprechen. Wollten wir es versuchen,
so hätten wir schwerste Strafen zu befürchten. Reden bedeutet
KZ. Und KZ bedeutet: Abschied nehmen von hier.«

Am 23. August traf zum ersten Mal ein Transport mit 1000 Frauen
aus Auschwitz in Bergen-Belsen ein – ohne Gepäck, in zerlumpter
Kleidung, barfuß und mit kahlgeschorenen Köpfen. Auch mit diesen
neu eingetroffenen Frauen durften die Häftlinge der anderen Lagerteile in Bergen-Belsen keinen Kontakt aufnehmen. Walter Guttmann, der als Insasse des »Sternlagers« im Schuhkommando neben
den Zelten arbeiten musste, nutzte dennoch verbotenerweise die
Möglichkeit, eine der Frauen aus Auschwitz nach seinem Bruder Alfred zu fragen. »Da sagte sie ganz vorsichtig ›Wie alt war er?‹«, berichtet Guttmann. »›Zwölf‹ antwortete ich. Sie überlegte kurz, dann
sagte sie ›Ich muss dir etwas erzählen: Der war nie im Lager, denn die
Kinder von zwölf wurden sofort vergast.‹« Danach, sagt Walter
Guttmann, sei »dieses eine Mal« bei ihm der »Panzer aufgebrochen,
den wir um uns hatten. Wir haben einfach immer versucht, nicht an
das Schlimmste zu glauben«.
  Auch im »Sternlager« waren die Lebensbedingungen inzwischen
katastrophal. Weil die anderen Lagerteile ständig vergrößert wurden,
mussten die »Austauschjuden« aus Griechenland, Jugoslawien, Al-

banien, Frankreich, Nordafrika und vor allem Holland enger zusammenrücken. Teilweise harrten sie, wie auch Michael Gelber und seine Familie, jetzt schon seit mehr als einem halben Jahr in Bergen-Belsen aus. »Statt zwei gab es jetzt drei Etagen für die Betten«, erzählt Gelber, »statt allein schlief man jetzt zu zweit im Bett, statt 350 waren wir jetzt 700 Bewohner in der Baracke. Alles wurde geteilt, und deshalb gab es bald nicht mehr genug zu essen.« In dieser Zeit, sagt Gelber, seien »die Leute überall gestorben«. Sonni Schey ergänzt: »Wir hatten ständig Hunger, die Läuse und das Ungeziefer wurden immer schlimmer, und wir wurden zusammengepfercht. Im ganzen Lager lagen jetzt Leichen. Man konnte keinen Schritt mehr machen, ohne über Leichen zu stolpern.«

Dieser Alptraum steigerte sich im Lauf des Sommers 1944 zum Inferno. Hanna Lévy-Haas, eine kommunistische Widerstandskämpferin aus Jugoslawien, die sich auch am Partisanenkampf beteiligt hatte, war im Februar 1944 verhaftet und im Juli nach Bergen-Belsen deportiert worden. Am 4. September, kapp zwei Monate nach ihrer Ankunft, notierte sie in ihrem Tagebuch:

> »Unsere Baracke ist ein wahres Irrenhaus. Nur wenige sind imstande, sich zu beherrschen. Der geringste Zwischenfall gibt Anlaß zu wüsten Streitereien, zu Beleidigungen, Drohungen und Schmähungen. […] Welch ein Unglück, welch ein Unglück. Diese unglücklichen Gesichter, in denen Schrecken, Hunger und tierische Furcht zu lesen sind. Vor allem bei der Essensausgabe. Ein jeder muß selbst zusehen, wie er seine Schale zu zwei Dritteln füllt. Und mit einem großen Schöpflöffel wird der Kessel bis auf den Grund geleert. Welche Ausdrücke, welch ein vertierter Haufen, welche Tränen in den Augen jener, die fürchten, ihre Ration nicht zu erhalten. Die Panik angesichts der Unsicherheit: Ist der Kessel denn auch ganz voll oder nur halb?«

Gearbeitet wird weiterhin. Die offizielle Arbeitszeit im »Sternlager« der »Austauschjuden« beträgt 72 Stunden in der Woche, auch am Sonntag wird ein halber Tag gearbeitet – im Küchenkommando, im Stubbenkommando, im Schuhkommando oder in einem der anderen

Kommandos, die im Wesentlichen Arbeiten für den täglichen Gebrauch des Lagers leisteten. Auf die Einhaltung der Arbeitszeiten hatten die Häftlinge kein Anrecht, sie waren völlig der Willkür des jeweiligen Scharführers oder Kapos ausgesetzt. Die Kommandoführer konnten nach eigenem Ermessen Überstunden ansetzen und aus nichtigstem Anlass drakonische Strafen verhängen, die einer Folter gleichkamen.

Häftling Abel J. Herzberg berichtet am 29. August 1944 darüber in seinem Tagebuch:

»Jeden Augenblick bekommt die SS wieder einen Rappel und beginnt zu strafen: An-den-Zaun-Stellen. Dutzende, manchmal sogar Hunderte von Menschen müssen täglich zwischen viertel vor zwölf Uhr und halb ein Uhr am Zaun stehenbleiben (das bedeutet einen Arbeitstag von fast zwölf Stunden ohne Ruhepause) oder abends von halb sieben Uhr bis – bis der Scharführer genug hat: acht Uhr, neun Uhr, zehn Uhr, elf Uhr. Es haben Leute am Zaun gestanden ohne Jacke, während es kalt wurde, ohne Essen. Es ist verständlich, daß sie zusammenbrachen und eine Lungenentzündung mit Todesfolge davontrugen. Die SS grinst dazu nur. Sie ist zufrieden. Und warum wird man an den Zaun gestellt? Weil man die Hände in der Tasche hatte oder die Mütze nicht abnahm.«

Die Insassen des »Ungarnlagers« mussten nicht arbeiten. Von »seinem« Lager aus konnte Ladislaus Löb sehen, was in den anderen Lagerteilen vor sich ging, die alle mit Stacheldraht streng voneinander getrennt waren. Das gab ihm die Gelegenheit, die Lagerhierarchie zu studieren. »Da wir in den Augen der Deutschen zwar keine Menschen, aber immer noch eine einigermaßen wertvolle Ware waren, hatten wir es relativ gut«, berichtet Löb. Ähnliches habe auch für die etwa 250 Häftlinge im »Neutralenlager« und für das »Sonderlager« gegolten, das die verbliebenen 350 polnischen Juden mit Palästina-Zertifikaten beherbergte. Die rund 4100 »Austauschjuden« im »Sternlager«, bemerkte Löb, hätten es erheblich schwerer gehabt, wohl weil die Deutschen für sie »ein weniger großzügiges Lösegeld oder einen weniger lohnenden Austausch« erwartet hätten. Am schlimmsten aber seien die Insassen des Häftlingslagers behandelt worden, sagt Löb, die »systematisch durch Unterernährung und Überarbeitung umgebracht« worden seien. Yehuda Blum ergänzt: »Im Vergleich mit den Leiden der meisten Juden, auch denen in Bergen-Belsen, saßen wir in einem Fünf-Sterne-Hotel.«

Daraus spricht viel Demut. Alles ist relativ. Die Wanzen und Läuse machten keinen Unterschied zwischen den verschiedenen Häftlingskategorien, die sich die mörderischen Bürokraten der SS ausgedacht hatten, und die schlechte Verpflegung im Sommer 1944 bedeutete auch für die Häftlinge der »Kasztner-Gruppe« ein langsames Aushungern. Im Herbst und Winter wurde es dann noch schlimmer. An den Hunger mussten sich die Ungarn genauso schnell gewöhnen, wie alle anderen Insassen in Bergen-Belsen. »In den ersten Tagen fanden wir diese Suppe ganz ungenießbar«, erinnert sich Ladislaus Löb. »Wir ließen sie in den Behältern oder versuchten, sie an unsere Nachbarn im nächsten Lagerteil weiterzugeben. Aber mit der Zeit waren wir nur zu froh darum.« Edith Goldstein drückte es im Interview mit der Gedenkstätte so aus: »Am Anfang wollte keiner dieses Essen essen, das war für Schweine, nicht für Menschen. […] Nach einem Tag, zwei Tagen standen wir dafür schon Schlange.«

Gemäß den Bedingungen, die Kasztner und die Wa'ada in Budapest mit Becher und Eichmann ausgehandelt hatten, durften die Insassen des »Ungarnlagers« ihre interne Verwaltung selbst wählen. Die Befehle des Lagerkommandanten ergingen an die interne Führung und wurden von dort weitergegeben. Das war eine wesentliche Erleichterung gegenüber den anderen Lagerteilen, in denen meistens Kapos mit Ermunterung der SS ein Terrorregime führten. Die Mitglieder der »Kasztner-Gruppe« hatten das Recht, kulturelle und sogar religiöse Veranstaltungen abzuhalten. Männer und Frauen mussten in getrennten Räumen schlafen, die Familien hatten aber tagsüber die Möglichkeit, zusammen zu sein. Und nachts, berichteten Mitglieder der Gruppe später, wurde das Gebot der Geschlechtertrennung nicht allzu rigide gehandhabt. Alle zwei Wochen war Duschtag, wobei sich die Internierten nach dem Trauma von Linz, wie Löb ironisch anmerkt, »allmählich daran gewöhnten, dass tatsächlich Wasser aus den Duschköpfen floss«. Da sich in der Gruppe auch

Ärzte, Lehrer und andere Geistesarbeiter befanden, konnten im bescheidenen Rahmen die medizinische Versorgung und der Unterricht für die etwa 300 mitreisenden Kinder und Jugendlichen im »schulpflichtigen Alter« organisiert werden. Viele von ihnen waren durch Flucht und Internierung jahrelang nicht mehr in der Schule gewesen, manche überhaupt nie.

Trotz dieses Systems der Selbstverwaltung wollte die SS auf den täglichen Zählappell nicht verzichten. »Ein Alptraum!«, kommentiert Yehuda Blum heute. »Wenn ich an Bergen-Belsen denke, dann denke ich an das Zählen.« Etwa »150 Mal«, schätzt Ladislaus Löb, habe er die Prozedur während seines Aufenthaltes zusammen mit den anderen über sich ergehen lassen müssen, »als ob man dort hätte verschwinden können«. Jeden Morgen mussten die Insassen auf Befehl der diensthabenden SS-Offiziere die Baracken verlassen, sich in Fünferreihen aufstellen und so lange regungslos stehen bleiben, bis die Wachen mit dem Ergebnis zufrieden waren. »Das konnte zwei bis drei Stunden dauern«, berichtet Löb, »denn wenn sie sich verzählten, was oft genug geschah, fingen sie jedes Mal von vorne an.« Je nach Stimmungslage geschah das unter mehr oder weniger starken Beleidigungen und Flüchen. Löb: »Für mich bedeutet das Wort ›Zählappell‹ schmerzende Beine, gnadenlosen Nordwind durch durchnässte Kleider, ein wenig Angst und endlose Langeweile. Ais wir endlich in unsere Baracken zurückkehren durften, erwartete uns allerdings auch nicht viel mehr Gemütlichkeit.«

Dagegen nahmen es die Nazis mit der Staatsbürgerschaft der Internierten überraschenderweise nicht so genau. Niemand musste bei der Aufnahme ins Lager seine Identität mit einem Pass oder amtlichen Papieren nachweisen. Dabei sollte sich die Frage nach der Staatsbürgerschaft später als geradezu lebenswichtig erweisen. »Bei den Verhandlungen mit der SS hatte die Wa'ada uns alle als Ungarn dargestellt«, sagt Ladislaus Löb, »was angesichts der absurd legalistischen Verfahren der Deutschen mitten im willkürlichsten Terror ebenso grotesk wie entscheidend war.« In Wirklichkeit waren streng genommen mehr als ein Drittel der Gruppe keine Ungarn. Manche hatten wegen der ständigen Grenzverschiebungen, die es in der damaligen Zeit gegeben hatte, mehrere Staatsbürgerschaften. Andere waren als Flüchtlinge aus Nachbarländern ohnehin unter falschen Identitäten gereist. Vor allem in der großen Gruppe aus Siebenbürgen, zu der auch Izsó und Ladislaus Löb gehörten, fühlten sich viele als Rumänen und waren unsicher, welche Nationalität sie angeben sollten. »Mir selbst ist noch in Erinnerung«, sagt Löb, »wie mein Vater schwankte, bis er sich schließlich für Ungarn entschied. Ich weiß nicht, ob er wieder einfach Glück hatte oder sich überlegte, dass man in der Menge sicherer ist. Auf alle Fälle war dieser Entschluss einer der Faktoren, denen wir schließlich unser Leben verdankten.« Nur nicht auffallen. Die beste Überlebensstrategie.

Dass selbst ihre Bewacher von der SS lernfähig waren, erlebten die ungarischen Juden bei einem ihrer religiösen Rituale, einer Beschneidung. Sie fand während eines Fliegeralarms statt. »Viele schauten in großer Aufregung zu, wie das Kind an einem der gottverlassensten von Menschen geschaffenen Orte symbolisch den Bund mit Gott einging«, erinnert sich Ladislaus Löb, zu jener Zeit elf Jahre alt. Zufällig kam ein SS-Mann vorbei. Er gab Anweisung, die Zeremonie abzubrechen. Als man ihm deren Sinn erklärte, bat er um Entschuldigung und befahl: »Das ist eine heilige Handlung – weitermachen!« Beschneidung mit dem Segen der SS.

Yehuda Blum wurde in Bergen-Belsen 13 Jahre alt und feierte Bar Mitzwa. In einer improvisierten Synagoge musste er vor der versammelten Gemeinde eine Stelle aus der Torah lesen, diese kommentieren und eine Rede halten. Yehuda Blum sprach 50 Minuten. »Als ich meinen Abschnitt aus der Thora vorlas«, sagt Yehuda Blum, »benutzte ich die Formel: Nächstes Jahr in Jerusalem.«

Den meisten erschien das als eine zu kühne Prophezeiung.

Sie sollte sich erfüllen.

21.

BUDAPEST –
DIE »WARE« WIRD BEZAHLT

In Budapest sanken die Hoffnungen der SS auf den großen Deal
– »10 000 Lastwagen gegen eine Million Juden« – mit jedem Tag, an
dem Joel Brand nicht aus Istanbul zurückkehrte. Himmlers Menschenhändler, die SS-Obersturmbannführer Kurt Becher und Adolf
Eichmann, hatten die Hartnäckigkeit unterschätzt, mit der die Alliierten sich weigerten, über Verhandlungen mit den Nazis auch nur
nachzudenken. Es wäre auch, so zynisch das klingt, für Eichmann
langsam schwer geworden, eine Million Juden für den Austausch zur
Verfügung zu stellen. Auf der anderen Seite wurde klar, dass die
Westmächte den Verdacht hegten, das Angebot der Deutschen solle
nur dazu dienen, die Anti-Nazi-Koalition zwischen ihnen und der
Sowjetunion zu sprengen. Die Stimmung kippte – auch gegen Brand,
der nur der unglückselige Überbringer der Botschaft war. In England
wurde der Verdacht geäußert, er sei ein Spion der Nazis. Er befand
sich in einer verzweifelten Lage. Niemand konnte oder wollte verstehen, dass Brand in höchster Not handelte, und dass das Schicksal
Tausender ungarischer Juden von seiner Mission abhing.

Dabei lagen den Alliierten längst alle Informationen über die un-
geheuerlichen Verbrechen vor, die in Auschwitz und anderswo tagtäglich begangen wurden. Die Luftaufklärung der Briten und Amerikaner hatte längst detaillierte Fotos der Bahnlinien geliefert, die zu den
Vernichtungslagern führten. Auch die Lager selbst wurden aus der
Luft fotografiert. Inzwischen gab es keine Zweifel mehr, dass Vrbas
und Wetzlers »Auschwitz-Protokolle« und andere Häftlingsberichte
die grauenvolle Wahrheit des fabrikmäßigen Mordens in den Gas-

kammern so präzise wie nur möglich schilderten. Es nützte alles nichts. Am 20. Juni veröffentlichte die *Times* in London unter der Schlagzeile »Ein ungeheures ›Angebot‹« einen Beitrag über die Affäre:

> »Es war schon lange klar, dass die deutschen Machthaber angesichts der sicheren Niederlage alle ihre Bemühungen steigern würden, die Alliierten zu erpressen, zu täuschen und zu spalten. Mit ihrem neuesten Versuch [...] haben sie einen Gipfel der Fantasterei und Selbsttäuschung erreicht. Sie haben ein Angebot vorgelegt oder unterstützt, die noch lebenden ungarischen Juden gegen Kriegsmaterial auszutauschen. [...] Das ist eine der widerlichsten Geschichten dieses Krieges. Sie beginnt mit der vorsätzlichen Ausrottung und endet mit einem Erpressungsversuch. [...] Die britische Regierung weiß, was von solchen Angeboten der Deutschen zu halten ist. [...] Dieses deutsche ›Angebot‹ scheint nichts mehr als der untaugliche Versuch zu sein, Zwietracht unter den Alliierten zu säen.«

Es war nicht mehr zu leugnen: Brands Mission in Istanbul war gescheitert. Das Kriegsziel hieß eben nicht primär, die Juden zu retten, die sich noch in der Gewalt der Deutschen befanden, sondern Hitler-Deutschland in die Knie zu zwingen. »Wir riefen Istanbul wiederholt um Hilfe«, schreibt Kasztner in seinem Bericht. »Täglich drängten wir telegraphisch beim dortigen Komitee darauf, Brand zur Rückkehr zu bewegen.« Sie machten den Kollegen in Istanbul klar, dass das Fiasko in Budapest nur noch größer würde, wenn Brand nicht mehr zurückkäme. Zu jenem Zeitpunkt war Brand jedoch in britischer Haft und konnte nicht mehr zurück. Das jüdische Komitee in Istanbul bot deshalb als Verlegenheitslösung an, eines ihrer leitenden Mitglieder, M. Bader, nach Budapest zu entsenden. Eichmann akzeptierte den Vorschlag und bot an, ihn mit einem deutschen Kurierflugzeug abholen zu lassen. Kasztner teilte seinen Kampfgefährten telegraphisch den Zeitpunkt des Abfluges in Istanbul mit. Bader aber kam nicht.

»Vielleicht hat die Post mein Telegramm nicht weitergeleitet«, versuchte sich Kasztner bei Eichmann herauszureden. Daraufhin schickte das Deutsche Konsulat in Istanbul eine Einladung nach Budapest, direkt an Bader adressiert. Er kam wieder nicht, denn er hatte dazu gar keine Möglichkeit: Als palästinensischer Bürger durfte er ohne Erlaubnis der Briten nicht in deutsches Gebiet einreisen – und diese wurde ihm nicht gewährt.

Dafür erhielt Kasztner – über den diplomatischen Kurierdienst – am 7. Juli den Text des »Interimsabkommens«, das Brand schon Wochen zuvor angekündigt hatte. Es sollte die Zeit überbrücken, bis der große Deal mit den Lastwagen zustande käme. In Wahrheit versuchten die jüdischen Retter damit nur ein weiteres Mal, Eichmann und Becher hinzuhalten. Der Krieg war für die Deutschen verloren, das wussten auch Brand und seine Mitstreiter – und auf der anderen Seite zumindest Becher. Die Verhandlungen waren deshalb ein großer Bluff, mit dem Ziel von jüdischer Seite aus, Zeit zu gewinnen. Das »Interimsabkommen« enthielt das – fiktive – Angebot der Jewish Agency for Israel an die Deutschen, Lebensmittel und Geld für die Freilassung von ungarischen Juden, jeweils in Gruppen zu 10 000, ins Ausland zur Verfügung zu stellen. Mit dem Text des »Interimsabkommens« in der Hand ging Kasztner zu Becher und Eichmann, um ihnen die grundsätzliche Bereitschaft der Freunde im Ausland an einem umfangreichen Geschäftsabschluss zu beweisen. Dass sich die Forderungen der Deutschen in vernünftigem Rahmen halten sollten, verstand sich von selbst.

Becher erklärte sich seinerseits – die Einwilligung Himmlers vorausgesetzt – dazu bereit, die Verhandlungen wiederaufzunehmen. Kasztners Plan sah vor, einen Bevollmächtigten ins neutrale Ausland zu schicken, der nicht nur über das Schicksal der ungarischen, sondern über das Los aller Juden verhandeln sollte, die sich noch unter deutscher Herrschaft befanden. Die Gruppe in Bergen-Belsen sollte freigelassen werden, um die Verhandlungspartner zu besänftigen, schließlich sei der Fehlschlag von Brands Verhandlungen nur darauf zurückzuführen, dass Eichmann dieselben ungarischen Juden, die als »Tauschobjekte« dienen sollten, in Auschwitz vergasen ließ. Ferner verlangte Kasztner, dass die Deportationen der Budapester Juden eingestellt werden sollen.

Die Wa'ada unterrichtete ihre Partner in Istanbul von der neuen Entwicklung. Von dort kam die Antwort, man solle sich an Lissabon wenden. Vertreter des American Joint Distribution Committee und der Jewish Agency stünden dort für weitere Verhandlungen bereit. Eine entsprechende Bestätigung kam von Joseph Schwartz vom American Joint in Lissabon.

»Becher begann hierauf, Reisevorbereitungen zu treffen«, schreibt Kasztner in seinem Bericht. »Wir sollten per Auto nach Stuttgart fahren, um von dort nach Lissabon zu fliegen. Über die Reise war er sehr erfreut. Ich machte ihn darauf aufmerksam, dass einstweilen die Weiterreise unserer Juden aus Bergen-Belsen gesichert werden müsste.« Becher hatte Bedenken. Laut Kasztner entwickelte sich dann folgender Dialog:

> »›Was geschieht aber‹, bemerkte er [Becher, Anm. d. A.], ›wenn ich die Gruppe herauslasse und dann mit leeren Händen aus Lissabon zurückkommen muß?‹
>
> ›Aber Sie sagten doch immer, die Gruppe werde unabhängig von jeder weiteren Verhandlung ausreisen dürfen.‹
>
> ›Ja – wissen Sie –, auf alle Fälle wollen wir einmal dieses Konto abschließen.‹«

Für Kasztner war klar, was Becher bezweckte. Er wollte den Preis hochtreiben. Er stritt mit Kasztner über die Frage der »Bezahlung« für den Transport der 1684 Auserwählten. Bei einem »Pro-Kopf-Preis« von 1.000 Dollar, wie er ursprünglich vereinbart worden war, hätte die ganze Gruppe 1.684.000 Dollar gekostet, was nicht schwer auszurechnen war. Uneinigkeit herrschte jedoch darüber, ob die Summe bereits als bezahlt zu betrachten sei. Kasztner und sein Komitee waren der Meinung, mit dem abgegebenen Bargeld, dem Schmuck und den Wertpapieren hätten sie ihre Verpflichtungen mehr als erfüllt. Becher war da anderer Ansicht.

Wieder musste geschachert werden. Kasztner berichtet über den weiteren Fortgang der Gespräche:

> »Die Aufgabe, eine ›Aufstellung unserer Leistungen‹ auszuarbeiten und die Verrechnung der Bergen-Belsen-Gruppe – 1684 Menschen zu 1.000 Dollar pro Kopf – mit aktivem Saldo zu unseren

Gunsten abzuschließen, übernahm unser Komiteemitglied, der kommerziell versierte Ingenieur Andreas Biss; die damit zusammenhängenden Finanz- und Handelsoperationen wurden ihm ebenfalls anvertraut.

Seit der Besetzung hatten wir den Deutschen gegenüber manches geleistet! Millionen von Pengö waren bezahlt und riesige Vermögenswerte abgeliefert worden. Die Frage, ob die Bergen-Belsen-Gruppe als ›abgerechnet‹ gelte oder nicht, hing davon ab, wie man die Pengö in Dollar umrechnen, die Juwelen bewerten würde. Ingenieur Biss hatte mit Becher und dessen Adjutanten darum zu kämpfen, daß die Pengö zum offiziellen Kurs (4,25 Pengö = ein Dollar) und nicht zum Kurs des Schwarzen Marktes (30 bis 40 Pengö = ein Dollar) umgerechnet würden. Auch die Juwelen sollten den inzwischen angestiegenen Preisen angepasst werden.

Der Streit um diese Punkte ging eigentlich bis zum Schluß der Aktion weiter. Wir bestanden darauf, daß die 1.684.000 Dollar schon längst überzahlt worden seien. Becher bestritt es; er machte jedoch einen ›Kompromiß-Vorschlag‹. Er könne sich nicht nur mit Zahlungen begnügen; die ursprüngliche deutsche Forderung laute auf Waren, und zwar auf kriegswichtige Waren. Er würde auch mit ›harmloser‹ Ware zufrieden sein; aber dem Prinzip zuliebe sollte es Ware sein. Dann wäre er bereit, die Bergen-Belsen-Gruppe als abgerechnet zu betrachten. Wir unternahmen nun Anstrengungen, diesem Wunsch Bechers zu entsprechen.«

Zu Beginn half einmal mehr ein Bluff. Diesmal kam er aus der Schweiz. Die jüdischen Unterhändler legten Becher einige Dokumente vor, wonach in der Schweiz bereits Bürgschaften für den Gegenwert von 30 Traktoren hinterlegt worden seien. Kasztner: »Wir zogen diese Traktoren als ›bereits geliefert‹ gleich in unsere Verrechnung ein. Sie sollten symbolisch die Istanbuler Lastautos ersetzen.« Aber, so Kasztner, »sie haben niemals die Schweiz verlassen.« Slowakische Geschäftsfreunde boten zwei Waggons Schaffelle ab Pressburg an. Sie wurden ebenfalls in die Aufstellung der »geleisteten Zahlungen« übernommen – doch auch sie wurden nie übergeben. Tatsächlich aber wurden 15 Tonnen Kaffee an Becher als Leiter des

SS-Wirtschaftsstabes geliefert. »Das war wichtig; es hatte symbolische Bedeutung«, kommentierte Kasztner. Der Kaffee habe schon in der ursprünglich nach Istanbul geschickten Wunschliste gestanden. Kasztner schreibt weiter: »Der Kaffee stand seit Monaten im Budapester Freihafen; er war schon ein wenig muffig geworden. Becher ließ ihn in Wien waschen; 20 Prozent des Verrechnungspreises wurde uns in Abzug gebracht. Die Kaufsumme für den Kaffee wurde uns vom Joint zur Verfügung gestellt.«

Die 1684 Gefangenen in Bergen-Belsen waren damit also »bezahlt«. Ein Ticket nach Palästina hatten sie deshalb aber noch lange nicht. Eichmann hatte Bedenken. Er sah in der Gruppe ein wertvolles Pfand und meinte, hier handle es sich um Juden, die für das Ausland besonders wichtig seien und mit denen weiterer Druck auf die jüdischen Organisationen ausgeübt werden könne. Plötzlich zeigte sich ausgerechnet der Chefhenker um das Leben der 1684 Juden »besorgt«. Ursprünglich hätten sie über das besetzte Frankreich nach Spanien fahren sollen, doch die Alliierten rückten zu dieser Zeit schon auf Paris vor. Die deutschen Verbindungslinien hinter der Front wurden ständig bombardiert.

»Was geschieht«, wollte Eichmann von Kasztner wissen, »wenn der Zug von einer englischen oder amerikanischen Bombe getroffen wird oder wenn er unterwegs steckenbleibt? Oder glauben Sie, dass das Reich jetzt nichts anderes zu tun hat, als ausgerechnet Juden zu schützen?« Daraufhin Kasztner: »Ich sagte ihm, er möge die Gruppe nur fahren lassen. Für das Risiko übernähmen wir jede Verantwortung. (Ich fragte mich aber, ob Eichmann nicht mit dem Gedanken spielte, den Zug in die Luft sprengen zu lassen und die Schuld dann auf alliierte Bombenangriffe zu schieben.) Immerhin warf ich den Gedanken auf, die Gruppe solle vielleicht den sicheren Weg in die Schweiz antreten. Das wollte sich Eichmann noch überlegen.«

Inzwischen setzte Eichmann den Krieg gegen das vom ungarischen Staatschef Horthy am 7. Juli erlassene Verbot der Deportationen mit der »Besessenheit eines Wahnsinnigen« fort, wie Kasztner notierte. Er verschwor sich mit den radikalen Antisemiten Láslo Baky und Láslo Endre im Kabinett von Ministerpräsident Döme Sztójay. Mit ihrer Hilfe versuchte er am 14. Juli, etwa 1500 Juden aus dem Internierungslager von Kistarcza außer Landes zu schmuggeln und nach Auschwitz deportieren zu lassen. Der Judenrat konnte die Kabinettskanzlei Horthys noch rechtzeitig verständigen, und der Zug wurde zurückbeordert. Ein paar Tage später wurden die Juden in Kistarcza aber dennoch deportiert. Damit Horthy nicht informiert werden konnte, ließ Eichmann die Mitglieder des Judenrates in sein Hauptquartier im *Hotel Majestic* kommen und hielt sie bis zur Abfahrt des Transports bei sich fest. Mit der gleichen Methode wurde am selben Tag ein weiteres Lager geräumt, so dass binnen wenigen Tagen 30 000 Juden aus dem Westen Ungarns den Weg nach Auschwitz. Anschließend wollte man mit den Deportationen aus den Außenbezirken Budapests beginnen.

Unterdessen wurden Kasztners und Bechers Reisepläne umgeworfen. Der Vertreter des American Joint, Joseph Schwartz, sagte die Zusammenkunft per Telegramm ab. »Diese Absage«, berichtet Kasztner, »drohte unsere Arbeit wieder auf einen toten Punkt zu bringen.« Allerdings wäre die Reise nach Lissabon ohnehin nur ein neuer Beweis für die Ohnmacht der jüdischen Retter gewesen, da auch Schwartz ohne Unterstützung der Alliierten mit leeren Händen dagestanden hätte. Erst viel später erfuhr Kasztner den Grund für Schwartz' Absage: Als amerikanischer Staatsbürger durfte er sich nicht mit einem deutschen SS-Offizier treffen.

Becher erfuhr von dieser Absage zunächst nichts, hatte aber nach Warnungen der Gestapo, er könne dort festgenommen und als Geisel zurückbehalten werden, seinerseits Bedenken, nach Lissabon zu reisen. Aus Sicherheitsgründen schlug er vor, das Treffen an der spanisch-französischen Grenze abzuhalten, in Biarritz. Von Schwartz erhielt Kasztner den Namen eines neuen Ansprechpartners in der Schweiz, Saly Mayer. Da Becher seine eigene Sicherheit in der Schweiz als nicht gefährdet ansah, willigte er ein und flog zu Himmler, um ihm Bericht zu erstatten.

Die Wa'ada hatte Mayer schon am 25. April, wenige Wochen nach dem Einmarsch der Deutschen, über die Verhandlungen mit der SS informiert und den »Joint« um zwei Millionen Dollar gebeten, falls ein Geschäft mit den Nazis zustande käme. Am 4. Mai hatte Mayer geantwortet: »Die Deutschen müssten aber zunächst deutliche Beweise dafür liefern, dass sie sich auf dem Weg der Besserung befinden, besonders die Deportationen aus Frankreich abstellen.« Das wiederum veranlasste Kasztner zu dem sarkastischen Kommentar: »Mit anderen Worten: Wir sollten den Nazi-Lausbuben bessere Manieren beibringen, dann wäre er bereit zu helfen.«

Am 2. August kehrte Becher aus Berlin zurück und ließ Kasztner zu sich kommen. In seinem Bericht schreibt er über das Treffen mit Becher:

> »Strahlend erklärte er, der ›Reichsführer-SS‹ sei auch weiterhin bereit, Juden gegen Warenlieferungen auswandern zu lassen. Seine einzige Bedingung bestünde darin, daß die Juden nicht in Europa blieben, da ›der Reichsführer‹ nicht wünsche, daß ›nach dem Krieg auch nur ein einziger Jude in Europa existiert‹. Hier machte Becher eine kurze Pause, dann fuhr er fort: ›Himmler gab auch seine Zustimmung zur Weiterreise der ungarischen Juden aus Bergen-Belsen. Zunächst werden zwar nur 500 ins neutrale Ausland fahren dürfen. Der Rest kommt aber auch bald an die Reihe. Besprechen Sie die Einzelheiten mit Eichmann. Er weiß schon Bescheid.‹«

Himmler wähnte sich also anscheinend tatsächlich in der Lage, den Alliierten ein halbes Jahr vor dem Untergang des »tausendjährigen Reiches« noch Bedingungen stellen zu können. Immerhin war die Erlaubnis zur Ausreise ein positives Zeichen. Eichmann teilte Kasztner noch am selben Tag mit »sichtbarem Verdruß« (Kasztner) mit, er habe vom »Reichsführer-SS« den entsprechenden Befehl erhalten. Er laute auf 500 Personen, aber das sei keine fixe Zahl. Es könnten auch etwas mehr oder weniger sein. Gleichzeitig stellte Eichmann klar, er werde den Befehl zur Ausreise nur dann erteilen, wenn ein Termin für das erste Treffen zwischen Becher und den »Vertretern des Weltjudentums« festgesetzt worden sei. Kasztner fragte zurück, was mit den übrigen geschehen sollte, die in Bergen-Belsen zurückblieben. Eichmann erklärte, prinzipiell könnten sie in einigen Wochen den anderen folgen. Er werde hierzu aber nur dann seine Zustimmung erteilen, wenn Joel Brand vorher aus Istanbul zurückgekehrt sei. »Es ist nicht meine Gewohnheit, Juden mit deutschen Kurierflugzeugen auswandern zu lassen«, sagte er in Anspielung auf Brands Reise zu Kasztner.

Was die Auswahl der 500 Personen in Bergen-Belsen betraf, sollte Kasztner den »Judenältesten« der Gruppe entsprechend instruieren. Für diesen Zweck, erklärte Eichmann, werde sein Mitarbeiter Krumey einen von Kasztner geschriebenen Brief mitnehmen. Kasztner: »Ich fragte ihn schließlich, ob auch meine Familienmitglieder mitfahren dürften. ›Aber selbstverständlich‹, antwortete Eichmann.« Gegenüber einem Befehl Himmlers war Eichmann machtlos. Er musste die Gruppe fahren lassen. »Dafür rächte er sich in der Weise«, berichtet Kasztner, »daß er keinen einzigen Punkt unserer Vereinbarung einhielt.«

In Bergen-Belsen registrierte man bei der »Kasztner-Gruppe«, dass die Dinge in Bewegung geraten waren. »In unserer Ungeduld lasen wir die unbedeutendsten Ereignisse als Hoffnungszeichen«, sagt Ladislaus Löb. Eines Tages im August holte ein SS-Mann die Kartei mit den Namen aller ungarischen Internierten ab. Am nächsten Tag erschien Lagerkommandant Adolf Haas mit zwei Zivilisten im Ungarnlager und informierte die interne Leitung der Gruppe, darunter auch Kasztners Schwiegervater József Fischer, dass die Abreise bevorstünde. »Darauf versuchte jeder fieberhaft, Beziehungen anzuknüpfen, Protektion zu suchen oder sonstwie eine Berechtigung geltend zu machen, um vor allen anderen freigelassen zu werden«, sagt Löb. »Aber die Zeit verging und nichts geschah.«

Doch dann ging alles sehr schnell. Am 16. August wurde die Gruppe überraschend zum zweiten Zählappell des Tages befohlen. »Mit Windeseile verbreitete sich die Nachricht: ›Krumey ist hier. Wir fahren‹«, berichtet Löb. »Es stimmte bis zu einem bestimmten Punkt.« Krumey hatte das Schreiben Kasztners an die Leitung der Gruppe dabei. Darin bat Kasztner seinen Schwiegervater, die Plätze proportional unter den verschiedenen Kategorien zu verteilen, nach denen der gesamte Transport in Budapest zusammengestellt worden war. Unter anderem schrieb Kasztner: »Der chaluzischen Jugend, den Orthodoxen und den Klausenburgern muß eine ihrer zahlenmäßigen Beteiligung entsprechende Quote gesichert werden. Dasselbe gilt freilich für die Zionisten auch.« Es folgen die Aufzählung mehrerer

Familien sowie weitere Hinweise: »Ihr solltet diejenigen nicht vergessen, die zur Verpflegung und Ausrüstung des Transportes beigetragen haben [...] Familien mit kleinen Kindern werden bevorzugt.«

»Hermann Krumey war tatsächlich angekommen und stand vor uns, von einigen anderen SS-Offizieren und unseren eigenen Führern flankiert«, berichtet Löb, »mit einer Liste in der Hand.« Diese Liste war zuvor in Eichmanns Abteilung IV B 4 im Reichssicherheitshauptamt aufgrund der Vorschläge Kasztners zusammengestellt worden. Eichmann hatte aus Budapest Anweisung gegeben, die Zahl der Ausreisegenehmigungen von 500 auf 300 zu reduzieren, und verfügt, dass Kasztners Familie in Bergen-Belsen bleiben müsse – beides teilte er Kasztner aber nicht mit. Eine weitere Anweisung war: »Möglichst wenig wehrfähige, damit sie gegen die Deutschen nicht eingesetzt werden können.«

So blieben 300 Namen übrig, die Krumey von einem Mitglied der jüdischen Lagerleitung verlesen ließ. Die Liste sei viel schneller zu Ende gegangen, sagt Ladislaus Löb, »als wir es gewünscht hätten«. Sofort wurde Krumey von Hunderten belagert, die ihn beschworen, sie auch noch zu berücksichtigen. Da die Deutschen es mit der Identifikation nicht zu genau nahmen, konnten mehrere Personen auf der Liste durch andere ersetzt werden. »Es gab bewundernswerte Selbstopfer und auch bittere Konflikte«, sagt Ladislaus Löb. Schließlich wurden aus den ursprünglichen 300 mit Krumeys Einverständnis 318 Personen.

»Während die Glücklichen sich zur Reise bereit machten, standen wir übrigen dabei und beneideten sie«, berichtet Löb. Die meisten ließen alles, was sie an Lebensmitteln, Zigaretten, Medikamenten und Kleidern entbehren konnten, für die anderen zurück. Einige waren entschlossen, bis zur letzten Brotkrume und zum letzten Faden alles mitzunehmen, was sie hatten. »Allmählich hörten die Abfahrenden auf, sich zu entschuldigen und ihre Freude zu verbergen. Und die Zurückbleibenden wünschten, dass sie schon abgefahren wären«, kommentiert Löb.

Am Nachmittag des 18. August marschierten die 318 auf der gleichen Straße davon, die sie sechs Wochen zuvor zum Lager gebracht hatte. Die Fahrt in Viehwaggons sollte zweieinhalb Tage dauern, bevor sie am 21. August die Schweizer Grenze bei Basel überqueren konnten. Sie wurden für drei Wochen im leerstehenden *Hotel Bellevue* in Montreux untergebracht und dann nach Les Avants verfrachtet. Im November wurden die meisten in verschiedene Flüchtlingsheime in der Schweiz eingewiesen, während einige, die Geld hatten, Privatwohnungen beziehen konnten.

Die Zurückgebliebenen waren hin- und hergerissen zwischen Erleichterung, dass es für einige tatsächlich einen Weg in die Freiheit gegeben hatte, und völliger Verzweiflung. Yehuda Blum bezeichnet es als »eines der traumatischsten Erlebnisse meines Lebens«, als er in Bergen-Belsen zurückbleiben musste. Er habe das Gefühl gehabt, »irgendwie zum Tode verurteilt worden zu sein«.

Krumey hatte vor seiner Abreise aus Bergen-Belsen noch versprochen, dass auch der Rest der Gruppe in wenigen Wochen fahren würde. Aber zunächst passierte nichts. »Was mich angeht«, sagt Ladislaus Löb, »ich befahl mir selbst dauernd, geduldig zu sein, und zitterte manchmal buchstäblich vor Ungeduld und hilflosem Zorn.«

22.

BUDAPEST –
EINE ATEMPAUSE

In Budapest zog Kasztner eine bittere Zwischenbilanz: Nach monatelangen Bemühungen waren 318 Menschen in Sicherheit. Ein großer Erfolg! Sie waren die ersten aus dem von Hitler gejagten jüdischen Volk, die als größere organisierte Gruppe vor den Augen der Welt die Grenzen eines neutralen Staates überschritten. Aber in genau jener Zeit, in der er mit Brand und den anderen Mitgliedern des jüdischen Hilfs- und Rettungskomitees mit Eichmann und Becher um die Ausreise dieser kleinen Gruppe gerungen hatte, zwischen Mitte Mai und Anfang Juli 1944, ließen die »Verhandlungspartner« nahezu eine halbe Million ungarischer Juden nach Auschwitz deportieren und ermorden. Und noch immer war es der kleinen Gruppe der Wa'ada nicht gelungen, direkte Verhandlungen zwischen den Westmächten und den Nazis anzustoßen. Denn das war eigentlich das große Ziel gewesen, weil von Anfang an klar war, dass der politische und finanzielle Hintergrund einer großangelegten Rettungsaktion nur durch die Verbindung mit dem Ausland geschaffen werden konnte. »Unaufhörlich«, berichtet Kasztner, stellte man den Deutschen solche Verbindungen in Aussicht, denn vor allem daran »knüpften sich die letzten Hoffnungen einer dem Tod geweihten Gemeinschaft, die nur noch durch ein Wunder gerettet werden konnte«. Kasztner fügt hinzu:

> »Das Wunder geschah nicht. Nicht nur, daß die Erfüllung der (an und für sich kannibalischen) deutschen Forderungen abgelehnt wurde: Auf westlicher Seite wurde nicht einmal der Versuch un-

ternommen, die unerfüllbare Forderung durch andere Gedanken
zu ersetzen oder aus diesem Vorschlag propagandistisches Kapital
zu schlagen.«

Joel Brands Mission in Istanbul war gescheitert. Als nach der Abfahrt
der »Kasztner-Gruppe« nach Bergen-Belsen immer noch keine Antwort aus Istanbul vorlag, wurden in den ersten Julitagen etwa 30000
Juden aus Westungarn nach Auschwitz deportiert, danach sollten
Deportationen aus Außenbezirken Budapests folgen. Das verhinderte Ungarns Staatschef Horthy, der die Aussetzung der Deportationen verfügte. Aber Kasztner und seine Mitstreiter wussten, dass
das nur eine kurze Atempause bedeuten konnte, zumal Eichmann
das Deportationsverbot bereits unterlaufen hatte. Zur Vernichtung
der Budapester Juden reichten die deutschen Kräfte leicht aus. »Unsere Gedanken drehten sich aber nicht nur um die Juden Budapests«,
schreibt Kasztner. »Auch nicht nur um unsere 15000 in Österreich,
von denen wir wußten, daß es ihnen verhältnismäßig nicht schlecht
ging. Im deutschen Machtbereich mußte es noch viele Juden geben,
in den noch besetzten Gebieten, im Reich selbst, seinen Arbeits- und
Konzentrationslagern.« Kinder, Kranke und Alte waren nicht mehr
am Leben, das war die bittere Realität, aber man wusste natürlich
auch, dass es außer Theresienstadt und Bergen-Belsen noch viele andere Konzentrationslager gab, in denen Häftlinge aus ganz Europa
hinter Stacheldraht vegetierten: Dachau, Buchenwald, Mauthausen,
Oranienburg, Ravensbrück, Neuengamme. »Die elenden Reste einer
Gemeinschaft von über sieben Millionen Menschen«, nannte Kasztner die Häftlinge in den Konzentrationslagern, und er fragte sich:
»Wie viele von ihnen würden noch leben? Einige Hunderttausend?
Vielleicht eine Million? Seit 1940 hat man die Zahl der europäischen
Juden immer niedriger einschätzen müssen, man war solch schreck-
licher Mathematik schon müde.«

Kasztner warf für sich auch die Frage auf, die nach dem Krieg
oft gestellt wurde und möglicherweise nie zufriedenstellend beantwortet werden konnte: Warum haben die Alliierten die Bahnlinien
in die Vernichtungslager nicht zerstört? »Die systematische Bombardierung von zwei bis drei Bahnknotenpunkten hätte den ganzen De-

portationsplan umgeworfen und vielleicht Hunderttausenden das Leben retten können«, schreibt Kasztner. Eine Hoffnung, die damals viele hatten, wenn sie die alliierten Bomber am Himmel über Deutschland oder den besetzten Gebieten auftauchen sahen.

Kasztner stellt in seinem Bericht fest: »Die Ausrottung der Juden in diesem Krieg bedeutete für die Alliierten von seinem Beginn an kein militärisches oder politisches Problem ersten Ranges; im Finale handelte es sich höchstens um eine Episode. War außer uns, die wir unmittelbar davon betroffen waren, noch jemand an dieser Episode interessiert?«

Eine Rettung im größeren Stil scheiterte letztlich auch am Desinteresse der westlichen Alliierten. Das sah nicht nur Kasztner so. »Die Welt stand diesem Phänomen jedoch wie hypnotisiert gegenüber«, urteilt er. »Jahrelang wollte sie an das Ausmaß der Judenvernichtung nicht glauben. In den alliierten Ländern sahen die jüdischen Massen selbst der Vernichtung fast ebenso erstaunt zu, ebenso ohnmächtig und gelähmt, wie ihre Brüder das Schicksal über sich ergehen ließen, das sie erwartete.«

Obwohl sie nichts wirklich in der Hand hatten, was sie den Nazis anbieten konnten, sahen die jüdischen Retter in Budapest keine Alternative zu weiteren Gesprächen mit Eichmann und vor allem mit Becher, der die »finanzielle« Seite der Verhandlungen mehr und mehr an sich gezogen hatte. »Durch den Kontakt mit Becher wurde ein wenn auch schmaler Weg in dieser Richtung geöffnet«, schreibt Kasztner: »Um ihn zu verbreitern, reichten unsere Kraft, unsere Budapester Zahlungen und Lieferungen allein nicht aus.«

Zum Glück waren sie nicht ganz allein in Budapest. Nach der Abfahrt der »Kasztner-Gruppe« nach Bergen-Belsen waren die »Bevorzugtenlager« in der Kolumbusz-Gasse und in der Arenastraße nicht geschlossen worden. Es gelang Helfern, eine kleinere Anzahl von ungarischen Juden mit Palästina-Zertifikaten dort unterzubringen. Darüber hinaus wurden Besitzer von schwedischen oder spanischen Schutzpässen im sogenannten »internationalen Ghetto« oder in den vom Internationalen Roten Kreuz eingerichteten Häusern einquartiert. Der schwedische Diplomat Raoul Wallenberg hatte über 30 solcher »Schutzhäuser« in Budapest zur Verfügung gestellt, zum Teil unter Tarnbezeichnungen wie »Schwedische Bibliothek« oder »Schwedisches Forschungsinstitut«. Gleichzeitig kämpfte Wallenberg mit beispiellosem Engagement für die Ausreise der etwa 4500 Inhaber schwedischer Schutzpässe, die ihre Besitzer als schwedische Staatsbürger auswiesen, denen kriegsbedingt die Rückkehr in ihr Heimatland unmöglich war.

Wallenberg war praktisch »immun«, er konnte die Schutzpässe in Budapest großzügig verteilen. Eichmann musste sie zu seinem großen Ärger anerkennen und durfte auch gegen Wallenberg persönlich nicht vorgehen. Himmler selbst hielt seine schützende Hand über ihn. Wallenberg entstammte einer der reichsten Familien Schwedens, sein Onkel war ein einflussreicher Bankier mit weitreichenden Kontakten, die Himmler für seine Gespräche mit den Alliierten über einen Separatfrieden zu nutzen hoffte. Eichmann drohte dennoch, den »Judenhund Wallenberg« erschießen zu lassen. Das zog einen offiziellen Protest Schwedens nach sich.

Ohnehin hatte sich die politische Lage in Ungarn zwischenzeitlich gegen die Deutschen gewendet. Horthy wollte den schwierigen »Verbündeten« Deutschland loswerden, den »schweren Absprung von der Achse« versuchen, wie Kasztner es ausdrückte. Der Innenminister, der mit den Deutschen gemeinsame Sache gemacht hatte, musste gehen. Die beiden rechtsradikalen Staatssekretäre Endre und Baky, die Eichmanns willigste Vollstrecker bei der Verfolgung der ungarischen Juden waren, blieben auf deutschen Druck hin noch auf ihren Posten, wurden jedoch weitgehend entmachtet. Ministerpräsident Sztójay, den die Deutschen bei ihrem Einmarsch eingesetzt hatten, »erkrankte« unter mysteriösen Umständen und dankte bald ab. General Géza Lakatos wurde sein Nachfolger, wenn auch nicht für lange Zeit. Ein paar Wochen lang verfolgte die Regierung unter Lakatos eine gemäßigte antisemitische Linie. Mit der Einstellung der Deportationen war die Verfolgung etwas abgemildert worden. Juden wurden weiterhin ergriffen und gefoltert oder getötet, aber es gab keine Massenmorde mehr. Lakatos sollte im Auftrag Horthys vollenden, was dieser einige Monate zuvor schon einmal erfolglos versucht hatte: Ungarn durch einen geheimen Waffenstillstand mit den Westalliierten aus dem Krieg ausscheiden zu lassen. Um es vorweg zu nehmen: Die Deutschen ließen sich diese Aufmüpfigkeit der Ungarn nicht lange gefallen.

Ministerpräsident Lakatos war es, der in einer kurzen Aufwallung von Souveränität auf Anweisung Horthys die Deportationen offiziell stoppen ließ. Nach Eichmanns ursprünglichem Plan wäre Budapest bereits Mitte Juli »judenrein« gewesen. Alle 200 000 Budapester Juden wären in Auschwitz ermordet worden. Die permanente Todesdrohung war zunächst gebannt, aber niemand zweifelte daran, dass die Deutschen alles daran setzen würden, die Deportationen schnellstmöglich fortzusetzen.

Im Alltag gab es jetzt einige Erleichterungen für die Budapester Juden. Die Ausgeherlaubnis wurde um zwei Stunden auf 13 bis 17 Uhr statt von 13 bis 15 Uhr verlängert. Horthy enthob einige bekannte jüdische Persönlichkeiten des wirtschaftlichen, kulturellen und politischen Lebens vom gesetzlichen Zwang, den gelben Stern zu tragen. Die Regierung erkannte die 4500 von Wallenberg ausgestellten Schutzbriefe an und befreite auch die Eigentümer dieser Papiere vom Tragen des gelben Sterns. Gleiches geschah mit weiteren 7800 Schutzbriefen, die vom Schweizer Gesandten in Budapest, Carl Lutz, auf der Grundlage von Palästina-Zertifikaten ausgestellt worden waren. Die diplomatischen Vertretungen der übrigen neutralen Staaten wurden daraufhin mutiger und gaben ebenfalls Schutzbriefe aus. Damit standen 25 000 Juden unter dem Schutz des Vatikans, Portugal beschützte etwa 700 Juden mit portugiesischen, Spanien 100 Juden mit spanischen Schutzpässen. Das von US-Präsident Roosevelt ins Leben gerufene War Refugee Board beantragte, die Ausreise jüdischer Kinder unter zehn Jahren freizugeben.

Die Deutschen versuchten absurderweise, ihre Zustimmung zur Bewilligung solcher Ausreiseanträge von einer Fortsetzung der Deportationen abhängig zu machen. So schrieb der deutsche Außenminister Ribbentrop in einem Telegramm vom 10. Juli 1944 an die Gesandtschaft in Budapest:

»[D]er Führer [hat] auf meinen Vorschlag entschieden [...], der ungarischen Regierung in der Frage der ausländischen Angebote für den Abtransport von Juden ins Ausland entgegenzukommen.

Den [...] gemachten Anerbietungen der schwedischen, schweizerischen und USA-Regierung kann also entsprochen werden, wobei wir annehmen, daß die betreffenden Regierungen die in ihren Angeboten bezeichneten Judengruppen in ihre Länder, also nach Schweden, die Schweiz und USA übernehmen werden. Eine Überführung der Juden nach Palästina wäre im Hinblick auf unsere Politik gegenüber den Arabern, wenn irgend möglich, zu vermeiden. [...] Wir können uns zu diesem Entgegenkommen jedoch nur unter der Voraussetzung entschließen, daß der vom Reichsverweser vorübergehend gestoppte Abtransport der Juden ins Reich nunmehr sofort und schnellstens zu Ende geführt würde.«

Weiterhin teilte Ribbentrop der deutschen Gesandtschaft mit, dass die Dienststellen der SS auf Weisung des Führers bei der »Endlösung der Judenfrage« nicht über das Mindestmaß der gegebenen Zusagen hinausgehen sollten, sofern dies nicht politisch unumgänglich sei. Damit war offiziell nur noch die Ausreise in ein neutrales Land oder einen verbündeten Staat möglich. Einer Ausreise nach Palästina widersetzten sich die Nazis auch wegen ihrer Verpflichtungen gegenüber ihrem großen arabischen Freund, dem Großmufti von Jerusalem. Da die meisten der »geschützten« Budapester Juden – wie auch die Mitglieder der »Kasztner-Gruppe« in Bergen-Belsen – über Palästina-Zertifikate verfügten, war deren Ausreise somit akut gefährdet. Dies war einer der Gründe, weshalb noch immer 1368 von ihnen im »Ungarnlager« in Bergen-Belsen festgehalten wurden. Himmler wiederholte das Verbot einer Ausreise nach Palästina mehrmals und schlug stattdessen den Weg über das Reichsgebiet nach Westeuropa vor. Das wäre allerdings im Juli 1944 keine sichere Reise mehr gewesen.

Der deutsche Gesandte in Ungarn, Edmund Veesenmayer, überreichte Horthy Mitte Juli eine Note, in der die Deportation der noch verbliebenen rund 200000 Budapester Juden in ultimativer Form gefordert wurde. Begründung: Da Horthy die Behandlung der Judenfrage formell den Deutschen überlassen hätte, bedeute die Aussetzung der Deportationen einen Vertragsbruch. Außerdem sei angesichts der militärischen Lage die Anwesenheit einer großen Anzahl von Juden in der Hauptstadt »untragbar«. Horthy beantwortete das Ultimatum am 25. Juli. Er vesuchte es mit Beschwichtigungstaktik, indem er seine Bereitschaft erklärte, die Juden aus Budapest zu entfernen. Er bestand allerdings auf ihrem Verbleiben innerhalb der ungarischen Grenzen.

Das war für die Deutschen keine akzeptable Lösung. Der große Plan der »Endlösung« musste vollendet werden, das war für Hitler und die Hardliner im Reichssicherheitshauptamt wie Kaltenbrunner, Müller und auch Eichmann das letzte wichtige Ziel dieses Krieges. Man hatte im Laufe der Kriegsjahre fünf Millionen Juden unterjocht, nur um sie anschließend umzubringen – für die irrwitzige Idee von einer »rassischen Neuordnung« des Kontinents. Und dabei bewiesen die Nazis eine mörderische Konsequenz. Die wenigen Ausnahmen gab es überhaupt nur, wenn ein Jude lebendig nützlicher war als tot.

Der israelische Historiker Yehuda Bauer, der mehrere Jahre das International Centre for Holocaust Studies in Yad Vashem leitete, unternahm ein interessantes Gedankenexperiment. Er versuchte, stellvertretend sozusagen, herauszufinden, ob es selbst im Wahnsystem der Nazis hätte Gründe geben können, die Deportationen in Ungarn auszusetzen. Vielleicht nur dieses eine Mal und nur für eine gewisse Zeit. »Die Juden […] mussten ausgelöscht werden«, zitiert Bauer die Nazi-Doktrin. »Aber konnte man diesen Vernichtungskrieg nicht zumindest vorübergehend einstellen, wenn Deutschland militärisch in einer unvorteilhaften Lage war und eine Atempause nötig hatte? Die treibende Absicht, alle Juden zu ermorden, widerspricht nicht der Bereitschaft, sie oder zumindest einige von ihnen als Geiseln für den Handel mit Dingen, die Deutschland in dieser Krise brauchte, zu nutzen. […] Und wenn Deutschland sich erholt hätte, dann blieb immer noch Zeit genug, mit den Vernichtungsaktionen fortzufahren.«

Aber die Deutschen wussten in der zweiten Hälfte des Jahres 1944 schon, dass ihnen nicht mehr viel Zeit bleiben würde für ihren Krieg gegen die Juden. Eichmann sah keinen Grund für Zugeständnisse aufgrund von irgendwelchen politischen oder wirtschaftlichen Erwägungen – anders als Becher und anders als der »Reichsführer-SS«, Himmler, der insgeheim eigene Pläne verfolgte und sich auf die Zeit nach dem Kriege vorbereitete, wie sich bald herausstellen sollte.

Eichmann aber wollte vermeiden, dass ihm die Juden ins Ausland »entwischen«, solange die ungarische Regierung das Deportationsverbot aufrechterhielt. Er richtete deshalb eine dringende Aufforderung an die für die »Judenpolitik« zuständige Referatsgruppe »Inland II« des Auswärtigen Amtes, jeden Schriftwechsel hinsichtlich einer Palästina-Ausreise so lange hinauszuzögern, bis die betreffenden Juden »endlich« deportiert werden könnten. Da gab es zwischen dem »Judenrefrenten« der Gestapo, Eichmann, und dem Leiter der Abteilung »Inland II« beim Auswärtigen Amt, Horst Wagner, in diesem Fall keinen Dissens. Wagner bemerkte in einer Vortragsnotiz vom 6. Juli 1944 an Ribbentrop, es gelte, die »vom Reich bisher konsequent verfolgte Linie in der Judenpolitik« weiterzubetreiben, »die darauf hinausgeht, eine Auswanderung von Juden möglichst zu unterbinden und, soweit sie zugelassen wird, von einer wertvollen Gegenleistung abhängig zu machen.«

Diese wertvolle Gegenleistung erhoffte man sich auch von der Freilassung der ersten 318 Juden aus der »Kasztner-Gruppe«. Am 21. August kamen die ungarischen Juden in Basel an, um später nach Palästina weiterzureisen. Interessanterweise wurde die Aktion im Auswärtigen Amt in Berlin mit einigem Befremden verfolgt. Soeben hatte Himmler die Ausreise nach Palästina verboten – jetzt entließ er 318 Inhaber von Palästina-Zertifikaten eben dorthin in die Freiheit. Vor kurzem hatte Eichmann noch versucht, Ausreisebewilligungen mit allen Mitteln zu verzögern – jetzt wirkte er offensichtlich an einer größeren Ausreiseaktion mit. Etwas pikiert informierten die Beamten des Außenministeriums ihren Minister Ribbentrop, »im Zuge der Waffen-Beschaffung für die Waffen-SS aus dem neutralen und feindlichen Ausland« solle ein größeres Kontingent von Juden »abgeschoben« werden. Eine »schriftliche Mitteilung« sei nicht zu erwarten, da »auf höhere Anordnung über diese gesamte Austauschaktion im Reichssicherheitshauptamt keine schriftlichen Vorgänge« entstehen sollten.

In Wahrheit ging es Himmler nicht nur um Waffen. Die Freilassung der 318 war für ihn die »humanitäre« Geste, mit der er hoffte, endlich mit den Alliierten in Kontakt treten zu können. Die Lage Kasztners und der anderen jüdischen Retter in Budapest war bei den

Verhandlungen mit den Deutschen immer prekär gewesen. Sie konnten nichts ausrichten gegen die Deportationen, und Eichmann hätte sie jederzeit selbst auf einen der Transporte in die Vernichtungslager schicken können. Mehrmals waren sie verhaftet und gefoltert worden, und noch immer war die Gefahr nicht gebannt – weder für sie, noch für alle anderen Budapester Juden. Aber jetzt, als es langsam, aber sicher auf das Kriegsende zuging, wendete sich das Blatt ein wenig zugunsten der jüdischen Seite. Einige der führenden Nazis wussten, dass sie schnell sein mussten, wenn sie über Verhandlungen mit den Alliierten ihre eigene Haut retten wollten. Himmler gehörte mit Sicherheit dazu. Nach zwölf Jahren an der Spitze des Terror- und Vernichtungsapparates, nach unbeschreiblichen Kriegsverbrechen, millionenfachen Morden, wollte er sich kurz vor dem Untergang des Dritten Reiches noch schnell als Judenretter profilieren.

Er schickte seinen besten Mann, um die Gespräche mit dem »Weltjudentum« aufzunehmen: SS-Obersturmbannführer Kurt Becher. Am Montag, den 21. August vormittags, erschien Becher auf der kleinen Brücke, die zwischen Höchst und St. Margrethen über den Rheinkanal führt und die die Schweiz mit Österreich verbindet, um Saly Mayer vom American Joint Distribution Committee zu treffen.

Mit Becher reisten sein Adjutant, Hauptsturmführer Max Grüson, und Wilhelm Billitz, ein getaufter Jude und Direktor des Manfred-Weiss-Konzerns. Becher hatte großes Vertrauen zu Billitz, seit dieser geholfen hatte, den Weiss-Konzern in den Besitz der SS zu überführen. Becher hatte zu dem Treffen an der Schweizer Grenze auch seine Lebensversicherung mitgebracht: Rudolf Kasztner. Kasztner war eine Art »lebender Beweis« für die lauteren Absichten der SS. Das Treffen fand zufällig genau an dem Tag statt, an dem ein paar Kilometer entfernt die Gruppe der 318 Ungarn aus Bergen-Belsen die schweizerische Grenze überquerte. Aber da es wegen des Einreiseverbots Becher nicht möglich war, die Gruppe aufzusuchen, hatte auch Kasztner keine Chance. Allein hätte Becher ihn nicht gehen lassen.

Zu der Gruppe stieß noch Obersturmführer Hermann Krumey, Eichmanns Mitarbeiter, der die Häftlinge von Bergen-Belsen bis an die Schweizer Grenze begleitet hatte. Erst jetzt erfuhr Kasztner von

Krumey, dass Eichmann die ursprüngliche Zahl der Ausreisenden von 500 auf 300 herabgesetzt und ausdrücklich befohlen habe, die Verwandten von Kasztner und Brand im Lager zurückzulassen.

Der Auftakt der Gespräche mit Saly Mayer gestaltete sich schwierig: Becher und die SS-Offiziere in seiner Begleitung durften das Gebiet der Schweiz nicht betreten. Saly Mayer wiederum lehnte Bechers Einladung ins deutsche Zollamt ab. So fand die Besprechung erst am Nachmittag statt, und zwar mitten auf der Brücke, auf dem Grenzstrich zwischen Österreich und der Schweiz. Becher stellte sich als Beauftragter Himmlers vor. Er habe Vollmacht, verschiedene das jüdische Schicksal betreffende Fragen mit den Vertretern der Alliierten und des »Judentums der Welt« zu behandeln. Auf der Basis von deren »wirtschaftlichen Leistungen« könne man zu einer Vereinbarung gelangen, vorbehaltlich einer Zustimmung Himmlers. Zunächst wünsche er nur über das ungarische Judentum zu verhandeln. Die Budapester Juden seien ebenfalls zur Deportation bestimmt; ihr weiteres Schicksal hänge jedoch von den Opfern ab, die das Judentum der Welt und die Alliierten für sie zu bringen bereit wären.

Nach dieser kurzen Einleitung wandte sich Becher an Saly Mayer mit der Frage, ob er bereit sei, 10 000 Lastwagen gegen das Leben von einer Million Juden zu liefern, wie es die Deutschen angeboten hätten. Die Antwort fiel nicht ganz so aus, wie Becher es erwartet hatte. Mayer erwiderte, er sei vor allem Schweizer Bürger, spreche deshalb hier nicht als Vertreter des »Joint«, sondern als Präsident einer Schweizer jüdischen Hilfsorganisation. Er kenne das deutsche Angebot nicht und könne sich daher nicht zu dieser Frage äußern. Er bot aber an, sich diesbezüglich mit den zuständigen Instanzen in Verbindung zu setzen. Dann fügte er hinzu, dass »die Deportation der Juden Budapests an und für sich kein Unglück« wäre, dass »die Deutschen aber endlich einmal mit der verdammten Vergasung aufhören« sollten.

Becher versuchte Haltung zu bewahren. »Ich werde durch den Reichsführer veranlassen, dass die Vergasungen aufhören«, versprach er. »Wir haben bereits unseren guten Willen bekundet, als wir eine Gruppe von 318 Juden aus Bergen-Belsen in die Schweiz fahren ließen. Der Rest dieses Budapester Transports wird ebenfalls

– unabhängig vom Ausgang der jetzt stattfindenden Verhandlungen –
in kurzer Zeit das Reich verlassen. Wir wollen aber hören, was Sie
uns als Gegenleistung anbieten.« Mayer erwähnte etwas von »Geld«.
Becher verlangte »Waren«. Als Mayer humanitäre Argumente vor-
brachte, ließ Becher ihn abblitzen: »Auf dieser Basis kann ich nicht
verhandeln!«

Saly Mayer beharrte darauf, dass er sich zunächst mit den zuständigen Stellen beraten müsse. Becher reagierte gereizt, wie Kasztner
berichtet:

> »Er machte mir scharfe Vorwürfe, daß ich ihn mit falschen Anga-
> ben an die Grenze gelockt hätte, ohne die »andere Seite« vorberei-
> tet zu haben. Ich schwieg. Die Unterredung schien negativ zu en-
> den. In diesem Augenblick griff Dr. Billitz in die Verhandlungen
> ein und schlug zur Rettung der verfahrenen Situation eine Besin-
> nungsfrist vor. Becher erklärte sich mit dem Vorschlag einverstan-
> den und setzte als Termin eine Woche fest. Damit endete die erste
> Fühlungnahme. Wir fuhren unverzüglich nach Budapest zurück.
> [...] Auf der Rückfahrt machte mir Becher erneut heftige Vor-
> würfe. Wieso ich es gewagt hätte, ihn an die Grenze zu locken und
> ihn in eine so unmögliche Situation zu bringen? Wie komme er
> dazu, auf Brücken zu verhandeln?«

Für Kasztner war die Reise ein Debakel. Er hatte schon früher seine
Probleme mit der Zusammenarbeit mit Saly Mayer, jetzt fühlte er
sich bestätigt. »Schon in persönlicher Hinsicht passten sie nicht zusammen«, sagt Ladislaus Löb, »während Mayer Kasztner als leicht-
sinnig und unzuverlässig betrachtete, hielt Kasztner Mayer für eng-
stirnig und gefühllos.« Mayer sei ein aufrechter Schweizer Bürger
und orthodoxer Jude gewesen, mit schroffem Auftreten und einer
Neigung zur Halsstarrigkeit, berichtet Löb. »Mit seinem Mangel an
Einfühlung und seinem Hang zu moralischer Belehrung war er nicht
bestens für eine Aufgabe geeignet, die Diplomatie, Fantasie, Flexi-
bilität, Waghalsigkeit und eine Dosis Verschlagenheit erforderte.«
Im Gegensatz zu Kasztner sei Mayer nicht bereit gewesen, den Nazis
übertriebene Versprechen zu geben.

Natürlich merkte Becher, dass er hinters Licht geführt worden war. Die gegenseitige Täuschung war die Geschäftsgrundlage in diesem Spiel um Leben und Tod, dennoch hatten beide Seiten bisher etwas davon gehabt: Die jüdischen Unterhändler spielten auf Zeit, das war ihre einzige Chance. Auf Einsicht oder Mitleid konnten sie bei den Nazis nicht hoffen. Becher (und Himmler) wollten sich ein Alibi als Menschenfreunde aufbauen, eine Gesprächsbasis mit den Alliierten finden – und bis zum Ende reichlich kassieren. Becher hatte deshalb großes Interesse daran, die Gespräche zunächst fortzuführen. Zwei Tage nach dem Treffen mit Mayer, am 23. August, schickte er ein gewichtig klingendes Fernschreiben an Himmler. Die näheren Umstände dieser Verhandlung mit dem »Weltjudentum« erwähnte er nicht, aber die vertrauliche Anrede ließ er sich auch dieses Mal nicht nehmen.

> »Hochzuverehrender Reichsführer!
> 1.) die andere Seite hatte an den ernst unseres Verhandlungswillens nicht geglaubt, sie meinte, wir wollten ihr einverständnis nur zu propagandistischen zwecken nutzen. 2.) durch die eingehenden Besprechungen und dadurch, dasz im gleichen moment bedingungslos 300 stueck ueber die grenze rollten, ist diese auffassung korrigiert. 3.) der grundsaetzliche durchfuehrungswille ist von der anderen seite praezise erklaert worden und durch die auffassung erhaertet, dasz es niemanden geben wird, der zu dieser einmaligen moeglichkeit ein klares »nein« sagen wird. 4.) eine praktische erfuellung nur durch lieferung von lkw haelt andere seite jedoch fuer undurchfuehrbar [...] 5.) schlage vor, dasz wir auszer lkw diejenigen engpasz-artikel fordern, die durch die zwischenstaatlichen vertraege von den neutralen laendern wie Schweden, Schweiz, portugal bezogen wurden, deren lieferung aber durch intervention der alliierten successive ausfielen, z.b. chrom, nickel, kugellager, meszgeraete, werkzeugmaschinen, wolfram, aluminium etc. [...] 9.) gegenseite erklaerte, dasz, wenn jetzt weitere evakuierungen ins reich erfolgen, Verhandlungen an ausschlaggebender stelle als nicht ernst betrachtet wuerde und deshalb erfolglos sei. inzwischen ist reichsfuehrers diesbezgl. befehl hier eingegangen.«

Sodann bat Reichsführers gehorsamster Becher »gehorsamst um genehmigung zur fortfuehrung im gemeldeten sinne«. Himmler genehmigte die »Fortführung im gemeldeten Sinne« umgehend, nämlich drei Tage später, am 26. August 1944.

»300 stueck« – darüber wird noch zu reden sein. Etwa 50 Jahre später.

23.

GRENZGESPRÄCHE – EIN »NEBENGESCHMACK VON MENSCHENHANDEL«

In den Tagen nach dem Treffen zwischen Becher und Saly Mayer überstürzten sich die Ereignisse. Rumänien, eine der mit Nazi-Deutschland verbundenen »Achsenmächte«, kapitulierte, und seine Truppen schlossen sich der Roten Armee an. Die Sowjets standen jetzt auch im Osten und Südosten an der ungarischen Grenze. Es war nur noch eine Frage der Zeit, bis der Kampf um Ungarn beginnen würde. Die Deutschen waren jetzt militärisch mehr denn je in der Defensive.

Ursprünglich hatten sich die Deutschen mit der Regierung unter Ministerpräsident Sztójay darauf geeinigt, am 25. August 1944 wieder mit den Deportationen zu beginnen. Sztójay war jetzt aber faktisch entmachtet. Die Repräsentanten von Schweden, Portugal, Spanien, der Schweiz und des Vatikans hatten zuvor die ungarische Regierung aufgefordert, dass die Deportationen, dieser »unrechtmäßig motivierte und unmenschlich durchgeführte Vorgang«, endgültig eingestellt werden. Einen Tag vor der geplanten Wiederaufname, am 24. August, informierte Ungarns Staatsoberhaupt Horthy den deutschen Reichsbevollmächtigten Veesenmayer, dass die Juden nur innerhalb Ungarns umgesiedelt werden dürften. Am nächsten Tag teilte die ungarische Regierung Veesenmayer offiziell das Deportationsverbot mit.

In den frühen Morgenstunden des 25. August erhielt der Kommandant der deutschen Sicherheitseinheiten in Ungarn, SS-General Otto Winkelmann, ein Telegramm von Himmler, das ihm befahl, alle Vorbereitungen für Deportationen einzustellen. Dies war, vorsichtig ausgedrückt, eine überraschende Wendung. Es ist nicht klar, ob die Aussicht, mit dem »Weltjudentum« in Gestalt von Saly Mayer in Verhandlungen einzutreten, diese Entscheidung Himmlers beeinflusst hat, oder was sonst der Grund gewesen ist. In amerikanischer Gefangenschaft nach dem Krieg behauptete Becher natürlich, dass Himmler wegen seiner, Bechers, Fortschritte an der Schweizer Grenze die Deportationen verboten habe. Auszuschließen ist das nicht. Natürlich hatten die »Vertreter des Weltjudentums« in den Wahnvorstellungen der Nazis viel mehr Macht, als sie in Wirklichkeit besaßen. Insofern kann man annehmen, dass die Gespräche an der Schweizer Grenze den »Reichsführer« zumindest beeindruckt haben. Der israelische Historiker Yehuda Bauer, bestimmt kein Freund Bechers, kommt zum Schluss, dass »diese Gespräche, die Kasztner angeregt und vorangetrieben hatte, die unmittelbare Ursache der Rettung der Juden von Budapest gewesen zu sein scheinen«. Kasztner erfuhr von der neuen Entwicklung am Abend. Er berichtet:

»Am 25. August um 20 Uhr bat mich [Eichmanns Mitarbeiter, Anm. d. A.] Wisliceny telefonisch, sofort zu ihm zu kommen, da er mir etwas Dringendes mitzuteilen hätte. Er empfing mich mit verschmitztem Lächeln und erklärte: ›Sie haben gewonnen! Der Stab zieht ab!‹ Was war geschehen? Himmler hatte die Demarche der ungarischen Regierung teilweise berücksichtigt. Nach dem Absprung Rumäniens hielt er es für ratsamer, die ungarische Empfindlichkeit nicht zu sehr zu reizen. Er veranlasste daher den Abzug Eichmanns und seines Kommandos aus Budapest, beließ jedoch die Gestapo. Wisliceny erklärte hierzu: ›Ich denke nicht daran, mir meine Hände nochmals zu verbrennen. Es wird auch keine Zeit mehr sein, Eichmanns Träume zu verwirklichen. Geben Sie mir lieber die Adresse eines geeigneten jüdischen Verhandlungspartners an, mit dem ich die Verzögerungstaktik an Ort und Stelle besprechen kann.‹«

Eichmanns »Sondereinsatzkommando« räumte das Hauptquartier im Budapester *Hotel Majestic*. Eichmann zog sich auf ein Landgut in der ungarischen Provinz zurück. Er soll seine Vorgesetzten im RSHA in Berlin telegraphisch gebeten haben, seinen Aufenthalt in Ungarn um eine Woche verlängern zu dürfen. Eichmann wusste, dass der Reichsbevollmächtigte Veesenmayer bereits hinter den Kulissen an einem Sturz des Horthy-Regimes arbeitete. Dann würde Eichmann in der »Judenfrage« wieder freie Hand bekommen. Er blieb in Ungarn, um sich die Hin- und Rückreise zu ersparen. Wisliceny ging zurück nach Pressburg zur deutschen Gesandtschaft. »Die Nachricht vom Abzug des Judenkommandos verbreitete sich wie ein Lauffeuer unter den Juden der Hauptstadt«, berichtet Kasztner, »alles atmete erleichtert auf. Die ›Battle of Budapest‹ schien gewonnen.«

Das war allerdings eine trügerische Hoffnung.

In den folgenden Wochen reiste die gemischte deutsch-ungarische Delegation mehrmals an die Schweizer Grenze, um Saly Mayer zu treffen. Becher zog es dabei vor, zusammen mit Wilhelm Billitz im österreichischen Bregenz abzusteigen und auf Nachricht zu warten. Er hielt es wohl für unter seiner Würde, noch einmal am Grenzstrich auf der Brücke zu verhandeln. Kasztner fuhr in Begleitung von Bechers Adjutanten, Hauptsturmführer Grüson, zur Rheinbrücke. Saly Mayer erschien dieses Mal in Begleitung eines alten Rechtsanwaltes, Dr. Wyler. Der ergriff die Gelegenheit, einmal einem SS-Offizier direkt die Meinung zu sagen und schimpfte auf die Nazis. Grüson meinte, er hätte nicht die Strapazen einer Reise von über 1000 Kilometer auf sich genommen, um sich dies anzuhören. Mayer wiederum beschränkte sich darauf, noch einmal einen Aufschub zu verlangen. Er sei noch nicht in der Lage, eine verbindliche Antwort zu geben. Daraufhin machte sich Becher, der telefonisch verständigt wurde, gar nicht erst die Mühe, zur Brücke zu fahren. Er bestand auf einer sofortigen Entscheidung. Man schaltete eine Verhandlungspause von zwei Tagen ein. Saly Mayer fuhr nach St. Gallen zurück.

Auch beim nächsten Treffen weigerte sich Mayer standhaft, die Zusicherungen zu geben, die Kasztner von ihm hören wollte. Für Kasztner bahnte sich eine Katastrophe an. Er wusste: Wenn Becher nicht wenigstens den Anschein von Fortschritten an Himmler melden konnte, musste man damit rechnen, dass Himmler den Abbruch der Gespräche befahl. Schließlich erklärte Mayer eines Tages, die zuständigen amerikanischen Behörden hätten ihn beauftragt, »nicht nein zu sagen«. Kasztner fragte nach: »Sie meinen damit, dass eine Möglichkeit besteht, die Frage positiv zu beantworten?« Mayers Rechtsanwalt Wyler antwortete: »Nein. Wir sind nur beauftragt, nicht nein zu sagen.« Daraufhin wandte sich Grüson an Saly Mayer: »Ich bitte Sie, geben Sie doch dieses Versprechen! Sonst wird es meinem Chef Becher unmöglich sein, sich für die Juden einzusetzen, und die Vergasungen werden weitergehen. Versprechen Sie doch zumindest! Es sind doch nur Worte! Und bis zur Erfüllung werden Sie ja noch Zeit haben. Inzwischen aber kann sich manches ereignen.«

»Ich verspreche nur so viel, wie ich halten kann«, sagte Saly Mayer. Damit war die Unterhaltung beendet. Düpiert fuhren Kasztner und Grüson nach Bregenz zurück, um Becher Bericht zu erstatten. Becher setzte auf eine harte Linie. Er könne sich »nicht mehr für die Juden einsetzen, als es Herr Saly Mayer zu tun gewillt ist«, teilte er Kasztner mit. Im Übrigen wisse er nicht, was er mit Saly Mayer noch zu verhandeln hätte. Er, Becher, werde jetzt nach Budapest zurückfahren und telegraphisch auf eine Antwort von Mayer warten. Es ging noch immer um die 10 000 Lastwagen gegen eine Million Juden. Sollte Mayers Antwort positiv ausfallen, erklärte Becher, würde er auf einem Schweizer Einreisevisum bestehen, damit die Details nicht wieder auf der Brücke besprochen werden müssten.

Am gleichen Tag flog Becher nach Budapest zurück. Die anderen folgten ihm mit dem Auto. Die Verhandlungen waren in einer Sackgasse. Auch Kasztner musste sich eingestehen, dass die »deutsche Hilfsformel« (Juden gegen Kriegsgerät) »mit ihrem Nebengeschmack von Menschenhandel« sowohl bei den Alliierten wie auch in den Schweizer Kreisen »ein – milde gesagt – Unbehagen« auslösen musste. Aber »solange Himmler von der Geschäftsbasis nicht abrückte und der Westen in Ablehnung und Misstrauen beharrte«, stellte Kasztner fest, »konnte es bei diesen Verhandlungen höchstens darum gehen, dass beide versuchten, sich gegenseitig zu bluffen.«

Becher wiederum war sich dieser Schwierigkeiten »halbwegs bewußt«, wie Kasztner erkannte. »Er verstand immerhin«, billigte ihm Kasztner zu, »daß er bei einem Abbruch des Kontakts nichts zu gewinnen, aber viel zu verlieren hatte.« Becher begann deshalb, seine Forderungen etwas abzuschwächen. Zwar erklärte er gegenüber seinen jüdischen Gesprächspartnern, dass er sich in Berlin gegen die Vernichtung nur dann einsetzen könne, wenn tatsächlich aus dem Ausland Waren geliefert würden. Aber, und das war neu, es müssten nicht unbedingt kriegswichtige Waren sein und auch keine bedeutenden Mengen. Kasztner nahm dies als Zeichen, dass angesichts der »ungünstigen Kriegslage« nun die politischen Erwägungen in den Vordergrund traten. Zu Deutsch: Himmler und auch Becher hielten den Krieg für verloren. Jetzt ging es ihnen nur noch darum, die eigene Haut zu retten.

Auch für Kasztner drängte die Zeit. Er fürchtete, die Deutschen könnten in Ungarn »dem jüdischen Rest eine letzte Bartholomäusnacht« bereiten, wenn es zu keiner ernsthaften Einigung käme. Die Befürchtungen schienen sich zu bewahrheiten, als sich im Nachbarland Ungarns, der Slowakei, die Situation verschärfte. Ein Aufstand von Slowaken gegen die Deutschen lieferte Eichmann den Vorwand, die Deportation der Juden vorzubereiten, die noch in der Slowakei lebten. Ins Lager Szered, das ursprünglich für 1500 Personen vorgesehen war, kamen später mehrere tausend Juden. Von den etwa 12 000 bis 13 000 Juden, die Eichmann aus der Slowakei deportieren ließ, wurden 8000 nach Auschwitz gebracht, die übrigen nach Theresienstadt und Bergen-Belsen. Weitere kleine Gruppen konnten rechtzeitig vor der Deportation untertauchen. Ihre Zahl wurde in Pressburg auf 2000 und in der Provinz auf 3000 geschätzt.

Kasztner versuchte Becher dazu zu bringen, bei Himmler gegen die Deportationen zu intervenieren. Becher lehnte ab mit dem Hinweis auf die schleppenden Verhandlungen mit Saly Mayer. Nur aufgrund der Verzögerungen sei die Vernichtung der Juden in der Slowakei »aus militärischen Gründen« verfügt worden, sagte Becher. Die Teilnahme der Juden am dortigen Aufstand gegen die Deutschen sei erwiesen. Immerhin gab er Kasztner die Genehmigung, noch einmal an die Schweizer Grenze zu fahren und sich mit Mayer zu treffen.

So kam es also am 28. September zu einer weiteren Grenzbesprechung, zu der Becher wiederum Wilhelm Billitz und einen SS-Mann namens Herbert Ketlitz zu Kasztners Begleitung mitschickte. Saly Mayer gab zunächst zu verstehen, dass er sich durch die drängende Not der Juden »in dieser verdammten slowakischen Angelegenheit«

nicht erpressen lassen wolle. Nach langen Anstrengungen stimmte er schließlich zu, Becher Geld zu versprechen.

Geld – das war das Zauberwort, das Kasztner brauchte. Er veranlasste Ketlitz und Billitz, einen telegraphischen Bericht an Becher abzufassen, in dem die Fakten etwas gedehnt wurden. Sie schrieben, der »Joint« sei jetzt bereit, den Betrag von 15 Millionen Schweizer Franken in drei Monatsraten zu leisten, unter folgenden Bedingungen:

»1. Einstellung der Aktion gegen die Juden in der Slowakei;
2. Verzicht deutscherseits auf die Deportation der Budapester Juden;
3. sofortige Ausreisebewilligung für den Rest der Bergen-Belsen-Gruppe in die Schweiz.«

Der Bericht litt an einem Schönheitsfehler, den Becher unschwer erkannte: Die Bedingungen waren nicht von Saly Mayer oder dem »Weltjudentum« gestellt worden, sondern von Kasztner. Letzterem war selbst bewusst, was das Problem dabei war: »Derjenige, der die Bedingungen stellte, war mit dem Geldgeber also nicht identisch«, schrieb Kasztner in seinem Bericht.

Kasztner schien dennoch zu glauben, dass es in absehbarer Zeit zu einer Einigung kommen könnte und damit auch die Freilassung der Gruppe im »Ungarnlager« in greifbare Nähe rücken würde. Am 6. Oktober 1944 schickte er zwei Briefe nach Bergen-Belsen, einen an seinen Schwiegervater Jószef Fischer und einen an seine Frau. »Uns wurde wiederholt versichert«, schrieb er an Fischer, »dass die Weiterleitung Eures Transportes früher oder später erfolgen wird, da unsererseits die diesbezüglichen Verpflichtungen erfüllt worden sind.« Kasztner wusste, dass die Briefe von der Zensur gelesen wurden, deshalb schrieb er in verschlüsselter Form. So bezeichnete er Saly Mayer als »Onkel« und hütete sich, die Gespräche mit Eichmann und Becher offen anzusprechen: »Die mit dem Onkel geführten Verhandlungen sind jetzt in ein entscheidendes Stadium getreten. Die Delegation, die den Vertrag abschließen soll, wird wahrscheinlich Mitte oder Ende nächster Woche zum Onkel fahren. Es besteht die allerernsteste Aussicht, dass der Vertrag endlich unter Dach gebracht werden wird.«

An seine Frau schreibt Kasztner, er sorge sich um ihren »gebrechlichen Gesundheitszustand« und bittet sie, sich weiterhin darum zu kümmern, »daß die Familie und die ganze Gesellschaft ihre Zuversicht nicht verliert«. Etwas optimistisch kündigt er an, er erwarte die Entscheidung über die Freilassung der 1368 Insassen »im Laufe der nächsten Woche«. Für den Fall eines Scheiterns kündigt er an: »Wenn gegen alle Erwartungen Eure Abfahrt doch nicht ermöglicht werden kann, so werde ich mich auch Euch anschließen.« Für das Schicksal der Familie und des ganzen Transports trage er »die allerschwerste Verantwortung, die einem überhaupt auferlegt werden kann«, fügt er noch hinzu. »Kasztner mag ein Hasardspieler gewesen sein«, kommentiert Ladislaus Löb, »aber an seinem Engagement für seine selbstgewählte Aufgabe lässt sich nicht zweifeln.«

Fast täglich kämpfte Kasztner jetzt bei Becher um die Freilassung der Bergen-Belsener Gruppe. Er argumentierte unter anderem damit, der Vormarsch der Alliierten im Westen könnte ihre Ausreise illusorisch machen, zudem sei die Gruppe für einen Winter nicht ausgerüstet und ja überdies schon längst als »ausbezahlt« zu betrachten.

Beim letzten Punkt widersprach Becher. Er beklagte, dass die Juden weder die zugesagten 30 Traktoren, noch die Schaffelle geliefert hätten. In aller Eile sorgte daraufhin Kasztners Kampfgefährte Endre Biss dafür, dass Ersatzlieferungen organisiert wurden. So kaufte das Rettungskomitee eine Waggonladung Schaffelle und übergab sie an Becher. Der war damit aber nicht zufrieden. Er erklärte Kasztner, er könne die Ausreise der Gruppe Himmler so lange nicht vorschlagen, als aus der Schweiz keine befriedigende Antwort eingelaufen sei. Er müsste zumindest einen günstigen Vorwand haben, um Himmler ein Telegramm zu schicken.

Kasztner rechnete nicht mit einer befriedigenden Antwort aus der Schweiz. Deshalb unterbreitete er Becher ein neues Angebot als Vorwand für ein Telegramm an Himmler: 250.000 Dollar für die Auswanderung von 2500 Juden aus Budapest und die Weiterreise der Gruppe aus Bergen-Belsen. Kasztner: »Die Kopfquote für die 2500 wurde meinerseits auf 100 Dollar veranschlagt, nachdem ich Becher erklärt hatte, daß für uns ein Betrag von 1.000 Dollar pro Kopf untragbar wäre.«

Becher leitete das Angebot per Telegramm an Himmler weiter. Eine Woche später traf die eigenhändig unterschriebene Antwort des »Reichsführers« ein. Kurz und knapp teilte er mit: »Die Gegenseite ist wohl verrückt. Die Einreise eines Europäers in Amerika beträgt 1.000 Dollar. Die Ausreise eines Juden aus Europa beträgt auch 1.000 Dollar. – Himmler.«

Becher zeigte sich Kasztner gegenüber einigermaßen schockiert. Wenn man im NS-Terrorapparat eines gelernt hat, dann war es, dass man den »Reichsführer« besser nicht gegen sich aufbrachte. Auch für einen Obersturmbannführer konnte so etwas schnell tödlich enden. »Die ›verrückte Gegenseite‹, die das zu billige Angebot machte, waren wohl wir«, kommentierte Kasztner. »Doch, meinte Becher, mit der ›verrückten Gegenseite‹ sei auch er anvisiert worden.«

Was die Bergen-Belsen-Gruppe anbelangte, schwieg sich Himmler aus.

In Budapest drohten jetzt ernstere Probleme. Sie begannen mit einer freudigen Nachricht.

Am Sonntag, den 15. Oktober, wurde um elf Uhr eine Proklamation Horthys im Radio verlesen, in der es hieß, Ungarn sei bereit, den Alliierten ein Kapitulationsangebot zu überreichen. Horthy sagte sich von Nazi-Deutschland los. Die Proklamation löste spontanen Jubel auf den Straßen der Hauptstadt aus. Viele glaubten, der Frieden sei »ausgebrochen«, kommentiert Kasztner. Juden rissen den gelben Stern von der Kleidung ab, die zur Zwangsarbeit herangezogenen »Arbeitsdienstler« warfen ihre gelben Armbinden weg. »Doch es stellte sich bald heraus«, berichtet Kasztner, »daß sowohl Horthy wie auch die Juden voreilig gehandelt hatten. Nach kaum zwei Stunden – denn nur so lange dauerte der Taumel – wurde die Illusion zur furchtbaren Enttäuschung.«

Um 13 Uhr marschierte die deutsche Wehrmacht in der Hauptstadt ein. »Tiger«-Panzer tauchten in den Straßen Budapests auf. Der Sitz des Reichsverwesers, die Burg, wurde von deutschen Stoßtruppen umzingelt, das Gebäude des ungarischen Rundfunks besetzt. Um acht Uhr erfuhr das Land, dass die Pfeilkreuzler die Macht übernommen hatten. Ferenc Szálasi, der Führer der ultrafaschistischen Partei, hatte mit Unterstützung deutscher Panzereinheiten den Reichsverweser abgesetzt und sich selbst zum Ministerpräsidenten und Staatsoberhaupt ernannt. Die »Judenpolitik« übernahmen jetzt wieder zwei fanatische Antisemiten, Emil Kovarcz als neuer Minister für Mobilmachung und Gábor Vajna als neuer Innenminister. Der Terror, der bald ausbrach, sollte Zehntausende das Leben kosten.

Die Nazis hatten den Pfeilkreuzlern in Budapest zum Putsch verholfen, weil sie die letzten waren, auf die sie sich im Land noch stützen konnten. Ringsum hatte die Rote Armee das Land schon zu großen Teilen besetzt, alliierte Bomber flogen immer stärkere Angriffe. Es war nur noch eine Frage der Zeit, bis Budapest belagert würde. Die »Pfeilkreuzler« – so genannt, weil ihr Parteiwappen einem Hakenkreuz ähnelte – waren bereit, den »Heiligen Krieg für das Neue Europa Seite an Seite mit dem großen Verbündeten Deutschland unter seinem genialen Führer Adolf Hitler bis zum Endsieg« fortzusetzen, in dem Augenblick, in dem die sowjetischen Artilleriegeschosse in Budapest immer lauter zu hören waren.

Zu den allerersten Maßnahmen der neuen Regierung gehörte es, sämtliche von der Vorgängerregierung eingeführten Erleichterungen für die Juden zurückzunehmen. Es herrschte jetzt sogar völliges Ausgehverbot für Juden. »Man wagte dies aber auch aus anderen Gründen nicht mehr, denn der letzte Rest Sicherheit hatte zu bestehen aufgehört«, erklärt Kasztner. Wenige Stunden nach dieser faschistischen Machtergreifung begannen die Schießereien. Vereinzelt leisteten die Juden bewaffneten Widerstand. Man griff sie mit Panzerwagen und Kanonen an, es gab Hunderte Tote.

Zwei Tage nach dem Umsturz, am 17. Oktober, traf Eichmann in höchster Eile in Budapest ein. Es gab wieder Arbeit. Er befahl Kasztner in das Büro Bechers und überschüttete ihn mit Drohungen. Kasztner zitiert ihn in seinem Bericht:

> »Na, sehen Sie, ich bin wieder da! Sie haben sicher schon geglaubt, daß sich die Geschichte Rumäniens und Bulgariens auch hier wiederholen wird?! Sie haben anscheinend vergessen, daß Ungarn

noch immer im Trümmerschatten des Reichs liegt! Und unsere Hände sind lang genug, um auch die Budapester Juden noch zu erreichen …! Nun, passen Sie mal auf! Diese Regierung arbeitet nach unseren Befehlen. [...] Die Budapester Juden werden abtransportiert und zwar diesmal zu Fuß. Unsere Transportmittel brauchen wir jetzt für andere Zwecke. Wenn Sie uns aber eine entsprechende Anzahl von Lastautos zur Verfügung stellen, so könnte der Abtransport auch mittels dieser Fahrzeuge erfolgen… Oder paßt Ihnen das vielleicht nicht? Sie haben Angst, gell? Kommen Sie aber dann ja nicht mehr mit Ihren amerikanischen Märchen. Jetzt wird hier gearbeitet, stramm und hurtig! Gell?«

Kasztners Kommentar: »Er schien in diesem Augenblick der glücklichste Mensch auf Erden zu sein. Denn jetzt fühlte er sich wieder in seinem Element. Er ›hatte‹ die Budapester Juden. Übrigens war er diesmal, wie meistens in der letzten Zeit, betrunken. Er ließ sich auch besonders scharf bewachen.«

Becher, den Kasztner um Hilfe bat, lehnte es ab, sich gegen Eichmanns neuen Kurs zu stellen. »Was soll ich von weiteren Auslandsverhandlungen erwarten, wenn Ihre Freunde nicht einmal imstande sind, mir ein Einreisevisum in die Schweiz zu verschaffen?«, sagte er. Nach einigen Bemühungen trafen die Visa für die deutsch-ungarische Reisegruppe ein. Diesmal würde Becher nicht im Niemandsland auf der Brücke verhandeln müssen.

Becher flog mit seinem Adjutanten Ketlitz zu Himmler, um sich Instruktionen für die weiteren Verhandlungen zu holen. Kasztner und Wilhelm Billitz machten sich am 27. Oktober auf den Weg. Kasztner hoffte, dass der Putsch der Pfeilkreuzler und die Rückkehr Eichmanns nach Budapest die Freunde in der Schweiz endlich zum Handeln bewegen würden.

Am 2. November 1944 traf Becher zusammen mit seinem Adjutanten Ketlitz in bester Laune in Zürich ein. Lächelnd erklärte er, die Räder würden jetzt rollen, Himmler hätte den Befehl zur Abfahrt der Gruppe aus Bergen-Belsen erteilt. »Vielleicht sind sie schon unterwegs…«, fügte er hinzu. Das waren gute Nachrichten für Kasztner, der damit gar nicht gerechnet hatte.

Am 4. November, einem Samstag, fand in St. Gallen – in einem Hotel mit dem passenden Namen *Walhalla* – die erste sachliche Besprechung zwischen allen Beteiligten statt. Becher hielt einen langen Vortrag und gab dabei, teilweise in scharfer Form, verschiedene Erklärungen ab: Die slowakischen Juden seien »aus militärischen Gründen« ausgerottet worden, die Juden Budapests würden zum Arbeitseinsatz ins Reich überführt, und Himmler sei bereit, über die Freilassung von weiteren Gruppen aus deutschen Konzentrationslagern in die Schweiz zu verhandeln. Dabei könne man gewissen Kategorien von Juden den Status von privilegierten Ausländern, Zivilinternierten oder Kriegsgefangenen unter dem Schutz des Roten Kreuzes zubilligen. Himmler bestehe jedoch »auf der sofortigen Lieferung der als Gegenleistung vorgesehenen Waren«.

Saly Mayer erwiderte, er müsse die Angelegenheit vom Standpunkt der Schweizer Neutralität betrachten. Er schlug Becher vor, nicht weiter von »Menschenhandel« zu sprechen, in Zukunft wollte man von »Leistung und Gegenleistung« reden. Auf Worte, so sagte Becher großzügig, käme es ihm nicht an.

Am nächsten Tag ereignete sich etwas, das den ganzen monatelangen Verhandlungen den entscheidenden Schub verlieh. »Für Sonntagabend«, schreibt Kasztner in seinem Bericht, »wurde im *Hotel Savoy* in Zürich eine Zusammenkunft zwischen Roswell McClelland und Kurt Becher arrangiert. Der Vertreter Präsident Franklin D. Roosevelts und der Beauftragte Himmlers saßen einander an einem Verhandlungstisch gegenüber: die Vertreter zweier Welten, die sich einen entscheidenden Kampf auf Leben und Tod lieferten.«

McClelland war der Vertreter des American War Refugee Board, der von Roosevelt ins Leben gerufenen Hilfsorganisation, die in der Schweiz zusammen mit anderen Institutionen untergetauchten Juden half und sich unter anderem auch um die Veröffentlichung der »Auschwitz-Protokolle« verdient gemacht hatte. McClellands Spezialauftrag für den »Joint« war, beim US-Außenministerium Geldmittel für Hilfs- und Rettungsaktionen in Ungarn zu beschaffen.

Das Treffen in Zürich war eine kleine Sensation und ein Prestigegewinn für Becher, denn die Alliierten verboten normalerweise jegliche Kontakte zwischen ihren Vertretern und Nazi-Beamten. Becher konnte jetzt seinem Chef Himmler melden, er habe dieses Verbot überwunden und mit einem hohen amerikanischen Regierungsbeamten verhandelt, was McClelland zu dieser Zeit nicht war. Aber das spielte keine große Rolle. Beide erschienen incognito. Bechers schmucke SS-Uniform war in der neutralen Schweiz ohnehin Fehl am Platze. Bevor man in die Gespräche eintrat, hatte sich Becher von Himmler die Bewilligung für das Treffen geholt. Ob McClelland aus eigener Initiative handelte, wurde nicht klar. McClelland sprach offen. Er sei »ruhig, aber hart« aufgetreten, berichtet Kasztner, als er erklärte, »dass der einfache Mensch nichts für ein Regime übrig haben« könne, das den »kalten Mord zur Staatsraison erhoben« habe. Becher verteidigte sich matt, erhob Gegenanklagen. Er sprach von den Bombardements der Alliierten, denen Millionen deutscher Frauen und Mütter zum Opfer gefallen wären.

»Doch nicht deswegen sind wir da«, sagte McClelland. »Ich möchte helfen.« Er sei bereit, erklärte er, den »Joint« zu ermächtigen, 20 Millionen Franken (nach damaligem Kurs etwa fünf Millionen Dollar) in der Schweiz zu deponieren. Die Deutschen könnten diese zum Kauf von Waren gebrauchen, solange die Schweizer Behörden die Ausfuhr genehmigten. Als Gegenleistung verlangte McClelland »die Achtung des menschlichen Lebens, das Am-Leben-Erhalten aller Zivilpersonen, die sich in den Händen der Deutschen befänden, ohne Rücksicht auf Rasse, Religion und Nationalität«. Becher versprach, McClellands Vorschlag an Himmler weiterzuleiten. Sein Adjutant Ketlitz sollte in der Schweiz bleiben, um Waren zu kaufen. In Wahrheit war Becher einmal mehr dabei, einem Bluff aufzusitzen, an dem sich dieses Mal sogar Saly Mayer beteiligte.

Mayer zeigte Becher ein Telegramm, das vom amerikanischen Außenminister Cordell Hull unterzeichnet war. Demnach genehmigte das State Department dem »Joint« die Überweisung von fünf Millionen Dollar in die Schweiz. Diese Summe sollte unter der Aufsicht des War Refugee Board für Rettungszwecke verwendet werden. Allerdings verschwieg Mayer, dass ohne Einverständnis der amerikanischen Regierung nicht über das Geld verfügt werden konnte. Dieses Telegramm sei für Becher »besonders wichtig« gewesen, kommentiert Kasztner, habe er doch angenommen, »daß das Geschäft, ›sein

Geschäft‹, nun doch ›ins Rollen‹ komme«. Kasztner weiter: »Vage und unausgesprochene Hoffnungen klammerten sich an diesen Kontakt, geheime Wünsche für eine politische Annäherungsmöglichkeit und ein eventuelles persönliches Alibi, die umso intensiver wurden, je schlimmer es dem Dritten Reich auf den Schlachtfeldern erging. Von dieser Seite aus gesehen, bedeutete unsere Schweizer Reise also einen ungeheuren Schritt nach vorwärts.«

McClelland sandte seinerseits am 16. November telegraphisch eine Zusammenfassung der Gespräche an das War Refugee Board und das State Department und erhielt fünf Tage später die Antwort: »Keine Mittel aus irgendeiner Quelle dürfen zur Durchführung eines solchen Vorschlags benutzt werden.«

Später behauptete Becher, er habe die jüdischen Täuschungsmanöver rasch durchschaut. So gab er im Juni 1961 in seiner Zeugenaussage im Eichmann-Prozess zu Protokoll: »Meine Bemühungen, jüdische und politisch verfolgte Menschen zu schützen, waren der Grund, weswegen ich vorgab, diese geschäftlichen Transaktionen durchführen zu wollen, da ich darin die einzige Möglichkeit erblickte, bei Himmler Konzessionen für diese Menschen zu erreichen.« Er habe diese Bemühungen »auch dann fortgesetzt, als es mir völlig klar war, daß diese Proposition nicht ernst gemeint war.«

Im Rahmen einer Voruntersuchung wegen Beihilfe zum Mord und anderer Delikte behauptete Becher als Angeklagter im Dezember 1965 vor einem Untersuchungsrichter am Landgericht Frankfurt am Main: »In der Folgezeit ergab sich immer das gleiche Spiel. Die jüdische Seite machte hohe Angebote, an deren Erfüllung sie selbst nicht glaubte, und wir diskutierten dann über die verschiedenen Angebotsmöglichkeiten, wobei sowohl ich als auch die jüdische Seite wusste, dass im Endergebnis gar nichts geliefert würde. Entscheidend war für beide Seiten, daß ich etwas hatte, was ich Himmler wenigstens versprechen konnte, wenn schon eine tatsächliche Lieferung unmöglich war.«

Wie dem auch sei. Kasztner nutzte die günstige Gelegenheit, Becher nun ein »Gentlemen's Agreement« vorzuschlagen. Bevor die *gentlemen* sich einig wurden, kam es allerdings zu einer heftigen Debatte, ob der Text eher konkret (Kasztner) oder verschwommen (Becher) abzufassen sei. Schließlich einigte man sich darauf, dass das Leben aller Zivilpersonen prinzipiell respektiert würde und Kinder, Greise und Schwerkranke nicht aus Budapest abtransportiert werden sollten. Das Internationale Rote Kreuz sollte das Recht erhalten, die verschiedenen Kategorien der Juden zu überprüfen; über die Verhältnisse der Juden in der Slowakei sollte Auskunft eingeholt werden, soweit es die militärische Lage erlaubte; und für die Juden, die als Kriegsgefangene oder Zivilinternierte galten, garantierten die Deutschen den nach internationalem Recht gültigen Schutz.

Es war Kasztner nicht gelungen, Becher zur Zusage zu bewegen, dass die Deportationen aus Budapest vollständig eingestellt werden. »Sie können von uns doch nicht verlangen«, empörte sich Becher, »dass wir wehrfähige Juden und Frauen dort lassen, die dann unsere Soldaten im Rücken angreifen, wenn es zur Belagerung von Budapest kommt!« Dagegen übernahm Becher die Verpflichtung, Männer unter 16 und über 50 Jahren sowie Frauen unter 16 und über 40 Jahren ebenso wie Kranke nicht zu deportieren. Für Kasztner ein kleiner Erfolg: »Dies waren die Kategorien, die in Auschwitz zu allererst in die Gaskammern zu wandern pflegten.«

Am Tag der Abfahrt kam es zu einer denkwürdigen Szene. Bechers Adjutant Ketlitz, der für den Wareneinkauf in der Schweiz bleiben sollte, wandte sich an Saly Mayer: »Wann kommen Sie also mit dem Koffer, Herr Mayer?« – »Mit welchem Koffer?« – »Mit dem Geld, natürlich!« – »Was glauben Sie eigentlich? Dass man uns die Millionen nachwirft?«, erwiderte Mayer und schlug mit der Faust auf den Tisch. Einige Sekunden lang war es still. Dann sagte Becher, der blass geworden war: »Herr Mayer scheint seine Nerven verloren zu haben.« Es wurde nicht weiter verhandelt. Saly Mayer und Ketlitz begleiteten Kasztner und Becher bis zum Schweizer Zollhaus in St. Margrethen.

Kaum hatten sie wieder deutschen Boden unter den Füßen, forderte Becher den eigens für die Reise ausgestellten »deutschen Fremdenpass« (ohne den Vermerk *Jude*) von Kasztner zurück. Dann bestiegen sie Bechers Mercedes und fuhren zurück nach Budapest. Die Unterhaltung, die dann folgte, hätte sich kein Spielfilm-Autor besser ausdenken können. Es war einfach bizarr: Ein ranghoher SS-Offizier und ein Jude aus Ungarn – dem Land, in dem die SS innerhalb weniger Wochen fast eine halbe Million Menschen ins Gas schickte – im Auto zusammen unterwegs durch das vom Krieg gezeichnete Nazi-Reich. Kasztner berichtet:

»Es ist mir nicht klar, ob es die lange Reise – über Nürnberg und Wien nach Budapest – oder andere Gründe waren, die Becher zum ersten Mal veranlaßten, offener, wenn auch mit bestimmter Tendenz, über die innerpolitische und militärische Lage Deutschlands zu mir zu sprechen.

Als wir bei der Judenfrage angelangt waren, fragte Becher, was das Ausland wohl über die Zahl der vom Dritten Reich vernichteten Juden dächte. Ich nannte die Ziffer von fünf bis sechs Millionen.

›Unsinn! Und das Ausland denkt vielleicht auch, daß ausschließlich Himmler daran schuld ist?‹

›Hitler und Himmler.‹

Becher versuchte Himmler in Schutz zu nehmen: ›Wissen Sie, dass Himmler die Juden noch in keiner einzigen seiner Reden beschimpft hat? Man hat den Reichsführer zu verschiedenen Maßnahmen gezwungen, die nicht in seiner Absicht waren. Er ist im Grunde genommen ein gutherziger Mensch und kein Massenmörder. Auch jetzt weiß man wenig davon, wie schwer es der Reichsführer hat, wenn es sich darum handelt, irgendeine Anordnung zu treffen, um die Lage der Juden zu erleichtern. So versuchen Kaltenbrunner und andere SS-Führer alles, um meine Aktion bei Himmler anzuschwärzen und zu vereiteln; die einen aus Fanatismus, die anderen aus Eifersucht. Die Vertrauensmänner der Gestapo in der Schweiz haben von Kaltenbrunner Auftrag erhalten, meine Verhandlungen mit dem Joint zu kontrollieren.‹ Hier nannte er insbesondere einen Schweizer Agenten T., der schon seit Wochen bemüht war, sich Saly Mayer ›zur Verfügung zu stellen‹.

Becher fuhr fort: ›Auf Himmlers Tisch liegen bereits Meldungen, wonach ich mich vom Weltjudentum bluffen lasse.‹

Es war nicht üblich, daß ein hoher SS-Offizier einen Juden in das Intrigenspiel des inneren SS-Betriebs hineinblicken ließ.

Wenn Becher, ein dekorierter Offizier der Waffen-SS, auch aus einem anderen Holz geschnitzt war als die professionellen Massenmörder der politischen SS, so war ein persönlicher Kontakt zwischen ihm und einem Juden, schon seines Ranges und seiner Position wegen, nicht möglich. Ein solcher Kontakt, wenn auch offiziell genehmigt, konnte selbst ihm lebensgefährlich werden. Die Gestapo war auf der Hut. Sie spionierte auch innerhalb der SS, denunzierte und ermordete erbarmungslos jeden, der es gewagt hatte, ›von der Linie abzuweichen‹.«

Es war, möglicherweise, der Beginn einer wundersamen Freundschaft.

24.

20 MILLIONEN FRANKEN –
DER GROSSE BLUFF

Am 8. November kamen Becher und Kasztner wieder in Budapest an. In genau sechs Monaten würde Nazi-Deutschland kapitulieren. Inzwischen waren die Panzer der Roten Armee bis in die Vororte von Budapest vorgestoßen. Sowjetische Jagdbomber griffen jetzt fast ununterbrochen die Hauptstadt an. Unbekümmert und verbissen, als sei nichts geschehen, bereiteten Eichmann und seine ungarischen Helfer die Deportation der Juden vor. Sie wurden zuerst in eine Ziegelei gebracht, wo sich bereits mehr als 5000 Menschen, darunter auch eine große Anzahl von Kindern und Greisen, befanden.

Kasztner alarmierte sofort Becher und bat ihn, Eichmann auf die vereinbarten Altersgrenzen hinzuweisen. Am nächsten Tag gab Eichmann notgedrungen die Kinder, die Alten und die Kranken an seine ungarischen Helfershelfer zurück mit der Bemerkung, das Deutsche Reich sei kein »Kinderheim oder Altersasyl«. Die übrigen rund 30 000 Häftlinge, von denen etwa drei Viertel Frauen waren, mussten die 180 Kilometer bis zur österreichischen Grenze zu Fuß zurücklegen. Sie marschierten sechs bis sieben Tage, bei Regen und Schnee, ohne Nahrung und ohne geeignete Kleidung. Wer zurückblieb, wurde erschossen. Tausende starben an Erschöpfung.

Kurz darauf ordnete Eichmann die Deportation aller Kinder über 14 Jahren aus Budapest an. Nachdem Becher auf Veranlassung Kasztners wieder interveniert hatte, nahm Eichmann auch diesen Befehl zurück, und ein paar Tage lang fanden keine Märsche statt. Eichmann fühlte sich in seiner »Arbeit« empfindlich gestört. Er herrschte Kasztner an: »Überhaupt hat sich das Reich verpflichtet, keine weiteren

Juden umzulegen. Aber wo bleibt die Gegenleistung? Die Amerikaner wollen nur Zeit gewinnen, denn sie haben sich den ungefähren Zeitpunkt ausgerechnet, an dem sie den Krieg gewinnen. […] Ich bin bereit, Ihr Übereinkommen mit Becher so lange zu respektieren, als ich nicht die Überzeugung habe, dass es sich auf der Gegenseite nur um einen Bluff handelt.«

Daraufhin ließ Eichmann die Märsche einige Tage später fortführen. Sie dauerten bis Anfang Dezember. Die Wa'ada war praktisch machtlos, sie konnte die Opfer nur mit geringen Mengen an Nahrungsmitteln und Medikamenten versorgen. Insgesamt mussten 76 000 Männer, Frauen und Kinder auf diese Todesmärsche gehen. Fast 20 000 überlebten sie nicht.

Die Situation in Budapest wurde noch bedrohlicher, als immer deutlicher wurde, dass die 20 Millionen Franken aus der Schweiz in absehbarer Zeit nicht kommen würden. Am 18. November schickte Ketlitz ein Telegramm an Becher, in dem er meldete: »Geld noch nicht erhalten. Stets neue Einwände. Bin überzeugt, daß Leistung auch nicht beabsichtigt oder nicht möglich, da Gesamtvolumen nicht vorhanden.« Becher tobte. Er warnte Kasztner, dass Himmler die Verhandlungen sofort abbrechen würde, wenn er nicht endlich die Bestätigung über die 20 Millionen Franken erhielte. Becher flog nach Berlin, um Himmler zu treffen. Kasztner hatte allen Grund zur Sorge. Noch immer waren 1368 ungarische Geiseln in Bergen-Belsen in der Gewalt der Nazis, darunter seine eigene Familie. Er übermittelte Becher telefonisch folgende Mitteilung nach Berlin: »Ich wiederhole – im Auftrag – daß die 20 Millionen Franken zur Verfügung stehen. Die Verzögerung ist ausschließlich auf finanztechnische Gründe zurückzuführen. Saly Mayer und seine übergeordneten Instanzen arbeiten Tag und Nacht an der Beseitigung der letzten Schwierigkeiten. Die Annahme, daß die Auszahlung nicht beabsichtigt wäre, entbehrt jeder Grundlage.« Nichts davon stimmte.

Spätestens um diese Zeit glaubte Becher nichts mehr von dem, was Kasztner ihm versprach. Aber das war inzwischen nicht mehr so wichtig. Wenn Becher gegenüber Himmler zugegeben hätte, dass er sich von den Juden monatelang hatte hinters Licht führen lassen, wäre das womöglich sein Todesurteil gewesen. Also wurde das zynische Spiel weitergespielt. Es konnte ja niemand wissen, wozu es nach dem Krieg noch gut wäre.

Am 26. November kam Becher mit der Nachricht aus Berlin zurück, dass Himmler den mit Kasztner vereinbarten Zugeständnissen an die Juden weitgehend zugestimmt habe. Ein Etappensieg. Tags darauf traf ein neues Telegramm von Ketlitz ein: »Konnte Saly Mayer seit zehn Tagen nicht mehr sprechen. Verleugnet sich am Telefon. Aufenthalt in der Schweiz zwecklos. Bitte um Abberufung.« Becher hatte das erste Telegramm von Ketlitz stillschweigend unter den Tisch fallen lassen und sich mit den Zusicherungen Kasztners begnügt. Diesmal wagte er das nicht mehr. Er bestellte Kasztner und Billitz zu einer Lagebespechung ein, an der auch Eichmann teilnahm. Der hatte das nach eigenen Angaben »alles kommen sehen«, wie er triumphierend verkündete: »Ich habe Becher unzählige Male gewarnt, sich nicht an der Nase herumführen zu lassen.« Eichmann stellte Kasztner ein Ultimatum: »Telegraphieren Sie in die Schweiz, damit man die Sache in Ordnung bringt. Falls ich in 48 Stunden nicht Ihre positive Antwort habe, werde ich das ganze jüdische Pack von Budapest umlegen lassen.« Kasztner konnte nur antworten, dass es sich um ein Missverständnis handeln müsse.

Billitz machte einen sachdienlichen Vorschlag: Kasztner solle einmal mehr an die Schweizer Grenze reisen, um mit Saly Mayer zu sprechen. Becher war sofort einverstanden; Eichmann stellte sich dagegen, weil damit »wieder nur kostbare Zeit vergeht«. Schließlich verlängerte er sein Ultimatum bis zum 2. Dezember und erwartete telegraphischen Bescheid. Dann kam er noch auf etwas anderes zu sprechen: »Ihre Familie soll in den nächsten Tagen mit der Bergen-Belsen-Gruppe in die Schweiz fahren. Sie werden auch an der Grenze sein. Sie werden mir durchgehen! Eher lasse ich Ihre Familie in Bergen-Belsen zurückhalten.« Kasztner gab zurück, er weigere sich, an die Schweizer Grenze zu fahren, wenn seine Familie nicht in der Gruppe mitfahren sollte. Er versprach, unter allen Umständen zurückzukommen. Darauf Eichmann: »Ja, wissen Sie, der Brand hat mir das Gleiche versichert. Aber passen Sie gut auf, wenn Sie mir auch im Ausland bleiben, wird es keinen Pardon mehr geben. Ihre Juden werden meine Vergeltung kennenlernen.«

Kasztner kommentierte in seinem Bericht: »Es war aufschluß-
reich, wie sich Eichmann an mich klammerte!«

Diesmal fuhr Kasztner in Begleitung von SS-Hauptsturmführer
Erich Krell, Bechers Adjutanten, der schon im SS-Kavallerieregiment
an Bechers Seite geritten war. Krell besaß strikte Befehle. Bis zum
2. Dezember musste er telegraphisch an Budapest melden, ob Mayer
die 20 Millionen Franken zur Verfügung gestellt hatte oder nicht. Er
hatte auch Befehl, die Bergen-Belsen-Gruppe an der Grenze zurückzuhalten, wenn sich die ganze Operation als Bluff herausstellen sollte. Schließlich erhielt er Vollmacht, mit Kasztner die »Endverrech-
nung« für die Gruppe aus Bergen-Belsen vorzunehmen und die 20
Millionen Franken anzutasten, wenn auf den vereinbarten Betrag von
1.684.000 Dollar noch etwas fehlen sollte.

Im Bahnhofshotel von St. Margrethen traf sich Kasztner am nächsten Tag mit Saly Mayer. Der erklärte rundheraus, dass eine Summe
von 20 Millionen Franken illusorisch sei. Er persönlich sei lediglich in
der Lage, vier Millionen zusammenzubringen, wolle sich aber von
der ganzen Angelegenheit zurückziehen. Kasztners Gegenvorschlag
lautete, nach Möglichkeit umgehend fünf Millionen Franken bei einer
verlässlichen Treuhandstelle zu deponieren – und weitere 15 Millionen zu versprechen –, aber Mayer beharrte darauf, dass nur vier Millionen vorhanden seien. Im Verlauf der Besprechung wurde Krell hin-
zugezogen.

Auf der Rückfahrt entbrannte eine Debatte darüber, was Krell
nach Budapest melden sollte, schließlich würde am nächsten Tag das
von Eichmann gestellte Ultimatum ablaufen. Im österreichischen
Bregenz stieg auch Ketlitz zu, der aus der Schweiz ausgewiesen worden war und nun auf Rache an Saly Mayer sann. Erneut wurde scharf
über den Inhalt des abzusetzenden Telegramms debattiert. Ketlitz
gab zu bedenken, dass es »Becher den Kopf kosten« würde, wenn die
Nachricht vom jüdischen Bluff Himmler erreiche. Am besten wäre
es, jetzt mit der Wahrheit herauszurücken.

Das war nun gar nicht in Kasztners Sinne. Es ging ja nur noch um
Tage, bis die ungarische Gruppe in der Schweiz ankommen sollte.
Verzögerungstaktik lautete die Devise. Er redete Krell und Ketlitz ein,
es sei ihre Pflicht, ihren Chef Becher zu decken und Zeit zu gewinnen.

Zunächst seien die Deutschen in der Pflicht, ihren Teil des »Geschäfts« einzuhalten. Die Ausreise der Bergen-Belsen-Gruppe würde dazu führen, dass von der Gegenseite Gelder fließen würden, und man müsse Becher schützen, bis es so weit sei.

Nach weiteren zwei Stunden einigten sich die SS-Offiziere, die auch um ihre eigenen Köpfe bangten, mit Kasztner schließlich darauf, Becher darüber zu informieren, dass Mayer zugesichert habe, zunächst nur fünf Millionen Schweizer Franken zu deponieren, da die Deutschen mit der Nicht-Ausreise der Bergen-Belsen-Gruppe ihren Teil der Vereinbarung noch nicht eingehalten hätten.

Um zwei Uhr früh gab Krell am Grenzkommissariat sein Telegramm auf. »Das Schwierigste hatten wir hinter uns. Was wäre geschehen, wenn Becher in Budapest einen negativen Bericht erhalten hätte?«, notierte Kasztner in seinem Bericht.

In der gleichen Nacht traf ein Telegramm in Bregenz ein. Das Reichssicherheitshauptamt in Berlin teilte dem SS-Grenzkommissariat in Bregenz mit, dass die »ungarische Gruppe« Bergen-Belsen am 4. Dezember verlassen und am 6. über Bregenz-Lustenau die Schweizer Grenze erreichen würde. Die Grenzbehörden wurden angewiesen, der Gruppe beim Verlassen des Reichs keine Zollschwierigkeiten zu bereiten.

In Bergen-Belsen hatten die Mitglieder der »Kasztner-Gruppe« spätestens seit Mitte November gespürt, dass etwas im Gange war. Das sicherste Zeichen war immer, wenn SS-Obersturmführer Hermann Krumey, Eichmanns Stellvertreter im Budapester »Judenkommando«, in Bergen-Belsen auftauchte. Am 13. November erschien er mit einem weiteren SS-Offizier und Zivilisten im Lager. Einer von ihnen fragte einen der internen Leiter des »Ungarnlagers« nach dem Befinden. »Gut«, gab der Angesprochene zur Antwort, »abgesehen von der Kälte.« Darauf der Besucher: »Macht nichts, Sie kommen in 14 Tagen in die Schweiz.« Kurz darauf wandte sich einer der SS-Bewacher zu Kasztners Schwiegervater Jószef Fischer: »Wenn auch Fehler passiert sind, so waren wir im Großen und Ganzen doch mit Ihnen allen zufrieden.« Fischer gab das Kompliment zurück. So höflich konnte es in einem »Vorzugslager« der SS zugehen. Es war wie eine Verabschiedung unter Partnern.

Am 18. November traf ein Telegramm Kasztners an seine Ehefrau Bogyó in der Lagerkommandantur ein. Kommandant Adolf Haas informierte Bogyós Vater Jószef Fischer: »Sagen Sie ihr, dass ihr Mann sie grüßen lässt, und auch ich empfehle mich; innerhalb von zwei Wochen wird sie mit ihrem Mann zusammen sein.« Daraufhin Fischer: »Kommt Kasztner hierher?« Haas: »Nein, sie fährt zu ihrem Mann.« Er fügte hinzu: »Die anderen auch, alle reisen ab.« Der Insasse Eugen Jenö Kolb notierte in seinem Tagebuch: »Wieder die gleiche Szene, innerhalb von Sekunden ist das ganze Lager auf den Beinen, lautes Freudengeschrei.«

Doch die Hochstimmung wechselte mit tiefer Enttäuschung, als dann tagelang nichts passierte. Ende November gab die SS-Zensur im Lager 88 schon früher eingegangene Briefe an verschiedene Empfänger frei, darunter auch ein Brief von Kasztner an seinen Schwiegervater vom 18. November. Darin schrieb Kasztner, dass die Freilassung bevorstünde. Eigentlich hätte die Gruppe »schon Ende Oktober weitergeleitet werden sollen, was aber wegen Transportschwierigkeiten erst Ende d. M. möglich wurde«. Die Gruppe müsste bis zum Kriegsende in der Schweiz bleiben, weil eine Weiterfahrt nach Palästina zunächst nicht in Frage komme. Fischer schloss daraus, dass Kasztner mit der Umschreibung »Transportschwierigkeiten« die Erpressungsversuche Eichmanns meinte.

Nach dem Empfang von Kasztners Brief berief Fischer sofort eine außerordentliche Versammlung der internen Führung ein, um die Abfahrt zu planen. »Wenn ich die Augen schloss«, beschreibt Ladislaus Löb seine Wunschphantasien als Elfjähriger, »sah ich schon einen eleganten Pullman-Zug dampfend an der Rampe von Bergen-Hohne zu unserer Abfahrt bereit stehen, während in der Lagerküche ein schmackhaftes Abschiedsessen für uns gekocht wurde.«

Wie schnell die Hochstimmung in Entsetzen und die Höflichkeit in Grausamkeit umschlagen konnten, sollten die Gefangenen noch am selben Tag erfahren. Der Gefangene Andreas Kassowicz, seine Frau und ihre drei Kinder wurden in das »Neutralenlager« abgeführt, in dem südamerikanische und spanische Gefangene interniert waren. Der Grund war, dass Kassowicz bei der Ankunft in Bergen-Belsen sich und seine Familie als rumänische Staatsangehörige gemeldet hatte und die Deutschen sie jetzt für einen Austausch gegen »Volksdeutsche« aus Rumänien bereithalten wollten. Dieser Austausch kam niemals zustande. Ladislaus Löb fiel bei dieser Gelegenheit wieder ein, wie unsicher sein Vater bei der Ankunft in Bergen-Belsen war, ob er »rumänisch« oder »ungarisch« als Nationalität angeben sollte, und wie er schließlich beschloss, Ungar zu sein. »Wenn er dem Beispiel von Kassowicz gefolgt wäre«, sagt Löb, »hätten er mit seiner Kriegsverletzung und ich mit meinen elf Jahren fast sicher nicht überlebt. Kassowicz starb ein paar Tage nach der Befreiung durch die Alliierten. Seine Familie blieb am Leben.«

Ein besonders grausames Schicksal erlitten die Familien Kertesz und Weisz aus Klausenburg. Sie hatten entdeckt, dass ihre Töchter im benachbarten Frauenlager interniert waren, in einer Gruppe von Frauen aus Auschwitz. Die Töchter waren getrennt von ihren Eltern in Budapest gefangen genommen worden. Danach waren sie zunächst nach Auschwitz und im Oktober 1944 weiter nach Bergen-Belsen deportiert worden. Der Kontakt der Häftlinge aus den verschiedenen Lagerabteilungen untereinander war strengstens verboten. Obwohl József Fischer sie eindringlich vor den Konsequenzen warnte, sprachen die Eltern bei Lagerkommandant Haas vor und baten ihn inständig, die Töchter in die »Kasztner-Gruppe« zu überweisen. Sie behaupteten, sie hätten sie zufällig auf dem Weg zum Baden getroffen, aber Haas ließ sich nicht täuschen. Zur Strafe für die verbotene Kommunikation mussten die Eltern ins »Sternlager« umziehen und die Töchter im Frauenlager bleiben. Kertesz starb vor der Befreiung, seine Frau und Weisz bald danach. Was aus den anderen Frauen wurde, ist unbekannt.

Am Morgen des 4. Dezember erschien Obersturmführer Krumey in Begleitung von einigen SS-Offizieren und dem neuen Lagerkommandanten Kramer. Eine Weile unterhielt er sich mit Fischer und Bogyó Kasztner. Dann wurde der Plan für die Abfahrt bekanntgegeben. Kleine Kinder und alte oder kranke Leute sollten, zusammen mit dem schweren Gepäck, auf Lastwagen zum Zug transportiert werden. Die Übrigen sollten zu Fuß gehen. »Als ungefähr 600 Hände um Transport bittend hochgestreckt wurden«, berichtet Löb, »stellte sich heraus, dass nur 50 Sitzplätze vorhanden waren, die prompt von unserer Führung besetzt wurden.« Um 13 Uhr wurde der Abmarsch zur Rampe Bergen-Hohne befohlen, wo die Gruppe fünf Monate zuvor angekommen war. Es war fast wie bei der Ankunft, nur dass der Marsch wegen der Entbehrungen in der Haft jetzt erheblich länger dauerte als damals. Das Gros der Gruppe brauchte zwei bis drei Stunden, die Schwächsten noch länger. »Mir taten die Füße weh von den steifen Holzsohlen, für die mein Vater ein Vermögen in Zigaretten bezahlt hatte. Die Wachen schrien und die Hunde bellten uns an wie zuvor«, schildert Löb die Szenerie. »Aber es störte uns nicht. Wir waren auf dem Weg in die Schweiz.«

An der Rampe angekommen, mussten sie noch ungefähr fünf bis sechs Stunden auf den Zug warten. Löb erinnert sich noch »an das endlose Warten im grässlichen Wetter, die Angst vor Luftangriffen, die Suche im Dunkeln nach dem großen Gepäck, das wahllos auf die Rampe ausgeschüttet worden war, die Schlacht um Sitzplätze, als der Zug endlich ankam«.

Als sich der Zug gegen Mitternacht in Bewegung setzte, waren die meisten, wie die mitreisende Miriam Bück bemerkte, »zu müde um froh zu sein«. Die Deutschen hatten zuvor noch Proviant verteilt, darunter 500 Gramm Konservenfleisch für jeden. Zudem gab die interne Führung der Gruppe einen Teil der eisernen Reserven frei, die während der Haft gesammelt worden waren. Nach fünf Monaten Hunger aßen wir alle gierig, und die Folgen waren schlimm. Der Gefangene Bela Zsolt schreibt in seinen Erinnerungen: »Im Zug hat jeder sich vollgefressen, und jeder hat Durchfall… Da wir endlich auf dem Weg zur Freiheit sind, erbrechen wir uns überall in den Korridoren des D-Zugs, und die Toiletten sind schrecklich!« Zsolt erkennt darin auch einen »Aufstand gegen die strenge Disziplin, die man uns hinter dem Stacheldraht auf diesem Gebiet aufgezwungen hatte«.

Der Zug durchquerte das vom Krieg gezeichnete Deutschland langsam von Norden nach Süden. Die Passagiere konnten sich einen Eindruck verschaffen, was vom »tausendjährigen« Nazi-Reich noch übrig war. Die Fahrt musste oft gestoppt weden, weil Fliegeralarm gegeben wurde, oder es mussten lange Umwege in Kauf genommen werden, weil die Strecken zerstört waren oder Truppentransporte Vorrang hatten.

»Als ich am 6. Dezember erwachte und aus dem Fenster schaute, sah ich Berge. Das Land war mit Schnee bedeckt«, sagt Löb. »Am frühen Abend erreichten wir Lindau.« Während Deutschland pechschwarz verdunkelt war, lag am anderen Ufer des Bodensees die hell erleuchtete Schweiz. Die Schweizer Behörden hatten die Verdunkelung aufgehoben, um irrtümliche alliierte Bombenangriffe auf ihr Gebiet zu vermeiden. Der Gruppe im Zug erschienen die weißen Lichtpunkte und ihre Spiegelung im Wasser als ein doppeltes Symbol der Sicherheit und Freiheit. »Etwas später hielten wir im österreichischen Bahnhof Lustenau, wo uns Krumey und Kasztner erwarteten«, erinnert sich Löb. »Kasztner wurde begeistert begrüßt, aber dann passierte ein paar Stunden nichts. Heute weiß ich, dass die SS zu dieser Zeit einen Versuch machte, Kasztner noch einmal zu erpressen.«

Kasztner hatte zwei nervenaufreibende Tage hinter sich, als er am 6. Dezember in Bregenz gespannt auf den Zug wartete. Er hatte einen Brief an seine Frau Bogyó geschrieben, den er ihr bei der Begrüßung überreichen wollte. Auszüge:

»[…] Es ist fünf Monate her, seit ich Dich zum letzten Mal gesehen habe. Ich habe ein bewegtes Leben gehabt, mit genug Sorgen, Problemen und Arbeit. Trotzdem sah ich dauernd Bergen-Belsen vor mir. Ich versuchte, mir das Lager vorzustellen und nicht Dich, denn Du bist am wenigsten von allen dafür geboren. […] Als Hannover bombardiert wurde, als die Offensive im Westen Dir immer näher kam, dachte ich dauernd an Dich. Mich quälte der Gedanke, daß Du verletzt werden könntest. Die Möglichkeit, daß Dir etwas passieren könnte, war unerträglich. Ich bedauerte hundert Mal, daß ich Dich gehen ließ.«

Und er träumt von einem neuen Leben. Vom »Aufstieg« ins Gelobte Land: »Gehen wir auf Alijah. Wir haben genug von Europa.«

Zwei Tage zuvor, am 4. Dezember, hatte Becher in Budapest den Empfang des Telegramms von Ketlitz und Krell bestätigt, in dem sie ihm unter Vorspiegelung falscher Tatsachen ankündigten, es würden »zunächst fünf Millionen Schweizer Franken deponiert«. Becher nahm den Inhalt »vorläufig« zur Kenntnis und teilte seinerseits tele-

graphisch mit, dass das Leben der Juden im Budapester Ghetto respektiert werde. Von den neuen Schwierigkeiten erklärte er sich
»peinlich überrascht« und verlangte die Hinterlegung der übrigen
15 Millionen Franken, sonst würde »die Situation unhaltbar« werden.
»Krell und Ketlitz atmeten auf«, berichtet Kasztner. »Nun forderten
sie von mir, ich solle zumindest den Depotschein über die fünf Millionen vorlegen – einen Depotschein über fünf Millionen, basierend
auf der mündlichen Mitteilung Saly Mayers, dass er eventuell vier
Millionen zusammenbringen könnte.« Krell und Ketlitz waren bisher davon ausgegangen, dass zumindest die fünf Millionen Franken
hinterlegt waren – was jedoch mitnichten der Fall war. Kasztner und
Mayer beschlossen, sie weiter hinzuhalten.

Tags darauf kam es zu einer neuerlichen Besprechung in St. Margrethen, auf der Mayer ausweichend auf Krells Frage nach dem Depotschein für die fünf Millionen reagierte. »Außer einem guten Mittagessen im Bahnhof-Hotel von St. Margrethen«, bemerkte Kasztner
trocken, »wurde Krell nichts geboten; höchstens ein Versprechen,
dass die Frage der Deponierung von vier bis fünf Millionen ›unter-
sucht‹ würde.«

Der Schwindel war endgültig aufgeflogen. Das Geld stand nicht
zur Verfügung. Jetzt saßen neben Kasztner, Mayer und Becher auch
Krell und Ketlitz in der Tinte, weil sich nicht mehr leugnen ließ, dass
sie ihren Chef belogen hatten. »Ketlitz ist wütend auf Krell, weil er
den Depotschein nicht herausbekommen hat. Er droht, die Gruppe
an der Grenze zurückzuhalten«, notiert Kasztner in seinem Bericht.

Am 6. Dezember gegen 19 Uhr traf der Zug aus Bergen-Belsen in
Begleitung Krumeys in Bregenz ein. Die Diskussion über die Frage,
ob man sie ausreisen lassen soll oder nicht, ging nun in die nächste
Runde. Krell war dafür, Ketlitz dagegen. Krumey war der Ansicht,
man solle vorher telegraphisch bei Becher anfragen. Krell wollte dies
verhindern.

Krell und Ketlitz beschlossen, den Kommandanten des Grenz-
kommissariats zur Beratung heranzuziehen. Sie erlaubten Kasztner,
zum Bahnhof zu gehen, wo er die Gruppe endlich begrüßen durfte.
Sein erster Eindruck: »Die Menschen, von denen wir uns vor fünf
Monaten in Budapest verabschiedet haben, befinden sich in einem

regulären D-Zug. 1368 Juden.« Und die große Erleichterung: »Auch meine Familie ist dabei.«

Anschließend musste er, zusammen mit Jószef Fischer, dem Leiter der Gruppe, einen Empfangsschein über die »Ablieferung von 1368 Juden« unterschreiben. In Wahrheit waren es 1351, wie sich später herausstellte. Zwar waren die drei Todesfälle und acht Geburten im Lager bei der ursprünglichen Berechnung korrekt berücksichtigt worden, nicht aber, dass 17 Unglückliche in Bergen-Belsen zurückbleiben mussten. Das wollte die SS offenbar vertuschen. So erfuhr Kasztner erst auf dem Bahnhof in Bregenz, dass neben anderen Häftlingen auch Joel Brands Mutter, seine Schwester und einige andere Verwandte nicht hatten mitreisen dürfen. Sie waren auf Befehl Eichmanns zurückgehalten worden, aus Rache dafür, dass Brand ihm »entwischt« war. Spätere Bemühungen Kasztners, die Angehörigen freizubekommen, blieben erfolglos. Becher wollte sich nicht mit »Einzelfällen« beschäftigen. Die meisten dieser Verwandten Brands überlebten, doch die Mutter starb wenige Tage nach der Befreiung in Bergen-Belsen.

Noch befand sich der Zug auf deutschem Reichsgebiet in Bregenz. Die Weiterfahrt war noch nicht genehmigt worden. Nach anderthalb Stunden zermürbenden Wartens erschienen Krell und Krumey auf dem Bahnsteig. Sie teilten mit, sie hätten beschlossen, den Zug in die Schweiz fahren zu lassen. »Es gab kein Angebot mehr, also wurden wir sozusagen gratis entlassen«, sagt Yehuda Blum, der zusammen mit seinen Eltern und seinen beiden Schwestern im Zug saß. »Gratis, aber als eine Geste an die westlichen Alliierten. Und auch als Alibi für Becher, der damals sehr einflussreich wurde. Damit er entlastet und nicht als Kriegsverbrecher betrachtet wird.« Und mit traurigem Lächeln fügt Blum hinzu: »Er war der gute Deutsche. Der gute SS-Mann, sozusagen.«

Kasztner durfte auf ausdrücklichen Befehl Eichmanns nicht mit in die Schweiz fahren. Er wurde noch gebraucht, in Budapest und anderswo. Befehlsgemäß sollte Hauptsturmführer Krell mit ihm die »endgültige« Verrechnung für diese »Lieferung« vornehmen. Man konnte sich, wie schon die fünf Monate zuvor, nicht über den Wert der in Budapest abgelieferten Pengö, Valuten und Juwelen einigen.

»Nach meiner Auffassung«, schreibt Kasztner, »hatten wir auf weitere 400 Personen Anrecht. Krell glaubte dagegen, wir waren noch 65.000 Dollar schuldig. Dabei blieb es. Um drei Uhr früh fuhren wir dann gemeinsam nach Bregenz zurück.«

Da waren die anderen schon in Sicherheit. Um 21 Uhr war das Signal zur Abfahrt des Zuges ertönt. »Wir stiegen in einen warmen, hell erleuchteten Schweizer Zug um. Am 7. Dezember um ein Uhr früh kamen wir in St. Margrethen in der Schweiz an. Kurz darauf ging es erst einmal nach St. Gallen, wo wir übernachteten«, sagt Ladislaus Löb. Und dann, nach einer kurzen Pause: »Wir waren den Nazis entkommen.«

Die mit Saly Mayer vereinbarten fünf Millionen Franken für den Wareneinkauf der SS wurden schließlich tatsächlich hinterlegt. Am 8. Dezember, als die Gruppe schon sicher in der Schweiz war. »Ware für Blut, Blut für Ware«, so hatte Eichmanns Formel gelautet.

Zug um Zug.

25.

BERGEN-BELSEN –
RINGEN MIT DEM TOD

Als die »Kasztner-Gruppe« am 4. Dezember in Bergen-Belsen in
Richtung Bahnrampe abmaschierte, verließ sie einen Ort des Sterbens. Wenn auch die Lebensbedingungen zu dieser Zeit im »Ungarnlager« durch einige Privilegien für die Gefangenen noch einigermaßen erträglich waren, hatte in den übrigen Lagerteilen schon
das »menschenunwürdige Vegetieren und das namenlose Sterben«
begonnen, wie der Historiker Eberhard Kolb schreibt, das sich bis
zur Befreiung im April 1945 zu jenem unbeschreiblichen Grauen
steigerte, das die britischen Befreier vorfanden. Bergen-Belsen war
keines der »Vernichtungslager« wie Auschwitz oder Sobibor. Aber
Bergen-Belsen wurde zur Stätte eines qualvollen und langsamen
Massensterbens.

Michael Gelber war zusammen mit seinen Eltern im Januar 1944
mit dem ersten Transport aus Westerbork nach Bergen-Belsen gekommen. Jetzt war er schon fast ein Jahr im »Sternlager«, in dem die
»Austauschjuden« interniert waren. Mit jedem Tag wurden es weniger. Etwa 18 500 Häftlinge waren um die Jahreswende im »Aufenthaltslager« Bergen-Belsen interniert, davon etwa 4350 im »Sternlager«. Von ihnen starben allein im Dezember etwa 800, und diese
Todesrate sollte sich in einem noch unvorstellbaren Maße steigern.
»Es waren so viele Leute, die gestorben sind«, erinnert sich Gelber,
der in jener Zeit neun Jahre alt war. »Es waren so viele Freunde, Kinder und Eltern, die gestorben sind, dass man das nicht mehr echt bemerkte. Man brauchte das nicht mehr zu verarbeiten, man ging einfach weiter und hoffte, dass man den nächsten Tag übersteht.«

Immer mehr Häftlinge wurden im Laufe der letzten Kriegsmonate aus anderen Konzentrationslagern nach Bergen-Belsen verlegt. Täglich kamen Transporte mit halbtoten oder kranken Häftlingen an. Es war ein ständiges Kommen und Gehen, und das in einem makabren Doppelsinn. In den Wintermonaten 1944/45 starben etwa 50 000 Menschen – vor allem an Auszehrung und Typhuserkrankungen. Die Verpflegung war auf einem absoluten Nullpunkt angekommen. Deutschland erlebte den letzten Kriegswinter. Auch außerhalb des Stacheldrahtzauns war die Versorgungslage schlecht, aber für die Häftlinge schien nichts mehr übrig zu sein. Dabei hatte man sie doch wenige Monate zuvor als »wertvolle Geiseln« bezeichnet, für deren Austausch man sich hohe Gegenleistungen des feindlichen Auslands versprach. Renata Laqueur notierte in ihrem *Bergen-Belsen Tagebuch*: »Das Essen wurde immer schlechter, immer weniger. Wir lebten schließlich nur noch von Steckrüben und kleinen Brotstückchen, die wir ab und zu bekamen. Der dreiviertel Liter Steckrübenwasser kam stets zu abwechselnden Tageszeiten, das konnte morgens um acht sein, doch gab es dann bis zum folgenden Abend um sieben Uhr nichts wieder. Das einzige, das wir in diesen sechsunddreißig Stunden zwischen zwei Warmwassermahlzeiten hatten, war das übriggesparte Brot. Doch wie teilt man vier Zentimeter Brot für vier oder sechs Mahlzeiten ein, wenn es nichts Zusätzliches gibt oder selbst das Brot unregelmäßig kommt? Alte und junge Menschen starben neben mir an Erschöpfung, Lagerfieber oder Infektionen. [...] Der Tod war plötzlich allgegenwärtig, manchmal kam er, ohne daß der engste Nachbar etwas davon spürte.«

Mit der Ankunft des neuen Lagerkommandanten hatte sich die Situation für die Häftlinge noch einmal dramatisch verschärft. Am 2. Dezember 1944 trat Josef Kramer als Nachfolger von Adolf Haas seinen Dienst in Bergen-Belsen an. Kramer hatte seine »Führungsqualitäten« zuvor in Auschwitz bewiesen, wo er seit Mai 1944 Kommandant gewesen war. »Er verband bürokratische Engstirnigkeit mit einer brutalen Apathie«, charakterisierte ihn der britische Militärhistoriker Paul Kemp. Kramer wurde nach Kriegsende zum Tode durch den Strang verurteilt und am 13. Dezember 1945 im Zuchthaus Hameln gehängt.

Kramer brachte seine »bewährten« Mitarbeiter aus Auschwitz mit, die in der Kommandantur, der Verwaltung und als Blockführer eingesetzt wurden. Als eine der ersten Amtshandlungen in Bergen-Belsen führte er auch im »Sternlager« das System der Kapos ein, die unter den Häftlingen sofort Angst und Schrecken verbreiten. »Die Kapos, das waren Unmenschen«, sagt Moshe Nordheim, damals zehn Jahre alt, »sie haben uns geschlagen und sind über die Frauen hergefallen.« Michael Gelber ergänzt: »Das waren alles Leute, die schon vor dem Krieg Verbrecher waren. In Auschwitz hatten sie ›gelernt‹, jetzt waren sie bei uns.«

Wie sich das tagtäglich auswirkte, hat Hanna Lévy-Haas im Dezember 1944 in ihrem Tagebuch fesgehalten: »Der Schlamm, der Regen und die Feuchtigkeit machen sich jetzt auch innerhalb der Baracken bemerkbar, denn sie sind sehr schlecht gebaut, stark abgenutzt und meist durchlöchert. Aber man kann nichts dagegen machen, wir müssen bleiben. Man schwimmt in einem Meer von Mikroben, Läusen und Flöhen, Schimmel und Gestank. Da wir buchstäblich einer auf dem anderen liegen, sind wir ein idealer Nährboden für die Vermehrung der Läuse. Es ist nicht möglich, sie zu fangen oder zu vernichten. Eine Sisyphusarbeit. Es ist so eng, daß man sich nicht bewegen kann. An einen Platz zum Sitzen oder zum Ausruhen ist überhaupt nicht zu denken. Eine höllische Enge, es ist die Pest! […] Sind wir denn nicht schon am Tiefpunkt unserer Leiden angelangt? Oder kann es noch schlimmer kommen?«

Doch es kam noch schlimmer. Die SS verstärkte ihren Terror und versuchte inmitten dieses Massensterbens mit unvorstellbarer Grausamkeit Ordnung und Disziplin herzustellen und die Häftlinge zur Arbeit in den verschiedenen »Kommandos« zu zwingen. Auch mitten im Winter mussten die völlig entkräfteten Menschen um fünf Uhr morgens in langen Kolonnen zum Arbeitsappell antreten. »Durchgefroren, geschwächt bis zum äußersten, ausgehungert, fühlen wir, wie uns die Kräfte verlassen […] aber es ist verboten, den Platz zu verlassen, ja selbst sich zu rühren«, notiert Hanna Lévy-Haas. Erst nach zwei oder zweieinhalb Stunden kommt der diensthabende Offizier, um die Häftlinge zu zählen und zur Arbeit einzuteilen. »Und dann wählt er seine Opfer aus, solche, die es wagen, irgendwelche

Gründe anzugeben, warum sie nicht zur Arbeit gehen wollen – die werden dann von ihm ›gebessert‹. Er stürzt sich auf sie, schlägt auf sie ein, um ihnen die Eingeweide zu zerdreschen, zerrt sie auf dem Boden umher und bearbeitet sie mit Fußtritten, systematisch. Und dann zwingt er sie, wieder aufzustehen und in die Reihen zu treten […].«

Das Strafsystem war unerbittlich. Selbst geringste Vergehen bezahlten die Häftlinge mit ihrem Leben. Michael Gelber musste dabei zusehen, wie ein Mann erschossen wurde: »Es war scheußlich. Er hat eine große Rübe aus der Küche geklaut, sie haben ihn einfach abgeknallt, wegen Sabotage oder Diebstahl.«

In den letzten drei Monaten vor der Befreiung des Lagers starben etwa 35 000 Menschen, davon allein im März mehr als 18 000. Seit Sommer 1944 hatten sich die Verhältnisse in Bergen-Belsen dramatisch veschlechtert. Es war die Zeit, in der die SS begann, Häftlinge aus den weiter östlich gelegenen Lagern des Reiches zu Tausenden in die Lüneburger Heide zu verlegen. Als die Rote Armee immer weiter vorrückte, wurden Lager aufgelöst, teilweise sogar gesprengt. Man wollte vermeiden, dass dem Feind die Zeugnisse der monströsen Verbrechen in die Hände fallen – ebensowenig die Häftlinge. Die SS brauchte sie als Zwangsarbeiter in den Rüstungsfirmen, soweit sie überhaupt noch »arbeitsfähig« waren. Jahrelang hatten die Nazis mit ungeheurem Aufwand und ungeheurer Grausamkeit die Juden aus dem Deutschen Reich entfernt, jetzt holten sie sie zurück, als Zwangsarbeiter für den »Endsieg«.

Diese Evakuierung der Konzentrationslager war »der letzte große nationalsozialistische Massenmord, nach dem Ende der Massentötungen in den Gaskammern der Vernichtungslager«, wie der Historiker Kolb sagt. Nachdem im November 1944 die Selektionen in Auschwitz eingestellt und Krematorien und Gaskammern teilweise gesprengt worden waren, wurden viele der Häftlinge, zumeist Frauen, nach Bergen-Belsen deportiert. Es existieren keine genauen Zahlen, weil die SS vor der Befreiung des Lagers alle Unterlagen vernichtete, aber man schätzt, dass zwischen Dezember 1944 und März 1945 allein aus Auschwitz und den zahlreichen Nebenlagern 20 000 bis 25 000 Frauen nach Bergen-Belsen kamen. Schon bis November 1944 waren etwa 8000 Frauen, die nach den Erhebungen des Holländischen Roten Kreuzes als »krank, aber potentiell wiederherstellungsfähig« galten, in das provisorische Zeltlager in Bergen-Belsen eingewiesen worden. Sie waren für einen späteren Zwangsarbeitseinsatz in den Rüstungsbetrieben anderer Konzentrationslager vorgesehen und mussten bis zur Verlegung in der Herbsteskälte in den völlig überfüllten Zelten ausharren, in denen es weder Beleuchtung noch Toiletten gab. Mit einem dieser Transporte, bei dem am 28. Oktober 1308 Frauen aus Auschwitz-Birkenau deportiert wurden, kam auch Anne Frank, zusammen mit ihrer Schwester Margot, nach Bergen-Belsen. Anne Frank starb im März 1945, vermutlich an einer Typhuserkrankung. Das genaue Datum ist nicht bekannt.

Am 7. November wurde das Zeltlager bei einem Sturm so zerstört, dass es aufgegeben werden musste. Einige der früheren Schützenfestzelte und primitiven Zeltbahnen waren einfach weggeweht, andere zusammengebrochen, wobei einige Frauen tödlich verletzt wurden. Die überlebenden Frauen wurden in einem Küchenzelt und einer Baracke auf engstem Raum provisorisch untergebracht. Zwei Tage blieben sie so zusammengepfercht, bis die Häftlinge des »Sternlagers« in andere Baracken umgezogen waren, die allerdings weder über Licht, noch über Betten oder Toiletten verfügten. Die Frauen zogen anschließend in die bisher genutzten Baracken des alten »Sternlagers«, das jetzt als »kleines Frauenlager« bezeichnet wurde. Weil immer mehr Frauen nach Bergen-Belsen verlegt wurden, wurde es ständig vergrößert, was für die Häftlinge des »Sternlagers« bedeutete, dass sie ständig noch enger zusammenrücken mussten. »Es kamen immer mehr Menschen in das Lager, es wurde immer voller«, sagt Irene Butter, die als »Austauschjüdin« seit Anfang 1944 mit ihrer Familie im »Sternlager« gefangen war. »Dadurch wurden auch die Essensrationen immer geringer, und das war eine Katastrophe. Es war doch Winter, und wir waren ohnehin schon alle so schwach.«

Auf die »Austauschjuden« schien niemand mehr Wert zu legen. Und auch die Häftlinge selbst hatten die Hoffnung auf einen Austausch größtenteils aufgegeben, nachdem im August 1944 der erste und bis dahin einzige Transport mit 222 Menschen nach Palästina abgegangen war. »Mein Vater«, berichtet Moshe Nordheim, »war regelrecht zusammengebrochen, als die anderen abfuhren und wir dablei-

ben mussten. Er hatte sich so gewünscht, Palästina zu sehen.« Für
Michael Gelber ging es in den letzten Monaten nur noch ums nackte
Überleben: »Wir haben versucht, etwas zu essen zu finden«, erinnert
er sich, »und sonst saßen wir in den Baracken und haben einfach abgewartet. Wir wussten natürlich, dass der Krieg zu Ende geht.« Das
war auch für Marietta Moskin die einzige Hoffnung: »Wir glaubten,
das einzige, was uns noch retten konnte, war das Kriegsende«, sagt
sie. »Wir sahen die Bomber über uns hinwegfliegen, und wir hofften
und hofften, dass der Krieg nicht gut für Deutschland lief.«

Und dann sollten doch noch Häftlinge aus dem »Sternlager« ausgetauscht werden. Gegen »Reichsdeutsche« in Südamerika, die kurz
vor dem Untergang des Nazi-Reiches noch ins Land ihrer Väter zurückkehren wollen.

Vorausgegangen war auch in diesem Fall ein jahrelanges Gezerre
der NS-Dienststellen untereinander, zwischen den verschiedenen
bürokratischen Vollstreckern der »Endlösung«, die alle wieder ihre
jeweiligen Interessen ins Spiel brachten und sich bemühten, die Frage
»ermorden oder günstig verwerten« unter Zuhilfenahme (schein-)
legalistischer Kriterien zu beantworten. Die Nazis hielten sich bekanntlich »nie an Gesetze, nicht einmal an die eigenen«, wie es
der jüdische Schriftsteller und Journalist Konrad Heiden ausdrückte,
aber beim Holocaust musste alles seine Ordnung haben. Das Auswärtige Amt war wie fast immer bemüht, möglichst viele »Austauschhäftlinge« bereitzuhalten und ging deshalb auch großzügig mit offensichtlich gefälschten Passunterlagen und den »Promesas« um. »Im
Hinblick auf die große Zahl der sich noch in Paraguay befindenden
heimkehrwilligen »Reichsdeutschen« und die geringe Zahl der für
eine Ausreise aus dem deutschen Machtbereich nach Paraguay in
Frage kommenden paraguayischen Staatsangehörigen«, stellte die
Rechtsabteilung des Auswärtigen Amtes schon im Oktober 1942 fest,
»wäre für einen Fortgang der Verhandlungen und die Durchführung
des Austausches eine Erhöhung des paraguayischen Kontingents nur
erwünscht und förderlich.«

Eine Mordoption ließen sich Hitlers Diplomaten aber auch offen:
»Sollte trotz der Aushändigung der paraguayischen Pässe an Juden
eine Förderung des beabsichtigten Austausches nicht erfolgen, so

könnte immer noch später die Anerkennung der paraguayischen Pässe versagt werden mit dem Hinweis darauf, dass eine Einbürgerung entsprechend den Gesetzen von Paraguay nicht erfolgt sei.« Es war die übliche sprachliche Verkleidung der mörderischen Willkür und zeigte in Wahrheit nur, dass auch die Austauschkandidaten nur vorläufig vom Massenmord ausgenommen waren.

Das war ganz im Sinne Eichmanns und seines »Judenreferats« IV B 4 im Reichssicherheitshauptamt (RSHA), hauptsächlich verantwortlich für die Deportationen. Dieser wies schon Mitte 1943 die zuständigen Stellen in den besetzten Niederlanden darauf hin, es sei nicht erwünscht, dass zur Deportation anstehende Juden sich dieser entzögen, indem sie sich die Staatsbürgerschaft eines neutralen Drittstaates erkauften. Seien die Juden »noch im Begriffe, die Staatsbürgerschaft eines neutralen Landes zu erwerben«, so seien sie »bevorzugt nach dem Osten abzutransportieren«.

Bei einer Besprechung am 10. November 1943 in Den Haag, an der Eichmann, SS-Brigadeführer Naumann, der Befehlshaber der Sicherheitspolizei und des SD Den Haag (BdS), und SS-Obersturmführer Gemmecker, der Kommandant von Westerbork, teilnahmen, notierte der ebenfalls anwesende SS-Sturmbannführer Wilhelm Zoepf: »Die in Westerbork einsitzenden rund 1000 Juden mit Gefälligkeitspässen werden durch einen Fachmann des RSHA überprüft. Sofern es sich um Schwindelpässe handelt, ist Abtransport nach Auschwitz vorgesehen.«

Der »Fachmann des RSHA« war SS-Hauptsturmführer Ernst Moes, in Eichmanns Truppe unter anderem für »Judeneinzelfälle« zuständig. Er war mehrfach in den Lagern Westerbork und Bergen-Belsen, um Häftlinge mit »Gefälligkeitspässen« aufzuspüren. Mit ihm reiste die (zivile) Polizeiangestellte des BdS, Gertrud Slottke, die in den Lagern Westerbork und Bergen-Belsen die »Austauschjuden« und ihre Passunterlagen nochmals überprüfte. Die »Sachbearbeiter« Moes und Slottke waren es letztlich, die entschieden, ob Menschen wie Moshe Nordheim, Marietta Moskin, Michael Gelber oder Irene Butter nach Auschwitz oder nach Bergen-Belsen deportiert wurden. Ebenso, ob sie im Viehwaggon in den Tod oder im 3.-Klasse-Wagen ins »Aufenthaltslager fuhren«.

Von all dem ahnten die Westerborker Häftlinge nichts, die im Januar 1944 mit dem ersten Transport nach Bergen-Belsen kamen. Ein Dreivierteljahr nach ihrer Ankunft passierte nichts, die Austauschverhandlungen zwischen dem Deutschen Reich und den USA – über Vermittlung durch die Schweizerische Gesandtschaft – waren ins Stocken geraten. Die Schlacht wurde zu dieser Zeit mit militärischen Mitteln geschlagen, nicht mit diplomatischen.

Mitte August 1944 mussten sich die Inhaber amerikanischer Pässe im »Sternlager« zu einem Sonderappell versammeln. Moes, Slottke und Johannes Ladewig vom ausländerpolizeilichen Referat des RSHA verlasen die Namen der Anwesenden. Dann passierte wieder vier Monate nichts. Hinter den Kulissen glichen das Auswärtige Amt, die Schweizer Schutzmachtabteilung in Berlin, die Abteilung für Fremde Interessen des Eidgenössischen Politischen Departements in Bern sowie die britische und amerikanische Botschaft in der Schweiz ihre Vorschlagslisten für die Personen ab, die ausgetauscht werden sollten. Man muss sich das so vorstellen: Da werden in diplomatischen Kreisen monatelang Listen hin und her geschickt, Konsultationen abgehalten und Kriterien für den Austausch einiger hundert Personen erarbeitet, während zur selben Zeit Eichmann in Ungarn Hunderttausende in den Tod schickt.

Auch die Amerikaner hatten »Prioritätenlisten«, die sie den Deutschen übergaben. Darin wurden unter anderem aufgeführt: »Kategorie A: Personen, die mit Genehmigung der Regierung, der sie Treuepflicht schulden, über die Schutzmacht finanziell unterstützt werden, und ihre Ehegatten und/oder Kinder. [...] Kategorie B: Personen, die keine finanzielle Unterstützung beziehen, deren Staatsangehörigkeit aber seit dem Ausbruch der Feinseligkeiten in anderer Weise durch die Schutzmacht formell anerkannt worden ist. [...] Kategorie C: Ohne Rücksicht auf den Stand ihrer Personalausweise: unmittelbare Familienangehörige solcher Staatsbürger der Vereinigten Staaten oder der anderen amerikanischen Republiken, die bei früheren Austauschaktionen heimgeschafft worden sind. [...]«

Im Fall des anstehenden Austauschs legten die Amerikaner Wert auf Personen der Kategorie A. Am 19. Januar kamen Ladewig, Moes und Slottke vom RSHA noch einmal nach Bergen-Belsen und riefen

450 »Promesa«- und Passbesitzer zum Sonderappell. »Plötzlich hieß es, alle Juden mit südamerikanischen Pässen sollten sich melden«, erinnert sich Irene Butter. »Wir mussten hingehen, aber meine Mutter brach zusammen, sie war zu schwach.« Die meisten der Häftlinge waren inzwischen so entkräftet, dass sie es nur noch mit Mühe zum Appellplatz schafften. »Also gingen nur mein Bruder und ich«, erzählt sie. »Mein Vater kam nach, er war so schwer geschlagen worden, dass er erst nicht gehen konnte.« Es war wieder eine Situation, in der ein winziger Zufall über Leben und Tod entscheiden konnte. Die Kommission aus dem RSHA wollte sich zusammen mit den Lagerärzten einen Überblick verschaffen, welche Häftlinge überhaupt noch transport- und damit »austauschfähig« waren. »Ich war sehr krank, mein Vater auch, aber meine Mutter hatte das Gefühl, dass wir da hingehen sollten«, berichtet Marietta Moskin. »Und dann kam heraus, die nahmen nur intakte Familien, sie wollten mit uns einen guten Eindruck machen.« Wer sich nicht zum Appellplatz schleppen konnte, hatte keine Chance freizukommen. »Irgendwie hat es mein Vater geschafft, dass meine Mutter trotzdem auf die Austauschliste kam«, berichtet Irene Butter. »Es war ein Wunder.«

Schließlich wurden 301 Häflinge aus dem »Sternlager« für den Austausch benannt.

Die Abreise war schon für den übernächsten Tag, den 21. Januar, vorgesehen. »Die nächste Herausforderung war«, sagt Irene Butter, »wie sollten wir unsere Mutter aus dem Lager herausbekommen? Wir mussten zuerst unter die Dusche, zur Entlausung, aber meine Mutter konnte nicht stehen.« Andere Häftlinge beäugten jeden Abreisekandidaten kritisch. Jeder der nicht mitkonnte, bedeutete einen freien Platz für einen Zurückgebliebenen. »Jemand sagte: ›Die Frau ist doch krank, die kann nicht auf den Transport‹«, erzählt Irene Butter. »aber meine Mutter sagte: ›Nein, ich habe nur einen verdorbenen Magen‹.«

Bis zur Eisenbahnrampe in Bergen-Hohne schafften sie es mit dem Lkw, der das Gepäck transportierte. Marietta Moskin schlug sich mit ihrer Familie auch bis ans Eisenbahngleis durch. »Sie gaben uns etwas zu essen«, sagt sie, »und dann steckten sie uns in Personenwagen. Das war ein wunderbares Gefühl.«

Vor der Abfahrt wurden den »Heimkehrern«, wie sie jetzt im NS-Jargon hießen, noch die Devisen übergeben, die man ihnen bei der Ankunft in Bergen-Belsen abgenommen hatte. Es sollte keiner sagen, der Nazi-Staat bestehle seine »Austauschjuden«. Überhaupt war wieder einmal alles bis ins kleinste Detail geregelt. In einem »Merkblatt für den deutsch-amerikanischen Austausch« fanden sich unter anderem die Vorschriften für Gepäck (»Großgepäck bis 150 kg je Person«, »Handgepäck 3 Handkoffer«), Gegenstände, die mitgeführt werden durften (»Schmuckstücke«, »Lose Fotografien, Personeneinzel- und Gruppenaufnahmen«, »Persönliche Urkunden rechtserheblichen Inhalts«), Gegenstände, deren Mitnahme verboten war (»alle Druckschriften jeder Art«, »Fotoapparate«, »Ferngläser«) sowie Verpflegung (»Die Fahrt bis Konstanz erfordert nicht die Mitnahme einer besonderen Marschverpflegung.«). Männliche »Heimkehrer« zwischen 16 und 60 Jahren, also im wehrfähigen Alter, mussten vor ihrer Abreise noch folgende schriftliche Erklärung abgeben: »Ich gelobe hiermit eidlich, in diesem Kriege gegen Deutschland und seine Verbündeten keine Waffen zu tragen. [...] Wer diese Erklärung nicht abgibt, muss vom Austausch ausgeschlossen werden.« Das war natürlich kriegsentscheidend. Soweit bekannt, hat sich niemand geweigert, diese Erklärung abzugeben. Der Krieg dauerte ohnehin nicht mehr allzu lang.

Dann setzte sich der »Leichtkrankenzug« des Roten Kreuzes in Bewegung. Zuerst ging es nach Berlin, wo Beamte der Schweizer Gesandtschaft zustiegen. Dann führte die Reise im Zickzackkurs durch das zerstörte Deutschland. Es gab alliierte Bombenangriffe, bei denen der Zug stoppte und die Passagiere im Freien Unterschlupf suchen mussten.

Am 23. Januar starb Irene Butters Vater noch während der Fahrt im Zug. »Nur noch wenige Stunden«, sagt seine Tochter, »dann wäre er frei gewesen. Die Kräfte hatten ihn einfach verlassen.«

Das Drama war noch nicht vorbei. In Liebenau bei Kassel untersuchten die Schweizer Beamten die Häftlinge noch einmal. Dabei stellte sich heraus, dass viele von ihnen in so schlechter Verfassung waren, dass man sie dem Ausland nicht »anbieten« konnte. Im schwäbischen Biberach hielt der Zug deshalb noch einmal, und der von der SS bestimmte jüdische Transportführer musste unter den

Augen des mitreisenden Polizeirats Merkel von den Häftlingen aus
Bergen-Belsen 40 auswählen, die durch Häftlinge aus Biberach ersetzt wurden. In Ravensburg wiederholte sich dasselbe grausame
Spiel. Kurz vor der rettenden Grenze mussten 125 Häftlinge aus Bergen-Belsen den Transport verlassen. Darunter auch Marietta Moskin
und ihre Familie. »Wir mussten aus dem Zug aussteigen, und unser
Gepäck wurde aus dem Zug geschmissen«, erzählt sie. »Wir standen
nun auf diesem Bahnsteig im Schnee und wussten nicht, was mit
uns passieren würde.« Dann stiegen 150 Häftlinge aus Ravensburg
zu. Jetzt waren noch genau 136 der ursprünglichen »Austauschjuden«
in dem Zug, der schließlich die Grenze bei St. Margrethen in die rettende Schweiz passierte. Es war derselbe Grenzübergang, über den
die »Kasztner-Gruppe« sechs Wochen zuvor in die Freiheit gelangt
war.

Auch Marietta Moskin hatte noch Glück. Die Gestapo in Ravensburg wollte die Familie zurück nach Bergen-Belsen schicken. »Aber
dann sagten die von der Wehrmacht, sie hätten keine Züge mehr«,
berichtet Marietta Moskin. »So kamen wir nach Biberach, das vom
Roten Kreuz verwaltet wurde. Das rettete unser Leben.«

Der deutsch-amerikanische Austausch war die letzte Aktion von
Hitlers Menschenhändlern. Einen weiteren Austausch würde es
nicht mehr geben. Als der deutsche »Judenreferent« in den Niederlanden, Sturmbannführer Zoepf, im Januar 1945 nochmals einige
Austauschjuden nach Bergen-Belsen schicken wollte, erhielt er vom
Auswärtigen Amt den Bescheid: »Wegen inzwischen eingetretener
erheblicher Veränderung des Lagercharakters kommt Aufenthaltslager Bergen-Belsen für Aufnahme von Juden und Feindstaatlern aus
Holland, die für Austauschaktionen bereitgestellt werden, nicht
mehr in Frage.«

Die »Veränderung des Lagercharakters« war im Januar 1945 tatsächlich nicht mehr zu leugnen. Für Renata Laqueur, ihren Ehemann
Paul Goldschmidt, Moshe Nordheim, Michael Gelber, Sonni Schey
und Walter Guttmann und all die anderen, die den jahrelangen Irr-
sinn bisher mehr oder weniger glücklich überstanden hatten, bedeutete dieser Lagercharakter ein permanentes Ringen mit dem Tod.
Anfänglich kamen ständig Evakuierungstransporte mit Tausenden

von Häftlingen aus anderen Konzentrationslagern an. Dennoch stieg die Belegstärke ab einem gewissen Zeitpunkt nicht mehr an, sie nahm sogar ab. So hoch war die Sterblichkeit. Die Männertransporte, die zwischen Dezember 1944 und März 1945 nach Bergen-Belsen in das sogenannte »Erholungslager« gelangten, bestanden fast nur aus kranken oder völlig erschöpften Zwangsarbeitern. Die Sterbeziffer war deshalb im Männerlager besonders hoch, viele Menschen starben auch bereits während des Transports und kamen tot in Bergen-Belsen an.

Selbst der hartgesottene Lagerkommandant Josef Kramer schien angesichts der Lage hilflos. Sein Schreiben vom 1. März 1945 an den Chef der Amtsgruppe D im WVHA, SS-Gruppenführer Richard Glücks, ist auch deshalb bemerkenswert, weil Kramer sich um die sonst üblichen SS-Euphemismen überhaupt nicht mehr kümmert.

> »Die Häftlinge können sich zum Schlafen nicht hinlegen, sondern müssen im Sitzen auf dem Fußboden schlafen. […] Zu dieser Überbelegung kommt nun eine Fleckfieber- und Typhusepidemie, die ständig im Steigen begriffen ist. […] Die hier gelagerten Vorräte reichen buchmäßig nur bis 20. Februar – durch größte Sparmaßnahmen wurde erreicht, daß zurzeit noch Kartoffeln für 8 Tage und Steckrüben für 6 Tage vorhanden sind. […] Diese Ernährungsfrage muß unter allen Umständen in den nächsten Tagen geklärt werden. […] Besonders durch die in letzter Zeit aus dem Osten eingehenden Häftlingstransporte, die teilweise acht bis zehn Tage in offenen Loren gefahren wurden, hat sich die Zahl der Kranken ganz gewaltig gesteigert. […] Die Kranken siechen hier langsam hin, bis sie an Herz- und Kreislaufschwäche eingehen. Wie schon geschrieben ist der tägliche Anfall an Toten 250 bis 300. Von dem Zustand […] der eingehenden Transporte aus dem Osten kann man sich am besten eine Vorstellung machen, wenn ich mitteile, daß einmal bei einem Transport mit 1900 Häftlingen über 500 Tote mitkamen. Die Bekämpfung des Fleckfiebers ist wegen Mangel an Desinfektionsmitteln sehr erschwert.
>
> Gruppenführer! Ich darf Ihnen versichern, daß von hier aus alles getan wird, die gegenwärtige Krise zu meistern. Mit meinem heu-

tigen Schreiben wollte ich Ihnen nur die Schwierigkeiten aufzei-
gen, die hier vorhanden sind. Es ist für mich eine Selbstverständ-
lichkeit, daß diese Schwierigkeiten überwunden werden müssen.
Nur bitte ich Sie, soweit es Ihnen möglich ist, um Ihre Unterstützung.«

Für einige wenige Tage in dieser chaotischen Endphase gibt es ge-
sicherte Zahlen über die internierten Häftlinge:

15. März: 45 117 (14 730 Männer, 30 387 Frauen)
31. März: 44 060 (13 338 Männer, 30 722 Frauen)
6. April: 39 789 (keine gesonderte Ausweisung der Geschlechter)

In der zweiten Aprilwoche kam eine weitere Welle von Häftlings-
transporten auf Bergen-Belsen zu. Mehrere tausend Zwangsarbeiter
verschiedener Außenkommandos des Konzentrationslagers Neuengamme wurden in Fußmärschen nach Bergen-Belsen verschickt. Um
dieselbe Zeit erreichten auch Gefangenentransporte aus dem Konzentrationslager Dora-Mittelbau, das seit dem 4. April vor den an-
rückenden amerikanischen Truppen geräumt wurde, das Lager. Vermutlich waren es 25 000 bis 30 000 Häftlinge, genau weiß das
niemand. Diese Transporte wurden allerdings nicht mehr direkt im
Lager untergebracht, sondern in den Kasernen des nahe gelegenen
Truppenübungsplatzes.

Als die britischen Truppen auf Bergen-Belsen vorrückten, ließ Lagerkommandant Kramer gemäß einem Befehl Himmlers vom März
1944 das Lager räumen. Während also zahllose Transporte mit ausgemergelten, todgeweihten Häftlingen durch das sich in Auflösung
befindliche Deutschland auf Bergen-Belsen zurollten, sollten etwa
6700 Häftlinge aus Bergen-Belsen mit drei Zügen das Lager in Richtung Osten verlassen. Darunter auch Michael Gelber und Sonni
Schey. Sie erhielten den Befehl, zur Eisenbahnrampe nach Bergen-
Hohne abzumarschieren.

Was sie dort erlebten, hat sie nie mehr losgelassen. Michael Gelber: »Auf dem Bahnhof war ein absolutes Chaos. Es kam ein Zug
nach dem anderen mit Häftlingen, halbtot, krank, einfach schreck-

lich. Die konnten nicht mehr gehen. Da hat man einfach einen Lkw gehabt, die Klappe hinten war offen. Die Ankommenden wurden jetzt verladen – das haben andere Häftlinge gemacht und den einen dem anderen auf den Schoß gesetzt. Gestapelt, so wie Stühle. Die waren ganz verdreckt, die starben.«

Sonni Schey: »Und dann hat man sie alle auf einen Haufen geschmissen, aber sie haben noch gelebt. Aber alle auf einen Haufen, einen über den anderen. Dann kamen zwei SS-Männer mit zwei Stückchen Brot und haben das Brot reingeschmissen in diesen Haufen. Können Sie sich vorstellen, was sich da getan hat, in diesem Haufen? Wie die gekämpft haben um das Stückchen Brot? Und die Deutschen haben daneben gestanden und sich halb totgelacht. Das ist meine Erinnerung von unserer Wegfahrt auf der Rampe.«

Am 6. April fuhr der erste Zug mit etwa 2500 Menschen von Bergen-Belsen ab. Am 13. April wurde er in der Nähe des Ortes Farsleben bei Magdeburg von amerikanischen Truppen befreit. Der zweite Zug mit 1712 Menschen verließ Bergen-Belsen am 9. April. Am 16. April geriet er in einen Luftangriff. Etwa 50 Menschen starben, 250 wurden verletzt. Nach zweiwöchiger Fahrt erreichte er am 21. April sein Ziel, das Konzentrationslager Theresienstadt, das am 8. Mai 1945 von der Roten Armee befreit wurde. Das weitere Schicksal der Abtransportierten ist nicht bekannt.

Der dritte Zug, zusammengestellt aus 22 Güterwagen und 24 Personenwagen, verließ in der Nacht zum 11. April 1945 mit 2400 Menschen die Rampe. Moshe Nordheim, Sonni Schey und Michael Gelber waren mit dabei. SS-Männer fuhren zur Bewachung mit.

Sie wussten nicht, wohin die Reise ging. Die Waggons waren überfüllt, es gab nichts zu essen und kaum Wasser. Die Fahrt führte quer durch Deutschland, über Lüneburg und Büchen in Richtung Berlin, dann weiter in Richtung Görlitz. Weil die Strecken zerbombt waren, blieb der Zug oft stehen. »Wenn die Flugzeuge kamen«, erzählte Moshe Nordheim, »lagen wir zusammen mit der SS im Freien. Ich weiß bis heute nicht, was sie mit uns machen wollten. Ich weiß nur eine Sache: Wir hatten nichts zu essen gehabt, und jedes Mal, wenn der Zug anhielt, und das ist viele Male passiert, haben wir das Gras genommen, um etwas zu essen.«

Zwei Wochen dauerte diese Irrfahrt. Etwa 200 Menschen starben während der Fahrt, die meisten an Fleckfieber. Vermutlich am 20. April 1945, Hitlers 56. und letztem Geburtstag, rollte der Zug an der Ortschaft Tröbitz vorbei und blieb nahe dem Dorf Langennaundorf bei Kilometer 101,6 stehen. Zur Sicherheit hatten die Häftlinge weiße Flaggen an den Waggons angebracht. Am nächsten Morgen fanden Soldaten der Roten Armee diesen »verlorenen Zug«. Eine Frau bei ihr im Waggon habe russisch gesprochen, sagt Sonni Schey. »Die hat dann ein weißes Tuch genommen, ist hingegangen und hat mit denen geklärt, was das für ein Zug ist.« Moshe Nordheims Vater starb an diesem Tag der Befreiung in Tröbitz. Michael Gelbers Vater half mit, die Toten aus den Waggons zu bergen.

Der Zug wurde abgeschleppt, die Bahnstrecke musste freigehalten werden. »Das war die Hauptlinie für die Rote Armee, die mussten die Soldaten haben«, sagt Sonni Schey. »Der Krieg war ja noch nicht beendet.«

So endete die Odyssee für die »Austauschjuden«. Hitlers »tausendjähriges Reich« währte nur einige Tage länger.

26.

EPILOG: »EIN KUNSTWERK DER ORGANISATION« – SECHS EPISODEN EINER FREUNDSCHAFT

1. LEBEN UND LEBEN LASSEN

Rudolf Kasztner schreibt in der Einleitung zu seinem »Bericht des jüdischen Rettungskomitees aus Budapest 1942–1945« unter anderem:

»Mehr als eine Viertelmillion Juden konnte beim Zusammenbruch der Achsenmächte im Mai 1945 aus den verschiedenen deutschen Konzentrationslagern befreit werden. Diese Befreiung aber erfolgte nicht automatisch mit den Waffenerfolgen der Alliierten. Die Juden in den Konzentrationslagern mussten für die Befreiung vorher erst am Leben erhalten werden.

In höheren SS-Kreisen war diese Frage in den letzten Monaten des Krieges ohne Unterlass Mittelpunkt heftiger Auseinandersetzungen. Sollte man die wenigen am Leben lassen oder nicht? Die Radikalen – Kaltenbrunner, Müller und Eichmann – vertraten den Standpunkt, daß mit der Erhaltung der restlichen Juden nichts mehr gutgemacht werden könnte. Für ein Alibi reichten sie ohnedies nicht aus. Dagegen würde man ebenso viele Träger persönlicher Rachegefühle auf das deutsche Volk loslassen.

Andere höhere Offiziere, darunter unser Verhandlungspartner in Budapest, Kurt Becher, sowie der Chef des Amtes VI im Reichssicherheitshauptamt, Walter Schellenberg, suggerierten Himmler, daß das Am-Leben-Lassen dieser Juden eine Geste darstellen würde, auf die man das Angebot eines Sonderfriedens mit den

Anglo-Amerikanern eventuell stützen könnte. Himmler ordnete bereits Ende November 1944 – im Anschluss an unsere Verhandlungen – die Abstellung der Vergasungen in Auschwitz an. Von diesem Zeitpunkt an hatte das jüdische Leben gemäß seiner Weisung respektiert werden sollen. Diesem Befehl wurde aber nur teilweise Gehorsam geleistet. Zwar hörten die Vergasungen in Auschwitz auf; dagegen griff man in nahezu allen Lagern zu anderen Methoden der Vernichtung. Eichmann, gestützt auf Kaltenbrunner und die Tradition seines Apparats, versuchte mit aller Kraft, den neuen Kurs Himmlers zu sabotieren. Der Kampf zwischen den Radikalen und den Gemäßigten endete erst mit dem deutschen Zusammenbruch. Er war einer, aber nicht der einzige Grund der fürchterlichen Zustände, die man in Bergen-Belsen und anderen Lagern vorfand. Außer der Sabotage Kaltenbrunners und Eichmanns tat hier auch der Krieg das Seinige. Durch ihre Bombardements hatten die Alliierten das deutsche Transportsystem, das übrigens ein Kunstwerk der Organisation war, Ende Februar 1945 so weit zerschlagen, daß im Dritten Reich nichts mehr klappte. Es war nicht denkbar, daß die Deutschen ihre Transportschwierigkeiten überwinden würden, um die Lager mit Lebensmitteln zu versorgen.«

2. ZWISCHENZEIT

Kurt Becher wurde im Januar 1945 zum SS-Standartenführer befördert. Am 9. April ernannte ihn Himmler noch zum »Reichssonderkommissar für sämtliche Konzentrationslager«. In dieser Funktion lud er Kasztner zu einer Inspektionsreise ein. Auszug aus Kasztners Bericht:

»11. April. […] Um 14 Uhr fahren wir nach Bergen-Belsen. […] Die Insassen in ihren Häftlingsmänteln sitzen zu Tausenden auf dem Boden um die Baracken herum. Sie sind nur noch lebende Skelette. Die Leichen und das Krematorium werden uns nicht gezeigt, wohl aber das Lebensmittelmagazin, das mit Roten-Kreuz-Paketen noch vollgestopft ist. Im Gebäude der Militärkommandantur von Bergen-Belsen [...] bespricht Becher mit dem Kommandanten Oberst Harris und vier anderen höheren Offizieren die Lage. [...] Becher besteht auf der Kapitulation.

13. April. [...] In Ludwigslust nimmt mich Becher zu einem Spaziergang mit. Er spricht jetzt in aller Offenheit über die militärische Lage: ›Wenn wir diesen verdammten Krieg doch verlieren müßten‹, beginnt Becher seine Ausführungen, ›dann hoffe ich, daß die Alliierten so viel Einsicht haben werden, meine Bemühungen und Leistungen zu würdigen. Sie müssen wissen, daß das nur möglich war, weil ich beim Reichsführer für meine Arbeit die nötige Unterstützung gefunden habe.‹

Soweit es die militärische Lage gestattet, will er in meiner Begleitung weitere Lager besuchen und ähnlich wie in Bergen-Belsen vorgehen. ›Unter allen Umständen‹ sollen noch Oranienburg, Ravensbrück, Buchenwald, Dachau, Mauthausen und Theresienstadt besucht werden. Um 2.45 Uhr verlassen wir Ludwigslust. Englische Tiefflieger begleiten von oben die zurückflutende, geschlagene deutsche Armee. Zerschossene Wagen stehen auf den Straßen, brennende Waggons auf den Bahnhöfen. Der deutsche Zusammenbruch nimmt greifbare Formen an. Um 5.15 Uhr Ankunft in Berlin. Um neun Uhr abends höre ich am Radio den Tagesbefehl Stalins: Wien ist besetzt worden.

15. April. Um 22.10 Uhr abends, als die Sirenen den Besuch der Moskitos verkünden, kommt Bechers Chauffeur zu mir und fährt mich durch die gänzlich verdunkelte Stadt, die langsam von den farbigen »Weihnachtsbäumen« der englischen Flieger beleuchtet wird, zu dessen Wohnung. Im Lärm der explodierenden Bomben und der Flugabwehrgeschütze berichtet mir Becher über seine Besprechungen mit Himmler: ›Der Reichsführer ist von Hitler zum Kommandanten der Ostfront ernannt worden. Er schläft kaum zwei Stunden täglich und ist mit Arbeit so überhäuft, daß er Sie nicht mehr empfangen konnte. Zu meinem großen Bedauern muß ich sagen, daß man trotz der gegebenen Anweisungen Menschen aus Lagern weitergeschleppt hat. Ich vermute, daß Kaltenbrunner dabei seine Hand im Spiel hat.‹

[...]›Ich selbst kann‹, so fährt Becher fort, ›weder Ravensbrück noch Oranienburg mehr besuchen. Ich habe den Reichsführer daher gebeten, den Kommandanten der beiden Lager telegraphisch Befehl zu erteilen, daß die Gefangenen weder evakuiert noch liquidiert werden dürfen. Ähnliche Befehle werden an sämtliche noch in unserer Hand befindlichen Lager gegeben werden. Der Reichsführer macht die betreffenden Kommandanten in diesem Telegramm mit ihrer Person für den gewissenhaften Vollzug des Befehls verantwortlich. Ich hoffe, daß sich der Fall Buchenwald nicht wiederholen wird.‹

Wir studieren dann die Landkarte, auf der das Zusammenschrumpfen des Dritten Reichs klar zum Ausdruck kommt. Becher wünscht, ich solle mit Krumey unverzüglich nach Theresienstadt fahren. Mauthausen und Flossenbürg will er allein besuchen. Ferner verspricht Becher, daß er bei seinem Besuch in Mauthausen Dr. Moshe Schweiger persönlich befreien und ihn anschließend zur Schweizer Grenze bringen würde. ›Das wird mein persönliches Geschenk an Sie sein‹, sagt er.«

3. ZAHLTAG

Am 5. Mai 1945, drei Tage vor der deutschen Kapitulation, fuhr SS-Standartenführer Becher in das Konzentrationslager Mauthausen. Dort war Moshe Schweiger seit seiner Verhaftung in Ungarn im April 1944 interniert. Unter dem Protest des Lagerkommandeurs Franz Ziereis nahm Becher den völlig entkräfteten Mann mit sich nach Weißenbach in die Berge. Dort hatte sich Becher mit einigen Leuten seines Stabes in einem Jagdschlösschen versteckt.

Als Schweiger nach einigen Tagen halbwegs wiederhergestellt war, ließ Becher sich von ihm einen Brief schreiben. Darin hieß es unter anderem:

»Ich bestätige hiermit, daß Herr Kurt Becher sich seit langer Zeit für die Erhaltung und Rettung von vorwiegend jüdischen Personen eingesetzt hat. Er und seine Mitarbeiter waren Initiatoren dieser Arbeit, und sie haben unter rücksichtslosem persönlichen Einsatz die wirkliche Rettungsarbeit durchgeführt. Herr Becher steht in dieser Arbeit speziell mit dem ›Joint‹, Beauftragter Saly Mayer, St. Gallen, Schweiz, und mit der Jewish Agency, Beauftragter Dr. Rudolf Kasztner, per Adresse Saly Mayer, St. Gallen, Schweiz, in dauernder Verbindung.«

Es war der 8. Mai 1945, der Tag der deutschen Kapitulation. Schweiger richtete sein Schreiben an »alle militärischen und Zivilbehörden der alliierten Besatzungsmächte und alle Organe des Internationalen Roten Kreuzes«. Er unterzeichnete als Mitglied des Council of Jewish Agency und des Zentralkomitees der Zionistisch-Sozialistischen Weltvereinigung Ichud. Was dann geschah, beschreibt Kasztner in seinem Bericht:

»Becher wollte seine Fahrt zur Schweizer Grenze in Gesellschaft von Dr. Schweiger antreten. Der Weg war von alliierten Streitkräften aber bereits abgeriegelt. In der Nähe von Bad Ischl händigte Becher vor seiner Verhaftung durch die Amerikaner einen beträchtlichen Teil der Wertsachen, die wir in Budapest gesammelt und die die eigentliche wirtschaftliche Grundlage unserer Aktion gebildet hatten, an Dr. Schweiger aus. Schon bei der Entgegennahme dieser Werte hatte uns Becher zugesichert, er werde sie nicht abliefern, falls ihn seine Vorgesetzten dazu nicht zwingen würden.«

Am 12. Mai wurde Kurt Becher von den Amerikanern festgenommen. Den Brief von Moshe Schweiger hatte er bei sich, um ihn im geeigneten Moment präsentieren zu können. Die folgenden sechs Monate verbrachte er in den Internierungslagern Natternberg und Oberursel.

Moshe Schweiger hatte zwei Koffer von Becher bekommen. Sie enthielten sechs Stahlschachteln, in denen 28 kleine, mit Wertgegenständen gefüllte Säcke lagen. Becher hatte Schweiger vor seiner Verhaftung noch gebeten, diese Koffer mit den Wertsachen in die Schweiz zu bringen. Schweiger fürchtete aber, für einen Plünderer gehalten zu werden, weshalb er sie am 24. Mai einem jüdischen

Hauptmann des CIC (Counter Intelligence Corps) der US-Armee zur Aufbewahrung gab. Der Hauptmann leitete sie an seine Vorgesetzten weiter.

Im Oktober fuhr Schweiger zu Kasztner, der inzwischen in Genf lebte. Sie informierten die Jewish Agency, dass sie einen Schatz wiedergefunden hätten. Seinen Wert schätzten sie auf das, was sie seinerzeit in Budapest an Becher bezahlt hatten: Acht Millionen Schweizer Franken oder zwei Millionen Dollar. Sie forderten die US-Behörden auf, ihn der Jewish Agency auszuhändigen. In einem Schreiben an das CIC listeten sie »Gold, Zigarettenetuis, Uhren, Schmuck, sowie Napoleons Gold und Platin«, »Geld in Pengö« und »Dollar und Goldmünzen, die uns von der Wa'ada in Istanbul geschickt wurden«. Die Rückgabe erfolgte nicht.

Am 24. Mai fanden CIC-Agenten unter einem Bett in dem Jagdschlösschen in Weißenbach, in das Becher sich bei Kriegsende zurückgezogen hatte, einen noch größeren Schatz aus Gold, Platin, Schmuck, Geld und Goldzähnen, der offensichtlich aus einem KZ stammte. Ende Juni lieferten fünf ungarische Juden, die mit Becher nach Weißenbach gefahren waren, der gleichen Einheit einen weiteren Schatz ab. Die US-Behörden betrachteten diese Schätze wie auch die beiden Koffer, die Schweiger abgegeben hatte, als »herrenloses Eigentum«. Im Jahr 1946 wurde alles in zwei Banken in Salzburg deponiert.

Unter dem Druck des »Joint« beschloss das US-Außenministerium im März 1947, den von Schweiger abgelieferten Schatz der Jewish Agency zu überlassen. Als der Inhalt schließlich in Palästina ankam, stellte sich heraus, dass er nicht zwei Millionen, sondern nur noch 65.000 Dollar wert war. Becher behauptete, er habe Schweiger das gesamte Lösegeld zurückgegeben, Kasztner unterstützte ihn.

Der Fall wurde nie geklärt. Im Januar 1946 wurde Becher zwei Wochen lang durch den CIC-Captain Richard A. Gutman verhört. Nach den beiden Koffern wurde er nicht befragt. Das Beweismaterial reichte nicht aus, um einen Kriegsverbrecher-Prozess gegen ihn zu eröffnen.

Ebenfalls 1946 wurde er wegen Mordes von den USA gesucht, im Jahr darauf, ebenfalls von den USA, »wegen Quälerei, begangen in

Budapest und Mauthausen«. Ein ungarisches Gesuch um seine Auslieferung lehnten die Amerikaner ab, weil sie ihn im Zusammenhang mit Ereignissen in Mauthausen vor Gericht stellen wollten, aber dazu kam es nicht. Es fand sich neben Moshe Schweiger noch ein anderer unverdächtiger Zeuge für Bechers »gute Absichten« in seiner Zeit als SS-Offizier – Rudolf Kasztner.

4. DER KRONZEUGE

Nach dem Krieg wurde Kurt Becher auch im Rahmen der Vorbereitungen zu den Kriegsverbrecherprozessen des Internationalen Militär-Tribunals verhört. Einer der US-Vernehmungsbeamten war Curt Ponger. Mehrfach hatte sich Becher bei Ponger erkundigt, ob er Kasztner treffen könne.

Auszug aus dem Vernehmungsprotokoll vom 7. Juli 1947:

»PONGER: Was versprechen Sie sich von einem Besuch Dr. Kasztners?

BECHER: Ich verspreche mir das, daß er als der Mann, der damals meine Arbeit gesehen hat beziehungsweise derjenige ist, mit dem ich am engsten zusammengearbeitet habe, die Dinge hier zum Ausdruck bringt und daß dadurch sich in meiner Lage endlich mal eine Entwicklung zeigt. Ich bin jetzt zehn Monate hier in Nürnberg und bin praktisch kaum vernommen worden, und wissen Sie, ein Mann, der immerhin meines Erachtens gemacht hat, was kaum ein Deutscher vorzuweisen hat – ich habe bisher in den Vernehmungen und Protokollen nie gesehen, daß ein Mann derartiges geschafft hat wie ich – dem muß doch mal geholfen werden. Daß Dr. Kasztner in dieser Sache eine ganz entscheidende Rolle gespielt hat, er war sozusagen mein Partner, trotzdem ich SS-Führer war, ist klar, und ich möchte annehmen, daß Dr. Kasztner der Wahrheit die Ehre gibt und das sagt, was wahr ist.

PONGER: Wie rasch möchten Sie Dr. Kasztner sprechen? Er ist hier im Hause, also ungefähr in fünf Minuten?

BECHER: Das ist allerdings toll.

Kasztner tritt in das Zimmer. Er und Becher begrüßen sich.

KASZTNER: Sie sehen gut aus.

BECHER: Ich habe mich sehr zusammengenommen und habe versucht, alles an mir ablaufen zu lassen.

KASZTNER: Ich glaube, es ist die Sache zu schaffen.

BECHER: Wie geht es Dr. Schweiger?

KASZTNER: Er ist schon weg nach Palästina.

BECHER: Sie werden ihm bald folgen?

KASZTNER: Wahrscheinlich in einigen Monaten. Er hat mir ganz ausführlich erzählt über seinen Auszug aus Mauthausen und wie man sich um ihn gesorgt hat. Er hat auch zusammen mit mir eine Erklärung unterschrieben. Was aus dieser Erklärung geworden ist, muß abgewartet werden. Ich möchte jetzt mit Ihnen einiges aus der Vergangenheit durchsprechen. Ich möchte sagen, Dinge besprechen, die Sie damals nicht in der Lage waren zu besprechen. Ich möchte Sie bitten, sich zusammenzunehmen und Ihr Gedächtnis laufenzulassen.

BECHER: Ich denke, daß ich die Materie noch einigermaßen beherrsche.

KASZTNER: Stichwort ist Budapest. Die Frage des Budapester Ghettos wurde verschiedentlich ausgelegt. Ich möchte ohne äußeren Einfluss Ihre Story darüber hören, dann werde ich einige Fragen an Sie stellen.

BECHER: Herr Dr. Kasztner, den Begriff Budapester Ghetto – da müssen Sie mich kurz auf den Weg bringen. Meinen Sie damit die Columbus-Straße?

KASZTNER: Wollen Sie sich bitte zuerst sammeln, denn es ist ein wichtiges Kapitel.

[...]

KASZTNER: Der Fußmarsch war abgeschlossen. Es war eine bestimmte Zahl von Juden in Budapest. Ich nehme an, daß es kein Zufall war, daß diese am Leben geblieben sind. – Nun, die Frage ist, diese Menschen haben den Pfeilkreuzern ihr Leben zu verdanken?

BECHER: Bestimmt nicht.

KASZTNER: Erinnern Sie sich nicht, daß gegen Mitte Dezember die pfeilkreuzerische Regierung den Beschluß gefaßt hat, die in Budapest gebliebenen und im Ghetto lebenden Juden auszuschalten? Ist diese Frage nicht zu Ihnen gekommen?

BECHER: Mir schwant etwas, aber ich kann heute darüber noch keine präzise Antwort geben.«

Auszug aus dem Protokoll vom 10. Juli 1947:

»KASZTNER: Herr Becher, ich möchte unser letztes Gespräch fortsetzen. Sie werden sich noch erinnern, wo wir abbrechen mußten, es war die Rede vom Budapester Ghetto.

[...]

BECHER: Die Frage des Budapester Ghettos sehe ich wie folgt: Sie erinnern sich unserer Erörterung anfangs November in Zürich und St. Gallen und im Schnellzug, und ich möchte anregen, daß Herr Eichmann den letzten Versuch machte, den Befehl Himmlers, der zweifelsohne durch Sie und mich erwirkt worden ist, zu durchbrechen, versuchte, durch Herrn Veesenmayer bei der ungarischen Regierung in engster Zusammenarbeit mit den Pfeilkreuzern die Deportation der Juden fortzusetzen nach Wien. Daß das kein Arbeitseinsatz der Schutzstaffel [SS, Anm. d. A.] war, ging daraus hervor, daß er Frauen und Kinder unter 15, ja 13 Jahren und Greise mitnahm. Wir waren uns darüber einig, daß ich zunächst unmittelbar erwirkte, daß diese Altersgrenzen geändert wurden.

[...]

BECHER: Herr Eichmann wollte damals die letzten 150 000 Juden aus Ungarn herausbringen. Ich weiß auch, daß er mir gesagt hat, ich habe die Zusage von 50 000, die Durchführung ist meine Sache. Er hat mich verhöhnt, Sie kennen seine sarkastische Art. So ist das Ghetto von Budapest entstanden, wenn man es ein Ghetto nennen wollte. Ich kannte es mehr unter dem Namen einer Zusammengruppierung.

[...]

KASZTNER: Erinnern Sie sich nicht, daß gegen Mitte Dezember die pfeilkreuzerische Regierung den Beschluß gefaßt hat, die in Budapest gebliebenen und im Ghetto lebenden Juden auszuschalten. Ist diese Frage nicht zu Ihnen gekommen?

BECHER: Mir schwant etwas, aber ich kann heute darüber noch keine präzise Antwort geben.

KASZTNER: Sie müssen sich das notieren und darauf zurückkommen.

BECHER: Da ist irgend etwas gewesen.

KASZTNER: Im Allgemeinen lag es nicht in der Praxis der deutschen Behörden, vor allen Dingen des Eichmann-Stabes, eine solche Anzahl Juden zu hinterlassen.

BECHER: Ja.

KASZTNER: Es ist anzunehmen, daß da irgendeine deutsche Intervention folgen sollte.

BECHER: Ja. Herr Dr. Kasztner, ich habe damals, als Himmler diesen Funkspruch von General Pfeiffer-Willenbruch erhielt – die Anfrage von Pfeiffer-Willenbruch war, was mit den Juden geschehen sollte – da habe ich Himmler sofort gesagt, selbstverständlich darf den Juden nichts geschehen.

KASZTNER: Das sagten Sie mir seinerzeit.«

Der Zeuge Dr. Rudolf Kasztner gab dem Internationalen Militär-Tribunal in Nürnberg am 4. August 1947 eine eidesstattliche Versicherung, in der unter anderem steht:

»Es kann kein Zweifel darüber bestehen, daß Becher zu den sehr wenigen SS-Führern gehörte, die den Mut hatten, sich dem Programm der Vernichtung der Juden zu widersetzen und zu versuchen, menschliches Leben zu retten. [...] Ich habe nicht einen Moment an den guten Absichten Bechers gezweifelt. [...] Falls sein Fall durch alliierte oder deutsche Autoritäten beurteilt wird, verdient Kurt Becher nach meiner Überzeugung die größtmögliche Rücksicht. [...] Ich mache diese Angaben nicht allein in meinem Namen, sondern auch im Auftrage der Jewish Agency und dem Jüdischen Weltkongress.«

Kasztner war weder von der Jewish Agency, noch vom Jüdischen Weltkongress dazu autorisiert worden, diese Erklärung abzugeben. Bis August 1947 musste Becher mit einer Anklage rechnen. Walter

Rapp, von 1946 bis 1948 Chef der Ermittlungsabteilung des US-Hauptanklägers General Telford Taylor: »Bis zu diesem Zeitpunkt war noch keine endgültige Entscheidung getroffen worden über Bechers Schicksal, und es war sehr gut möglich, dass er von uns als Nazi-Kriegsverbrecher vor Gericht gestellt worden wäre wie andere auch, die während des Krieges ähnliche Stellungen bekleidet haben.« Die eidesstattliche Versicherung bewahrte Becher vor einer Verurteilung in den Nürnberger Prozessen. Becher wurde in Nürnberg nach Kasztners Intervention aus dem Gefängnis entlassen und in den offenen Zeugenflügel verlegt.

Im Jahr 1961 entschied der Generalstaatsanwalt von Israel, dass Becher vor Gericht gestellt würde, falls er je israelischen Boden beträte. Das war der Grund, weshalb er seine Zeugenaussage im Eichmann-Prozess in Bremen machte. In den sechziger Jahren wurde in Deutschland gegen ihn und andere wegen der Teilnahme am Massaker von Juden in den Pripjet-Sümpfen ermittelt. Das Verfahren wurde aus Mangel an Beweisen eingestellt. Zu der Zeit war Becher schon ein reicher Mann.

Er war nach dem Krieg wieder in seine alte Branche eingestiegen und hatte höchst erfolgreich eine Getreide- und Futtermittelfirma sowie weitere Handelsuntenehmen aufgebaut. In Bremen leitete er die Getreide- und Futtermittelbörse, und mit seiner ungarischen Firma Monimpex GmbH wickelte er bis zum Zusammenbruch des Kommunismus den Agrarhandel zwischen der Bundesrepublik und Ungarn ab.

5. KURZER PROZESS

Kasztner war Anfang der fünfziger Jahre mit seiner Frau und der gemeinsamen Tochter Zsuzsi aus der Schweiz nach Israel ausgewandert, engagierte sich dort in der sozialdemokratischen Partei (Mapai) und arbeitete als Journalist. Ein aus Ungarn stammender Jude, der Hotelier Malkiel Grünwald, der 52 Familienmitglieder in Auschwitz verloren hatte, fragte öffentlich in einer Zeitung: »Welche Vereinbarungen mit vornehmen Herren, oder genauer: Welche Vereinbarungen mit Verbrechern unterzeichneten Sie, um Becher zu retten?« Kasztner strengte einen Verleumdungsprozess an. Er hatte vor, für die Knesset zu kandidieren und war auf einen untadeligen Ruf angewiesen. Am 18. Februar 1954 begann unter großer öffentlicher Anteilnahme der Prozess in Jerusalem. Verteidiger Grünwalds war der junge Rechtsanwalt Shmuel Tamir, der später Justizminister Israels wurde. Er schaffte es, den Spieß umzudrehen und den Zeugen Kasztner, der sich gegen eine Beleidigung wehren wollte, wie einen Angeklagten aussehen zu lassen. Gleich zu Beginn des Prozesses geriet Kasztner unter Rechtfertigungsdruck. Er gab eine Erklärung ab:

»Ich habe in Nürnberg keine Erklärung zugunsten von Becher abgegeben. Ich habe sie weder dem Internationalen Gerichtshof noch irgendwelchen Einrichtungen oder Beamten des Gerichtshofs gegeben. Grünwalds Behauptung in seinem Pamphlet, dass ich nach Nürnberg gegangen sei, um Becher zu retten, ist eine totale Lüge.«

Shmuel Tamir nimmt Kasztner ins Kreuzverhör:

»TAMIR: Ich sage Ihnen jetzt, dass Kurt Becher dank Ihrer persönlichen Intervention in Nürnberg aus dem Gefängnis entlassen wurde.
KASZTNER: Das ist eine schmutzige Lüge!«

Auszug aus einem weiteren Kreuzverhör am 1. Juni 1954:

»TAMIR: Sie haben Becher nicht nur vor dem internationalen Gerichtshof in Nürnberg gerettet, sondern [...] Sie haben dem Entnazifizierungsgericht der Deutschen eine eidesstattliche Erklärung gegeben, und Sie haben ihn auch vor seiner Strafe gerettet.
KASZTNER: Nein! Das ist nicht wahr!
TAMIR: Dr. Kasztner, sind Sie mit mir einverstanden, dass es von unserem nationalen Standpunkt eine kriminelle Handlung ist, zugunsten eines hohen Nazi-Offiziers zu intervenieren und seine Freilassung herbeizuführen?

KASZTNER: Meine Antwort ist positiv. Vom nationalen Standpunkt ist es ein Verbrechen.

TAMIR: Sie waren mit mir einverstanden, dass jegliche Intervention eines jüdischen Beamten zugunsten eines hohen SS-Offiziers, einschließlich Becher, ein Nationalverbrechen ist. Nachdem sich jetzt herausgestellt hat, dass Sie genau das getan haben, sind Sie mit mir einverstanden, dass Sie ein Nationalverbrecher sind?

KASZTNER: Das ist Ihre Version.

Kasztner gab als Zeuge vor dem Gericht eine Erklärung ab, er habe in Nürnberg mit Wissen und Zustimmung seiner Vorgesetzten gehandelt:

»Bevor ich nach Nürnberg fuhr, saß ich zusammen mit den Leuten von der Jewish Agency und mit Leuten vom Kongress und wir diskutierten, was man tun könnte, um die Nazis, besonders die, die an der Vernichtung der Juden teilgenommen hatten, vor Gericht zu bringen. Wir fragten uns auch, was in den wenigen Fällen zu tun war, in denen wir von den Nazis Beistand erhielten. Ich erwähnte da besonders Becher, und das Gericht kennt meine Meinung von ihm. Ich fragte, ob ich im Fall einer Aufforderung, über diese Sache eine Meinung abzugeben, nicht nur in meinem Namen, sondern auch im Namen der Jewish Agency oder des Kongresses sagen darf, dass er Rücksichtnahme angesichts seiner Hilfe bei der Rettung von Juden verdient. Ich bekam eine positive Antwort.«

Am 21. Juni 1955 verlas Richter Halevi im Bezirksgericht Jerusalem die wichtigsten Passagen aus seinem 300 Seiten starken Urteil. Auszüge aus der Urteilsbegründung:

»Kasztner hat bewusst in seiner Aussage in diesem Prozess gelogen, als er dementierte, dass er Becher empfohlen hat, oder für ihn intervenierte. […] So wie die Nazi-Kriegsverbrecher auf Alibis angewiesen waren durch Judenrettung in der Zwölften Stunde ihres Regimes, so war Kasztner als Nazi-Kollaborateur daran interessiert, sich selbst ein Alibi zu verschaffen.

Die Kollaboration des Leiters des jüdischen Rettungskomitees mit dem Chef der Vernichter der ungarischen Juden in der Deportierung dieser Opfer nach Auschwitz wegen der Rettung der Bevorzugten, war [...] eine kriminelle Kollaboration im vollen Sinne des Wortes. [...] Weil er sein volles Wissen für sich behalten habe, stiegen [...] ca. eine halbe Million Männer, Frauen und Kinder in die sie nach Auschwitz bringenden Züge ein, aus voller Unkenntnis und als Opfer einer vorsätzlichen Irreführung.

Die Rettung der wichtigen Personen der Gemeinschaft dank der Aktion des Komitees erschien in seinen Augen als ein zionistischer und persönlicher Erfolg, ein Erfolg, der auch dazu angetan war, die von ihm bis jetzt verfolgte Linie zu rechtfertigen.

Dieser Erfolg, so Richter Halevi, sei ein »Geschenk« für Kasztner gewesen: »Indem er dieses Geschenk angenommen hat, verkaufte Kasztner seine Seele an den Satan.«

Kasztner legte Berufung ein. Die nächste Instanz hob das Urteil auf, Kasztner wurde in vollem Umfang rehabilitiert. Zu spät für Rudolf Kasztner. Am 3. März 1957 wurde er von einer Gruppe junger Rechtsradikaler vor seiner Wohnung in Tel Aviv angeschossen. Schütze war der 24-jährige Ze'ev Eckstein. Kasztner erlag am 15. März 1957 seinen Verletzungen. Alle drei Attentäter wurden zu einer lebenslangen Strafe verurteilt, jedoch nach drei Jahren auf persönliche Intervention von Premier Ben Gurion begnadigt.

6. EIN DENKMAL FÜR KASZTNER

Es gibt mehrere Veröffentlichungen über Kurt Bechers NS-Vergangenheit. Er selbst hat sich nur einmal über die Zeit in Ungarn und sein Verhältnis zu Rudolf Kasztner geäußert. In einem TV-Interview mit der israelischen Journalistin Ilana Dayan im Dezember 1994, ein Dreivierteljahr vor seinem Tod. Das Interview wurde mit Hilfe einer Übersetzerin geführt. Die Journalistin fragte auf Englisch, die Fragen wurden dann meistens ins Deutsche übersetzt. Einige der englischen Fragen verstand Becher. Er antwortete auf Deutsch.

Auszüge aus dem Interview:

»Kasztner wurde vielfach kritisiert, er habe nur seinen eigenen Hals retten wollen. Es sei ihm bei der Rettung auch nur um seine eigene Familie gegangen.
Absolut nicht! Ich bin der Meinung, dass Dr. Kasztner mit großem Ernst und sehr seriös die Dinge behandelt hat. Und keinesfalls nur aus seinem eigenen Interesse.
Wer hat die Reisenden für den Zug ausgesucht?
Die jüdische Seite. Ausgesprochen nur die jüdische Seite.
Haben Sie daran geglaubt, dass das »große Geschäft« – eine Million Juden gegen 10 000 Lastwagen – je verwirklicht würde?
Nein.
Sie haben also nicht eine Sekunde geglaubt, dass Hitler eine Million Juden freilässt?
Nein.
Ich habe Ihren Brief an Himmler vom 24. August 1944 gesehen. Sie schreiben: ›Die erste Gruppe des Kasztner-Zuges ist bereits in der Schweiz angekommen. 300 Stück sind über die Grenze gerollt.‹ Mit ›Stück‹ meinten Sie ›Juden‹?
Ja … Menschen. Also, Juden.
Hat man das üblicherweise so gesagt?
Das kann ich Ihnen heute nicht mehr sagen. Ob das Wort ›Stück‹ in dem Moment das richtige Wort war, weiß ich nicht. Ich meinte jedenfalls Menschen.
Und Sie glauben also, dass die 200 000 Juden in Budapest ohne ihre Korrespondenz mit Himmler nach Auschwitz gekommen wären?
Bestimmt.
Das heißt, Sie wussten über die Gaskammern damals Bescheid?
Ich war vorher schon unterrichtet worden, von Herrn Dr. Kasztner, über das, was passierte.
Wann haben Sie zum ersten Mal von der Massenvernichtung der Juden in den Lagern gehört?
Nachdem ich ein persönliches Vertrauensverhältnis mit Herrn Dr. Kasztner hatte, hat er mir das berichtet. Und ich habe es ihm geglaubt.

Hatten Sie Kasztner nicht einfach als Alibi benutzt?
Nein. Ich brauchte kein Alibi. Wofür ein Alibi? Jedenfalls eines ist
völlig klar: Ich war mit Herrn Dr. Kasztner in den Tagen, ja in den
Wochen sehr eng verbunden. Und als ich den Entschluss gefasst
habe, nach Bergen-Belsen zu gehen, habe ich Dr. Kasztner gesagt:
›Bitte, komm' mit mir!‹ Er hatte keine Funktion.
Was haben Sie dort gesehen?
Dass die Menschen im Freien saßen, auf der Erde, meines Erach-
tens kaum lebendig. Leichen und lebendige Menschen nebenein-
ander. Ein grauenhaftes Bild. Grauenhaftes Bild.
Und was haben Sie dann getan?
Dann bin ich von dort weggefahren nach Hamburg und habe mit
Himmler telefoniert und ihm gesagt, das wäre – so wie ich es Ih-
nen jetzt gesagt habe – eine unmögliche Situation, ein grauenhaf-
ter Zustand.

[...]

Herr Dr. Schweiger ist mit mir nach Salzburg gefahren. Hat alles
das Geld und alles an Wertsachen, die wir in Budapest von den Juden übernommen haben, zurückgegeben – auf Heller und Pfennig.
Dazu muss ich Ihnen sagen: Als wir diese Sachen damals in Budapest übernommen haben – als Alibi gegenüber Himmler, dass wir
was dafür bekommen – habe ich Herrn Dr. Kasztner gesagt: ›Seien
Sie davon überzeugt, wenn ich kann, werde ich Ihnen das alles zu-
rückgeben.‹
*Sie sagen, Sie haben ihm das ganze Geld zurückgegeben, aber Sie ha-
ben zwei Millionen Dollar für den Zug bekommen. Herr Schweiger
hat aber ausgesagt, dass er nur 50.000 oder 60.000 Dollar bekommen hat. Wo ist der Rest?*
Alles das, was wir vereinnahmt haben – zum Beispiel von den Leuten, die mit dem Zug gefahren sind – das haben wir alles in meiner
Zahlmeisterei zusammengehalten. Und alles das, was wir bekommen haben, habe ich Herrn Dr. Schweiger für die Juden zurückgegeben.
Was haben Sie über den Kasztner-Prozess in Jerusalem gedacht?
Das war ein Verbrechen. Ein Verbrechen gegen Dr. Kasztner. Man
hätte ihm ein Denkmal setzen müssen in Israel. Er war der einzige

Mann, der wirklich erfolgreich in der damaligen Situation etwas getan hat.

Was hat Dr. Kasztner bewogen, diese Erklärung zu Ihren Gunsten abzugeben? 1947 war er ja schon ein freier Mann. Was waren seine Beweggründe?

Alles, was Herr Dr. Kasztner ausgesagt hat – davon bin ich überzeugt – war seine hundertprozentige Überzeugung. Über seine Auffassung, über seine Meinung, über mich.

Herr Becher, gibt es etwas, das Sie bereuen?

Wenn ich etwas bereue, dann bereue ich, dass Rudolf Kasztner und ich nicht mehr erreicht haben, als was wir erreicht haben. Zur Rettung der Menschen.

Haben Sie als deutscher Patriot gehandelt?

Als Mensch ... Sie lächeln. Sie brauchen nicht zu lächeln. Das ist so.

Sie waren Teil der größten Mordmaschinerie in der Geschichte. Sie haben Juden als ›Stück‹ bezeichnet. Sie haben sie für Geld verkauft. Deshalb frage ich Sie, ob Sie etwas bereuen.

Ich war nicht in der Situation, dass ich mich irgendwie absichern musste. Denn ich hatte mit der Judensache überhaupt nichts zu tun. Ich war ein Soldat, ein Offizier. Was ich getan habe, habe ich aus reiner Überzeugung getan, aus menschlicher Überzeugung getan.«

Kurt Becher starb am 8. August 1995 mit 86 Jahren als wohlhabender und hochangesehener Kaufmann in Bremen.

Der Leidenschaft für die Reiterei ist er sein Leben lang treu geblieben.

LITERATURVERZEICHNIS

Arendt, Hannah: *Eichmann in Jerusalem. Ein Bericht von der Banalität des Bösen.* 7. Auflage. München 2011.

Bauer, Yehuda: *Freikauf von Juden? Verhandlungen zwischen dem nationalsozialistischen Deutschland und jüdischen Repräsentanten von 1933 bis 1945.* Frankfurt am Main 1996.

Bergen-Belsen. Berichte und Dokumente, ausgewählt und kommentiert von Rolf Keller, Wolfgang Marienfeld, Herbert Obenaus, Thomas Rahe, Hans-Dieter Schmid, Wilhelm Sommer und Wilfried Wiedemann. Göttingen 2002.

Biss, Andreas: *Der Stopp der Endlösung. Kampf gegen Himmler und Eichmann in Budapest.* Stuttgart 1966.

Braham, Randolph L.: *The Politics of Genocide – The Holocaust in Hungary.* New York 1994.

Braham, Randolph L. (Hrsg.): *The Nazis' Last Victims. The Holocaust in Hungary.* Detroit 1998.

Cesarani, David: *Adolf Eichmann: Bürokrat und Massenmörder.* Berlin 2004.

Cüppers, Martin und Hans-Michael Mallmann: *Halbmond und Hakenkreuz. Das »Dritte Reich«, die Araber und Palästina.* Darmstadt 2010.

Davies, Norman: *Die große Katastrophe. Europa im Krieg 1939–1945.* München 2006.

Emmenegger, Kurt: »Reichsführers gehorsamster Becher. Vom SS-Mann zum Multimillionär – und was alles dahinter steckt«. In: *Sie + Er*, Dezember 1962–April 1963.

Frankl, Viktor: ... *trotzdem Ja zum Leben sagen – Ein Psychologe erlebt das Konzentrationslager.* München 1982.

Friedman, Max Paul: *Nazis and Good Neighbors: The United States Campaign against the Germans of Latin America in World War II.* Cambridge 2003.

Gerlach, Christian: *Kalkulierte Morde. Die deutsche Wirtschafts- und Vernichtungspolitik in Weißrußland 1941–1944.* Hamburg 1999.

Gerlach, Christian und Götz Aly: *Das letzte Kapitel. Realpolitik, Ideologie und der Mord an den ungarischen Juden 1944/1945.* Stuttgart – München 2002.

Kasztner, Rezsö: *Der Kastner-Bericht über Eichmanns Menschenhandel in Ungarn.* München 1961.

Keller, Rolf et al. (Hrsg.): *Konzentrationslager Bergen-Belsen. Berichte und Dokumente.* 2. Auflage. Göttingen 2002.

Kemp, Paul: »The British Army and the Liberation of Bergen-Belsen, April 1945«. In: Reilly, Jo et al. (Hrsg.): *Belsen in History and Memory.* London 1997.

Kolb, Eberhard: *Bergen-Belsen. Vom »Aufenthaltslager« zum Konzentrationslager 1943–1945.* 3. Auflage. Göttingen 1988.

Kolb, Jenö (Eugen): *Bergen-Belsen Tagebuch*, hrsg. Shoshanna Hasson-Kolb, Alexander Barzel und Thomas Rahe. Gedenkstätte Bergen-Belsen 2000.

KZ-Gedenkstätte Neuengamme (Hrsg.): *Hilfe oder Handel? Rettungsbemühungen für NS-Verfolgte. Beiträge zur Geschichte der nationalsozialistischen Verfolgung in Norddeutschland.* Heft 10. Bremen 2007.

Laqueur, Renata: *Bergen-Belsen Tagebuch 1944/1945.* Köln 1999.

Lévy-Hass, Hanna: *Vielleicht war das alles erst der Anfang. Tagebuch aus dem KZ Bergen-Belsen 1944–1945.* Berlin 1999.

Löb, Ladislaus: *Geschäfte mit dem Teufel. Die Tragödie des Judenretters Rezsö Kasztner. Bericht eines Überlebenden.* Köln Weimar Wien 2010.

Longerich, Peter: *Politik der Vernichtung. Eine Gesamtdarstellung der nationalsozialistischen Judenverfolgung.* München 1998.

Longerich, Peter: *Heinrich Himmler. Biographie.* München 2008.

McClelland, Roswell: »Report on the activities of the World Refugee Board«. In: Mendelsohn, John und Donald S. Detwiler (Hrsg.): *The Holocaust. Band 16.* New York 1982.

Müller, Filip: *Sonderbehandlung. Drei Jahre in den Krematorien und Gaskammern von Auschwitz.* München 1979.

Müller-Tupath, Karla: *Reichsführers gehorsamster Becher. Eine deutsche Karriere.* Hamburg 1982.

Porter, Anna: *Kasztner's Train. The True Story of Rezsö Kasztner, Unknown Hero of the Holocaust.* Vancouver, Toronto 2007.

Richter Timm C. (Hrsg.): *Krieg und Verbrechen. Situation und Intention. Fallbeispiele.* München 2006.

Segev, Tom: *The Seventh Million. The Israelis and the Holocaust.* New York 1991.

Snyder, Timothy: *Bloodlands – Europa zwischen Hitler und Stalin.* München 2011.

Weissberg, Alex: *Die Geschichte von Joel Brand.* Berlin 1956.

Wenck, Alexandra-Eileen: *Zwischen Menschenhandel und »Endlösung«: Das Konzentrationslager Bergen-Belsen.* Paderborn 2000.

Zsolt, Bela: *Neun Koffer.* Frankfurt am Main 1999.

DANKSAGUNG

Eine Danksagung am Ende eines Buches ist üblich, in diesem Fall ist sie uns ein großes Bedürfnis. Wir danken den Zeitzeugen, die so unvoreingenommen bereit waren, in langen Gesprächen über die fürchterlichen Erlebnisse ihrer Kindheit und Jugend zu berichten und den Schrecken und das Elend noch einmal zu durchleben. Es waren bewegende Begegnungen mit Yehuda Blum, Irene Butter, Francine Christophe, Michael Gelber, Walter Guttmann, Ladislaus Löb, Marietta Moskin, Moshe Nordheim, Claude Saurel, Sonni Schey und Heinrich Schönker. »Wir müssen darüber sprechen, solange wir können«, sagen sie. Wir haben großen Respekt vor dieser Haltung.

Auch bei Zsuzsi Kasztner bedanken wir uns für ein sehr persönliches Interview. Ebenso danken wir den Historikern Max Paul Friedman und Peter Longerich für lange und interessante Gespräche mit wichtigen Hintergundinformationen zu dem Thema.

Besonderer Dank gebührt auch den Mitarbeitern und Mitarbeiterinnen der Gedenkstätte Bergen-Belsen für ihre tatkräftige Unterstützung namentlich Diana Gring und Thomas Rahe, assistiert von ihren Kollegen aus der Abteilung Forschung und Dokumentation.

Wir danken Charlotte Krüger und Daniela Hanus für ihre engagierte Mitarbeit.

Wir danken darüber hinaus ganz herzlich Ulrike Dotzer, der Leiterin der Arte-Redaktion des Norddeutschen Rundfunks, und Monika Schäfer aus der Arte-Redaktion des Norddeutschen Rundfunks.

Thomas Ammann / Stefan Aust, Hamburg, im August 2013

ISBN 978-3-86789-186-8

1. Auflage
© 2013 by BEBUG mbH / Rotbuch Verlag, Berlin
Umschlaggestaltung: fuxbux, Berlin
Umschlagabbildung: Zsuzsi Kasztner
Druck und Bindung: GGP Media GmbH, Pößneck

Ein Verlagsverzeichnis schicken wir Ihnen gern:
Rotbuch Verlag
Alexanderstraße 1
10178 Berlin
Tel. 01805/30 99 99
(0,14 Euro/Min., Mobil max. 0,42 Euro/Min.)

www.rotbuch.de